民國時期文獻
保護計劃

成 果

红色记忆

纪念中国共产党成立九十五周年
馆藏文献展图录

国家图书馆 编

国家图书馆出版社

图书在版编目（CIP）数据

红色记忆：纪念中国共产党成立九十五周年馆藏文献展
图录 / 国家图书馆编. -- 北京：国家图书馆出版社，2016.10
　ISBN 978-7-5013-5982-0

　Ⅰ. ①红… Ⅱ. ①国… Ⅲ. ①中国共产党–党史–图录
Ⅳ. ①D23-64

中国版本图书馆CIP数据核字（2016）第253290号

书　　名　**红色记忆**
　　　　　　——纪念中国共产党成立九十五周年馆藏文献展图录
编　　者　国家图书馆　编
责任编辑　王燕来
助理编辑　王佳妍

出　　版　国家图书馆出版社（100034 北京市西城区文津街7号）
　　　　　　（原书目文献出版社　北京图书馆出版社）
发　　行　010-66114536　66126153　66151313　66175620
　　　　　　66121706（传真）　66126156（门市部）
E - m a i l　nlcpress@nlc.cn（邮购）
Website　www.nlcpress.com（投稿中心）
经　　销　新华书店
印　　刷　北京信彩瑞禾印刷有限公司
开　　本　210×285（毫米）　1/16
印　　张　17
版　　次　2016年10月第1版　2016年10月第1次印刷

书　　号　ISBN 978-7-5013-5982-0
定　　价　300.00元

本书编纂委员会

主　　编　韩永进　陈　力

执行主编　毛雅君　陈红彦　林世田

顾　　问　王奇生　白云涛　罗存康　黄修荣

撰　　稿　吴　密　刘　波

委　　员（按姓氏笔画排序）

于　瑞　王　燕　刘化刚　孙伯阳　孙　俊　何梦琼　李文洁
李　周　杨印民　萨仁高娃　黄　霞　程天舒　谢冬荣　雷　强

编委会办公室成员（按姓氏笔画排序）

马　琳　王丰会　王　玉　刘玉芬　刘炳梅　刘　鹏　张　晨
李红英　杜春雷　周　晨　孟　月　胡静伟　赵大莹　贾大伟
郭　静　程　宏　程佳羽　葛倍伊　蒋　毅　薛文辉　魏嘉明

目　录

序

近代以来，中华民族面临着两大历史任务：一是求得民族独立和人民解放，一是实现国家富强和人民幸福。从鸦片战争开始，中国人民进行了不屈不挠的探索，展开了波澜壮阔的斗争，最终选择马克思主义作为改造中国社会的指导思想。中国共产党的创建与发展，顺应了近代以来中国社会进步和革命发展的客观需要，是中国人民的历史性选择。

人民选择了中国共产党，中国共产党领导中国人民创造了历史的奇迹。近一个世纪以来，中国共产党代表着中国社会发展的正确方向，代表着中国人民的根本利益，满怀信心地以改造中国为己任，以坚定的信念为中国人民指明前进方向和奋斗目标。党领导中国人民投身革命和建设的洪流，彻底改变了中国人民被剥削、被压迫的状况，实现了民族独立、人民解放和国家富强。

在中国共产党的坚强领导下，我们伟大的祖国实现了从半殖民地半封建社会到社会主义社会的历史性转变，国家面貌发生了翻天覆地的变化：实现了祖国大陆的高度统一，建立了人民民主专政的国家政权和巩固的国防，建立起独立且完整的国民经济体系，实现和巩固了全国各族人民的大团结，人民生活水平得到显著提高。党领导人民不懈奋斗、自强不息的历程，谱写了一部波澜壮阔的宏伟史诗。

值此中国共产党成立九十五周年与红军长征胜利八十周年之际，国家图书馆特精选馆藏文献，隆重举办"红色记忆——纪念中国共产党成立九十五周年馆藏文献展"，旨在通过大量珍贵文献史料再现中国共产党光辉的发展历程，大力弘扬爱国主义精神、长征精神，讴歌中华民族实现伟大复兴中国梦的奋斗历程。展览分为 7 个主题单元，包括马克思主义传入中国与建党、党的章程与机关报刊、红军长征、统一战线、党的思想作风建设、党的群众路线、人民文艺等专题，既浓墨重彩地纪念了建党九十五周年与红军长征胜利八十周年，又诠释了党的优良传统和中国革命胜利的"三大法宝"，且呼应了党的群众路线教育实践活动、"两学一做"学习教育活动，具有很强的现实意义。

革命历史文献和民国时期历史文献是国家图书馆宏富馆藏中的重要组成部分，是历经数十年采访积累的宝贵成果。这些文献全面记载了马克思主义在中国的传播，记载了中国共产党领导全国各族人民争取民族独立和人民解放的伟大历程，也记载了中国近代社会的巨大变化，具有十分重要的历史价值、学术价值和鉴往知来的现实意义。今年，国家图书馆"民国时期文献保护计划"项目列入国家"十三五"规划纲要。这次展出的三百余件文献只是沧海一粟，从文献史料角度重温党走过的近一个世纪的历程，期望借此吸引学界和公众更多地关注革命历史文献，推动学者们发掘文献史料、开展革命历史研究，也让更多的公众有机会接触珍贵革命文献，从而加深我们对历史的理解与思考。

2013 年 6 月 25 日，中共中央政治局就中国特色社会主义理论和实践进行第七次集体学习时，中共中央总书记习近平强调，历史是最好的教科书。学习党史、国史，是坚持和发展中国特色社会主义、把党和国家各项事业继续推向前进的必修课。这门功课不仅必修，而且必须修好。我们要深入学习贯彻习近平同志的重要论述，更好地总结和运用党的历史经验，更好地认识和把握历史发展规律，为中国特色社会主义建设贡献我们的智慧与力量，为实现中华民族伟大复兴的中国梦而努力奋斗！

编者
2016 年 9 月

东方的觉醒

——马克思主义在中国的传播与中国共产党的创建

1840 年鸦片战争之后，西方列强强迫清政府签订一系列不平等条约，攫取经济、政治和文化特权，使中国逐步沦为半殖民地半封建社会。面对空前严重的民族危机和社会矛盾，中国社会各阶层自觉探索民族和国家的出路，由于历史和阶级的局限性都没有成功。

辛亥革命结束了君主专制，建立了共和政府，但未能从根本上改变中国的社会性质。中国期待着新的社会力量开辟新的救国救民道路。1915 年兴起的新文化运动，以"民主""科学"为基本口号，掀起了思想解放的潮流。十月革命一声炮响，给中国送来了马克思主义。鸦片战争后中国社会的演变，为中国共产党的成立创造了必要的条件。

1921 年 7 月，中国共产党第一次全国代表大会在上海开幕。"一大"通过了党的纲领，选举了党的领导机构，宣告中国共产党成立。中国革命开始有了新的坚强的领导核心，中国革命的面貌从此焕然一新。

探索救亡图存的道路

鸦片战争后，侵略者纷至沓来。通过一次又一次的侵略战争，迫使清政府签订了一系列不平等条约，中国陷入半殖民地半封建社会的深渊，中华民族面临着空前严重的民族危机。

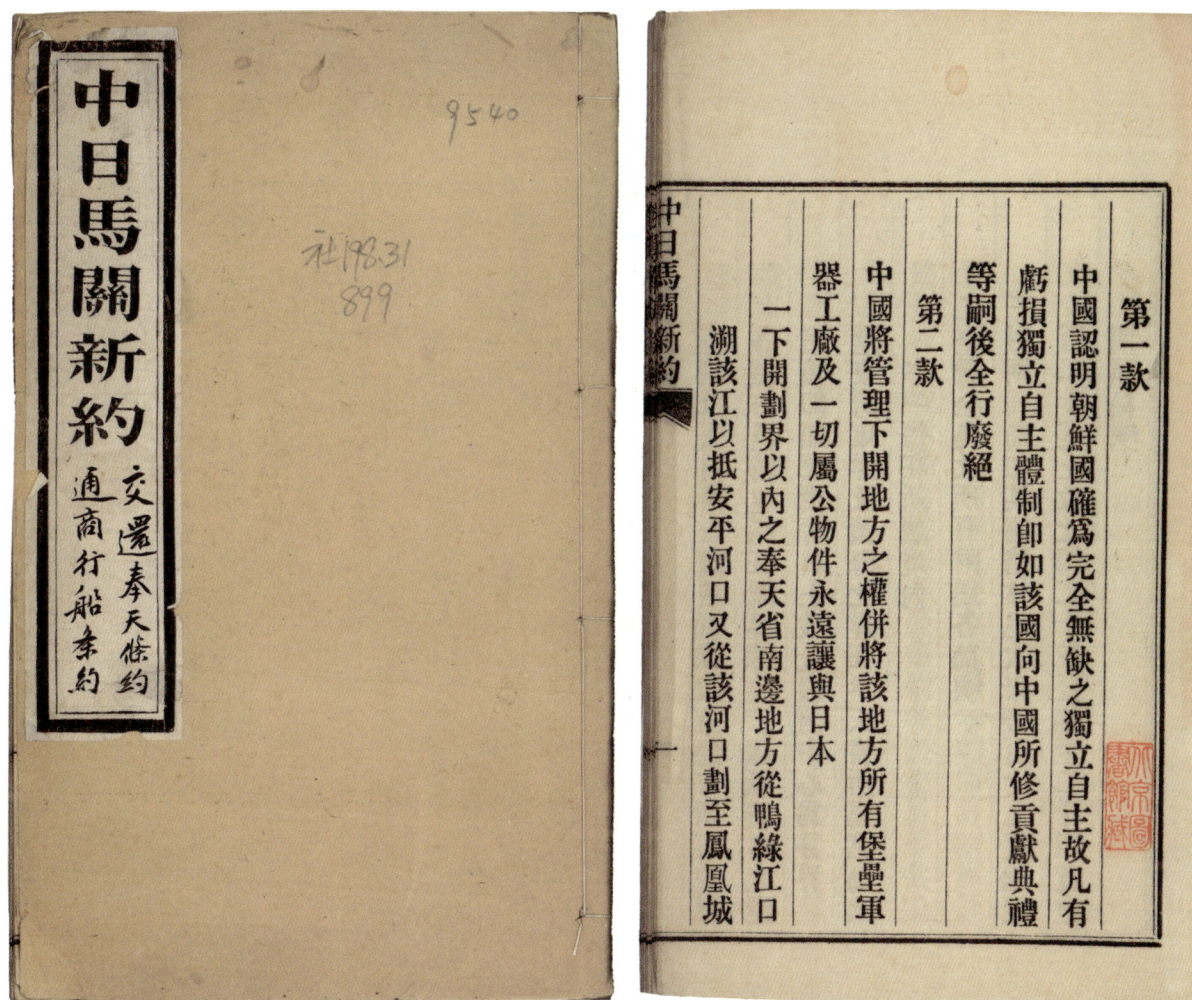

中日马关新约

清光绪间铅印本

光绪二十一年（1895）清政府与日本在日本马关（今下关）签订《马关条约》（原名《马关新约》）。该条约的签订，大大加深了中国社会的半殖民地化程度。此后，帝国主义掀起了瓜分中国的狂潮，中国的民族危机空前严重。

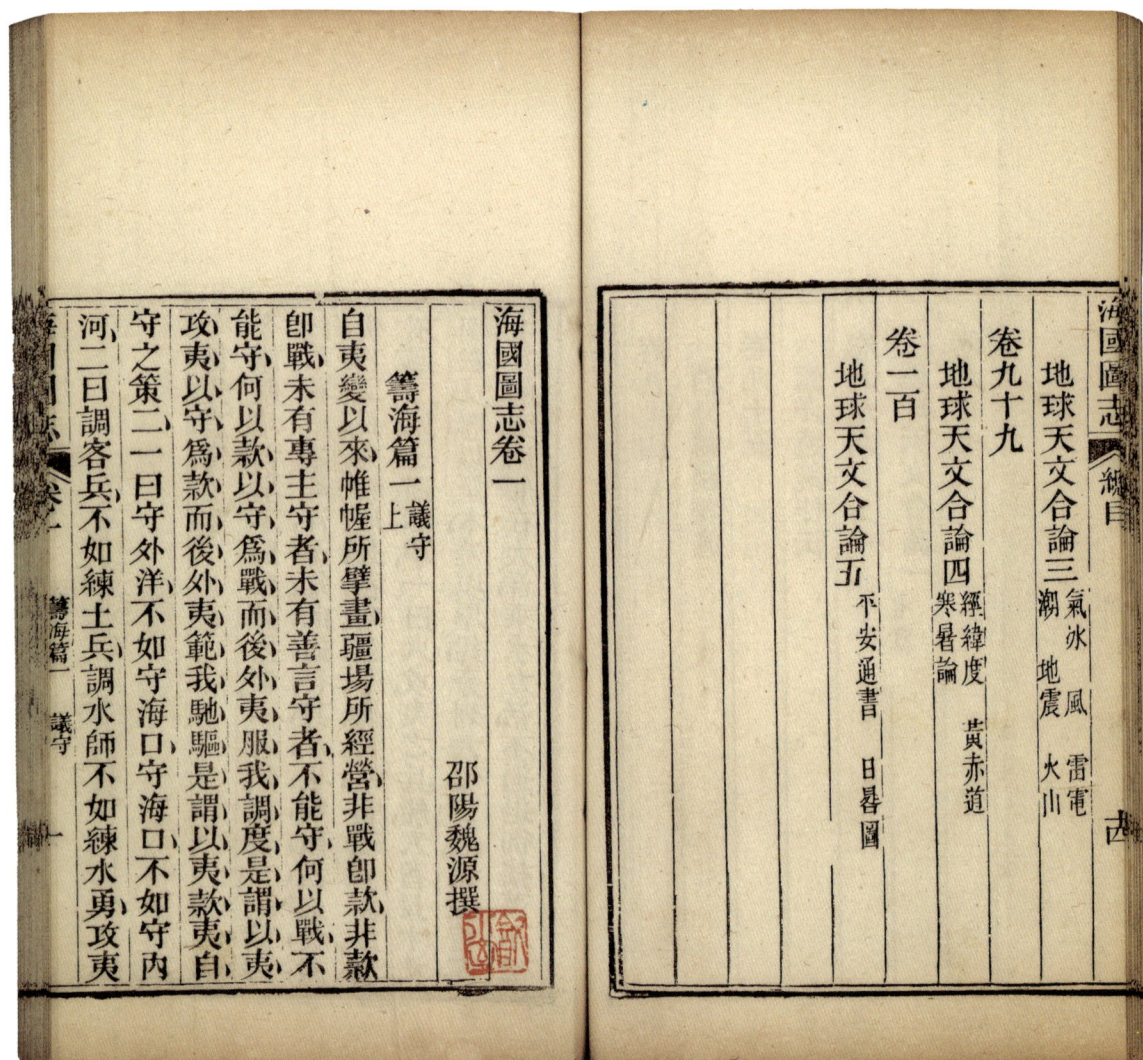

海國圖志卷一

籌海篇一 議守

邵陽魏源撰

自夷變以來帷幄所擘畫疆場所經營非戰卽款非款
卽戰未有專主守者未有善言守者不能守何以戰不
能守以為戰而後外夷服我調度是謂以夷攻夷以守
攻夷以守為款而後外夷範我馳驅是謂以夷款夷自
守之策二一曰守外洋不如守海口守海口不如守內
河二曰調客兵不如練土兵調水師不如練水勇攻夷

地球天文合論三　氣冰 風 雷電
卷九十九　　　　　　 潮 地震 火山
地球天文合論四　經緯度　黃赤道
　　　　　　　　　 寒暑論
卷一百
地球天文合論五　平安通書　日晷圖

海国图志

（清）魏源撰　清光绪二年（1876）刻本

　　此书以《四洲志》为基础，广泛搜集资料，于道光二十二年（1842）编成，初为50卷，后续增至100卷。为中国近代史上第一部全面系统介绍世界历史、地理、政治的巨著。提倡"师夷之长技以制夷"，开辟了近代中国向西方学习的时代新风气。

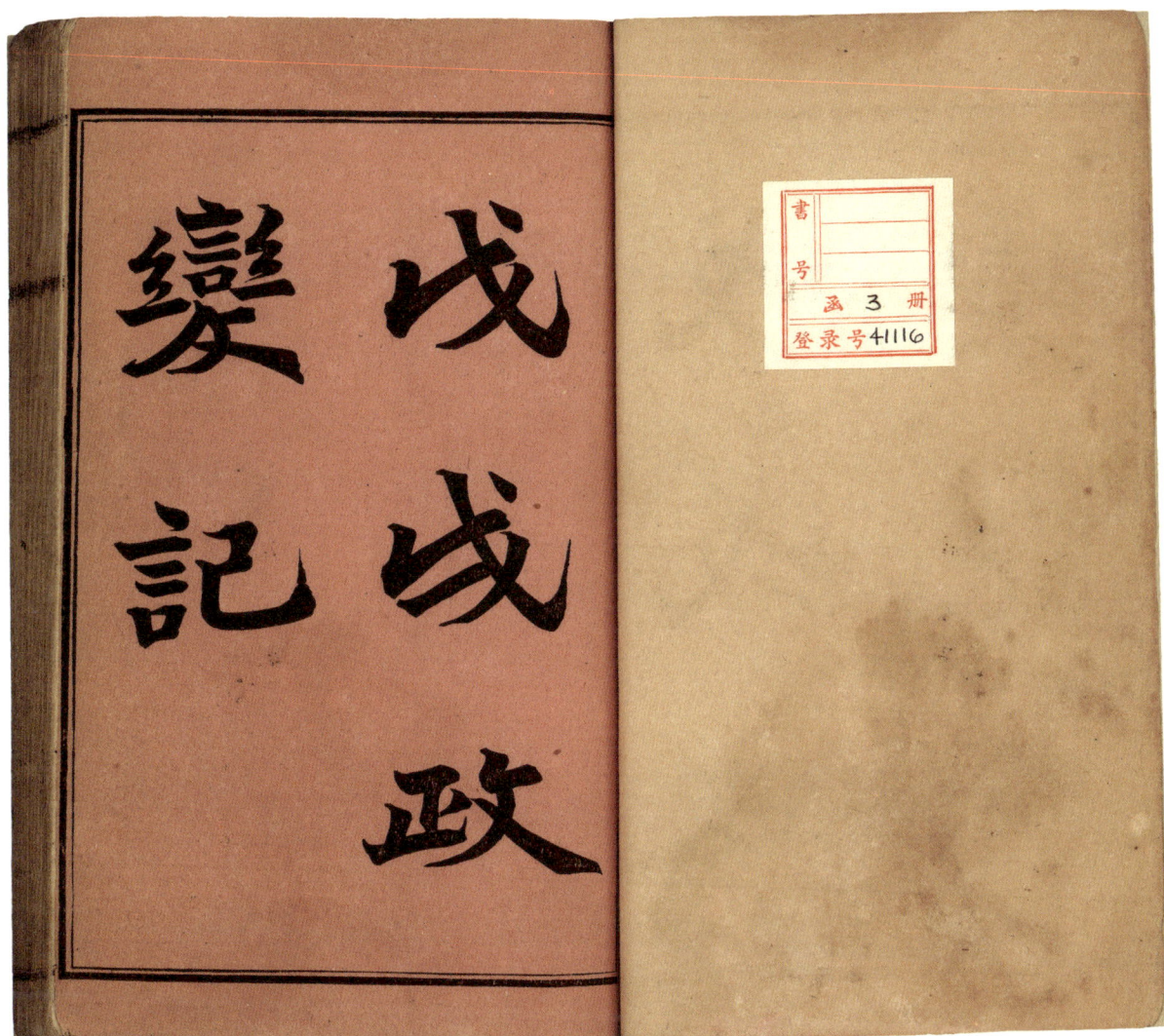

戊戌政变记

梁启超撰　清末铅印本

梁启超（1873—1929），近代著名启蒙思想家、政治活动家、史学家和文学家。此书详细论述了戊戌政变的发起与终结，分析了戊戌变法失败的原因。

中華民國臨時約法

中華民國臨時約法

第一章 總綱

第一條 中華民國由中華人民組織之

第二條 中華民國之主權屬於國民全體

第三條 中華民國領土爲二十二行省內外蒙古西藏青海

第四條 中華民國以參議院臨時大總統國務員法院行使其統治權

第二章 人民

第五條 中華民國人民一律平等無種族階級宗教之區別

第六條 人民得享有左列各項之自由權

一 人民之身體非依法律不得逮捕拘禁審問處罰

二 人民之家宅非依法律不得侵入或搜索

二十四

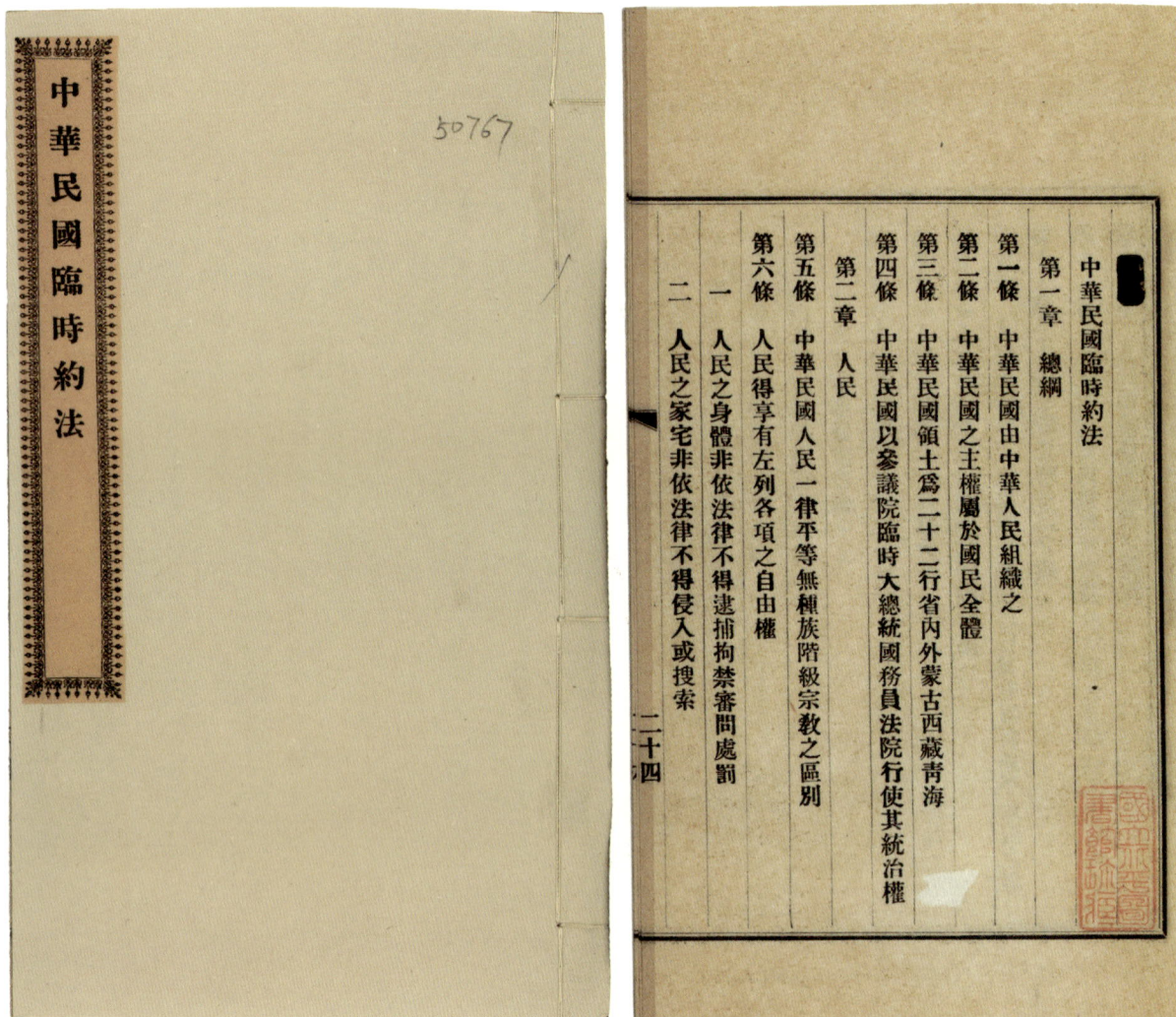

中华民国临时约法

民国铅印本

　　中华民国南京临时政府制定的中国第一部具有资产阶级共和国宪法性质的文件。1912年3月8日经临时参议院通过，3月11日由临时大总统孙中山公布。1914年5月袁世凯公布《中华民国约法》后即被废弃。

附：近代中国被迫签订不平等条约简表

条约名称与签订时间	主要内容
《中英南京条约》（1842 年）	赔款 2100 万银元；割让香港岛给英国；开放广州、厦门、福州、宁波、上海为通商口岸，准许英国在通商口岸派驻领事；关税由双方共同协定。
《中英五口通商章程》《中英虎门条约》（1843 年）	英国可以在通商口岸租地造屋；获得"领事裁判权"和片面"最惠国待遇"。
《中美望厦条约》（1844 年）	美国取得《中英南京条约》及其附件的各种特权，扩大了领事裁判权和关税协定的规定；美舰可以出入通商口岸，美国可以在通商口岸建立教堂。
《中法黄埔条约》（1844 年）	法国取得英、美两国条约中规定的权益；清朝地方官"严拘重惩"触犯法国教堂行为。
《中俄瑷珲条约》（1858 年）	割让黑龙江以北、外兴安岭以南 60 多万平方公里国土，乌苏里江以东约 40 万平方公里领土两国共管。
中俄《天津条约》（1858 年）	俄国可在陆路和沿海口岸通商；可在通商口岸停泊军舰、在内地传教；并获得领事裁判权和片面"最惠国待遇"等特权。
中美、中英、中法《天津条约》（1858 年）	外国公使进驻北京；增开汉口、九江、南京等十处通商口岸；外国传教士可以到内地自由传教；外国人可以在内地游历、经商；外国商船和军舰可以在长江口岸自由航行；赔偿英法军费各白银 200 万两，赔偿英商损失白银 200 万两。
中英、中法《北京条约》（1860 年）	《天津条约》继续有效；增开天津为商埠；割让九龙尖沙咀给英国；赔偿英、法军费各增至 800 万两。
中俄《北京条约》（1860 年）	割让乌苏里江以东包括库页岛在内的大约 40 万平方公里领土。
中俄《勘分西北界约记》（1864 年）	割让巴尔喀什湖以东以南 44 万多平方公里领土。
中日《北京专条》（1874 年）	支付白银 50 万两作为日军撤出台湾的条件。

中英《烟台条约》（1876 年）	开放宜昌、芜湖、温州、北海为通商口岸；洋货在租界免收厘金，运往内地免收内地税；英国可以调查云南通商情况，自由来往印藏等地。
中俄《伊犁条约》（1881 年）	中国收回伊犁，但霍尔果斯河以西地区割给俄国；赔款 900 万卢布；俄商在天山南北路贸易不纳税，货物运至嘉峪关减税三分之一。
中俄《科塔界约》（1883 年）	割让斋桑湖以东和以南大片领土。
《中法新约》（1885 年）	在云南和广西两省的中越边界开埠通商；中国任用法国人修筑铁路。
中英《会议藏印条约》（1890 年）	拟定西藏地方和哲孟雄之间的边界。
《中英会议藏印条款》（1893 年）	开放西藏亚东为商埠，西藏和印度、哲孟雄边境五年内免税贸易。
《中日马关条约》（1895 年）	割让辽东半岛、台湾、澎湖列岛给日本；赔款白银 2 亿两；开放沙市、重庆、苏州、杭州为商埠；允许日本在通商口岸开设工厂。
中国与英、俄、德、法、美、日、意、奥、比利时、荷兰、西班牙《辛丑条约》（1901 年）	赔款白银 4.5 亿两，分 39 年付清，本息合计 9.8 亿两白银；惩办支持宣战的王公大臣，严禁人民反对帝国主义侵略的活动；拆毁大沽炮台，允许各国驻兵京津以及京山铁路沿线；划东交民巷为使馆区，允许各国驻兵保护，不准中国人居住；改总理衙门为外务部，位列六部之首。
《二十一条》（1915 年）	日本继承德国在山东的一切权利；日本享有南满、东蒙一带工商、土地、路矿、顾问、借款的特权；中国沿海岛屿和港湾不得租借和转让他国；中国政府聘用日本人为政治、财政、军事顾问；中国警政和兵工厂由中日合办。
中俄《呼伦条约》（1915 年）	呼伦贝尔划为"特别区"，中国军队非经俄国允许不得进入。

马克思主义在中国的早期传播

在西方列强侵略行为的刺激下，部分有识之士从 19 世纪中叶开始开眼看世界，向西方学习先进的文化知识、科学技术及思想理念。在救亡图存的大背景下，西方各种思潮陆续传入中国。19 世纪末 20 世纪初，马克思、社会主义等名词开始见诸中国书报杂志，马克思主义学说开始被中国人所知。

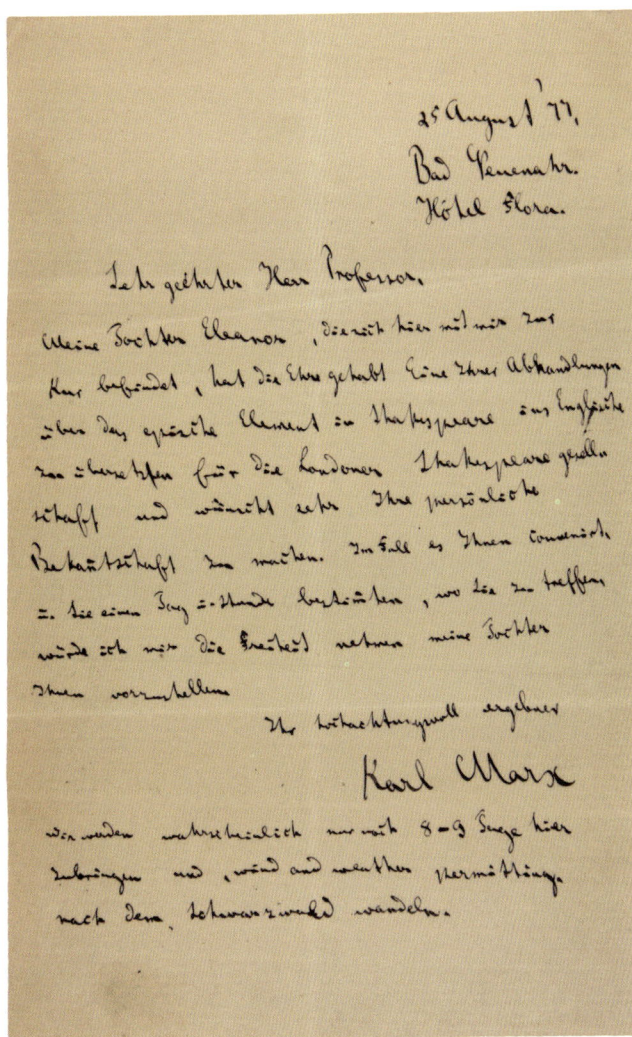

马克思致尼古拉斯·德利乌斯教授的信

〔德〕马克思著　德文　钢笔手书原信　1877 年 8 月 25 日

该信是马克思与小女儿爱琳娜在德国巴特诺因阿尔的弗洛拉旅馆疗养时所写。

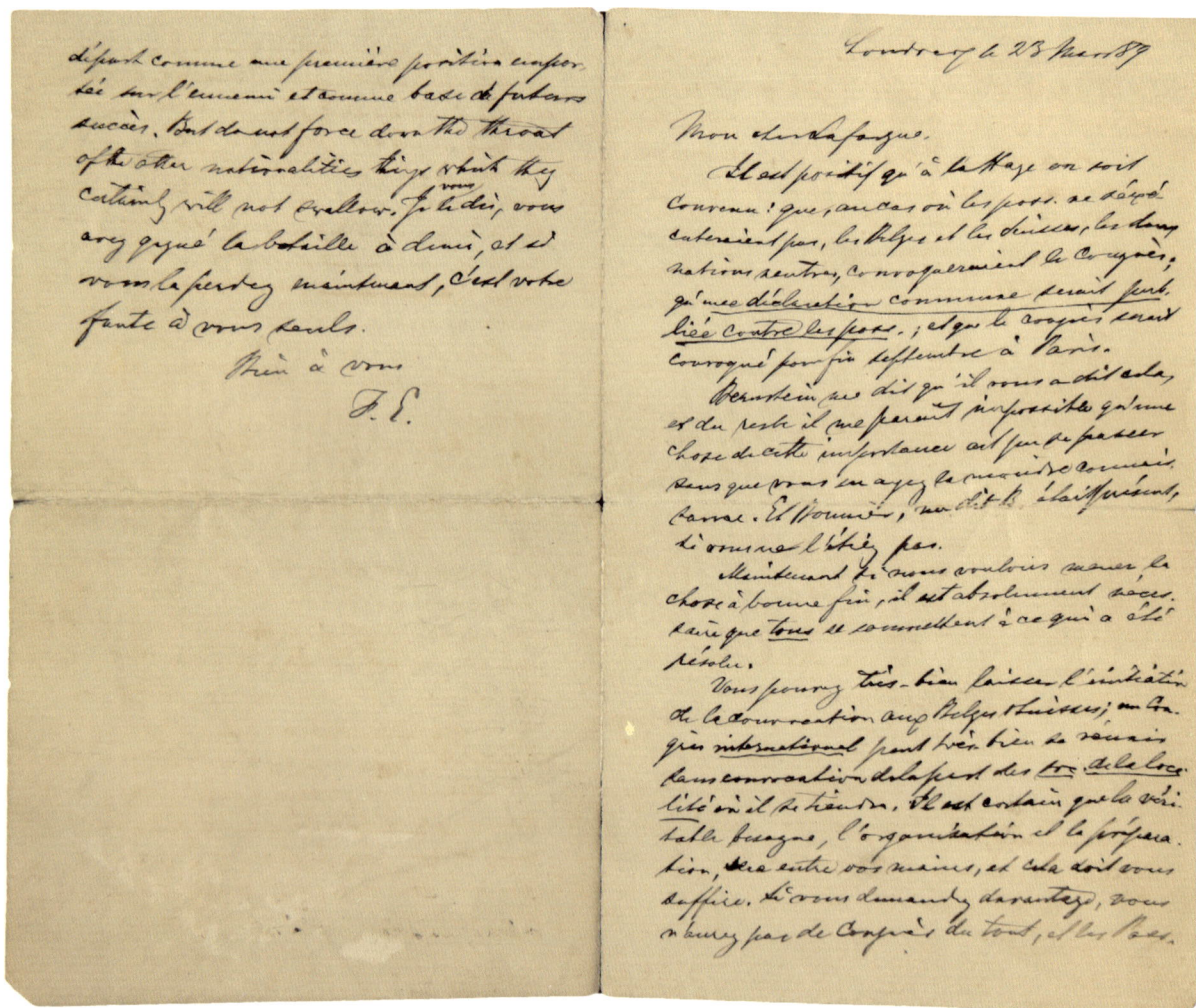

恩格斯致拉法格的信

〔德〕恩格斯著　法文　钢笔手书原信　1889 年 3 月 23 日写于英国伦敦

　　拉法格是法国国际工人运动活动家。1866 年当选为第一国际总委员会委员，为法国工人党创建人之一。1868 年与马克思次女劳拉结婚。

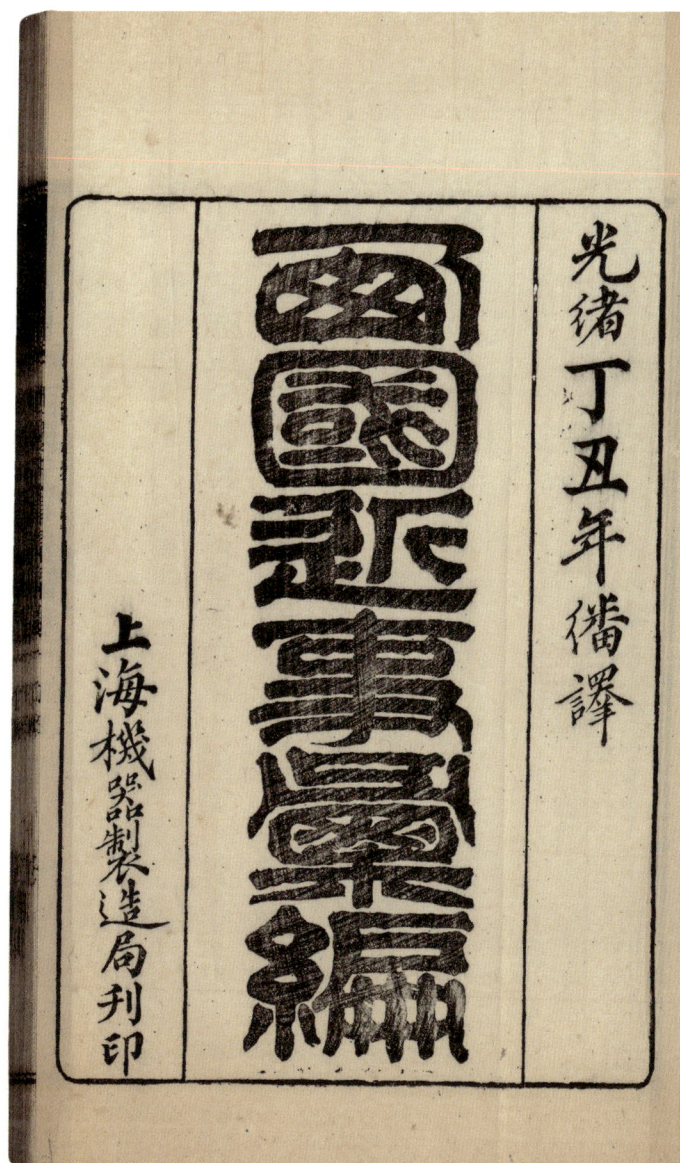

西国近事汇编

〔美〕金楷理（C.Kreyer）译　（清）姚棻、蔡锡龄笔述　江南机器制造局　清末

光绪三年（1877），中国报刊中第一次出现communist一词的译名。《西国近事汇编》载有蔡锡龄笔述的一段文字，最早提到了"康密尼人""康密尼党"，即communist的音译。

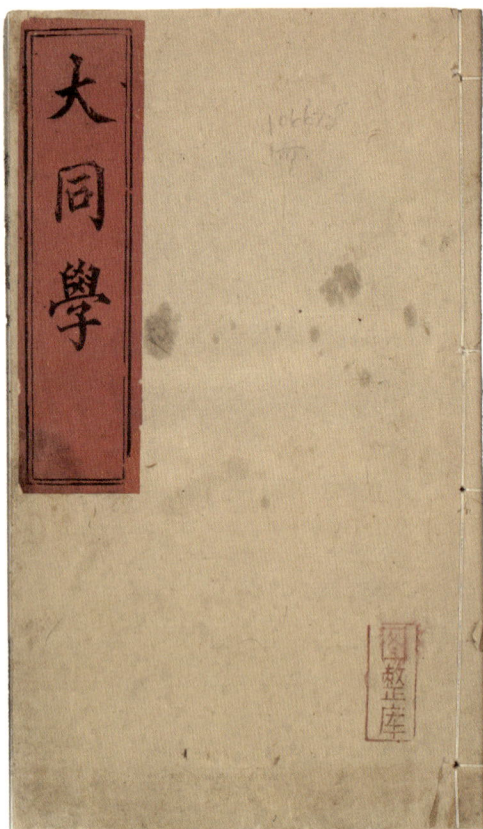

大同學

大同学

〔英〕李提摩太译　（清）
蔡尔康笔述　上海广学会
1899 年

　　从 1899 年 2 月到 4 月，上海基督教广学会主办的《万国公报》连载了由李提摩太节译、蔡尔康撰文的《大同学》前三章，此文为英国哲学家基德《社会进化论》一书的节译。同年 5 月上海广学会出版了《大同学》单行本，在中国最早提到马克思和恩格斯的名字，称马克思是"百工领袖"，并介绍其相关学说。

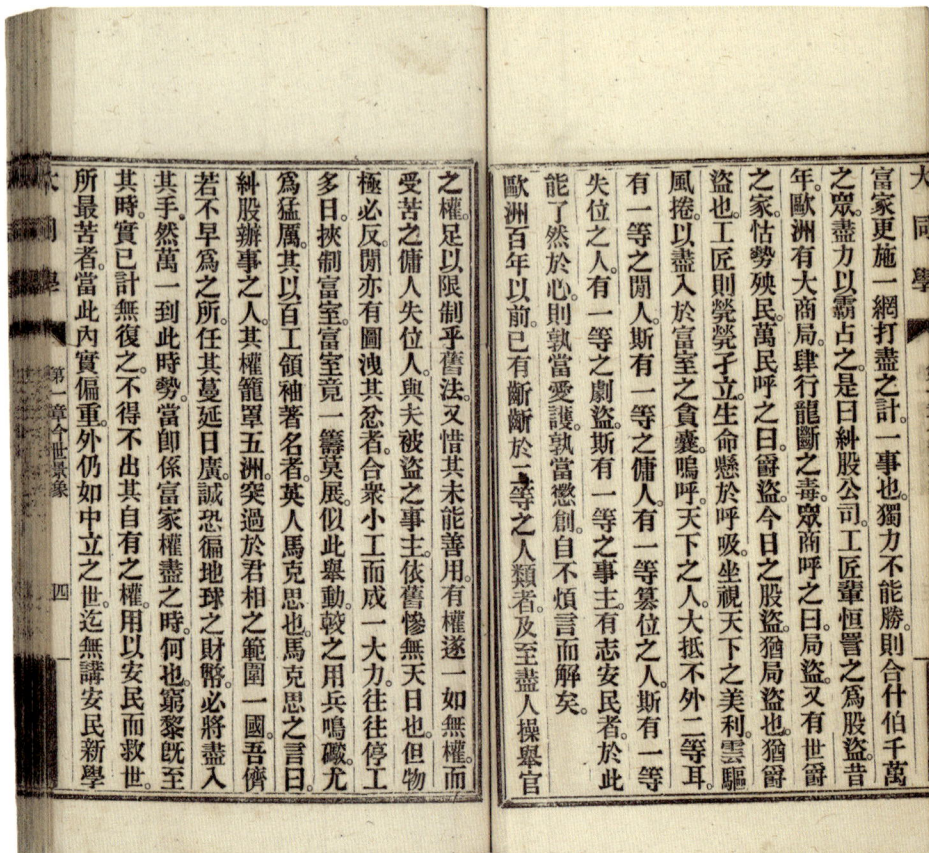

大同學

富家更施一網打盡之計一事也獨力不能勝則合什伯千萬
之眾盡力以霸占之是日糾股公司工匠輩恒詈之爲股盜昔
年歐洲有大商局肆行龍斷之毒衆商呼之日局盜猶也有世爵
之家怙勢殃民萬民呼之日窩盜今日之股盜猶局盜也猶爵
盜也工匠則嗸嗸於富室之貪囊嗚呼天下之人大抵不外二等耳
風捲以盡入於富室之家生命懸於呼吸坐視天下之美利雲騰
有一等之開人斯有一等之劇盜斯有一等之事主
失位之人有一等之傭人有一等之事主有志安民者於此
能了然於心則孰當愛護孰當懲創自不煩言而解矣
歐洲百年以前已有斷斷於二等之人類者及至盡人操舉官

之權足以限制乎舊法又惜其未能善用有權遂一如無權而
受苦之傭人與夫被盜之事主依舊慘無天日也但物
極必反開亦有圖洩其忿者合衆小工而成一力往往停工
多日挾制富室富室竟一籌莫展似此舉動較之用兵鳴礮尤
爲猛烈其以百工領袖著名者英人馬克思也馬克思之言日
糾股辦事之人其權籠罩五洲突過於君相之範圍一國吾儕
若不早爲之所任其蔓延日廣誠恐偏地球之財幣必將盡入
其時實已計無復之不得不出其自有之權用以安民而救世
所最苦者當此內實偏重外仍如中立之世迄無講安民新學

第一章　今世景象
四

近世社會主義（下）

第三編　近時之社會主義

緒言

第一期之社會主義者皆荒唐無稽之空說試諸實地輒形失敗降自第二期對社會主義所研究之學理漸進其步於是經濟上之原理異論疊生馬陸科斯拉沙列等之名一時喧傳世上舉世皆傾聽於社會問題以求社會改革之法溫和急激互異其趣一派則爲疎暴急激之破壞的急進黨一派則爲溫和著實之漸進的平和黨其議論之根底互標異幟其運動之方針亦大逕庭兩者之背馳竟成仇敵於是社會民主黨乃宣言曰「必以國家干涉生產事業而後貨銀的勞働之組織乃可打破之以收一切之利權置諸勞働者之掌握」而唱無政府主義者其說更激曰「用國家以打破無益之政府凡現社會之組織必破壞而全滅之」其後乃進而講社會改革之法用國家社會主義以公共的之性質而營事業收之於政府之手嚴其監督勉其保護以謀現社會之改善以與前二者之議論相比其差異殊別相去何等今吾人分章別目以尋溫急兩派運動之徑路以考其如何思想而後近世之社會主義乃可得而

一

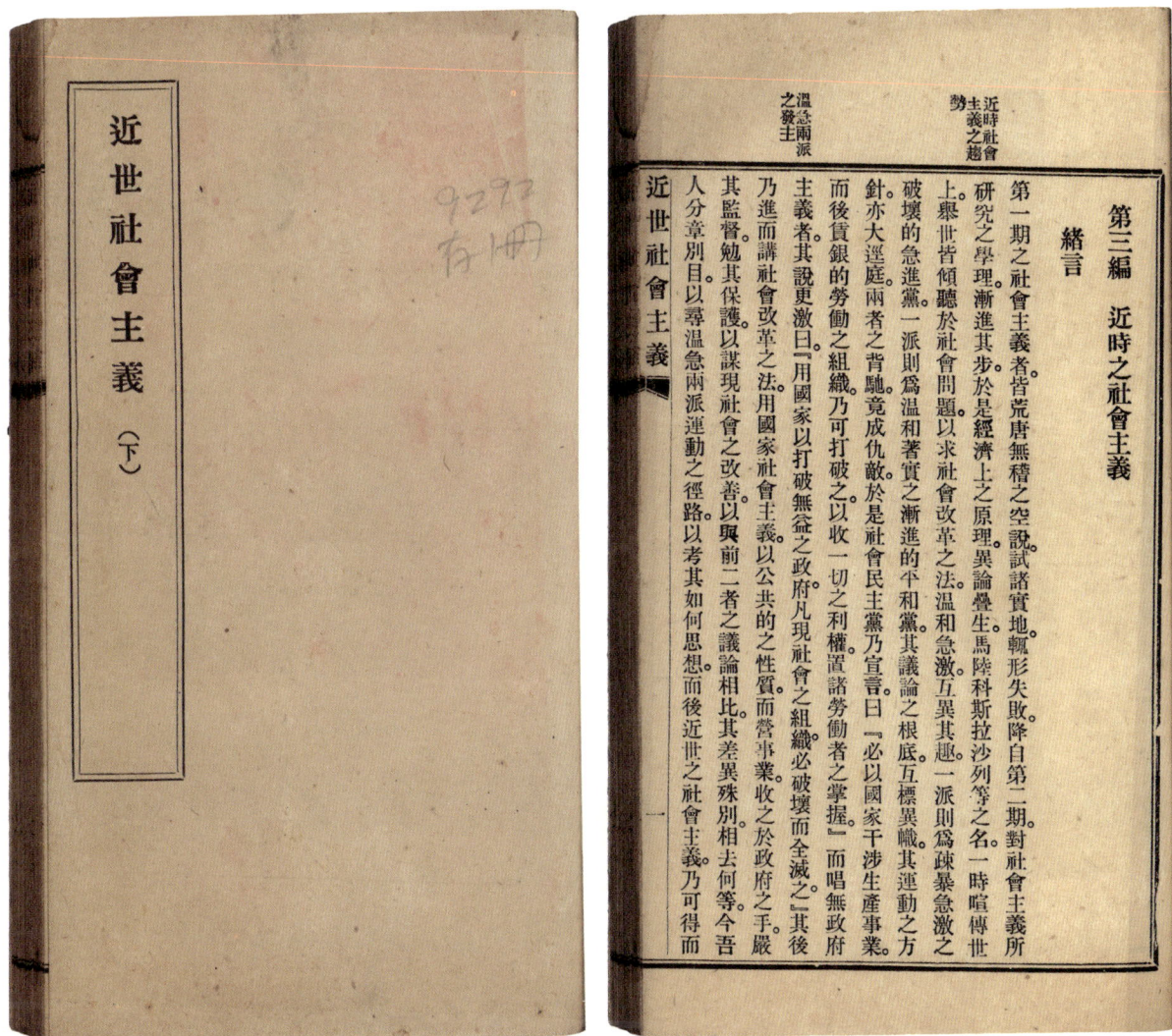

近世社会主义

〔日〕福井准造撰　赵必振译　上海广智书局　清光绪二十八年（1902）

　　上海广智书局1902年翻译出版，书中四次提到《共产党宣言》，并称之为"一大雄篇"。这是中国最早介绍《共产党宣言》的读物。

近世界六十名人

巴黎　世界社　1907 年

　　本书辑有世界六十名人略传，上冠图像下附生平传记，其中收入了马克思的画像。这是马克思的画像首次以"马格斯"的名字出现在中国出版物上。该肖像多次被用于《共产党宣言》等书的封面或中央革命根据地的货币上。

新文化运动与五四运动

1915 年 9 月，陈独秀在上海创办《青年杂志》（自第 2 卷起改称《新青年》）。以此为标志，中国兴起了一场以"民主"与"科学"为旗帜，向封建思想文化宣战的新文化运动。

1919 年，为反对帝国主义列强在巴黎和会上损害中国主权，反对北洋政府的卖国政策，爆发了五四爱国运动。

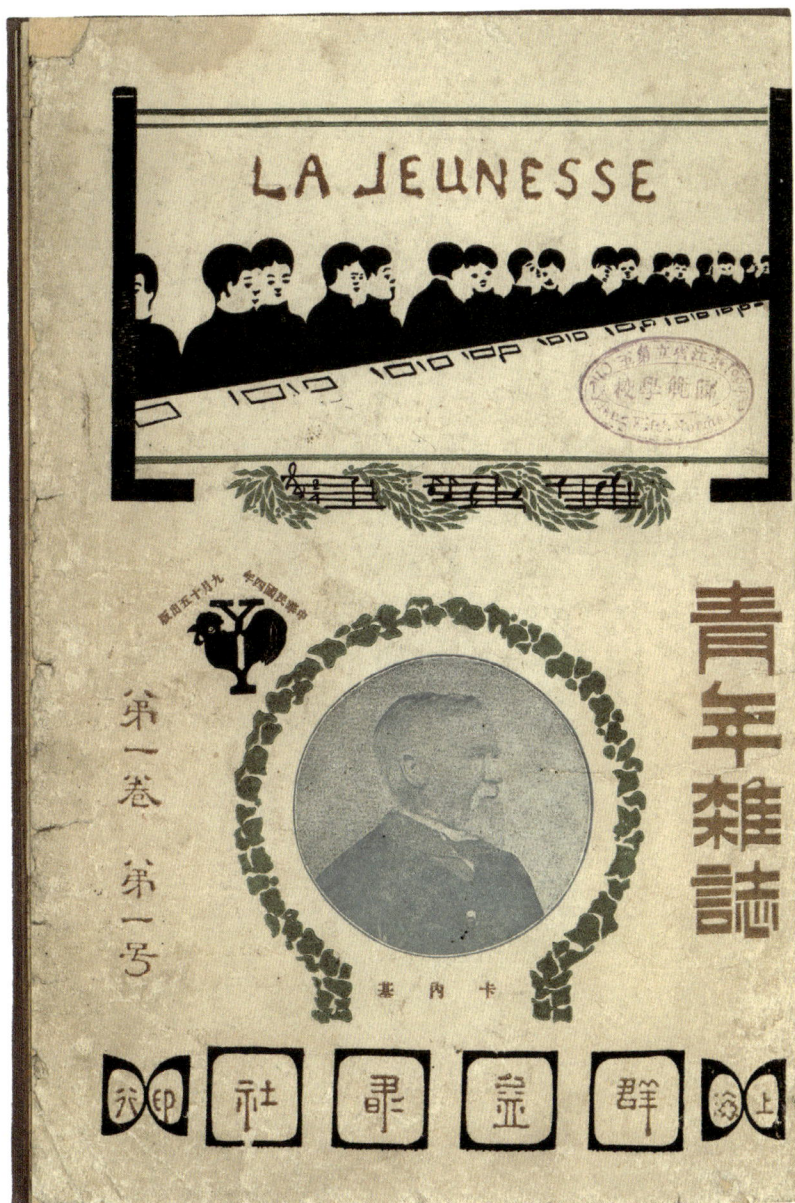

青年杂志（创刊号）

上海群益书社　1915 年 9 月 15 日

1915 年 9 月 15 日在上海创刊，初名为《青年杂志》，第 2 卷第 1 号改名为《新青年》。1926 年 7 月终刊。先后经历了月刊、季刊、不定期刊三个阶段，在上海、北京、广州等地出版。在 11 年发展历程中，始终随着时代步伐不断前进，用它的革命思想和战斗精神，影响和培养了五四时期一代革命者。

新潮發刊旨趣書

新潮者北京大學學生集合同好撰輯之月刊雜誌也北京大學之生命已歷二十一年而學生之自動刊物不幸遲至今日然後出版向者吾校性質難取法於外國大學實與歷史上所謂「國學」者一貫未足列於世界大學之林今日幸能脫奉舊型入於軌道向者吾校作用雖日培植學業而成就者要不過一般社會服務之人與學問之發展無與今日幸能正其目的以大學之正義爲業也又向者吾校風氣不能自別於一般社會凡所培植皆適於今日社會之人也今日幸能漸入世界潮流欲爲未來中國社會合作之先導本此精神循此途徑期之以十年則今日之大學固來日中國一切新學術之策源地而大學之思潮未必不可普福國而影響無量斯同人等學業淺陋逢此轉移之會謹以此弘業妄自菲薄要當竭盡靈思力勉爲二三分之贊助一則以吾校眞精神喚於國人一則爲將來吾學者鼓動典趣同人等深慚不能自致於此特發願爲人作前驅而已名曰「新潮」其義可知也

今日出版界之職務莫先於喚起國人對於本國學術之自覺心今試問當代思想之潮流直如何國人正復茫然味未辨天之高地之厚也其致於自用者竟謂本國學術可以離乎世界趨勢而獨立夫學術原無所謂國別更不以方土易其質性今外中國於世界思想潮流直不嘗自絕於人世旣不於現在有所不滿自不能於未來者努力獲求長此因循何時達日薹其所由營在此思想潮流中位置如何國人正復茫然味未辨天之高地之厚也其致於自用者緣不辨西土文化之美隆如彼又不察今日中國學術之枯槁如此於人於已兩無所知因而不自覺其形穢同人等以爲國人所宜最先知者有四事第一今日世界文化至於若何階級第二現代思潮本何

新 潮 第一卷 第一號 目次

民國八年一月一日初版發行
十二月十日三版發行

編輯者北京大學新潮社

新潮發刊旨趣書

人生問題發端
今日之世界新潮

去兵——
「新」
哲學對於科學宗教之關係論
雪夜
邏輯者哲學之精
對於小學作文教授之意見
誰使爲之？

評 壇

傅斯年
羅家倫
傅斯年
陳家鸞
譚鳴謙
汪敬熙
徐彥之
葉紹鈞
王輔獻
汪敬熙

目 次

一

13044

新潮

国立北京大学出版部　1919 年

　　1918 年岁末，在北京大学红楼图书馆的一个房间里，受新文化运动影响的北京大学青年学生傅斯年、罗家伦、徐彦之、顾颉刚、俞平伯等人，在蔡元培、陈独秀、胡适、钱玄同、李大钊等师长的直接指导与帮助下，发起成立了"新潮社"，创办了《新潮》杂志。该刊大力提倡白话文和学术思想解放，反抗传统礼教，主张"伦理革命"。是五四运动时期影响最大的刊物之一。

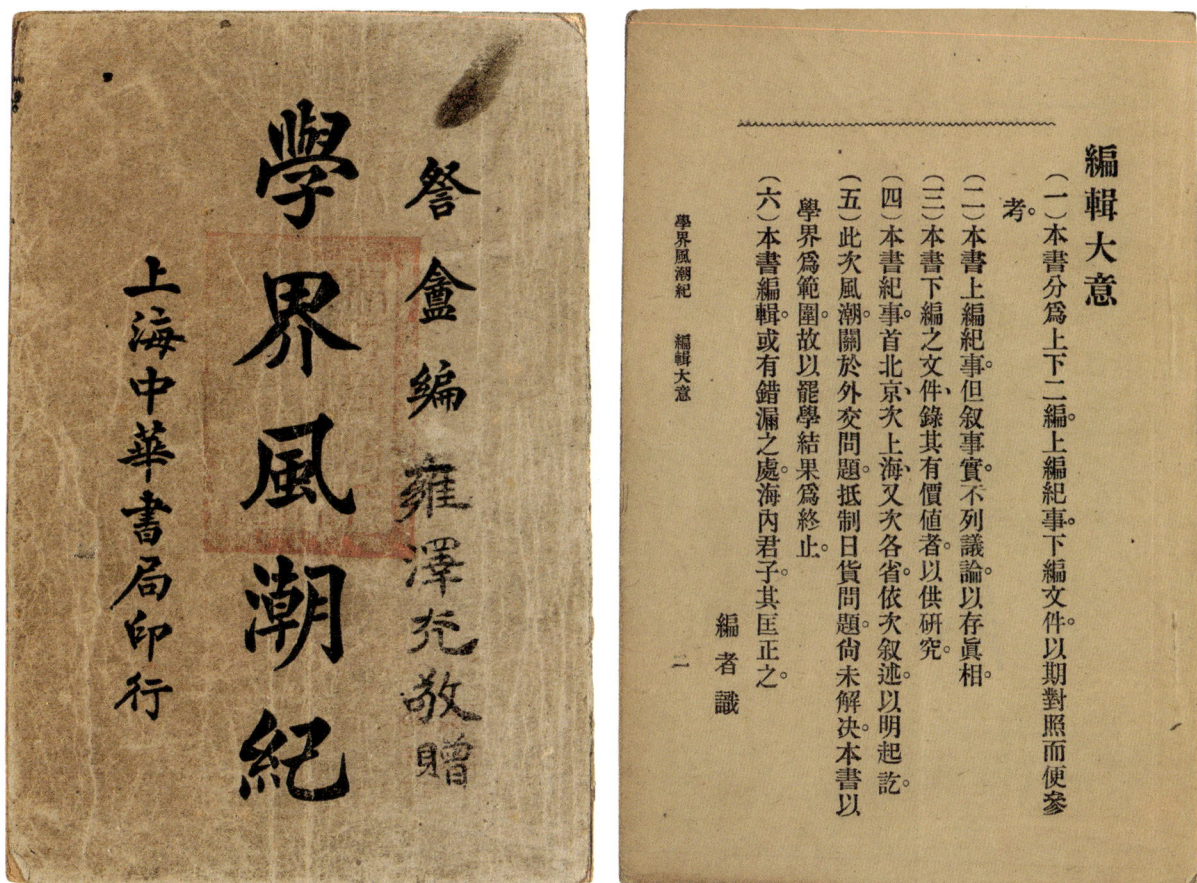

學界風潮紀

誉盦編 雒澤允敬贈

上海中華書局印行

編輯大意

（一）本書分爲上下二編上編紀事下編文件以期對照而便參考。

（二）本書上編紀事但叙事實不列議論以存眞相

（三）本書下編之文件錄其有價值者以供研究

（四）本書紀事首北京次上海又次各省依次叙述以明起訖

（五）此次風潮關於外交問題抵制日貨問題尙未解決本書以學界爲範圍故以罷學結果爲終止

（六）本書編輯或有錯漏之處海內君子其匡正之

編者識

一

學界風潮紀 編輯大意

学界风潮纪

誉盦编 中华书局 1919 年

本书记载了五四运动史实，分上、下两编。上编纪事，介绍五四运动的酝酿时期、剧烈时期和弥漫时期。下编收录令、电、书、文、演讲和评论等六类文件。

马克思主义在中国的广泛传播

　　十月革命后，以李大钊为代表的先进分子开始在中国传播马克思主义。1920年3月，李大钊主持的北京大学马克思学说研究会成立。同年5月，陈独秀等人在上海发起成立了马克思主义研究会。这两个中心先后与湖北、湖南、浙江、山东、广东、天津和海外一批受过五四运动深刻影响的先进分子建立联系，从北京、上海分别向各地辐射，促进了马克思主义的广泛传播，并为中国无产阶级政党的创建准备了干部条件。

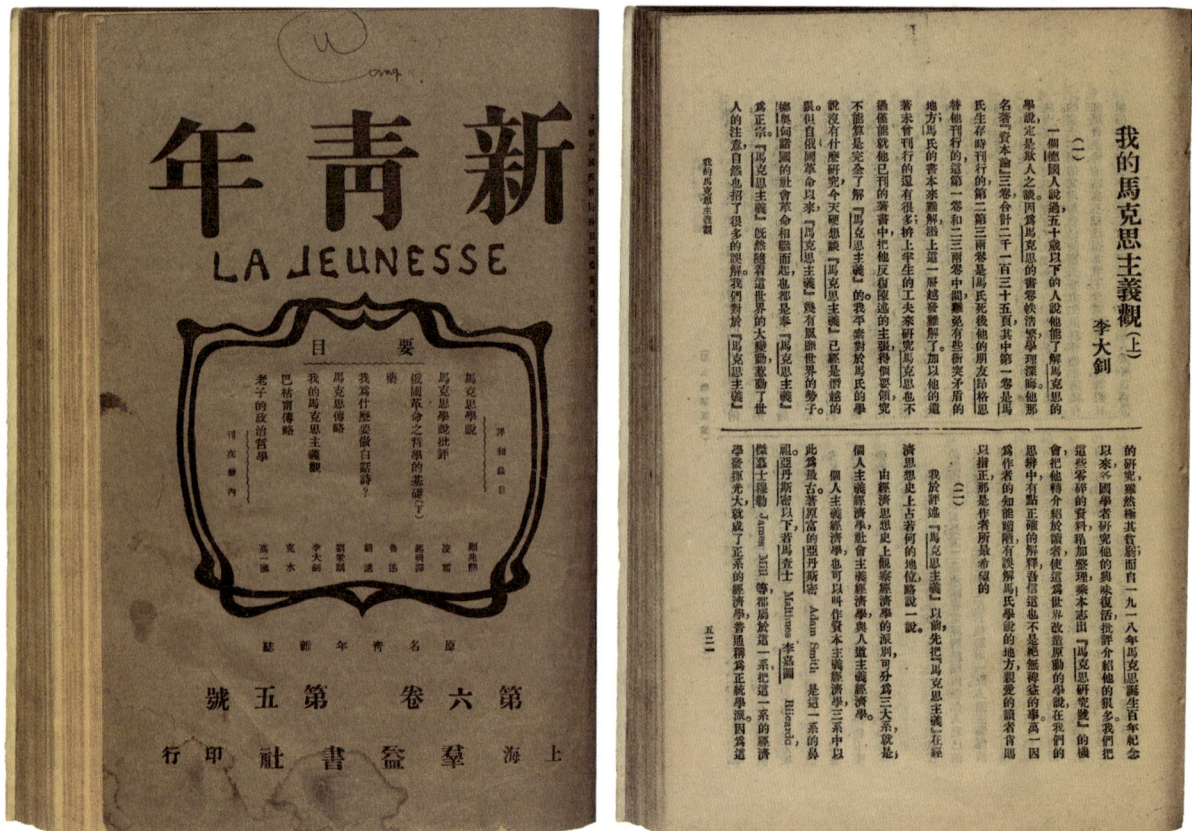

我的马克思主义观

李大钊撰　《新青年》第六卷第五号　1919年

　　1919年5月，李大钊为《新青年》主编了《马克思主义研究专号》，并亲自撰写了《我的马克思主义观》一文，对马克思主义的三个组成部分——政治经济学、科学社会主义和唯物史观的基本观点作了系统的介绍，第一次较完整地向中国人介绍了马克思主义学说，极大推动了马克思主义在中国的传播。

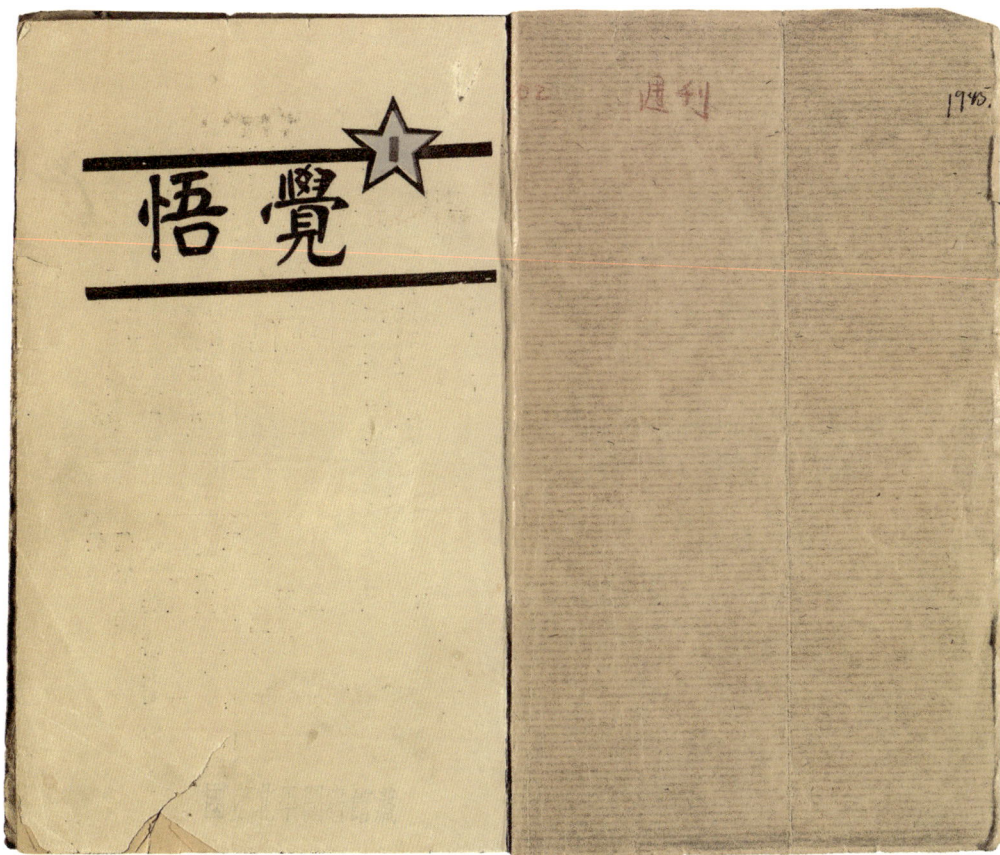

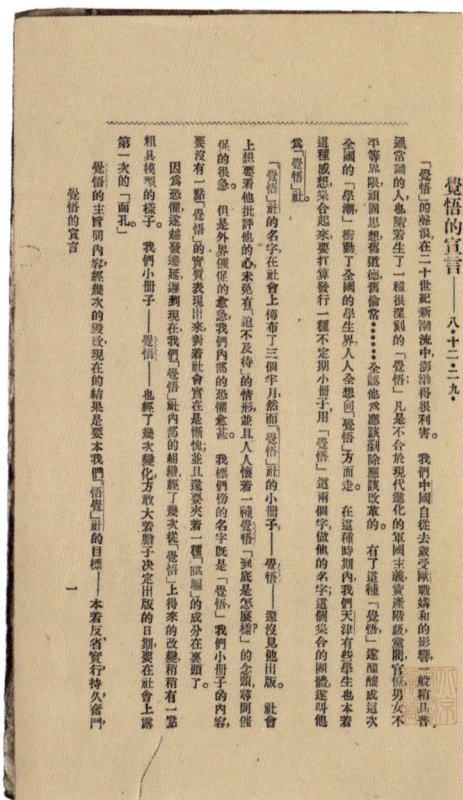

觉悟

周恩来主编　天津觉悟社　1920 年

　　为天津爱国学生团体"觉悟社"的社刊，也是五四运动时期影响较大的刊物之一。周恩来在创刊号上撰写《觉悟的宣言》，明确提出觉悟社的宗旨：本"革心""革新"的精神，求大家的"自觉""自决"。

《共产党宣言》早期译本

　　《共产党宣言》是马克思和恩格斯共同为共产主义者同盟起草的纲领，1848 年 2 月在英国伦敦用德文首次发表。它是国际共产主义运动第一个纲领性文献，是马克思主义诞生的重要标志。《共产党宣言》在世界上传播非常广泛，对中国的发展更具有决定性意义，不仅影响了孙中山、毛泽东、邓小平等历史伟人，而且影响了整个中华民族近百年的社会历史走向。

陈望道与《共产党宣言》

　　1920 年初，陈望道参照英文版、依从日文版，全文翻译了我国第一部中文译本《共产党宣言》。1920 年 8 月，此译本在共产国际资助下，于中共上海发起组办的又新印刷所问世。为了满足读者的需求，同时也为了纠正初版本中将书名"共产党"印成"共党产"的错误，同年 9 月，这一译本再版。再版本除了将书名更正为《共产党宣言》，封面改为蓝印马克思半身肖像以及更改出版时间外，其余均同于初版本。

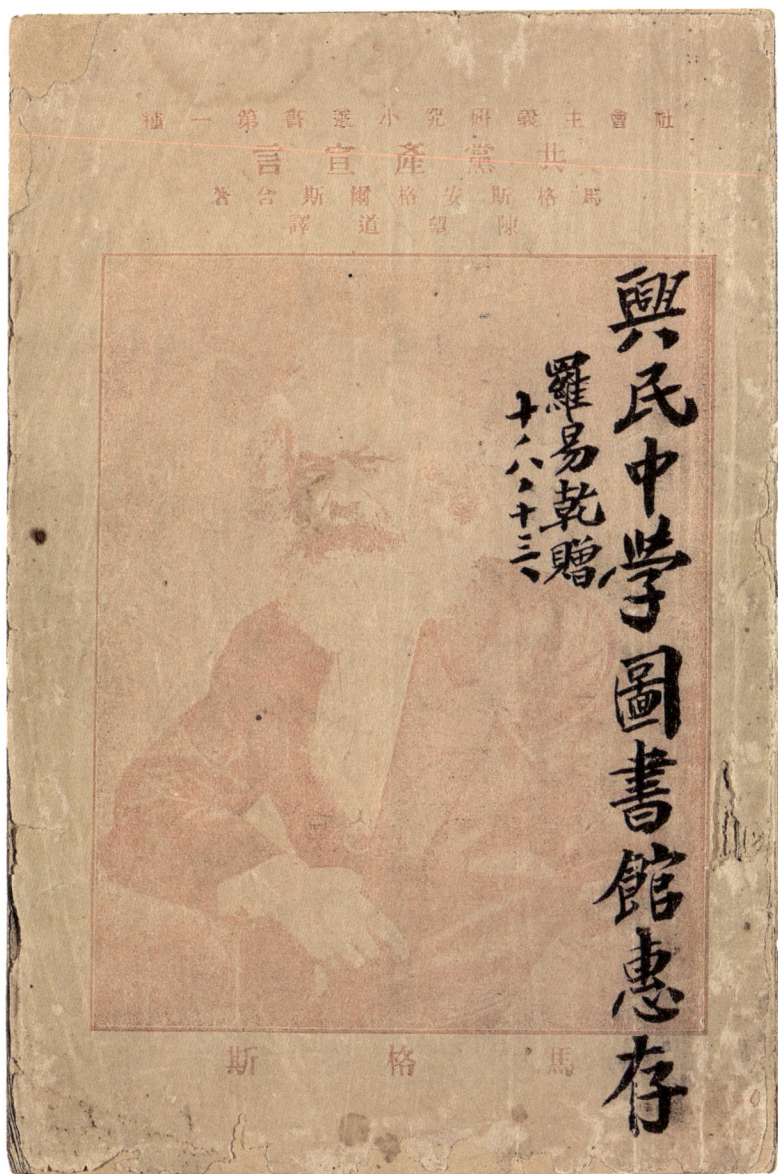

共产党宣言

〔德〕马克思、恩格斯合著　陈望道译　社会主义研究社　1920 年 8 月

《社会主义研究小丛书》第一种，封面有马克思红色半身像。1919 年底，陈望道受上海《星期评论》之约，翻译《共产党宣言》。他参照英文版、依从日文版《宣言》，于 1920 年 3、4 月间完成了这部经典巨著的翻译。译稿又经陈独秀、李汉俊校对。这部重要著作的翻译出版，是马克思主义在中国传播史上的一件大事。

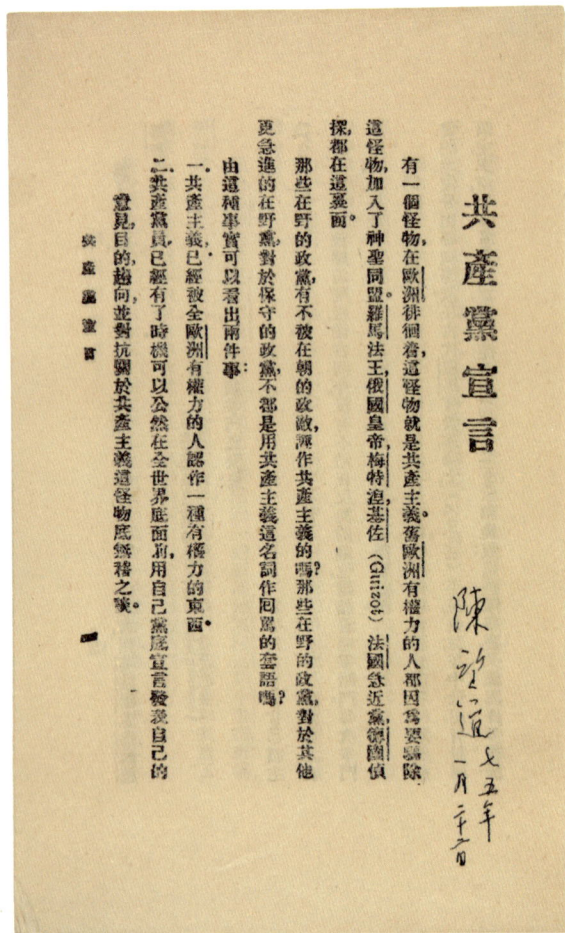

共产党宣言

〔德〕马克思、恩格斯合著　陈望道译　社会主义研究社　1920年9月　复制件

　　陈望道《共产党宣言》中文全译本面世后，很受读者尤其是追求进步思想的青年的欢迎，印数仅1000册的初版本很快赠售一空。为满足读者的需求，同时也为了纠正初版本书名的错误，9月出了再版本。本书卷端有译者1975年1月22日亲笔签名。

《共产党宣言》其他译本

陈望道译本问世后，《共产党宣言》又先后出版过华岗译本、成仿吾与徐冰合译本、陈瘦石译本、博古校译本、乔冠华校译本以及苏联外国文书籍出版局印行的百周年纪念版等多种版本。

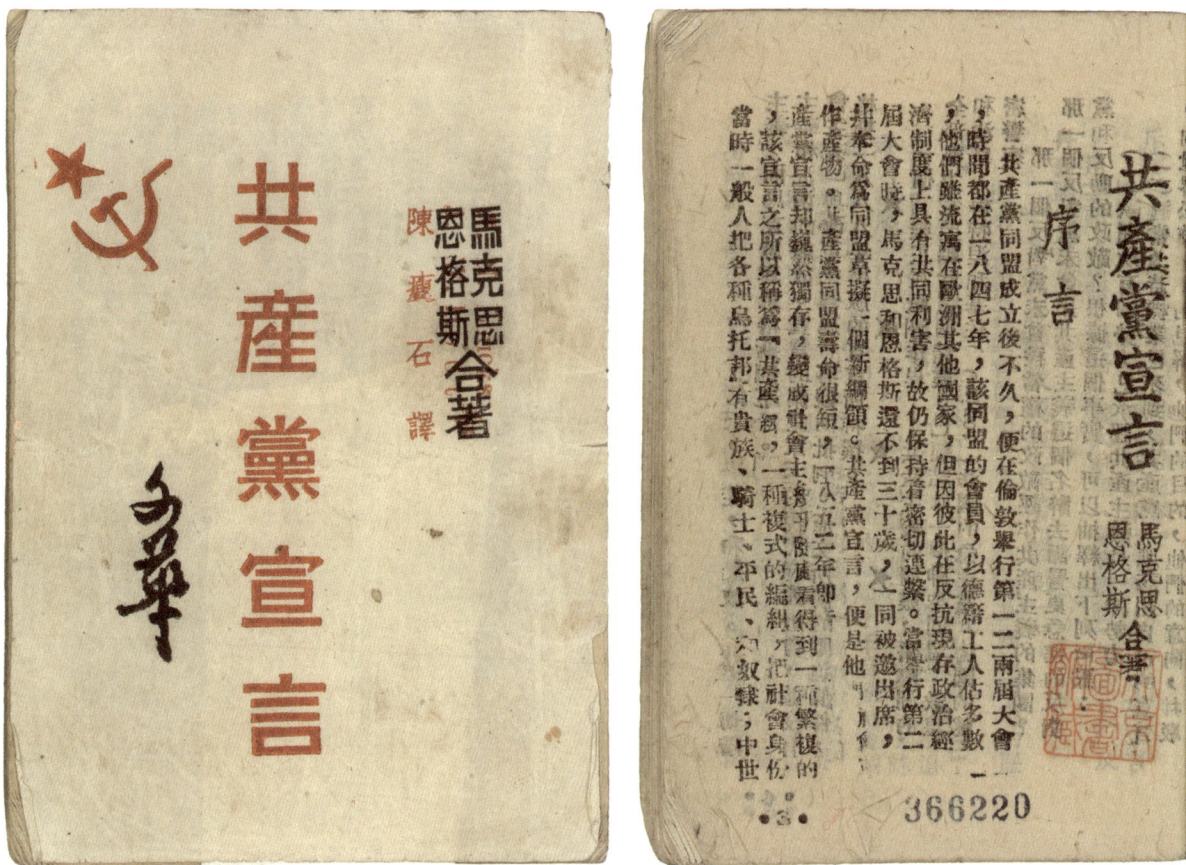

共产党宣言

〔德〕马克思、恩格斯合著　陈瘦石译

陈瘦石于 1943 年在国民党统治区翻译出版《共产党宣言》，是中国共产党成立以后第一部由非共产党人翻译的完整版本。译者的目的只是将它作为研究马克思经济思想的参考资料，但客观上却起到了传播《共产党宣言》的作用。

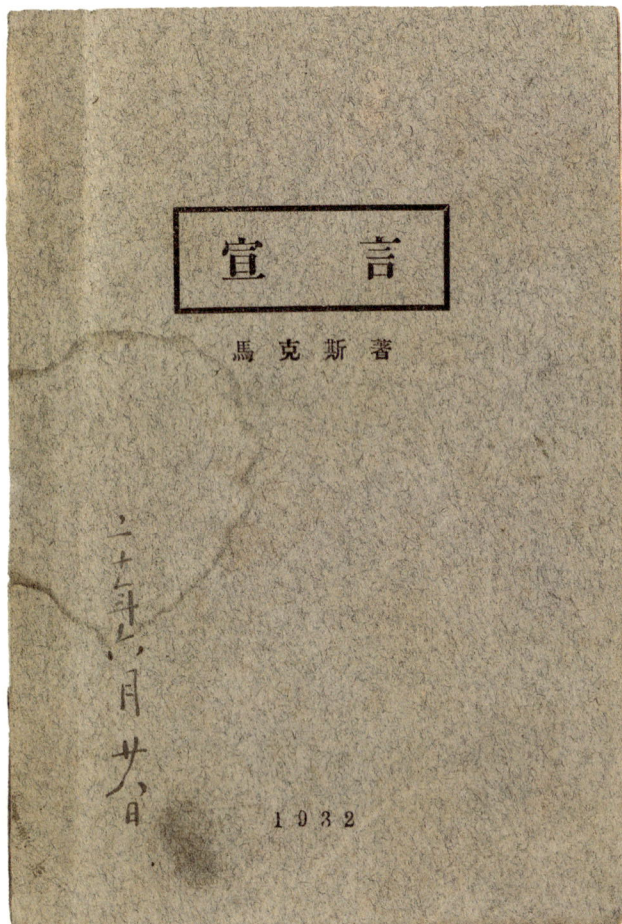

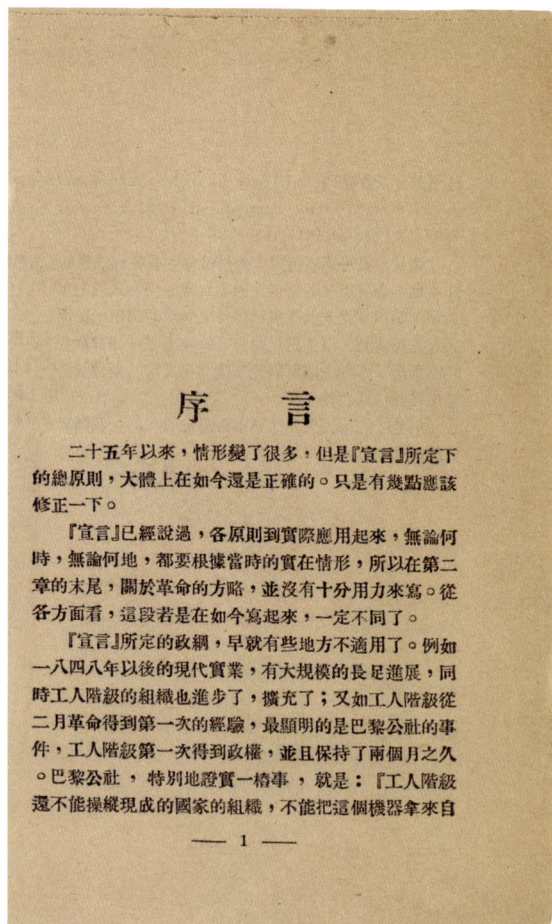

宣言

馬克斯著

一二十年八月廿九日

1932

序 言

二十五年以來，情形變了很多，但是『宣言』所定下的總原則，大體上在如今還是正確的。只是有幾點應該修正一下。

『宣言』已經說過，各原則到實際應用起來，無論何時，無論何地，都要根據當時的實在情形，所以在第二章的末尾，關於革命的方略，並沒有十分用力來寫。從各方面看，這段若是在如今寫起來，一定不同了。

『宣言』所定的政綱，早就有些地方不適用了。例如一八四八年以後的現代實業，有大規模的長足進展，同時工人階級的組織也進步了，擴充了；又如工人階級從二月革命得到第一次的經驗，最顯明的是巴黎公社的事件，工人階級第一次得到政權，並且保持了兩個月之久。巴黎公社，特別地證實一椿事，就是：『工人階級還不能操縱現成的國家的組織，不能把這個機器拿來自

—— 1 ——

宣言（伪装本）

〔德〕马克斯著 华岗译 上海中外社会科学研究社 1932年3版

华岗翻译的《宣言》1930年由上海华兴书局出版，这是中国共产党成立以后组织出版的第一部《共产党宣言》全译本。华岗译本采取伪装本的形式，书名为《宣言》，没有"共产党"三个字，出版社署名为"上海中外社会科学研究社"，而著者为"马克斯"。

共产党宣言

〔德〕马克思、恩格斯合著　成仿吾、
徐冰译　中国出版社　1938 年 10 月

　　成仿吾、徐冰根据德文版《共
产党宣言》翻译，1938 年延安解放
社作为《马恩丛书》第四种出版，这
是在根据地由中国共产党组织翻译出
版的第一部《共产党宣言》全译本。
本书为中共领导的中国出版社出版的
初版本。

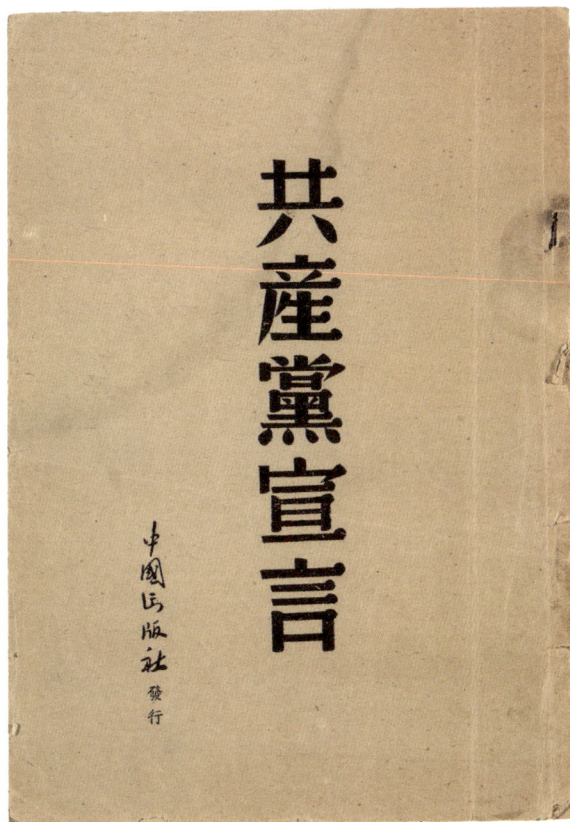

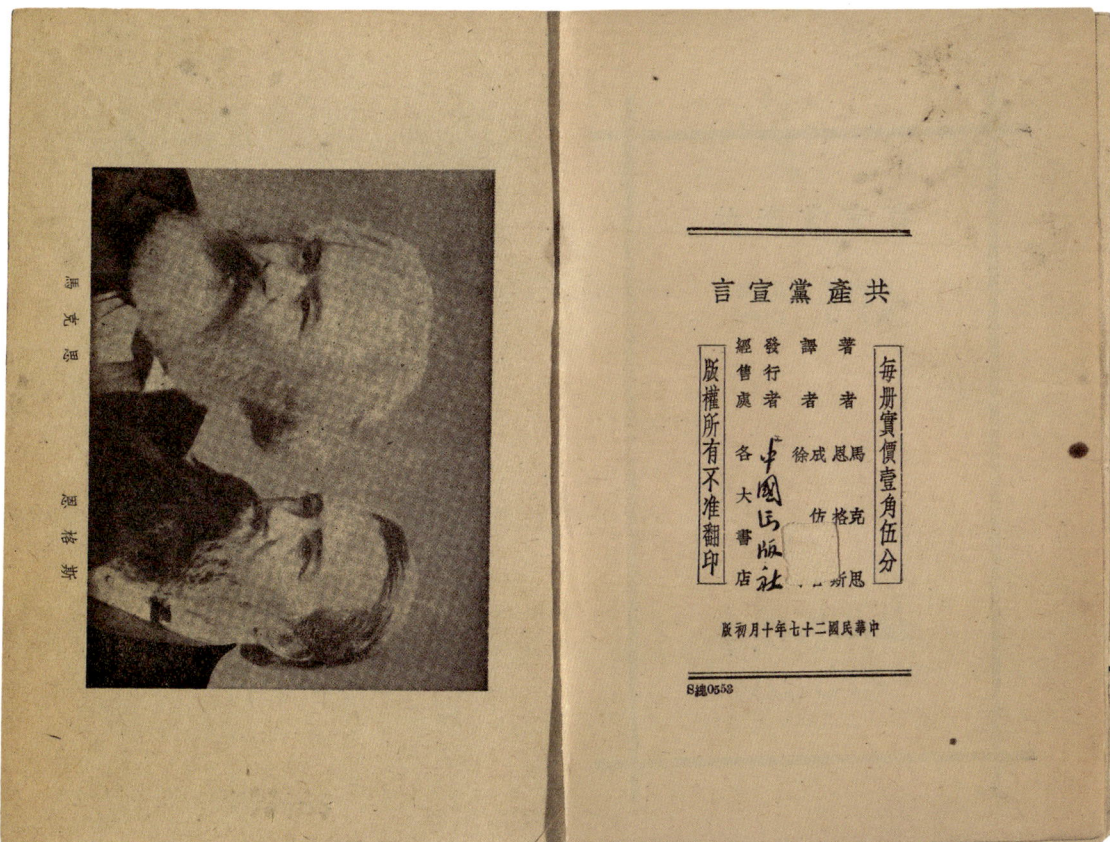

共産黨宣言

中國出版社 發行

言宣黨産共

每册實價壹角伍分

著　者　馬克斯　恩格斯

譯　者　成仿吾　徐冰

發行者　中國出版社

經售處　各大書店

版權所有不准翻印

中華民國二十七年十月初版

8總0553

共产党宣言

〔德〕马克思、恩格斯合著　博古校译　解放社　1943 年 8 月

　　博古根据俄文版《共产党宣言》对成仿吾、徐冰译本作了重新校译，并增译了 1882 年俄文版序言。

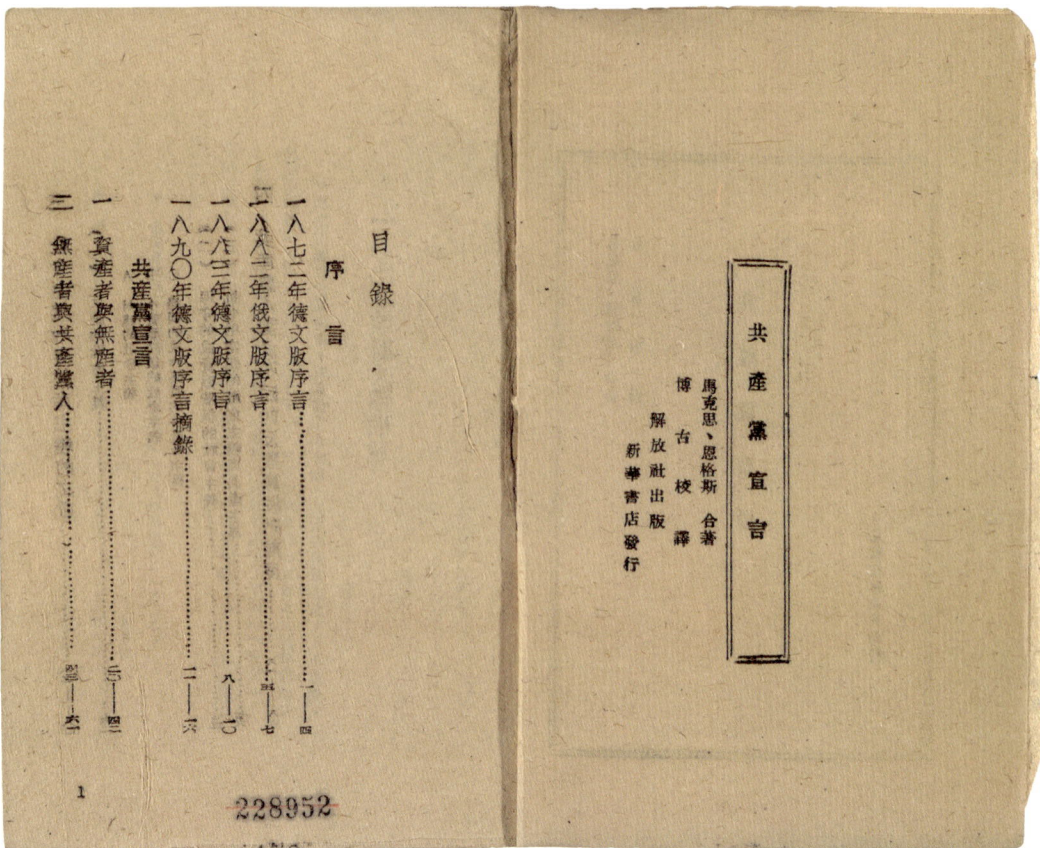

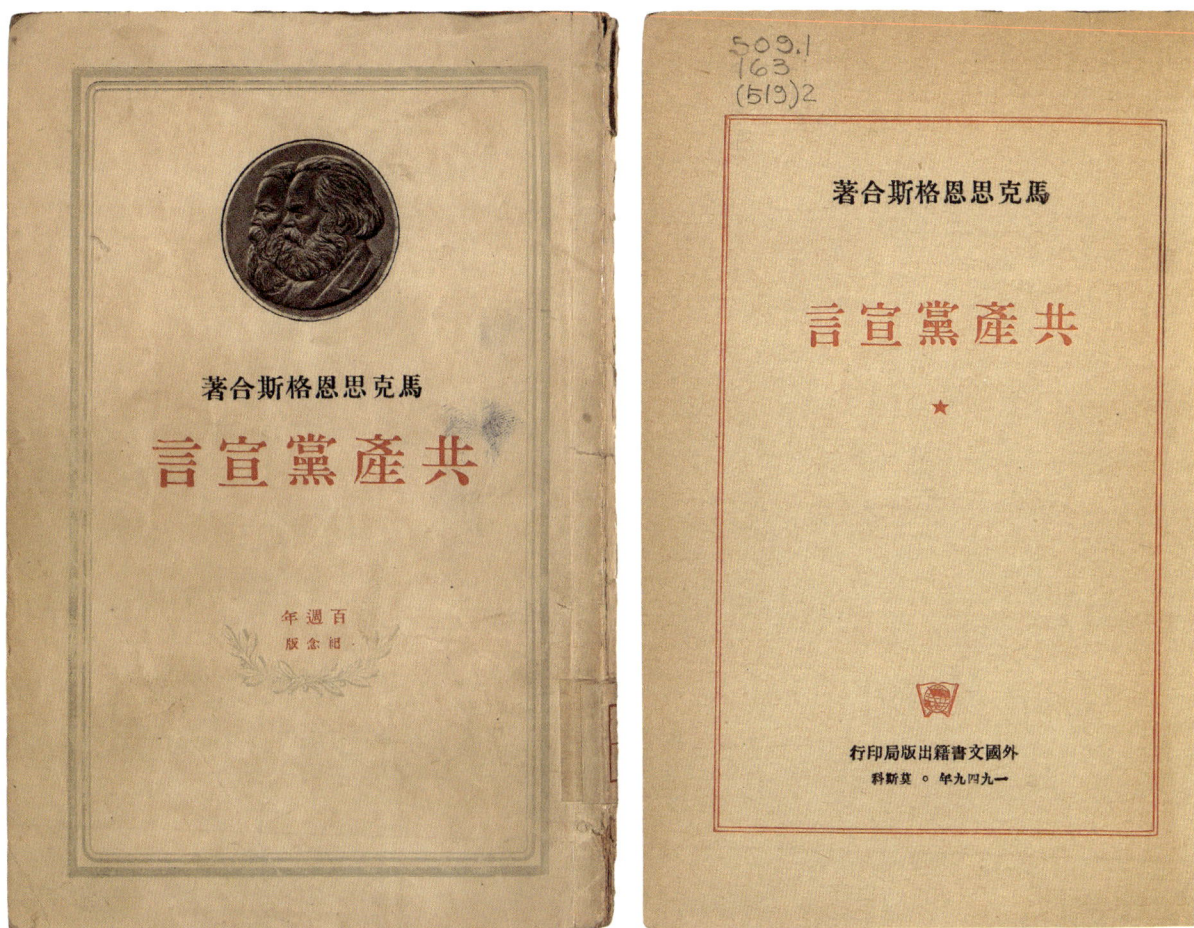

共产党宣言

〔德〕马克思、恩格斯合著　外国文书籍出版局　1949 年

《共产党宣言》发表 100 周年之际，设在莫斯科的苏联外国文书籍出版局用中文出版了《共产党宣言》百周年纪念版，内容包括《共产党宣言》正文 4 章和马克思、恩格斯为此书写的全部 7 篇序言。

《资本论》早期译本

　　《资本论》是马克思最主要的理论著作。《资本论》第一卷于1867年以德文出版，随后出版了法文版、俄文版和英文版。《资本论》的第二卷和第三卷是马克思去世以后，由恩格斯整理出版的。此后《资本论》全三卷本以各种不同的文字在世界各国出版和传播。

　　中国的革命者和进步知识分子很早即计划全文翻译出版《资本论》。中国共产党建立以前，李大钊发起的"马克思学说研究会"，曾计划翻译《资本论》。1920年9月，上海新青年社发行了李汉俊翻译的德国马尔西著《马格斯资本论入门》。郭沫若在1924年秋从日本回国后，曾准备花五年时间翻译《资本论》。

　　1930年3月，上海昆仑书店出版陈启修翻译《资本论》第一卷第一分册；1934年5月，上海商务印书馆出版吴半农译、千家驹校《资本论》第一卷第一册，人们得以初窥其貌。1938年，读书生活出版社出版郭大力、王亚南合译的《资本论》，这部鸿篇巨制才以全貌展现在我国人民面前。

资本论

（Das Kapital : Kritik der Politischen Oekonomie）

〔德〕马克思著　奥托迈斯纳出版社　1867年
李一氓捐赠

　　本书为《资本论》德文初印本第一卷，题名页有"李一氓五十后所得"和"成都李氏收藏故籍"两方印章。

马格斯资本论入门

〔德〕马尔西著　李汉俊译　新文化书社　1920 年

　　本书为介绍《资本论》的通俗著作，作者是国际工人协会评论联合编辑米里·伊·马尔西（Mary. E.Marcy）。译者为我国早期马克思主义的传播者和中国共产党创始人之一李汉俊。

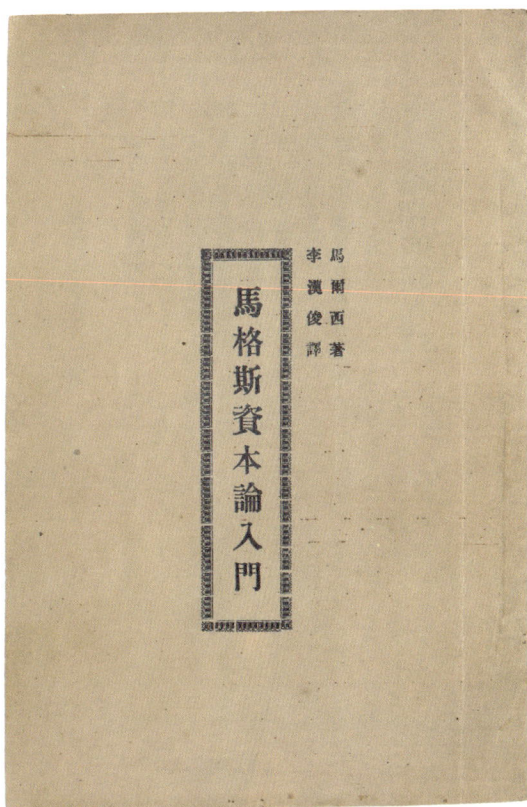

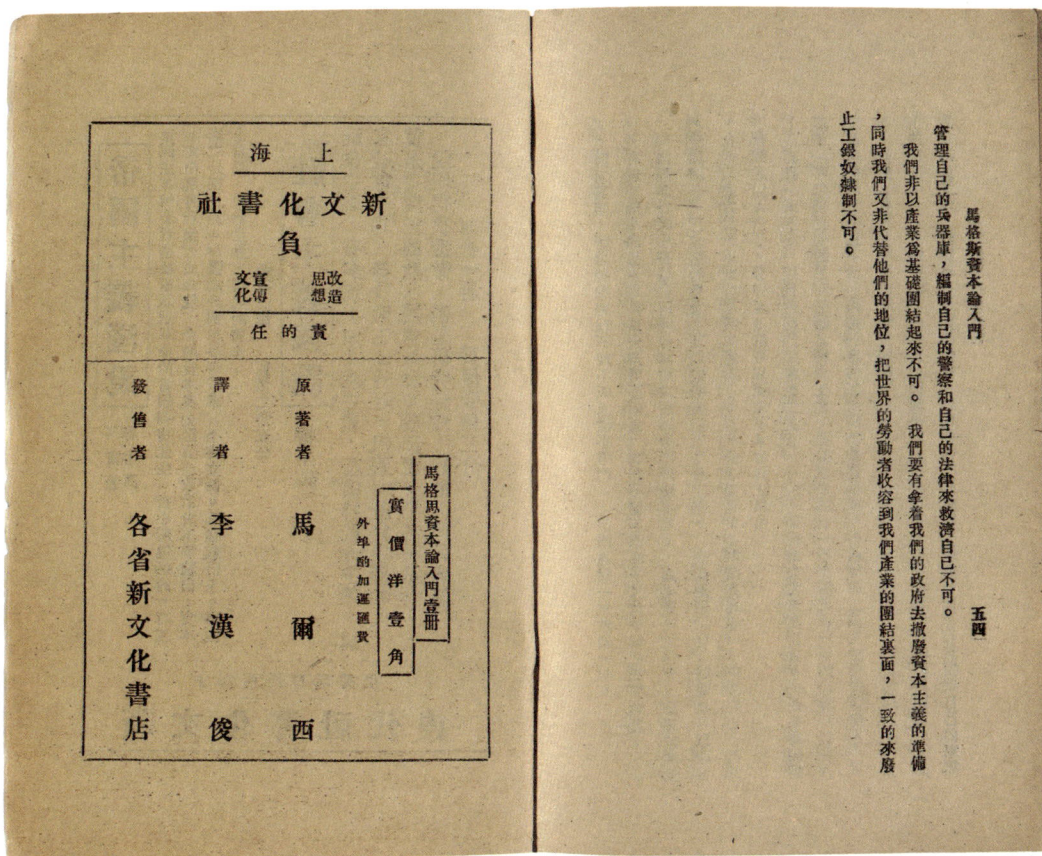

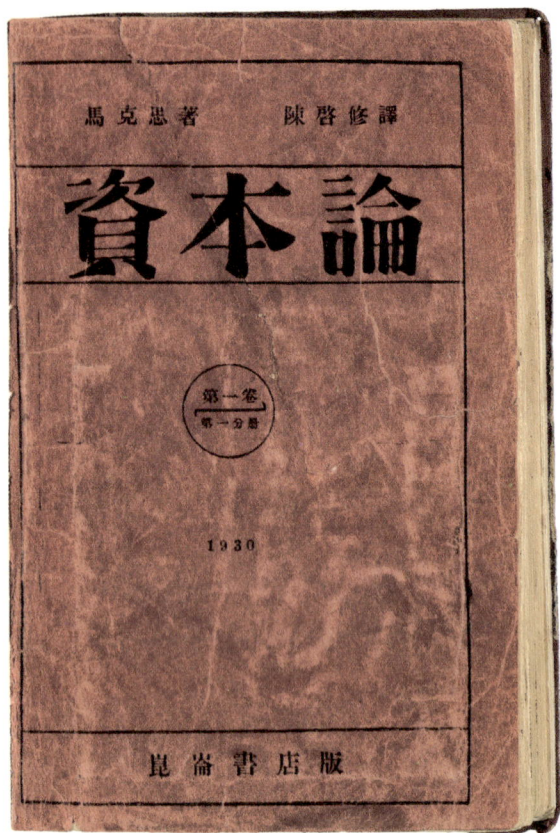

资本论（第一卷第一分册）

〔德〕马克思著　陈启修译　上海昆仑
书店　1930 年 3 月

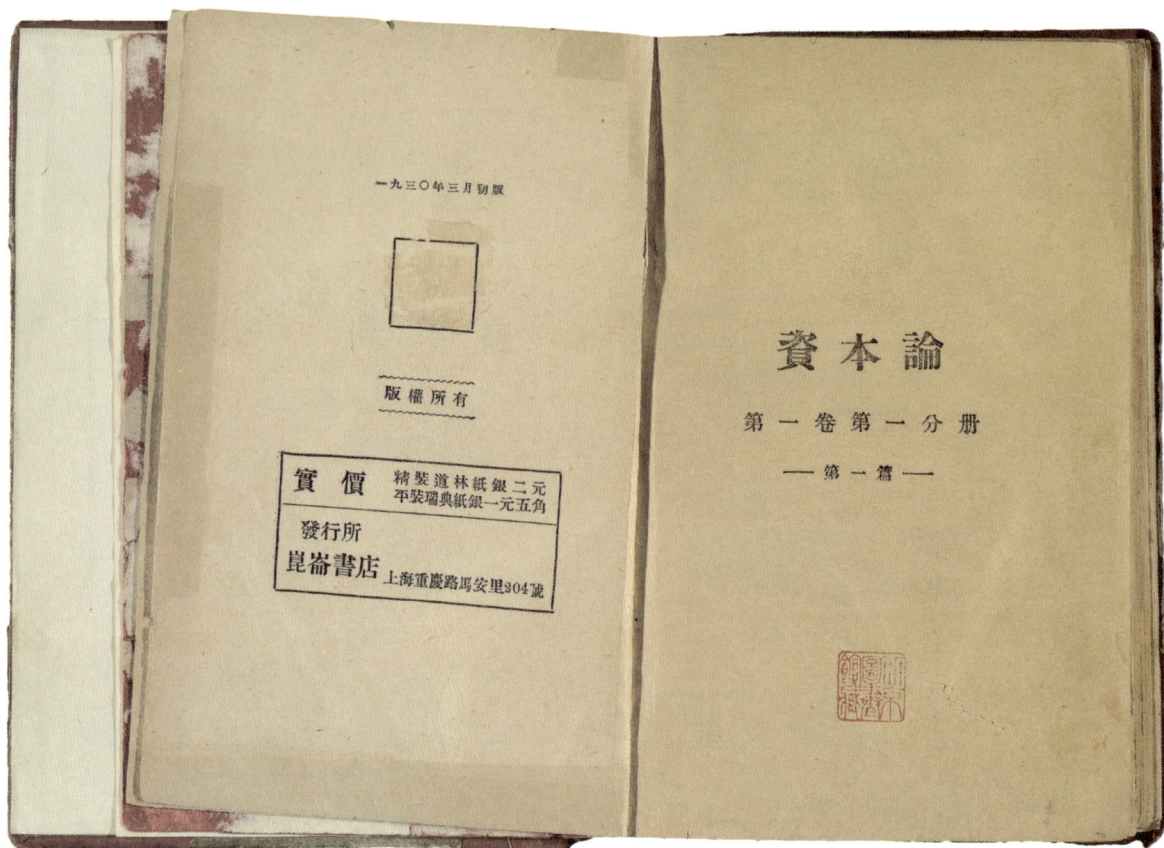

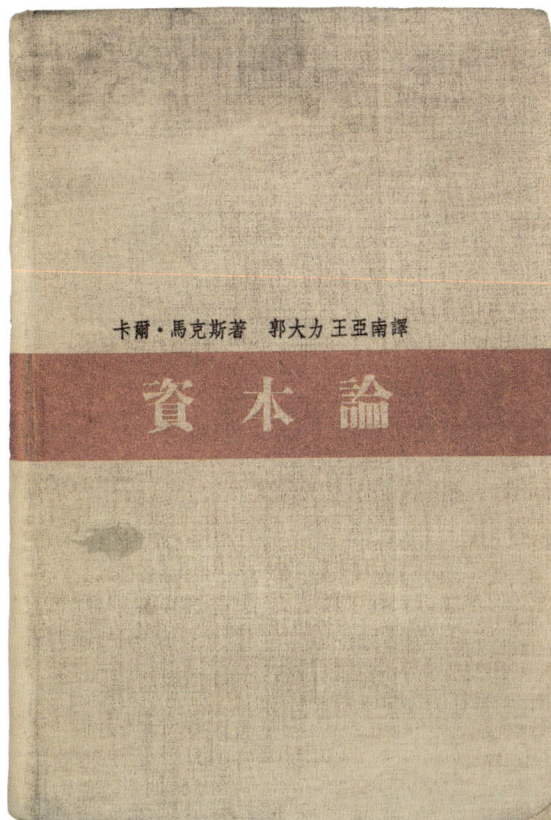

卡爾·馬克斯著　郭大力王亞南譯

資 本 論

资本论

〔德〕马克思著　郭大力、王亚南
译　读书生活出版社　1938年8月

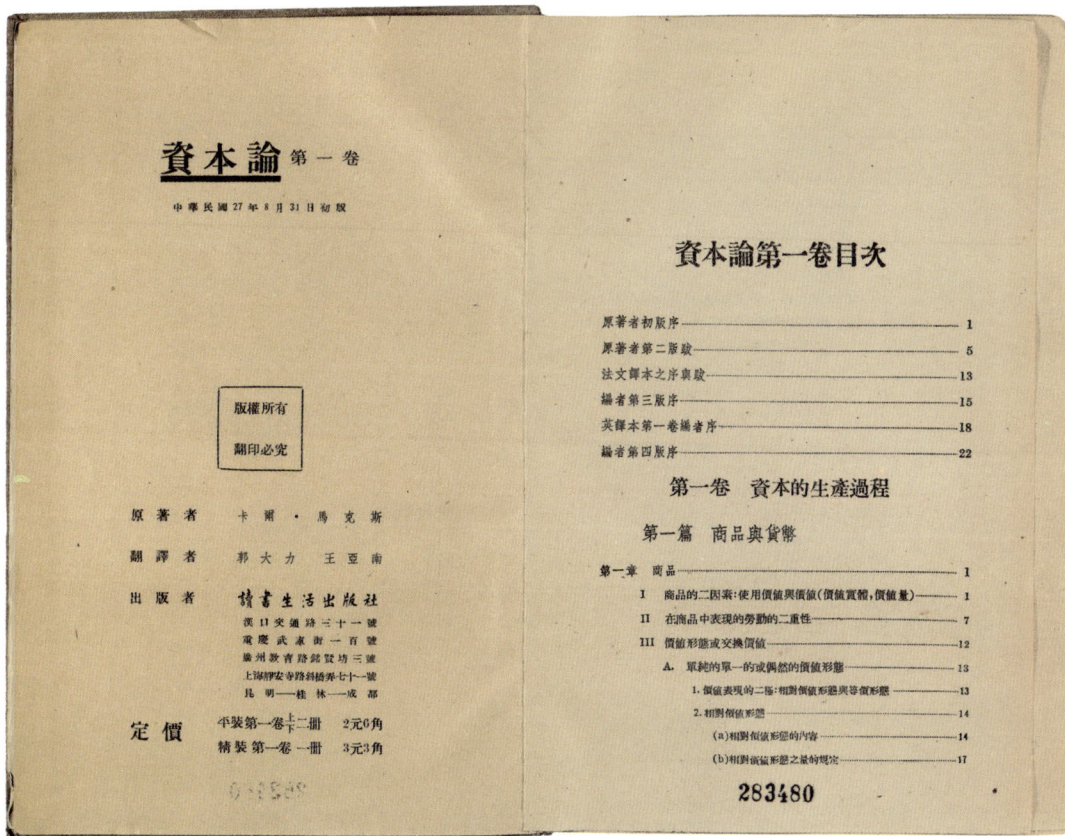

資本論 第一卷
中華民國27年8月31日初版

版權所有
翻印必究

原 著 者　卡 爾·馬 克 斯

翻 譯 者　郭大力 王亞南

出 版 者　讀書生活出版社
漢口交通路三十一號
電隆武泰街一百號
滕州敎育路銘賢坊三號
上海靜安寺路斜橋弄七十一號
昆 明——桂 林——成 都

定 價　平裝第一卷共二冊　2元6角
精裝第一卷一冊　3元3角

資本論第一卷目次

283480

各地成立共产党早期组织

五四运动后，马克思主义在中国广泛传播，并且日益同中国工人运动相结合。陈独秀和李大钊等逐步认识到，要用马克思主义改造中国，走十月革命的道路，就必须像俄国那样建立一个无产阶级政党，使其充当革命的组织者和领导者。

从1920年8月到1921年春，上海、北京、武汉、长沙、广州、济南等六个城市先后建立起共产党早期组织，其成员也在逐步增加。旅日、旅法华人中的先进分子，也相继建立了共产党早期组织。他们有组织、有计划地研究和宣传马克思主义，努力促进马克思主义同中国工人运动的结合。

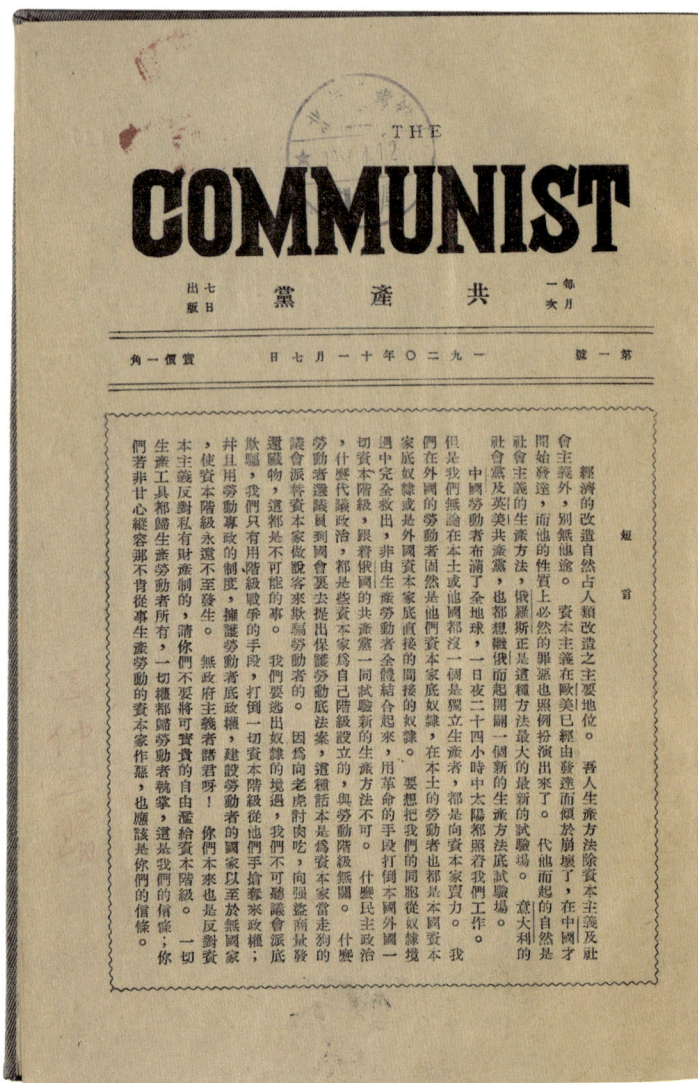

《共产党》月刊

上海　中国共产党上海发起组
1920–1921年　冯仲云捐赠

1920年11月7日，《共产党》月刊诞生。该刊为16开本，在全国秘密发行，李达任主编，陈独秀、李达、施存统、沈雁冰等为该刊的主要撰稿人，共出6期。它是中国共产党的第一份党刊。

新青年丛书

1920 年 9 月，上海共产党组织创建的新青年社成立，出版《新青年丛书》，其中包括罗素的《哲学问题》《到自由之路》，哈列的《工团主义》，克卡朴的《社会主义史》，考茨基的《阶级争斗》及自编的《社会主义讨论集》等 8 种著作。这些书在我国进步青年中产生了很大的影响，与《共产党宣言》一起造就了中国早期的马克思主义者。

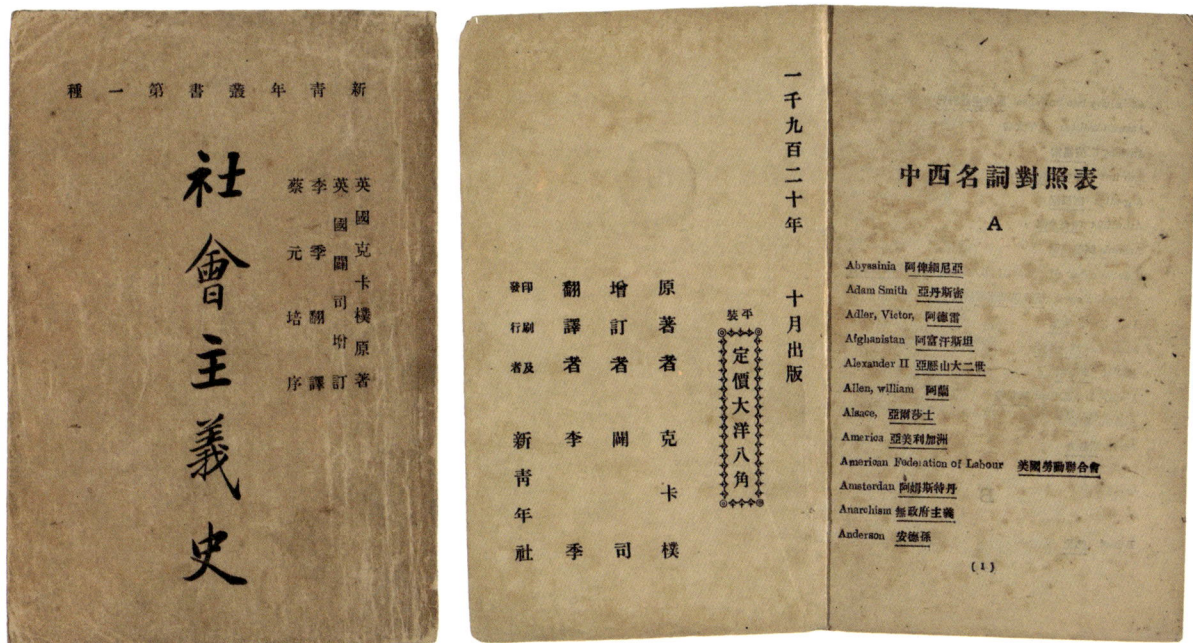

社会主义史

〔英〕克卡朴著　李季译　1920 年 10 月

《社会主义史》分为上、下两卷，记载了世界各国重要的社会主义运动源流和派别，对社会主义运动做出概括批评与解释。本书的出版在当时引起了强烈反响，蔡元培为之作序，上海各学校将其选为国文读本。

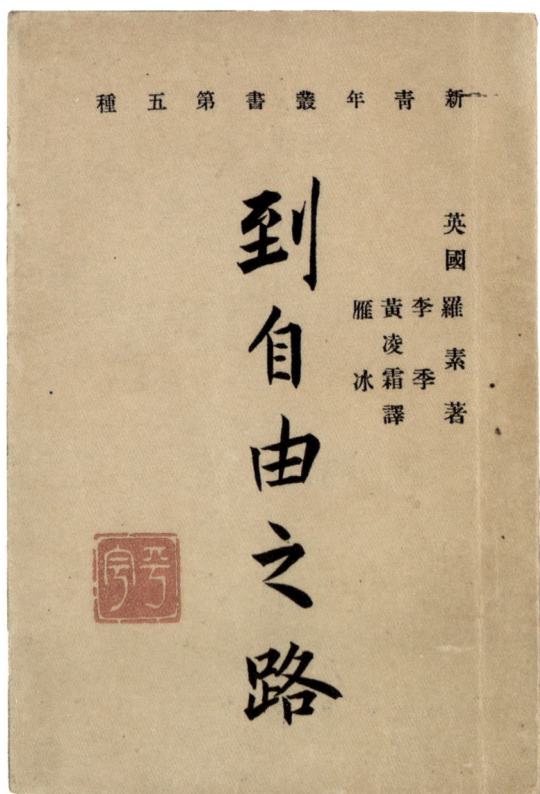

一新青年叢書第五種

英國羅素 著
李季
黃凌霜 譯
雁冰

到自由之路

到自由之路

〔英〕罗素著 李季、黄凌霜、沈雁冰译 1920 年 11 月

此书中记录 1914 年后各国社会党派的行动，内容上与克卡朴的《社会主义史》相衔接。在张申府推荐下，李季在翻译《社会主义史》后，开始翻译这本书，以期合成一部社会主义通史。但为配合罗素来华的热潮，陈独秀急于出版，遂由沈雁冰、黄凌霜等人分译出版。

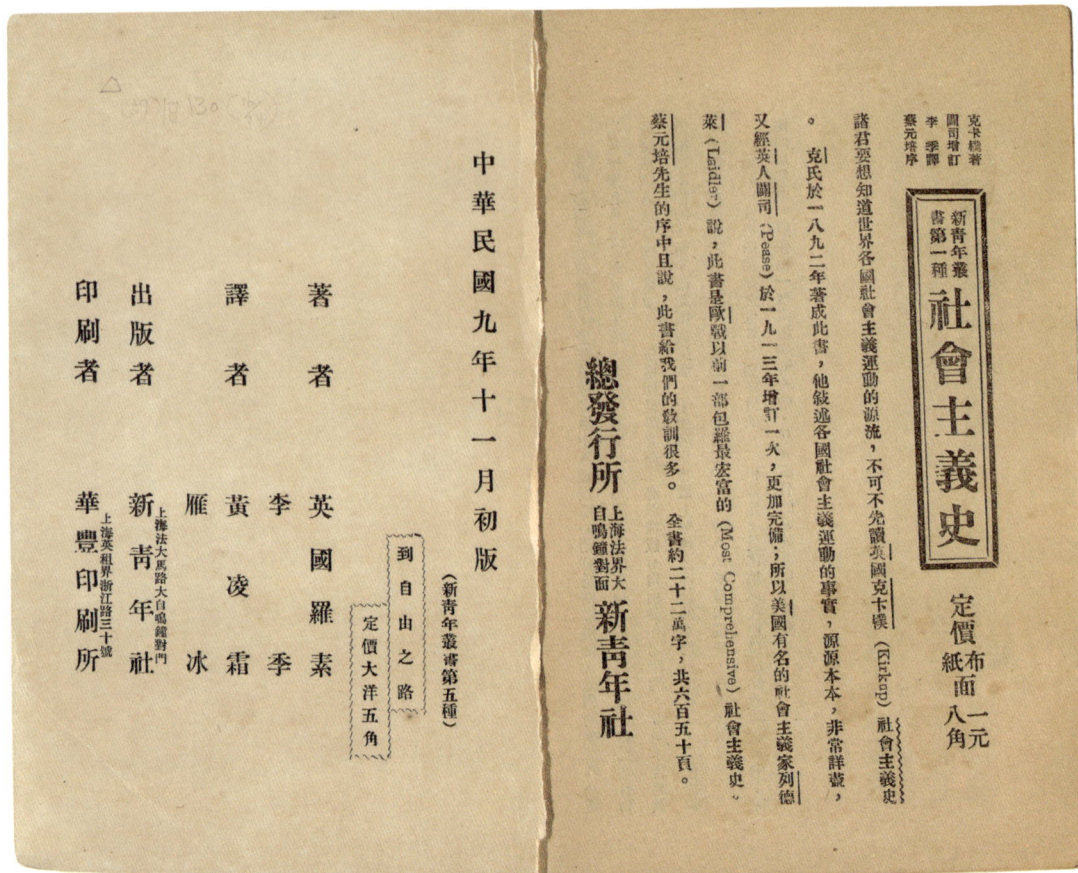

中華民國九年十一月初版

到自由之路
（新青年叢書第五種）
定價大洋五角

著者 英國羅素
李季
譯者 黃凌霜
雁冰
出版者 新青年社
上海法大馬路大自鳴鐘對門
印刷者 華豐印刷所
上海英租界界浙江路三十號

△

蔡元培先生的序中且說，此書給我們的教訓很多。

菜（Laidler）說，此書是歐戰以前一部包羅最宏富的（Most Comprehensive）社會主義史。

又經英人闢司（Pease）於一九一三年增訂一次，更加完備，所以美國有名的社會主義家列德

克氏於一八九二年著成此書，他敘述各國社會主義運動的事實，源源本本，非常詳盡，。

諸君要想知道世界各國社會主義運動的源流，不可不先讀英國克卡樸（Kirkcp）社會主義史

總發行所
上海法界大
自鳴鐘對面
新青年社

新青年叢
書第一種
社會主義史

克卡樸著
圓司增訂
李 季譯
蔡元培序

定價 紙布面
一元 八角

全書約二十二萬字，共六百五十頁。

阶级争斗

〔德〕考茨基著　恽代英译

1921 年 1 月

本书作者依据马克思主义的观点对资本主义社会的各种矛盾作了比较深刻的分析和批判，论证了社会主义制度必然取代资本主义制度，简要阐述了科学社会主义关于未来的社会主义社会和共产主义社会、生产资料公有化、未来国家的产品分配原则等原理，并揭露了各种敌视社会主义的诽谤捏造之辞。

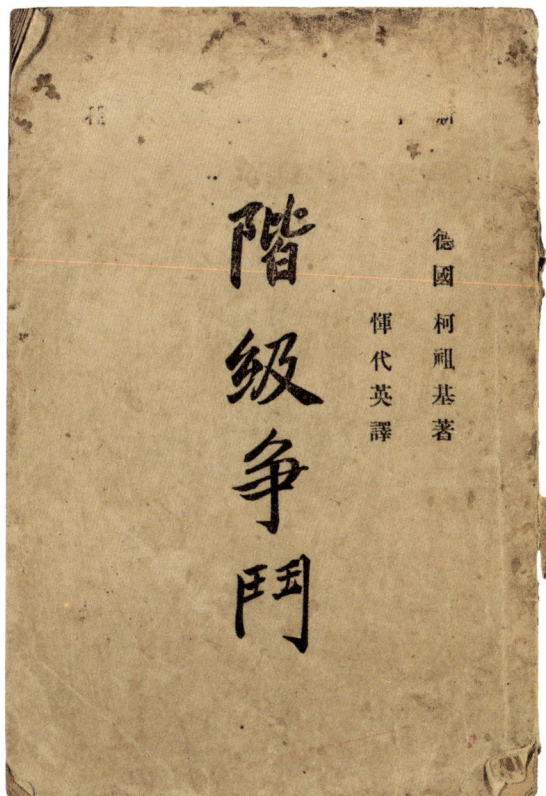

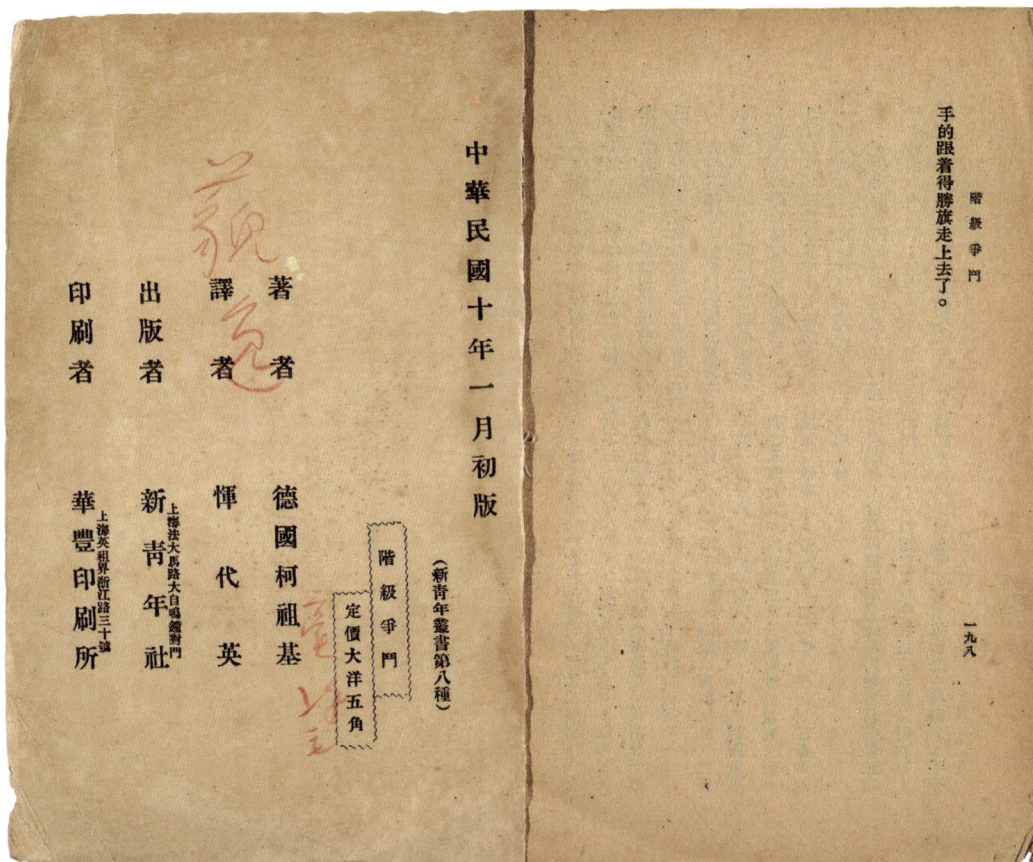

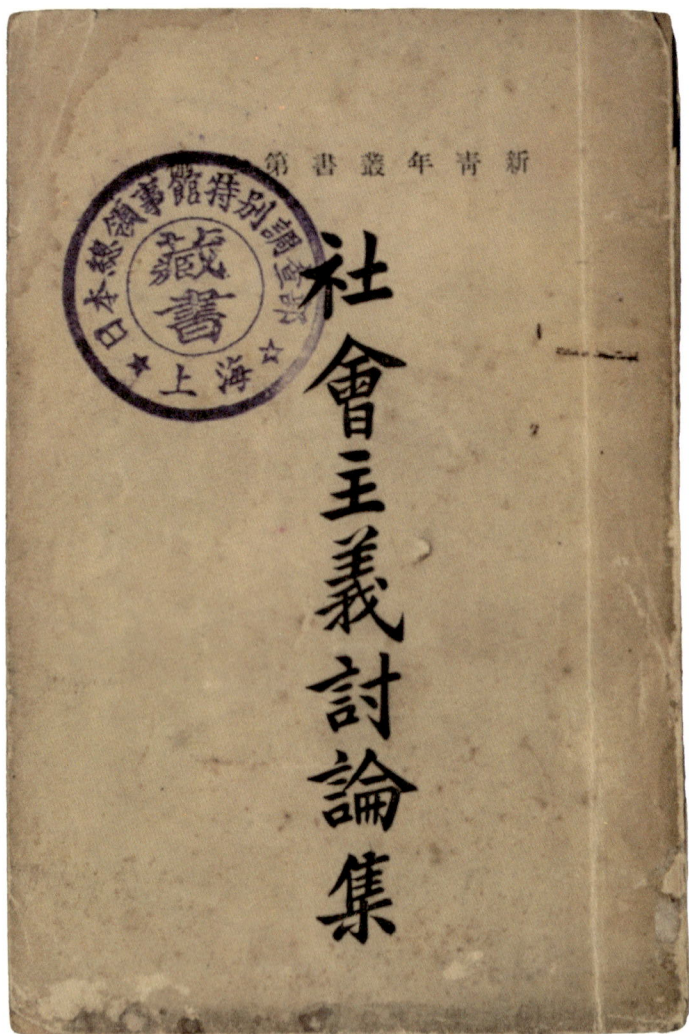

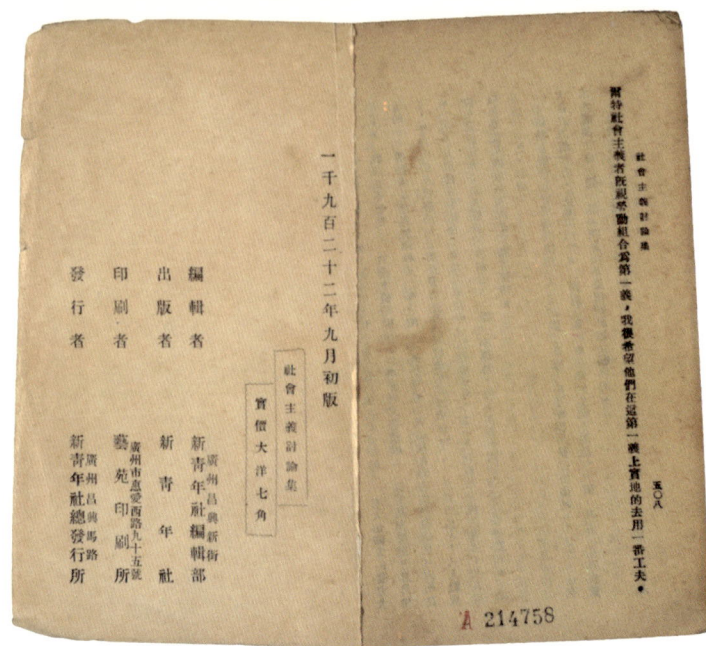

社会主义讨论集

新青年社编辑部编　1922年9月

本书是《新青年丛书》第2种，收录了陈独秀的《谈政治》、周佛海的《实行社会主义与发表实业》、李季的《社会主义与中国》、李汉俊的《中国底乱源及其归宿》、施存统的《马克思底共产主义》以及许新凯的《今日中国社会究竟怎样改造？》等文章。

中国共产党的第一次全国代表大会

　　中国共产党第一次全国代表大会于 1921 年 7 月 23 日晚开幕。会场设在上海法租界望志路 106 号（现兴业路 76 号）李汉俊之兄李书城的住宅内，最后一天转移到浙江嘉兴南湖的一艘游船上。国内各地党组织和旅日党组织共派出 13 名代表出席，他们代表着全国 50 多名党员。共产国际代表马林和尼克尔斯基出席大会。

　　"一大"确定党的名称为"中国共产党"，规定党的纲领是：革命军队必须与无产阶级一起推翻资本家阶级的政权；承认无产阶级专政，直到阶级斗争结束，即直到消灭社会的阶级区分；消灭资本家私有制，没收机器、土地、厂房和半成品等生产资料，归社会公有；联合共产国际。纲领明确提出要把工人、农民和士兵组织起来，确定党的根本政治目的是实行社会革命。

中国共产党对于时局的主张

中国共产党中央执行委员会　1922 年 6 月

　　该文献旗帜鲜明地向全国人民表明了共产党的政治立场。这是中国共产党第一次公开发表的政治声明。它首次明确提出反帝反封建的民族民主革命任务和建立革命统一战线的原则，为党的"二大"制定民主革命纲领作了理论上和思想上的准备。

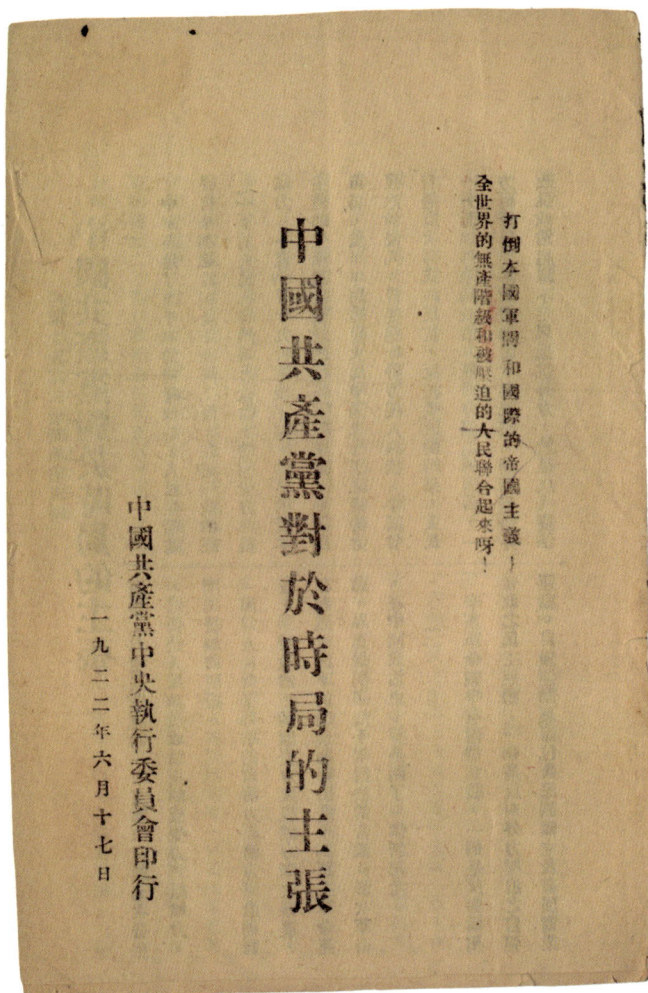

中國共產黨對於時局的主張

中國共產黨中央執行委員會印行

一九二二年六月十七日

打倒本國軍閥和國際的帝國主義！

全世界的無產階級和被壓迫的大民聯合起來呀！

劳动周刊

上海中国劳动组合书记部　1921 年

　　1921 年 8 月 11 日，中国共产党中央局在上海成立中国劳动组合书记部，张国焘担任书记部主任，这是党领导工人运动的第一个公开机构。为了扩大宣传和联络，中国劳动组合书记部于 8 月 20 日出版机关刊物《劳动周刊》，由李启汉、李震瀛负责编辑。

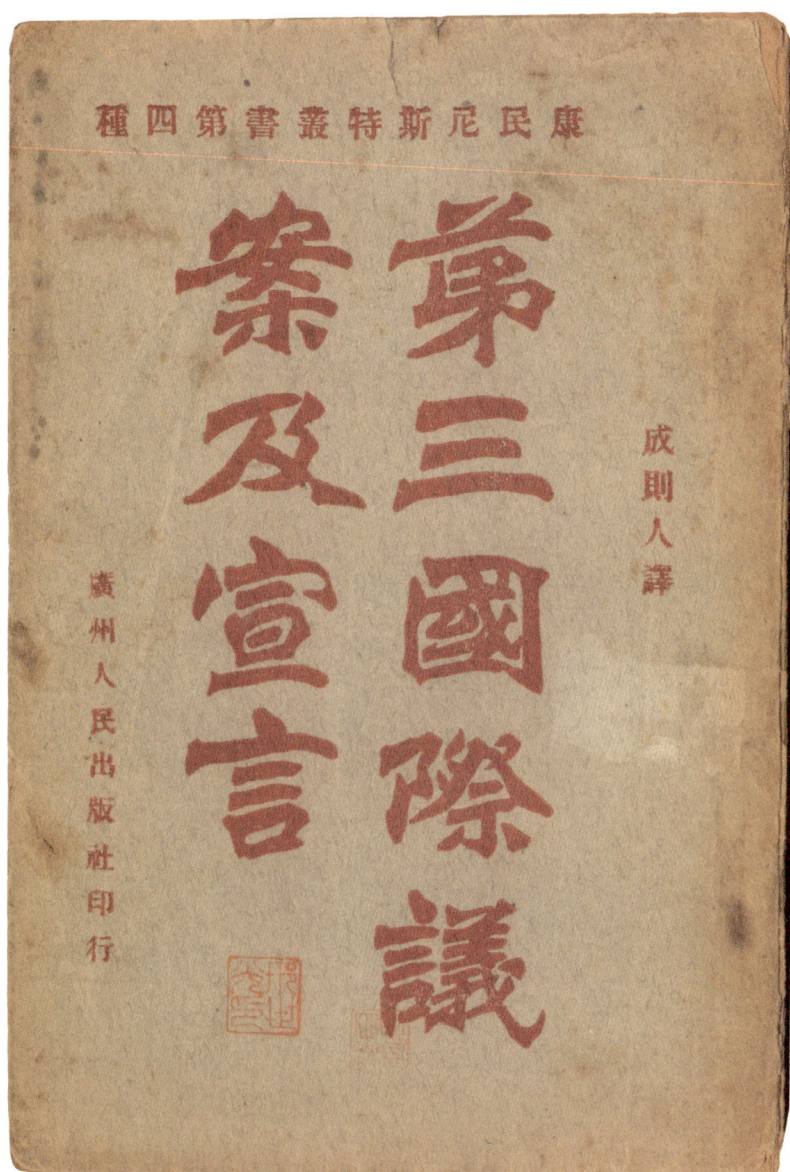

第三国际议案及宣言

成则人译　广州人民出版社　1922 年

　　本书是国内第一部关于第三国际共产党第二次大会的文件汇编中译本，收有《第三国际议案》《第三国际共产党第二次大会宣言》，附录《第三国际第一次宣言》。广州人民出版社出版的《康民尼斯特丛书》的第四种。

思想的光辉
——中国共产党章程与机关报刊

　　1922 年 7 月中国共产党第二次全国代表大会通过的《中国共产党章程》是党史上第一部完整的章程，标志着党的创建工作的完成。此后，每一次全国代表大会都要根据当时的情况和自身经验的积累，对党章进行不同程度的修改。

　　《中国共产党章程》经过不断修改和完善，形成了全面且相对稳定的体系。党章对党的性质、纲领、指导思想，党员、党的组织制度，党的中央、地方和基层组织，党的干部，党的纪律及纪律检查机关，党组，党和共产主义青年团的关系和党徽党旗作了具体详细的规定。

　　中国共产党在 95 年的革命与建设征程中，先后创办了多份机关刊物，宣传党的指导思想，阐述党的路线、方针、政策，在中国革命和社会主义建设事业中发挥了重要作用。党报党刊的演变历史，也是党的发展历史的一面镜子，反映了中国共产党领导中国人民从一个胜利走向另一个胜利的伟大历程。

中国共产党党章

中国共产党党章是党的纲领和组织章程的总称，它通过党的全国代表大会，以全党的名义加以确认。党章作为党的总章程，集中体现党的理论和路线方针政策，以及党的重要主张，规定党内的重要制度和体制机制，对推进党的工作，加强党的建设，具有根本性的规范和指导作用。我们党在领导人民进行革命、建设和改革的历史进程中，始终高度重视党章，把制定、修改和完善党章作为党的建设的一项基础性工作，坚持不懈地加以推进。从"二大"制定的第一部正式章程起，到党的"十八大"，中国共产党先后 16 次修订党章。每次对党章的修订和完善，都反映了我们党对党的建设规律进行探索的情况，记录着党的历史发展进程。

"六大"党章

1928 年 6 月 18 日至 7 月 11 日，中国共产党第六次全国代表大会在苏联莫斯科召开。这次大会通过了《中国共产党章程》，这是中国共产党唯一一部在国外制定的党章。由于党的"六大"是在共产国际的直接指导下召开的，这部党章带有明显的苏共党章的印记。

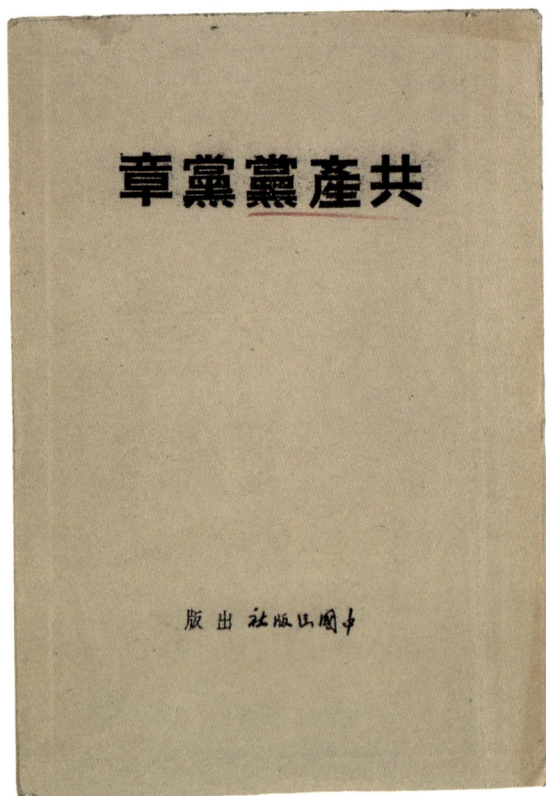

共產黨黨章

版出 社版出國中

共产党党章

中国出版社　1938年8月

　　1928年中国共产党第六次全国代表大会通过。本册内容包括《中国共产党党章》《苏联共产党（布尔塞维克）党章》《共产国际章程》，附录："中共中央关于征收党费的通知"。

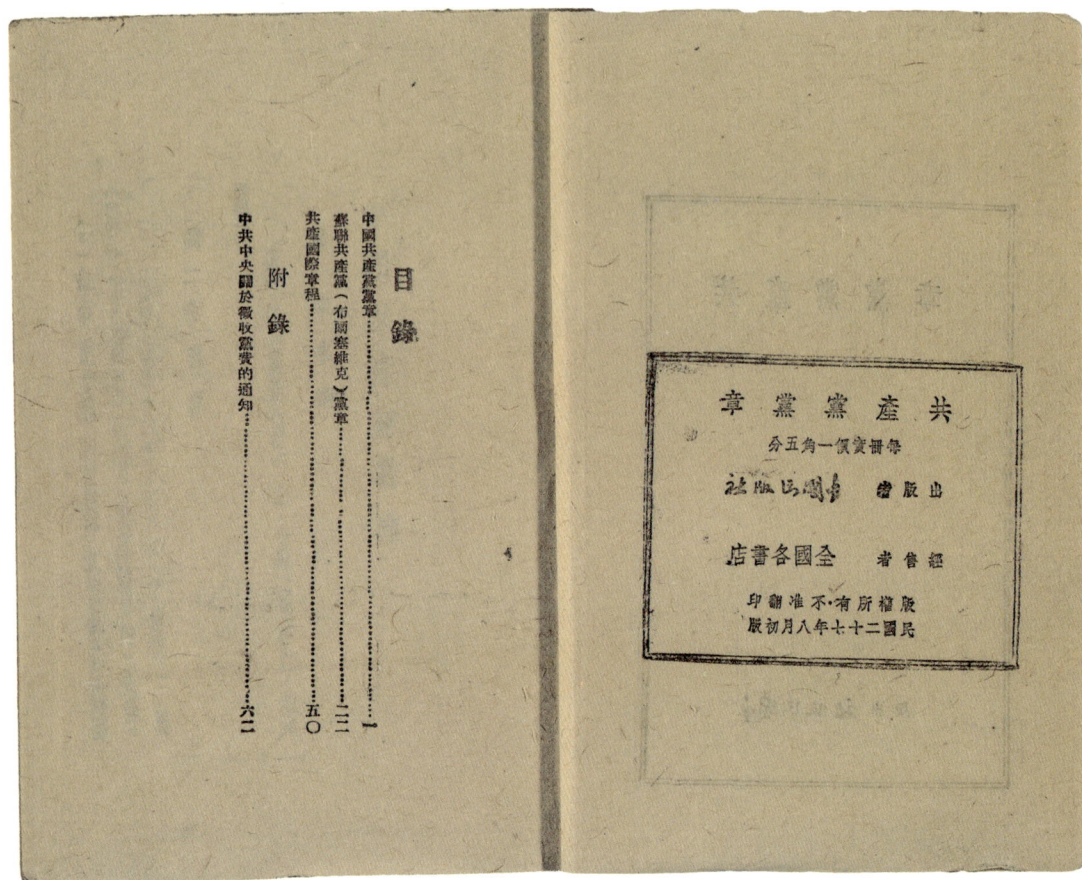

目錄

中國共產黨黨章 ………… 一

蘇聯共產黨（布爾塞維克）黨章 ………… 二二

共產國際章程 ………… 五○

附錄

中共中央關於徵收黨費的通知 ………… 六二

共產黨黨章

每冊實價為五分

社版出國中　書版出

全國各書店　經售者

版權所有·不准翻印

民國二十七年八月初版

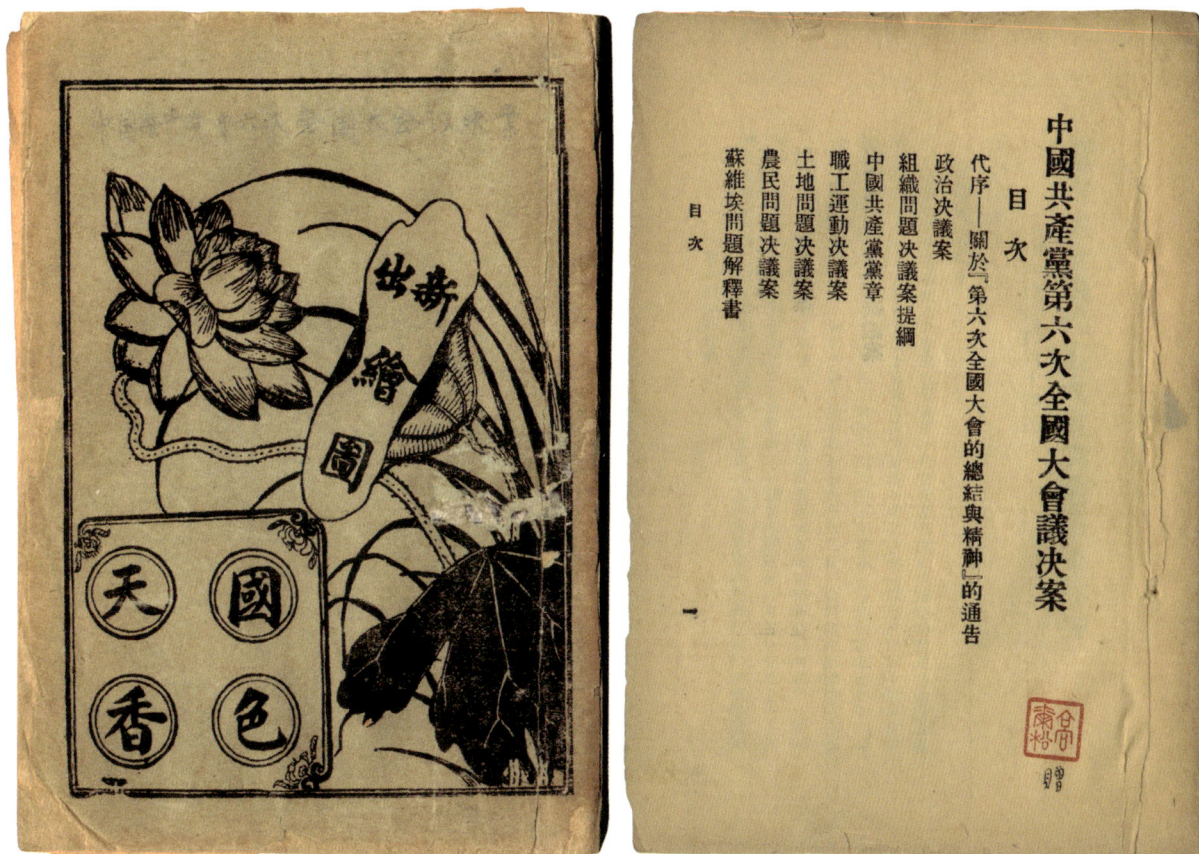

中國共產黨第六次全國大會議決案

目次

代序——關於『第六次全國大會的總結與精神』的通告

政治決議案

組織問題決議案提綱

中國共產黨黨章

職工運動決議案

土地問題決議案

農民問題決議案

蘇維埃問題解釋書

目次

新出绘图国色天香（伪装本）

高尔松捐赠

中国共产党第六次全国代表大会上，瞿秋白代表第五届中央委员会作《中国革命与共产党》的政治报告，周恩来作了组织报告和军事报告，李立三作农民问题报告，向忠发作了职工运动报告，共产国际代表布哈林作了《中国革命与中国共产党的任务》的报告。大会通过了关于政治、军事、组织、苏维埃政权、农民、土地、职工、宣传、民族、妇女、青年团等问题的决议，以及经过修改的《中国共产党党章》。本书为《中国共产党第六次全国大会议决案》的伪装本，伪装题名《新出绘图国色天香》。

"七大"党章

　　1945年4月23日至6月11日，中国共产党在延安召开第七次全国代表大会。刘少奇受党中央的委托负责起草制定了"七大"党章，并作了修改党章的报告。"七大"党章是中国共产党第一部完全独立自主修改的党章，第一次将毛泽东思想确立为党的指导思想，第一次以条文形式明确规定党员的义务和权利。

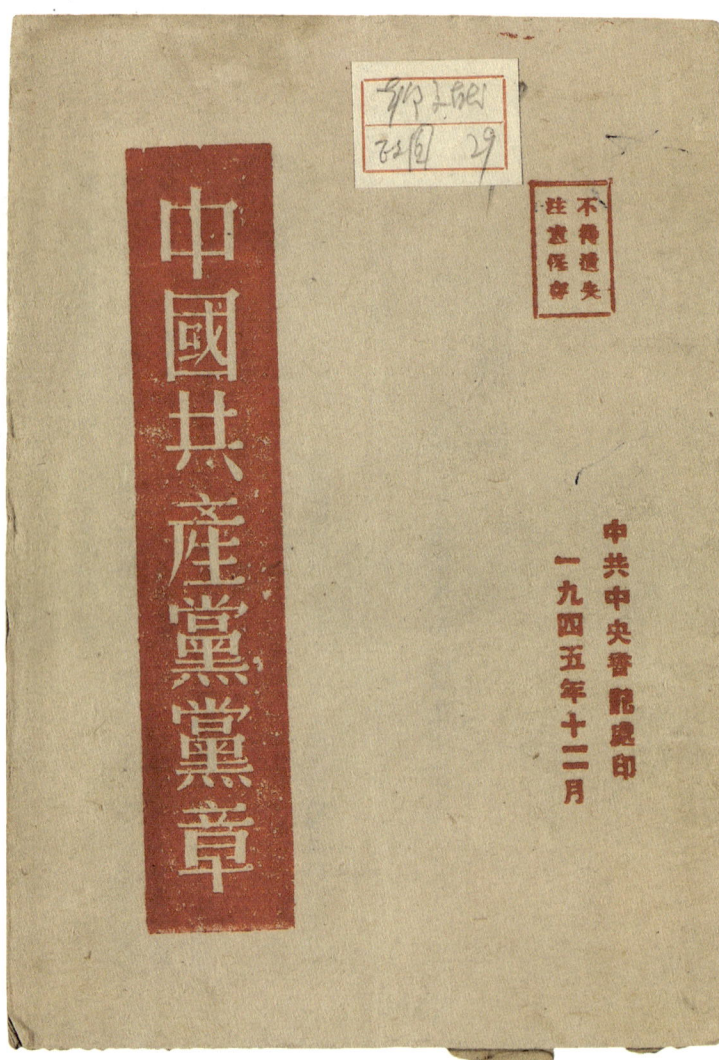

中国共产党党章

中共中央书记处　1945年12月

　　1945年6月11日中国共产党第七次全国代表大会通过。

中國共產黨黨章

—一九四五年六月十一日中國共產黨第七次全國代表大會通過—

總　綱

中國共產黨，是中國工人階級的先進的有組織的部隊，是它的階級組織的最高形式。中國共產黨代表中國民族與中國人民的利益，它在現階段為實現中國新民主主義制度而奮鬥。它的最終目的，是在中國實現共產主義制度。

中國共產黨，以馬克思列寧主義的理論與中國革命實踐之統一的思想——毛澤東思想，作為自己一切工作的指針，反對任何教條主義的或經驗主義的偏向。中國共產黨以馬克思主義的辯證唯物主義與歷史唯物主義為

（1）

燈塔小叢書

8

中國燈塔出版社出版
1946

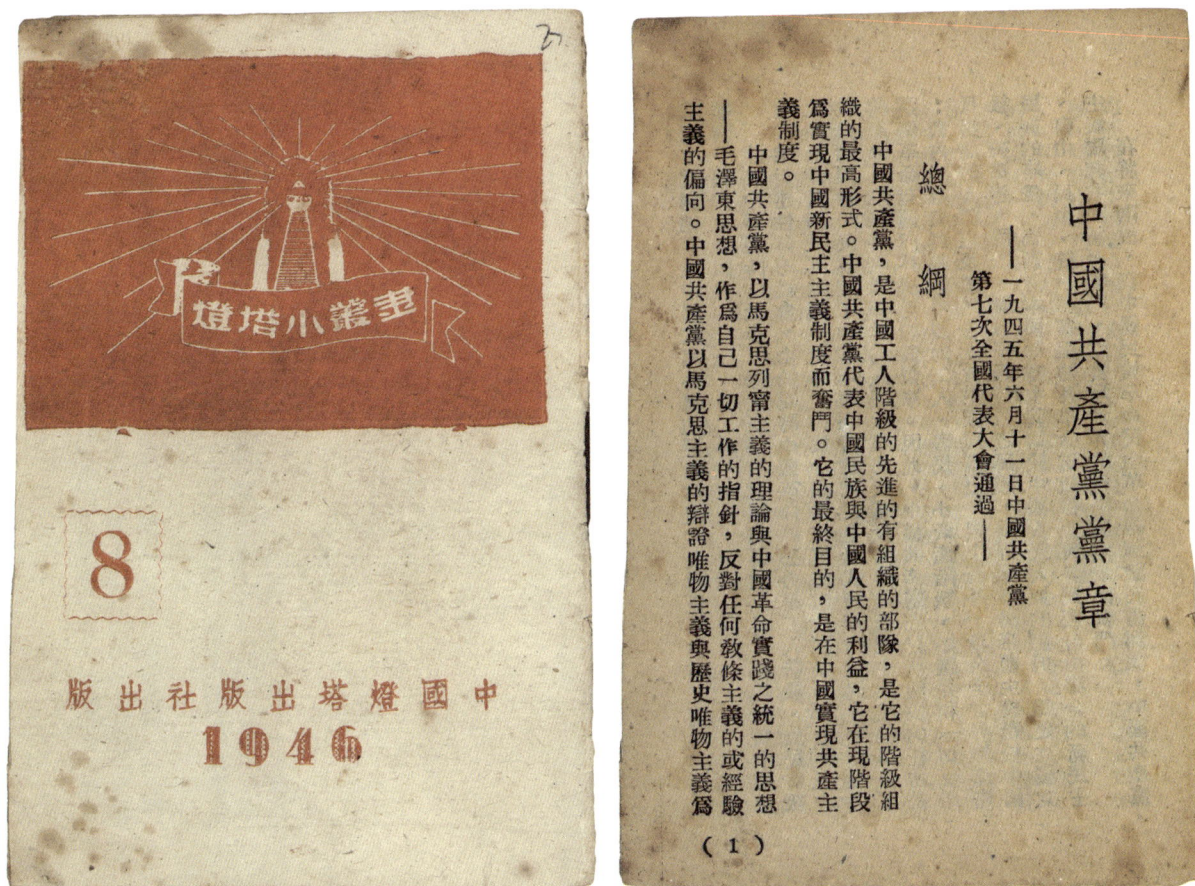

灯塔小丛书·8（伪装本）

中国灯塔出版社　1946 年

　　书中内容是中共"七大"的《中国共产党党章》全文，1945 年 6 月 11 日中国共产党第七次全国代表大会通过。本书为伪装本，封面伪装题名《灯塔小丛书》之 8。

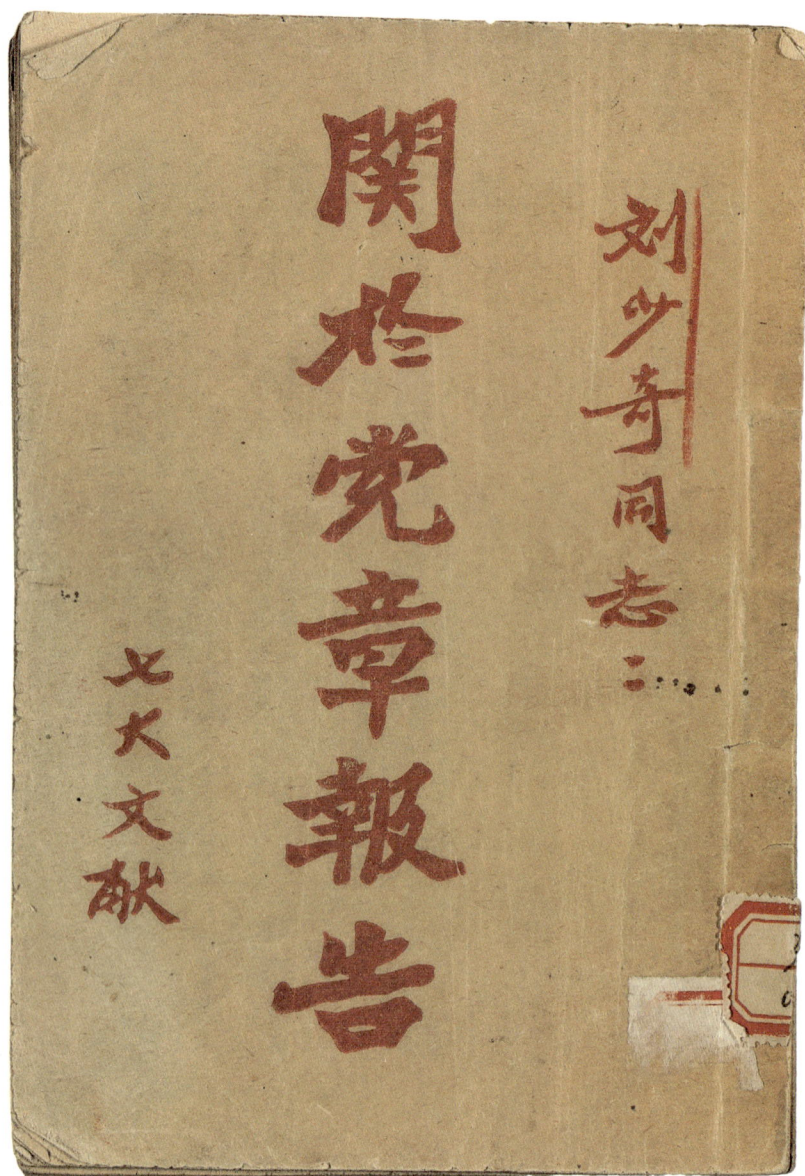

关于党章报告

刘少奇著　中共中央华中分局　1945 年 7 月

　　刘少奇在"七大"作了《关于修改党章的报告》，指出新党章的最大特点就是确定了毛泽东思想为党的指导思想，党章的总纲确定中国共产党"以马克思列宁主义的理论与中国革命实践之统一的思想——毛泽东思想，作为自己一切工作的指针。反对任何教条主义和经验主义的偏向。"报告指出群众路线是党的根本政治路线，也是党的根本组织路线。

"八大"到"十八大"党章

（1）

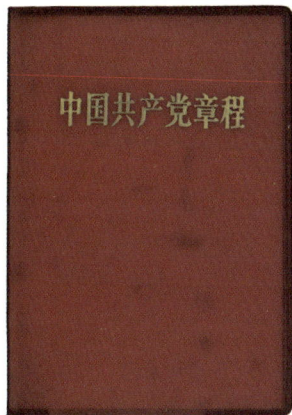

（2）

（3）

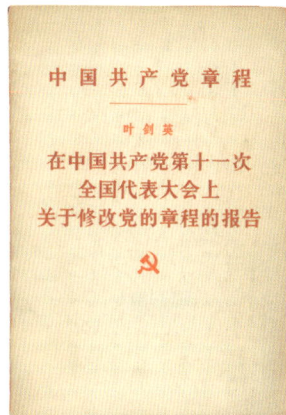

（4）

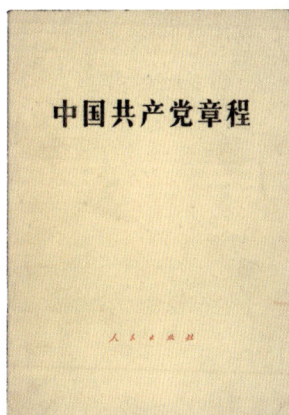

（5）

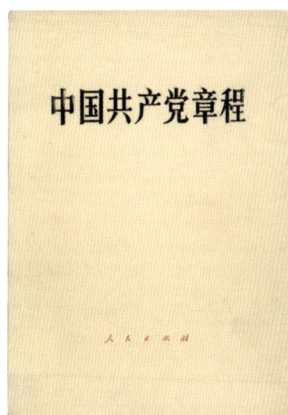

（6）

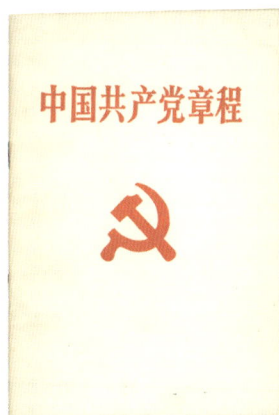

（7）

（8）

（9）

（10）

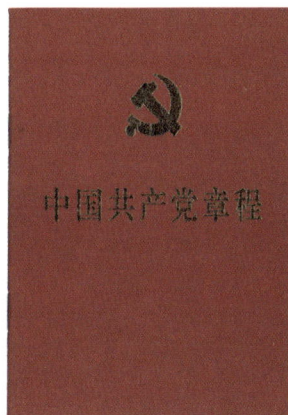

（11）

中国共产党章程（1）

人民出版社　1957 年

1956 年 9 月 26 日，中国共产党第八次全国代表大会通过。

中国共产党章程（2）

人民出版社　1969 年

1969 年 4 月 14 日，中国共产党第九次全国代表大会通过。

中国共产党章程（3）

人民出版社　1973 年

1973 年 8 月 28 日，中国共产党第十次全国代表大会通过。附王洪文在中国共产党第十次全国代表大会上所作关于修改党的章程的报告。

中国共产党章程（4）

人民出版社　1977 年

1977 年 8 月 18 日，中国共产党第十一次全国代表大会通过。附叶剑英在中国共产党第十一次全国代表大会上所作关于修改党的章程的报告。

中国共产党章程（5）

人民出版社　1982 年

1982 年 9 月 6 日，中国共产党第十二次全国代表大会通过。

中国共产党章程（6）

人民出版社　1987 年

1987 年 11 月 1 日，中国共产党第十三次全国代表大会通过。

中国共产党章程（7）

人民出版社　1992 年

中国共产党第十四次全国代表大会部分修改，1992 年 10 月 18 日通过。

中国共产党章程（8）

人民出版社　1997 年

中国共产党第十五次全国代表大会部分修改，1997 年 9 月 18 日通过。

中国共产党章程（9）

人民出版社　2002 年

中国共产党第十六次全国代表大会部分修改，2002 年 11 月 14 日通过。

中国共产党章程（10）

人民出版社　2007 年

中国共产党第十七次全国代表大会部分修改，2007 年 10 月 21 日通过。

中国共产党章程（11）

人民出版社　2012 年

中国共产党第十八次全国代表大会部分修改，2012 年 11 月 14 日通过。

附：中国共产党章程建设历程

版次	时间	修订的内容和特点
"一大"纲领	1921 年	确定党的名称为"中国共产党"，制定了党的纲领，实际上起到了临时党章的作用，宣告了中国共产党的诞生。
"二大"党章	1922 年	将党的纲领分为最高纲领和最低纲领，规定了入党条件。第一部正式党章，标志着党的创建工作圆满完成。
"三大"党章	1923 年	在"二大"党章的基础上，对党员的"自请出党"作了严格规定；对党员入党候补期、党小组的组成、中央执行委员会的组成等作了重要修正。第一部修正章程，严格入党手续以准备进入统一战线。
"四大"党章	1925 年	阐述了无产阶级领导权问题，工农联盟问题。规定凡有党员三人以上均得成立一支部。将中央"委员长"改为"总书记"。
"五大"后政治局会议通过的党章	1927 年	强调争取无产阶级领导权、建立革命民主政权和实行土地革命。第一次明确规定"党部的指导原则为民主集中制"。这部党章由"五大"后召开的政治局会议通过，也是唯一一部不是由党的代表大会制定和修改的党章，是党的组织章程规范化的开端。
"六大"党章	1928 年	指出了中国社会所处的历史地位和政治形势，规定了民主革命十大纲领，指出了党的总任务。更加突出地强调了共产国际的领导。唯一不是在国内修改和通过的党章，第一次明确规定民主集中制是党的组织原则。
"七大"党章	1945 年	第一次增加了党章的总纲部分。确立了正确的政治路线，确立毛泽东思想为全党指导思想，特别强调了党的群众路线，更加完善了党的民主集中制的原则。

"八大"党章	1956 年	根据执政党的特点，指出社会主要矛盾，提出了全面开展社会主义建设的任务。首次把"各尽所能，按劳取酬"的分配原则写进党章。新中国成立后的第一部党章，第一次规定党的全国、省级、县级代表大会实行常任制，突出强调要加强执政党建设。
"九大"党章	1969 年	背离了"八大"党章的正确纲领，肯定了根据"无产阶级专政下的继续革命"的错误理论发动的"文化大革命"，取消了"五大"以来建立的监察委员会。充满"左"倾的严重错误，突出强调"以阶级斗争为纲"。
"十大"党章	1973 年	继续"九大"党章"左"倾的错误。除删去有关林彪的内容外，沿袭"九大"党章的内容和结构。
"十一大"党章	1977 年	增写了民主集中制内容，并在县团级以上设立纪律检查委员会，但仍肯定和沿用了"文革"的"左"倾错误理论和实践，坚持"以阶级斗争为纲"。是从"文化大革命"的错误和混乱中走向正确道路的过渡和徘徊时期的一部党章。
"十二大"党章	1982 年	第一次提出"建设有中国特色的社会主义"这一崭新命题；第一次明确规定党必须在宪法和法律范围内活动；第一次做出"党禁止任何形式的个人崇拜"的规定。首次把誓词写入党章，增加党的干部、党的纪律、党的纪律检查机关、党组、党和共产主义青年团的关系等五章。
"十三大"党章	1987 年	进一步健全党的民主集中制，理顺中央领导机关的关系，实行党政分开，国家机关中不再设党组。第一次系统地阐明了社会主义初级阶段的理论，在党建问题上走出一条不搞政治运动，而靠转变观念和做法，发展党内民主、加强制度建设和改革领导方式、执政方式的新路子。

"十四大"党章	1992 年	增加了关于党的十一届三中全会以来历史进程的表述。把邓小平同志建设有中国特色社会主义的理论和在这个理论指导下制定的党的"一个中心、两个基本点"的基本路线及一系列方针载入党章。恢复"十二大"党章对党组的规定。
"十五大"党章	1997 年	把"邓小平理论"确立为党的指导思想。党章总纲在原来关于马克思列宁主义的论述和关于毛泽东思想的论述之后,对原来有关建设有中国特色社会主义理论的内容加以调整补充,形成了关于邓小平理论的论述。
"十六大"党章	2002 年	把"三个代表"重要思想确立为党的指导思想。增加了关于党的十三届四中全会以来历史进程的表述,阐述了"三个代表"重要思想的历史地位和重要作用。把全面建设小康社会的奋斗目标写入党章,增加了"党徽党旗"一章。
"十七大"党章	2007 年	充分体现党的理论创新和实践发展的新成果,明确把科学发展观作为我国经济社会发展的重要指导方针,是发展中国特色社会主义必须坚持和贯彻的重大战略思想。
"十八大"党章	2012 年	把科学发展观同马克思列宁主义、毛泽东思想、邓小平理论、"三个代表"重要思想一道确立为党的行动指南;将"只有改革开放才能发展中国"写入党章;将生态文明建设写入党章并作出阐述。

中共中央机关报刊

　　中国共产党自成立后，相继创办了《向导》《新青年》《前锋》等中央一级机关报刊，充分发挥舆论向导作用。此后，在党的各个历史时期，中央根据不同历史时期斗争形势的需要，创办机关报刊，宣传党的方针、政策与主张，团结群众，教育党员。中共中央机关报刊是中国共产党内外政治信息沟通交流的利器，生动地记录了大量社会政治状况和中国共产党发展成长的历程，是研究中国近现代历史、中国共产党历史的重要资料。

党创立初期和国民革命时期

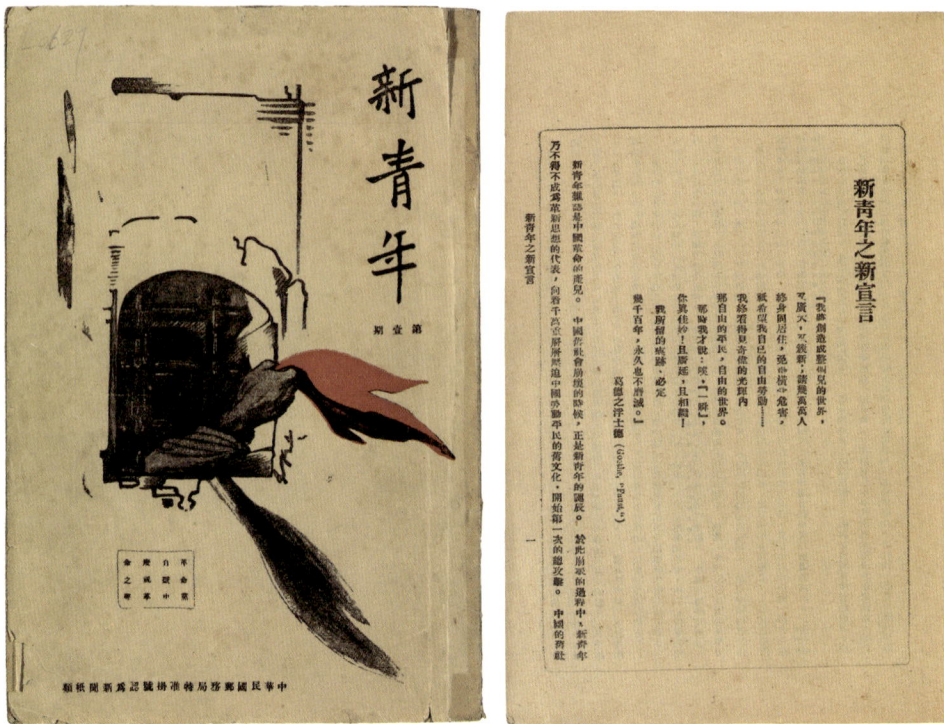

新青年

　　瞿秋白主编，原名《青年杂志》，1915年9月15日创刊，1916年9月1日第2卷第1号起改称《新青年》。该刊从1920年9月1日第8卷第1号起改为中国共产党上海发起组公开的机关刊物。1922年7月休刊。1923年6月，中国共产党在广州召开"三大"后，决定改组休刊的《新青年》，使之成为中共中央的理论性机关刊物。

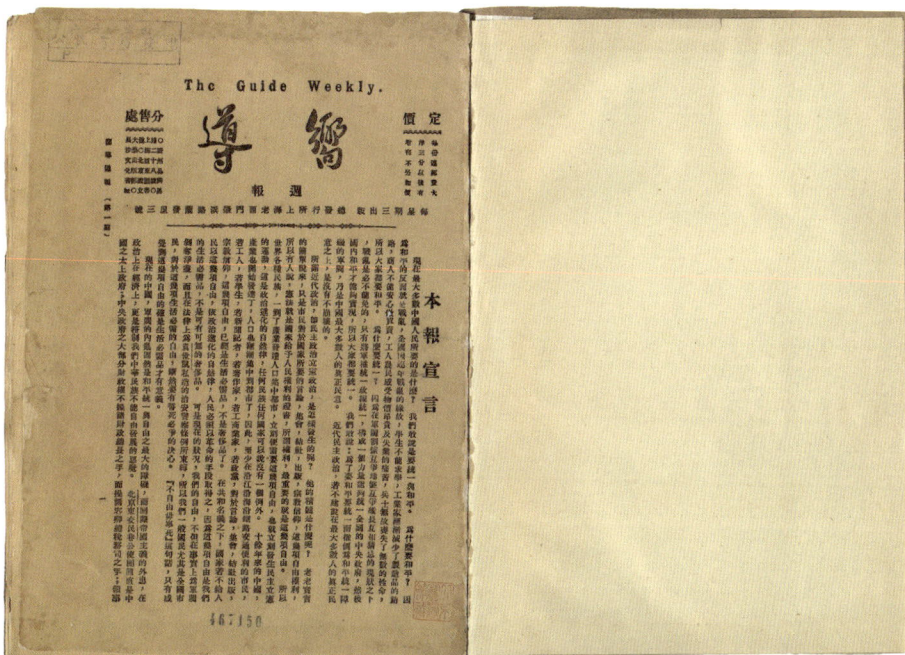

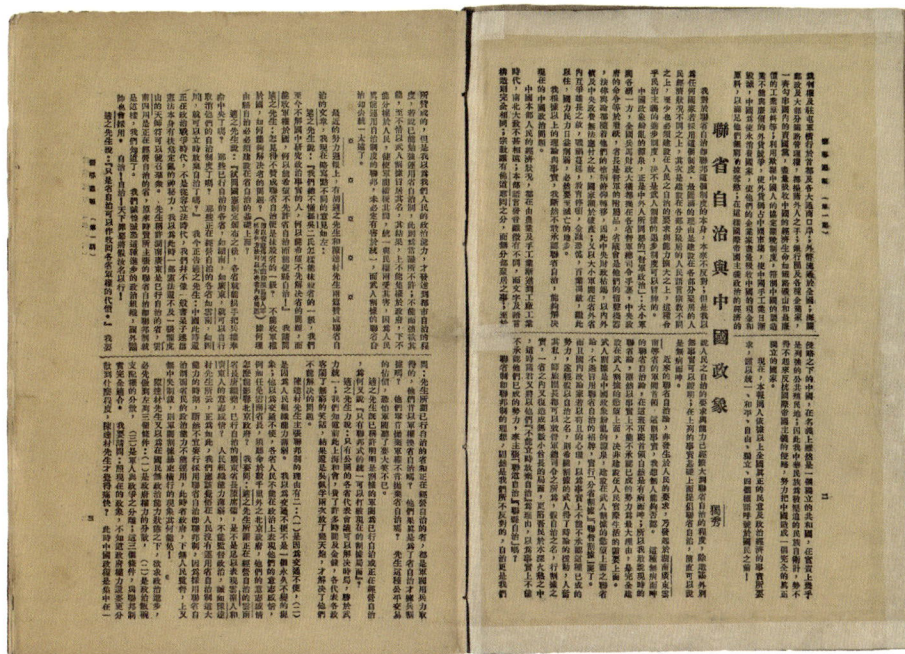

向导

    1922 年 9 月创刊，先后由蔡和森、彭述之和瞿秋白任主编。1927 年 7 月 18 日，《向导》全文刊载了《中国共产党中央委员会对时局宣言》，揭露"国民政府在反动阴谋之下的政局"并停刊，共出 201 期。

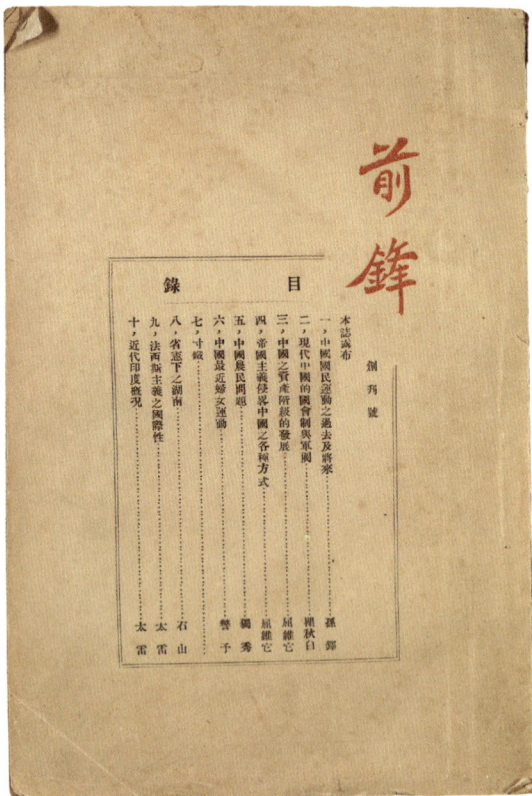

前锋

1923 年 7 月 1 日创刊，瞿秋白曾任主编。名义上在广州，实则在上海出版。1924 年 2 月出第 3 期后停刊。

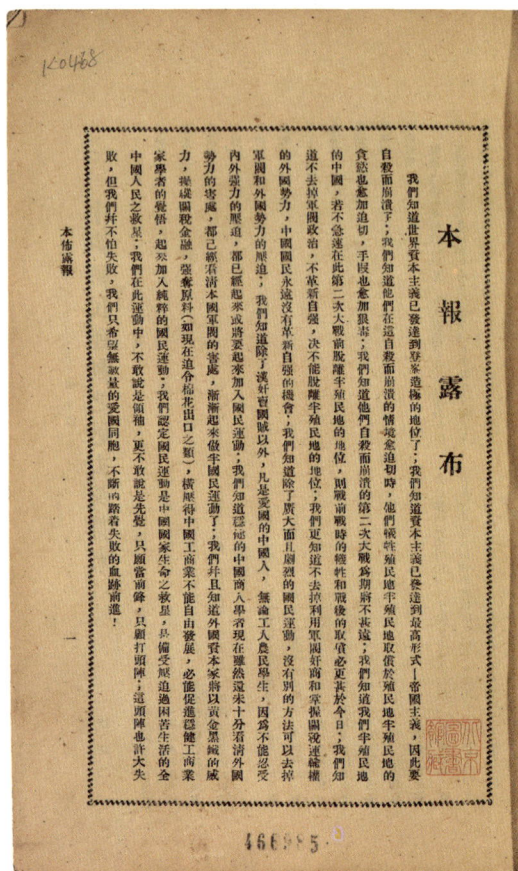

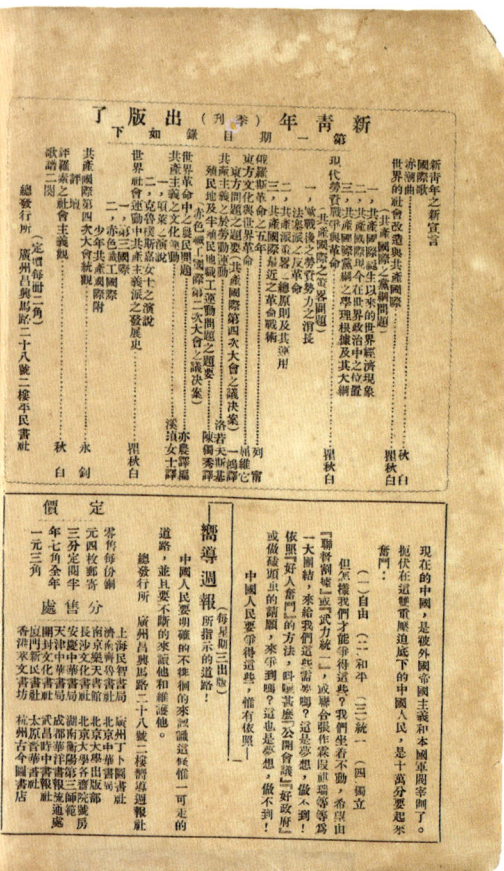

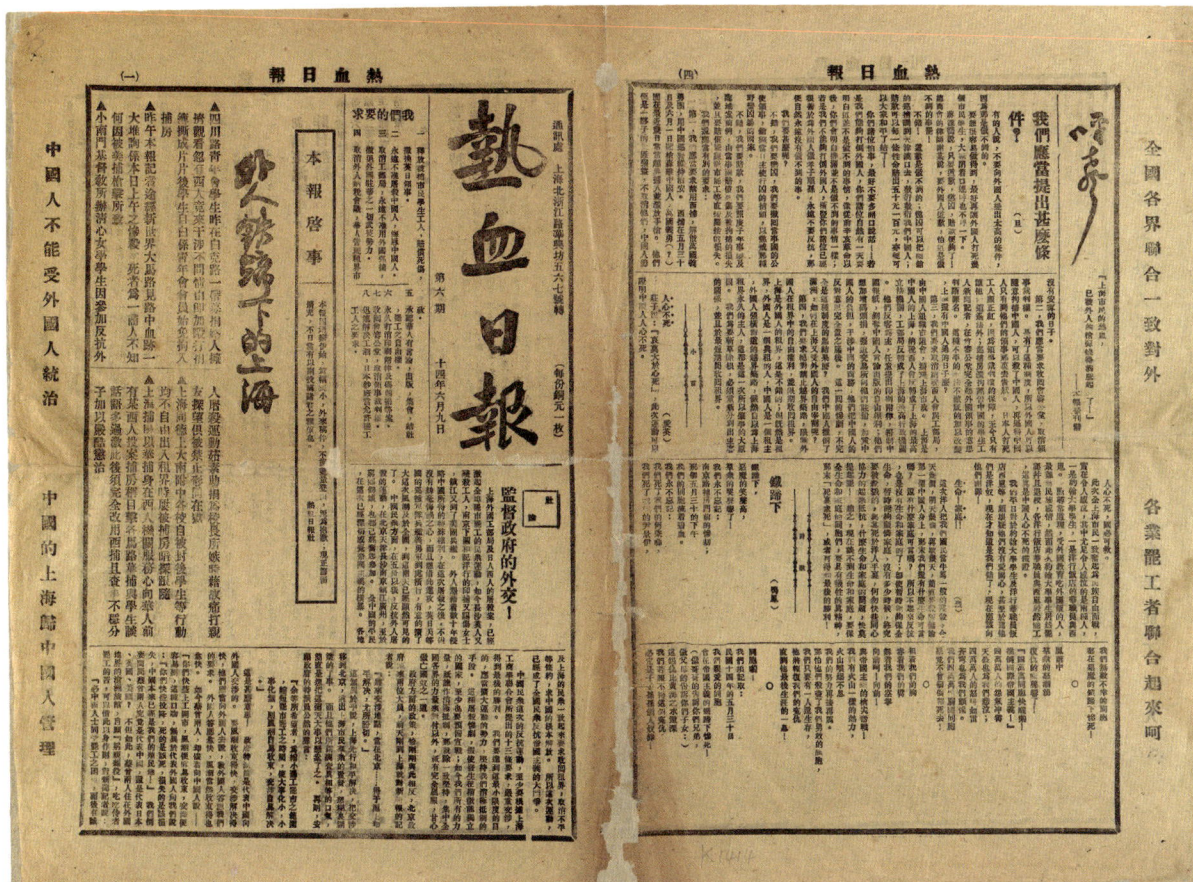

热血日报

　　中国共产党创办的第一份日报，由瞿秋白主编。1925 年 6 月 4 日创刊，6 月 27 日被迫停刊，仅出 24 期。

土地革命战争时期

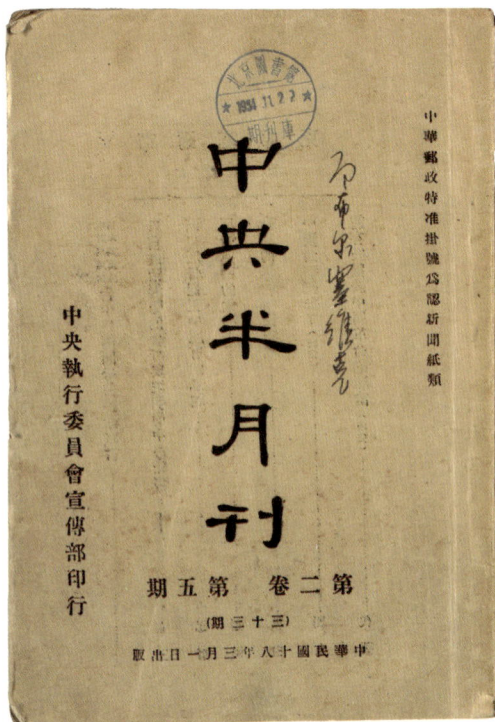

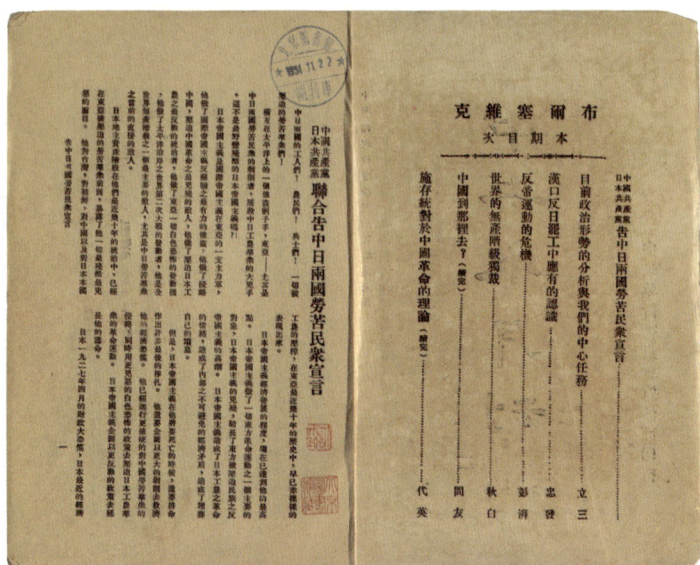

中央半月刊（伪装本）

《布尔塞维克》于1927年10月24日在上海创刊，1932年7月1日被迫停刊，出版52期。初期编委会主任为瞿秋白，后来蔡和森、李立三、张闻天先后任该刊编委会主任。此册为化名《中央半月刊》的伪装本。

衛生叢書

第十種

日本松田著

上海醫學出版社版印行

1930

K0547

黨的生活第九期目錄

三〇年五月十五出版

發行工作
論宣傳品的分配
發行工作的意義與路線
黨報的發行工作
爭取公開的發行
建立發行交通網
支部發行工作
讀黨報
支部工作
一切工作歸支部
上海支部生活
上海支部工作
黨員與黨
黨員被捕後應有的態度

烈澤朱唐子桂問　文菡笑　天
寧鴻赤亮英昌友　容葆影　生

975256

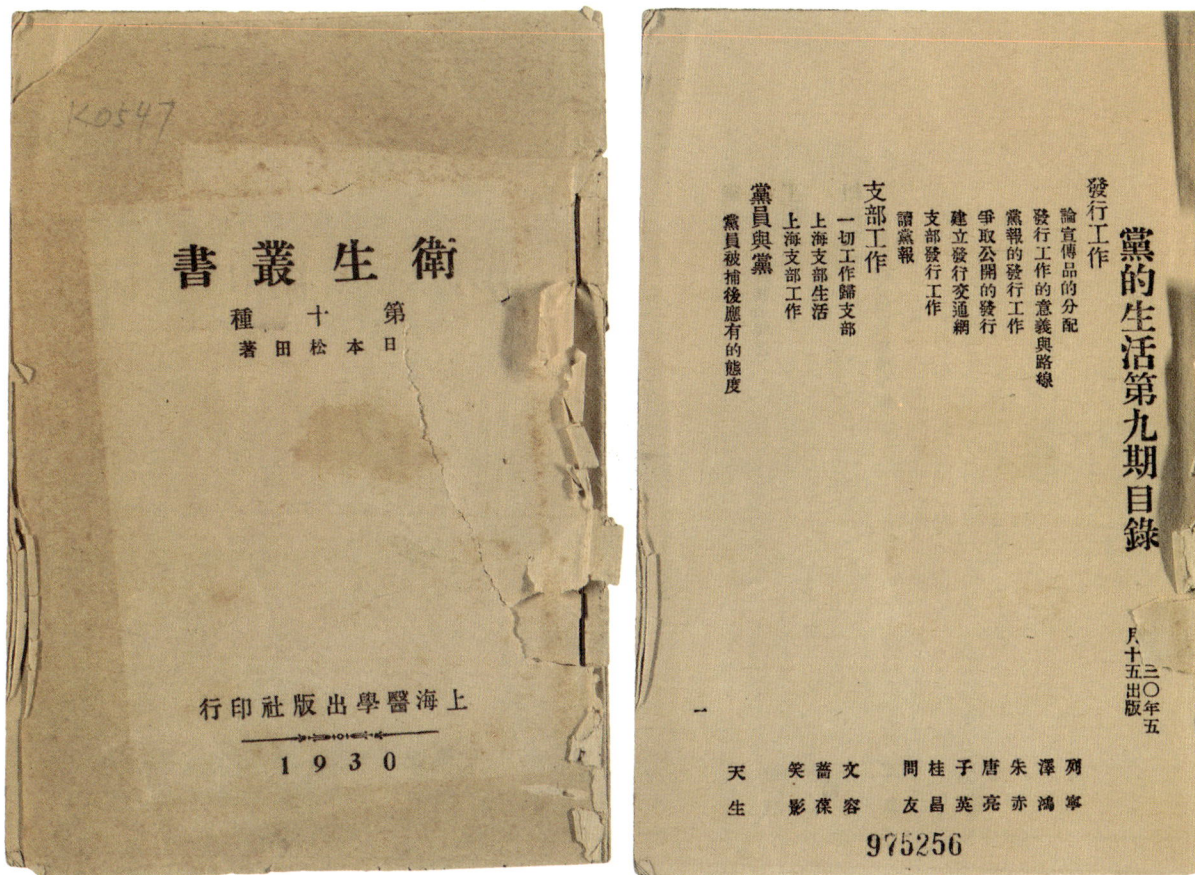

卫生丛书（伪装本）

　　《党的生活》为中国共产党中央委员会机关刊物。"六大"以前即已出版，现在能见到的只有 1929 年 1 月 1 日重新出版的第 1 期至 1930 年 6 月 15 日出版的第 11 期和无期号的一期。此期为伪装本，托名《卫生丛书》第十种，日本松田著。

抗日战争时期

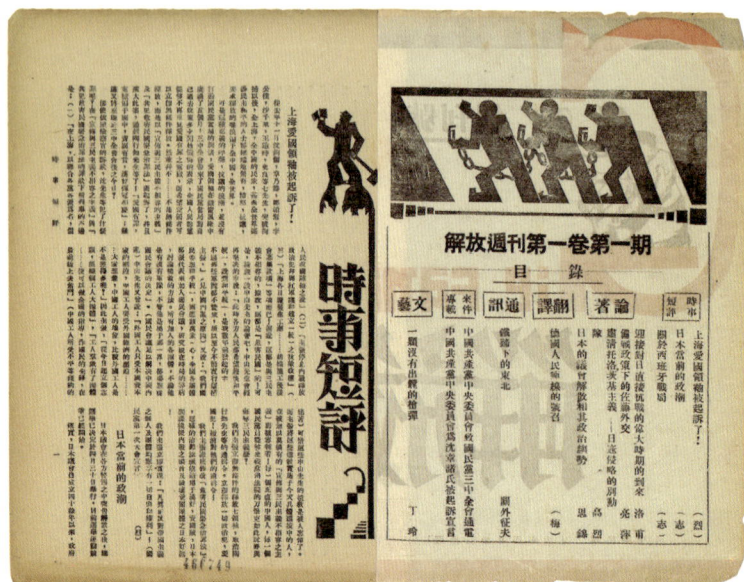

解放

　　1937年4月24日在延安创刊。毛泽东、张闻天、刘少奇、周恩来等中共中央领导人的许多论著都曾在此刊上发表。

群众

　　1937 年 12 月 11 日在武汉创刊，1938 年 10 月武汉沦陷后迁移到重庆出版，1945 年抗战胜利后迁移到上海出版，国共和谈破裂后又转香港出版，至 1949 年 10 月新中国成立后停刊。

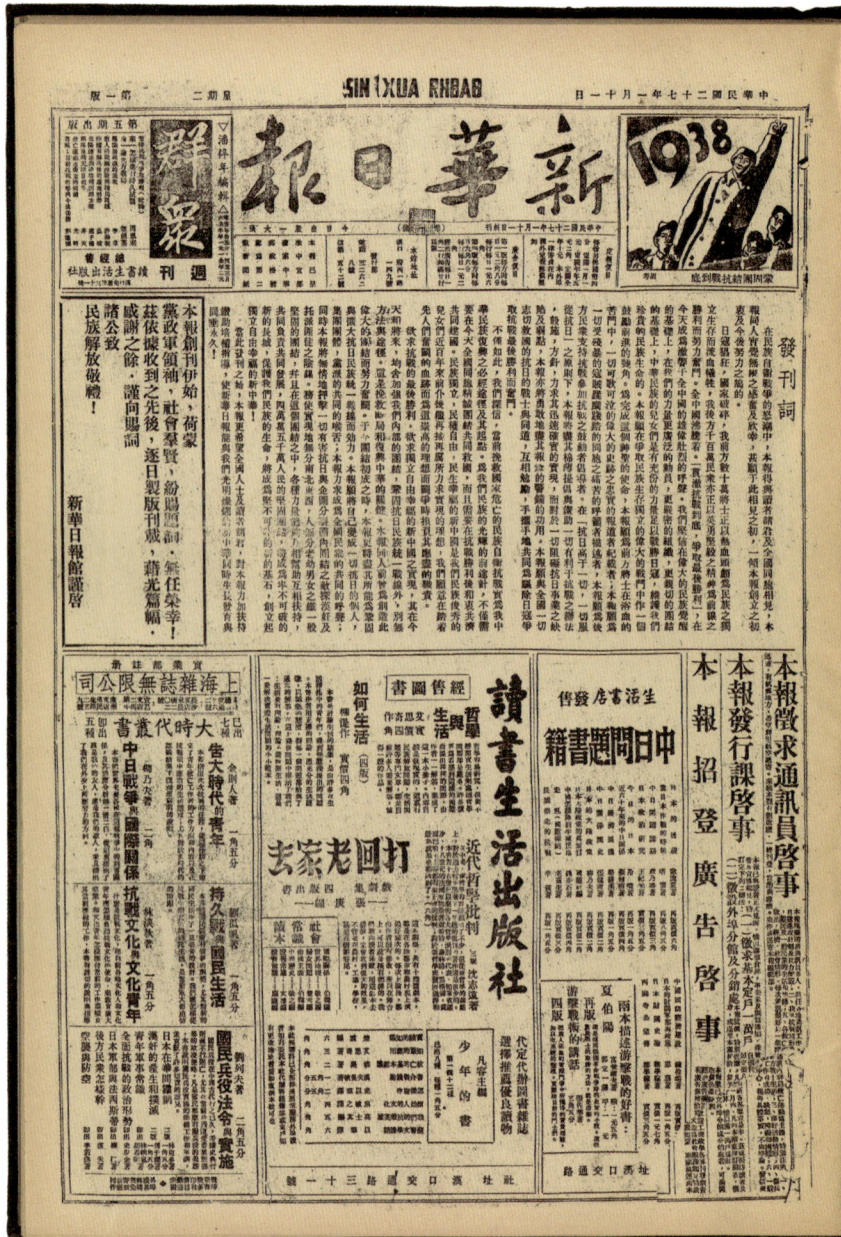

新华日报

1938年1月11日在汉口创刊, 同年10月25日移至重庆继续出版。

解放日报

1941年5月16日在延安创刊，1947年3月27日停刊，共出版2130期。

解放战争时期

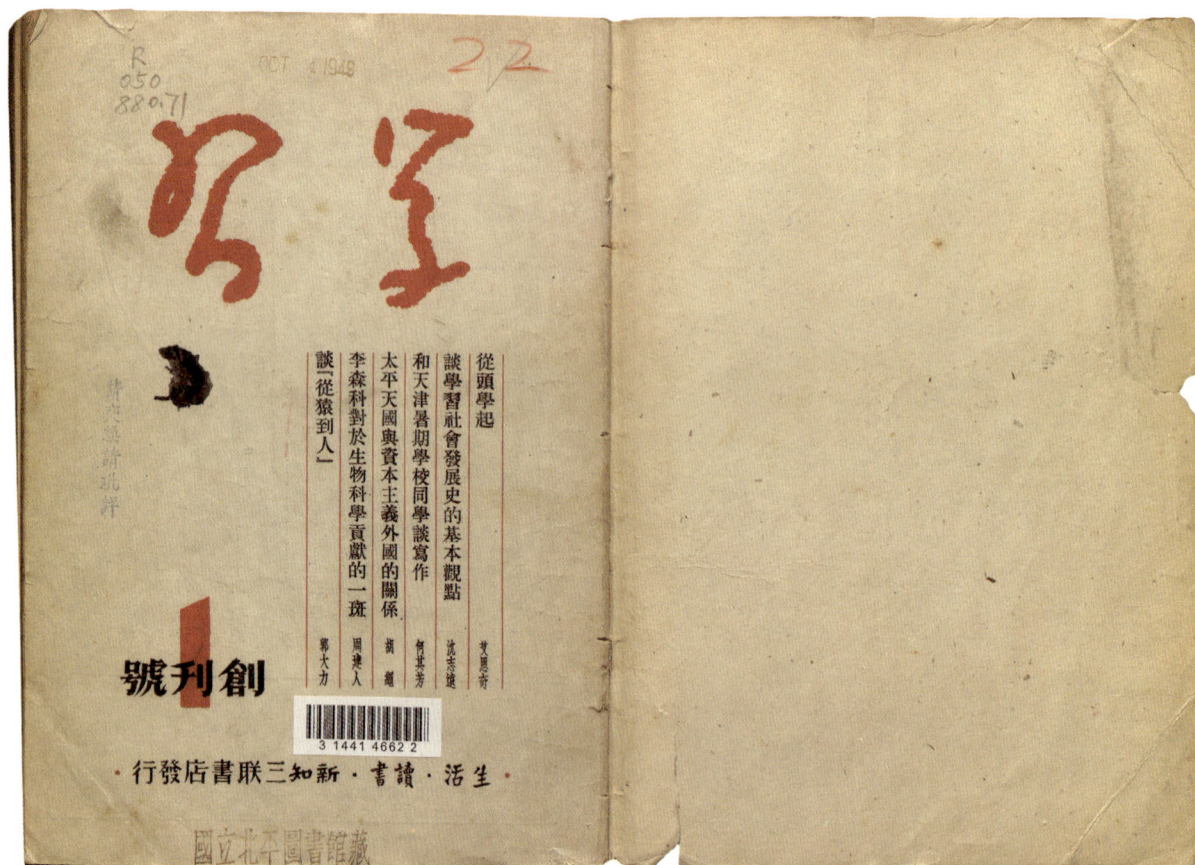

学习

1949 年 9 月 15 日中共中央在北平创办的一份全国性理论刊物，1958 年 10 月停刊，共出 145 期。

新中国成立以后

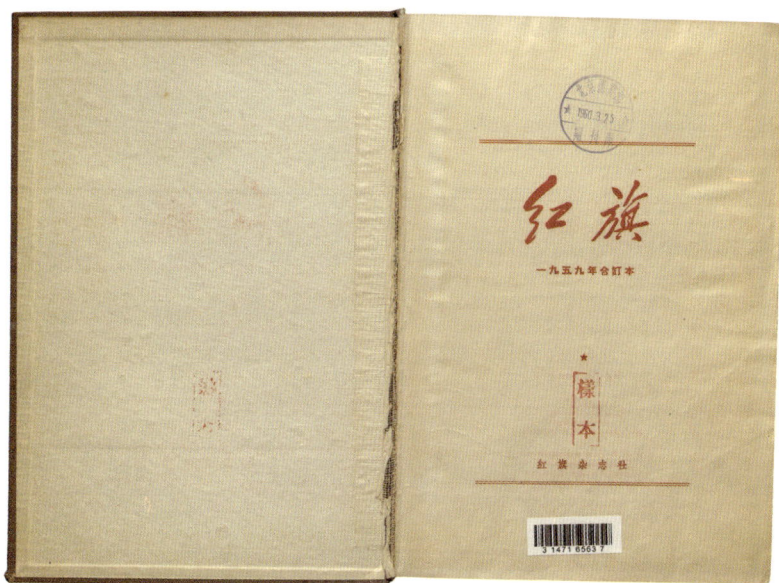

红旗

根据1958年5月中共八届五中全会决议,《红旗》于1958年6月1日在北京正式出版。1988年6月16日出版了当年第12期后停刊,共出版544期。

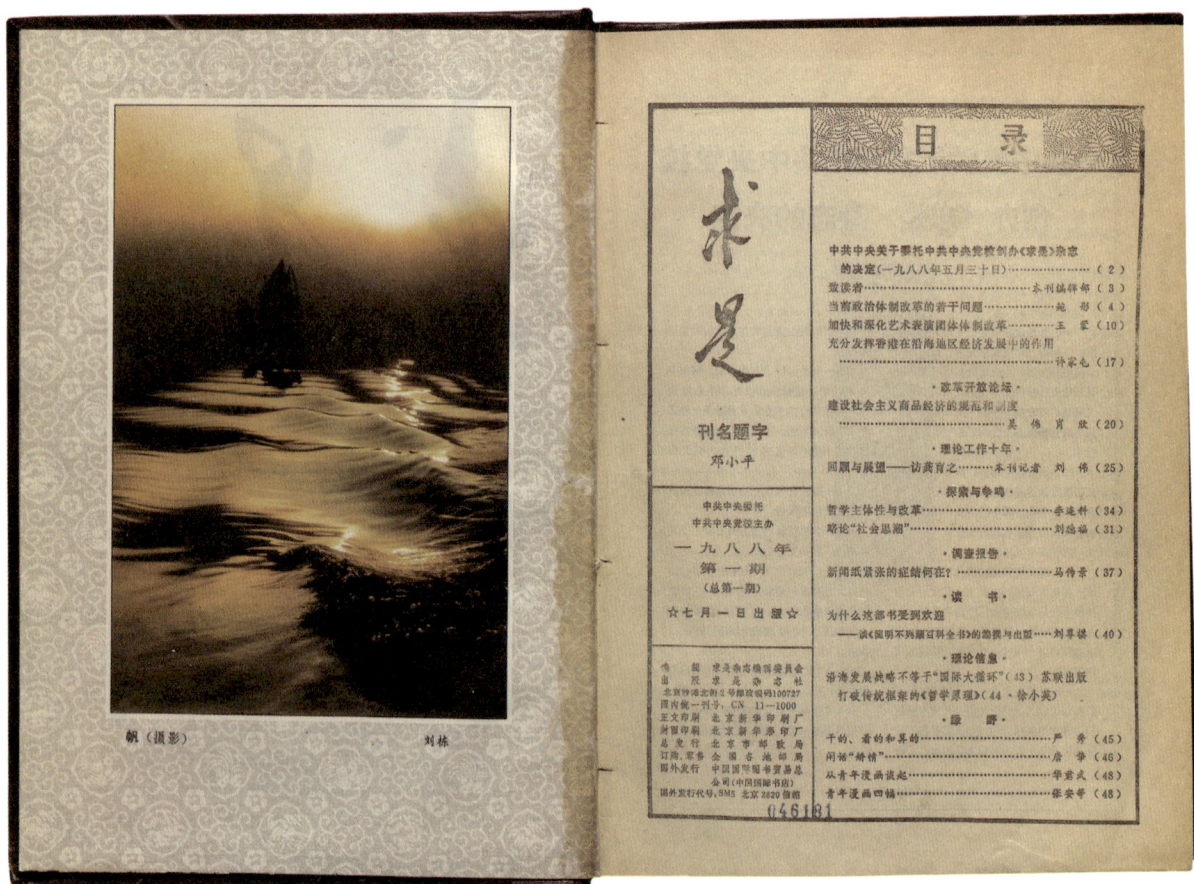

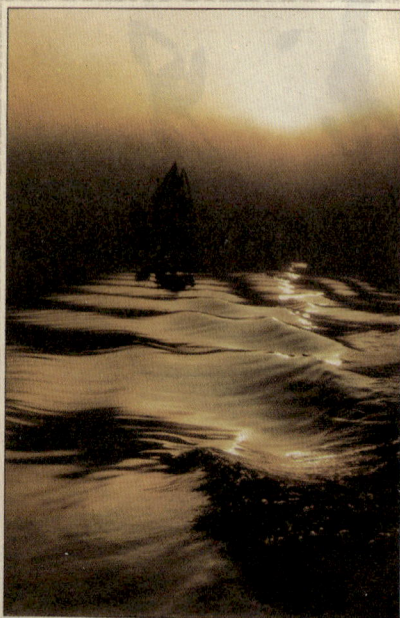

帆（摄影）　　　　　　　　刘栋

目　录

求是

1988年7月1日在北京创刊，是继《红旗》之后，由中国共产党中央委员会主办的理论刊物。

附：中共中央机关报刊一览表

报刊名称	创刊地点	简　介
		党创立初期和国民革命时期
新青年	上海	原名《青年杂志》，创刊于 1915 年 9 月 15 日，从 1916 年 9 月 1 日第 2 卷第 1 号起改称《新青年》，主编陈独秀。该刊从 1920 年 9 月 1 日第 8 卷第 1 号起改为中共上海发起组公开的机关刊物，为建党作了思想上、理论上的准备。1922 年 7 月休刊。1923 年 6 月，中共在广州召开"三大"后，决定改组休刊的《新青年》，使之成为中共中央的理论性机关刊物，瞿秋白主编，初定为季刊，因故脱期，前后仅出了 4 期，1924 年 12 月休刊。1925 年 4 月，中共"四大"决定改《新青年》为月刊，彭述之、罗亦农先后任主编，因经常脱期，实际上成为不定期刊，1926 年 7 月停刊。
共产党	上海	1920 年 11 月 7 日，中共上海发起组创办的党内理论刊物，月刊，李达主编，16 开本，共出版 7 期。该刊选定苏俄十月革命三周年的日子创刊，以表明它的历史使命就是要宣传在中国建立一个布尔什维克式的政党，走十月革命的路。
向导	上海	中国共产党创办的第一个公开发行的中央机关报。1922 年 9 月创刊，周报，先后由蔡和森、彭述之和瞿秋白任主编。中共早期的主要成员陈独秀、蔡和森、瞿秋白、高君宇、彭述之、毛泽东、周恩来、赵世炎等都曾在此刊上发表过文章。1927 年 7 月 18 日停刊，共出 201 期。
前锋	广州	国民革命时期中国共产党的政治性机关刊物。1923 年 7 月 1 日创刊。名义上在广州，实际在上海出版。月刊。瞿秋白曾任主编。陈独秀、张太雷、向警予经常在刊物上撰文。1924 年 2 月出第 3 期后停刊。
中国共产党党报	上海	中国共产党第一个党内机关刊物。1923 年 11 月 30 日发刊，陈独秀任主编。不定期，发放范围很小。内容以刊载党内报告、文件为主。1924 年 5 月间已编印 4 期，停刊日期不详。第 1 号是中共三届一中全会文件，第 3、4 号是 1924 年 5 月召开的三届中央执行委员会扩大会议的文件。《中国共产党党报》停刊后，中央又出了《校刊》。从内容和形式看，是《党报》的继续。现仅存第 6、7 两期。

热血日报	上海	中国共产党创建的第一份日报。1925年6月4日创刊，瞿秋白主编。8开4版。设有专栏，如社论、本埠要闻、国内要闻、国际要闻、紧要消息等。还设副刊《呼声》，刊登小评论、杂文、通讯和文艺等。《热血日报》自创刊伊始，即积极推动五卅运动，支持全国各地的反帝斗争。由于帝国主义者和军阀的迫害，6月27日被迫停刊，共出版24期。
中央政治通讯	武汉	亦称《中央通讯》《中央通信》等。1926年9月在武汉创刊，32开油印本。1927年11月迁上海出版。主要刊载中国共产党方针政策性的文件，除个别领导人的工作报告外，多数是党内秘密文件，如中共中央1928年的《中央通告》、1928年《中央对广州暴动问题的决议》等。发给中共省委以上负责人阅读。八七会议后改为党内公开刊物。1928年7月停刊。共出版30期。
		土地革命战争时期
布尔塞维克	上海	1927年10月24日，上海创刊，先为周刊，从第20期起改为半月刊或十日刊，从第29期起改为月刊，后来逐渐演变为中共中央的理论性刊物。1932年7月1日被迫停刊，历时近五年，出版52期。初期编委会主任为瞿秋白，后来蔡和森、李立三、张闻天为该刊编委会主任。
红旗	上海	1928年11月20日在上海创刊，初为周报，后改为三日报，由罗绮园任主编。1930年8月2日停刊，共出版126期。1至4期为16开本，5至23期为32开本，24至126期为8开本。1930年8月15日，《红旗》与中共中央宣传部秘密出版、公开发行的通俗报纸《上海报》合并改组为《红旗日报》，作为中共中央机关报秘密出版。《红旗日报》从创刊号开始到第161期为止，在报头左侧和下侧相继注明为："中国共产党中央委员会机关报""中国共产党中央机关报"。总编辑（主编）先后是潘文育、王稼祥，采访部主任是潘汉年。1931年2月14日，从第162期开始，报头下侧注明《红旗日报》为"中国共产党中央和江苏省委机关报"。3月8日，《红旗日报》停刊，共出版182期。1931年3月9日，《红旗日报》改为《红旗周报》，并恢复为中共中央机关报，铅印，秘密出版，主编张闻天。1933年8月31日，从中央苏区出版第59期起，又改称《红旗》，为半月刊。1934年3月1日终刊，共出版64期。
党的生活	上海	中国共产党中央委员会机关刊物。"六大"以前即已出版，现在能见到的只有1929年1月1日重新出版的第1期至1930年6月15日出版的第11期和无期号的一期。主要作者有向忠发、李立三、刘少奇、胡锡奎等。
实话	上海	1930年10月30日在上海创刊，主编王稼祥。主要内容有中共中央的决议、宣言、通告，共产国际有关中国革命的文件，探讨党的路线、方针和政策的文章。1931年3月5日停刊。

党的建设	上海	1931年1月25日创刊，1933年3月8日停刊，现在保存下来的有1-12期。是研究王明"左"倾错误的重要史料。
红色中华	瑞金	中国共产党领导的革命根据地创办的第一个中央级机关报。1931年12月11日在江西瑞金创刊。初为中华苏维埃共和国临时中央政治局机关报。周刊，铅印。第50期起改为中共苏区中央局、中华苏维埃中央政府、中华全国总工会、中国共产主义青年团中央的联合机关报。三日刊。后又改为每周出版3次，星期日休刊。是革命根据地发行数量最多、影响最大的报刊。主要内容有社论、时评、要闻、专电、中央革命根据地消息等。在政策报道方面，曾受第三次"左"倾机会主义的影响。1934年10月3日中国工农红军开始长征而停刊。出至第240期。1936年1月在陕北瓦窑堡复刊。油印。主要任务是宣传中共中央提出的建立抗日民族统一战线的政治主张。1937年1月29日改名为《新中华报》，共出版324期。
红星报	瑞金	中央革命军事委员会总政治部（1932年1月改称中国工农红军总政治部）的机关报，1931年12月11日于瑞金与《红色中华》同时创刊。铅印4开，毛边纸印刷。开始是五日刊，实际上是不定期刊。在中央红军1934年10月开始的长征途中，《红色中华》暂时停刊，《红星报》是党中央和中央军委的唯一报纸，实际上起到了党中央机关报作用。先后由邓小平、陆定一等负责编辑。目前所见的最后一期系1935年8月3日出版。
斗争	上海	1932年1月21日，中共临时中央在上海创办，油印，16开本，不定期出版，主编张闻天。1935年7月5日停刊，一共出了79期，通称上海版。临时中央迁往江西瑞金后，也出版了《斗争》，作为中共苏区中央局的机关报，1933年2月4日创刊，主编张闻天，每10日出版一期，铅印。1934年9月30日休刊，共出版73期，通称苏区版。红军到达陕北后，《斗争》作为中共西北局的机关刊物延续苏区版的期号继续出版，社址在延安，出版了28期。1936年改为中共中央的机关刊物，出了25期，1937年3月出版第127期后停刊，通称西北版。
抗日战争时期		
新中华报	延安	1937年1月29日中共中央将《红色中华》改为《新中华报》，刊号延续《红色中华》为第325期。中共中央还决定将红色中华通讯社改称新中华通讯社，社长秦邦宪。9月9日，《新中华报》由中华苏维埃共和国中央政府机关报改为陕甘宁边区政府机关报。1938年12月25日，《新中华报》停刊，共出版474期。1939年2月7日，《新中华报》（刷新版）创刊，在创刊号的社论中说："从今天——民国二十八年二月七日起，新中华报改组为中国共产党中央委员会机关报之一。同时，它也是陕甘宁边区政府的喉舌。"刷新版1941年5月15日停刊，共出版了230期。

解放	延安	1937年4月24日在延安创刊，初为周刊，后改为半月刊，张闻天任社长兼主编。该刊一度在国统区发行，在全国各大城市设发行点，发行量最高时达5万多份。1941年8月31日为集中力量办好《解放日报》而停刊，共出版134期。
群众	武汉	1937年12月11日在武汉创刊，1938年10月武汉沦陷后，迁至重庆继续出版，由周恩来直接领导，社长潘梓年，主编先后有许涤新、戈宝权、乔冠华。1946年6月3日迁到上海，仍由周恩来直接领导，主编李维汉。《群众》周刊在1947年3月2日出版第14卷9期后暂告停刊。在刊物被国民党政府查封前，1947年1月30日《群众》周刊已在香港刊行香港版，1949年10月20日在香港终刊。
新华日报	武汉	1938年1月11日在武汉创刊。每日出对开一张，发行量1万多份。社长潘梓年，总编辑先是华岗，后为吴克坚等。10月25日武汉沦陷，《新华日报》24日在武汉停刊，25日在重庆继续出版。周恩来担任《新华日报》董事长，直接领导该报的出版发行。1939年5月，中共中央公开向国民党说明《新华日报》是代表共产党的言论机关。1947年2月28日被国民党政府查封。
共产党人	延安	抗日战争时期中共中央主办的党内刊物。1939年10月在延安创刊，总编辑张闻天，李维汉担任编辑主任。毛泽东亲自写了《发刊词》，称之为"专门的党报"，其中谈到了创刊的宗旨："帮助建设一个全国范围的、广大群众性的、思想上政治上组织上完全巩固的布尔什维克化的中国共产党。"1941年8月终刊，共出19期。
华商报	香港	抗日战争和解放战争时期中国共产党在香港刊行的机关报。1941年4月8日由范长江主持出版，12月太平洋战争爆发后被迫停刊，1946年1月4日复刊，1949年10月15日终刊。
解放日报	延安	抗日战争时期和解放战争初期的中共中央机关报。中国共产党在抗日民主根据地出版的第一份大型日报。1941年5月16日在延安创刊。报社社长先后有秦邦宪、余光生（代）、廖承志等，总编辑先后有杨松、陆定一、余光生。1942年9月，中央决定《解放日报》兼作中共中央西北局机关报。1947年3月27日停刊，共出版了2130期。1949年5月28日，在上海重新创刊，为中共上海市委机关报（曾兼中共中央华东局机关报），发行至今。
解放战争时期		
解放（北平）	北平	解放战争时期中国共产党在国统区出版的机关报。1946年2月22日在北平创刊，三日刊。自第27期起改二日刊。5月29日与新华社北平分社同时遭国民党政府查封，共出37期。

新华周刊	上海	中国共产党历史上第一份外文机关刊物。1946 年 5 月 17 日在上海创刊，英文周刊。总编乔冠华，编译关振群、孙一新，由同情中国革命的法国商人密须里埃承担印刷，周恩来的秘书兼翻译龚澎负责发行，编辑部设在上海法大马路（今金陵东路）23 号。出版三期即被查封。
人民日报	河北平山	1948 年 6 月 15 日在河北省平山县创刊，当时是中共中央华北局机关报。1949 年 2 月 2 日，《人民日报》北平版在北平出版。同年 3 月 15 日华北《人民日报》迁至北平，《人民日报》北平版终刊。8 月 1 日，《人民日报》由代中共中央机关报转为正式的中共中央机关报至今。
学习	北平	1949 年 9 月 15 日中共中央在北平创办的一份全国性的理论刊物，其主要任务是辅导干部学习马克思列宁主义，初为月刊，后为半月刊，1958 年 10 月停刊，共出 145 期。
新中国成立以后		
红旗	北京	中国共产党中央委员会主办的理论刊物。根据 1958 年 5 月中共八届五中全会决议，《红旗》于 1958 年 6 月 1 日在北京正式出版。初为半月刊，后改为月刊，1980 年 1 月恢复为半月刊。1988 年 6 月 16 日出版了当年第 12 期后停刊，共出版 544 期。
求是	北京	1988 年 7 月 1 日在北京创刊，是继《红旗》之后，由中共中央委员会主办的理论刊物，为半月刊。是中共中央指导全党全国工作的重要思想理论阵地。

注：根据姜卫中《中共中央机关报刊历史沿革考述》（《党的文献》2013 年 1 期）整理。

"万水千山只等闲"
——中央红军二万五千里长征

　　1927 年国民革命失败后，中国共产党领导的人民革命斗争进入最艰苦的阶段——土地革命战争时期。以毛泽东为代表的中国共产党人，将马克思主义与中国革命实际相结合，开辟了农村包围城市、武装夺取政权的革命道路。中国共产党领导人民在各地发动了一系列武装起义，创建了中国工农红军与农村革命根据地，建立了中华苏维埃共和国，并在根据地广泛深入地开展土地革命。

　　然而，受"左"倾错误的影响，中央根据地第五次反"围剿"失败。中央红军主力被迫于 1934 年撤离根据地，历时一年，转战二万五千里，到达陕北。1936 年 10 月，三大主力红军在西北会师，长征取得伟大胜利，实现了革命力量的战略大转移。

中国共产党创建革命武装

　　中共中央于 1927 年 8 月 7 日在湖北汉口召开紧急会议（即八七会议）。会议总结了大革命失败的教训，确立了实行土地革命和武装起义的方针。中国革命实现了由国民革命失败到土地革命战争兴起的历史性转变。毛泽东在此次会议的发言中提出"须知政权是由枪杆子中取得的"。这个论断是从国民革命失败的教训中取得的，它指出了中国革命的特点，提出了以军事斗争作为党的工作重心的问题。

　　1927 年 8 月 1 日，周恩来、贺龙、叶挺、朱德、刘伯承等率领党直接掌握和影响下的军队 2 万余人，发动南昌起义，标志着中国共产党独立领导革命战争、创建人民军队和武装夺取政权的开始。同年秋，毛泽东在湘赣边界领导秋收起义。此后，湖北、广东、江西、陕西、河南、河北等省的党组织也发动了多次武装起义。

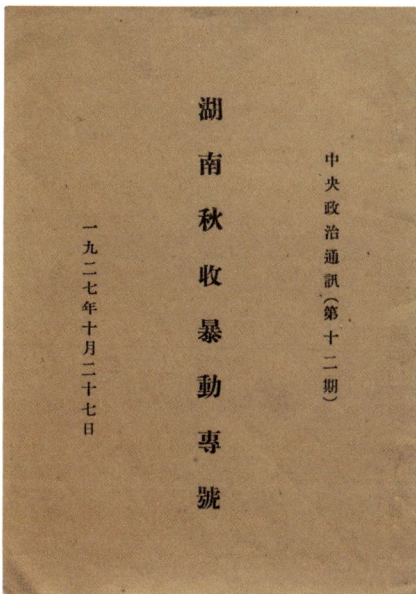

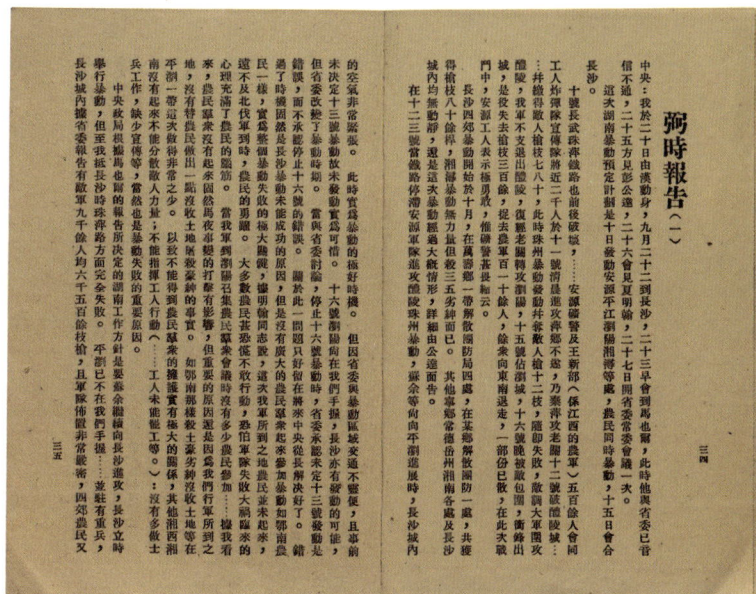

湖南秋收暴动专号

《中央政治通讯》第 12 期　1927 年 10 月 27 日　复制件

　　《中央政治通讯》亦称《中央通讯》《中央通信》等，1926 年 9 月在武汉创刊，1927 年 11 月迁上海出版，八七会议后改为党内公开刊物，1928 年 7 月停刊，共出 30 期。此期为湖南秋收暴动专号。

创建农村革命根据地

1927年10月，毛泽东率领湘赣边界秋收起义的工农革命军，开始创建井冈山农村革命根据地的艰苦斗争。1928年4月，朱德、陈毅率南昌起义小部分部队和湘南起义农军1万余人陆续转移到井冈山地区，与毛泽东领导的部队在宁冈砻市会师，合编成立工农革命军第四军。在实践的基础上，毛泽东提出了工农武装割据的思想。

党的"六大"以后，各地党组织抓住国民党新军阀混战的有利时机，发动农民起义，开展游击战争，建立革命政权，实行土地革命，红军和根据地不断巩固和扩大。到1930年夏，全国已建立大小十几块农村革命根据地，红军发展到约7万人，分布在湖南、湖北、江西、福建、广东、广西、河南、安徽、江苏、浙江、四川等10多个省，农村革命根据地成为积蓄和壮大人民革命力量的主要战略基地。

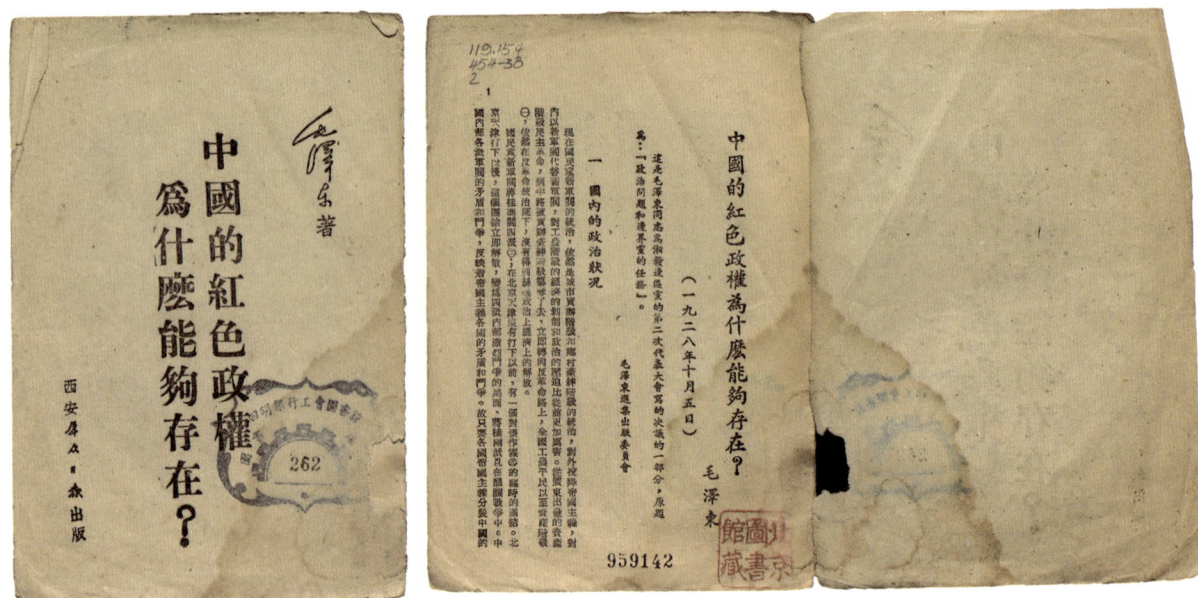

中国的红色政权为什么能够存在？

毛泽东著   西安群众日报社

1928年，毛泽东在《中国的红色政权为什么能够存在？》一文中，阐明了在反动政权的包围中，农村革命根据地能够建立和发展的原因和条件。这篇文章是毛泽东"工农武装割据"思想的雏形，为农村包围城市，最后夺取全国胜利的道路奠定了重要理论基础。

中國蘇維埃的政綱

摘全國蘇維埃區域代表大會政治決議案

一九三〇年十月　日

興國縣行委翻印

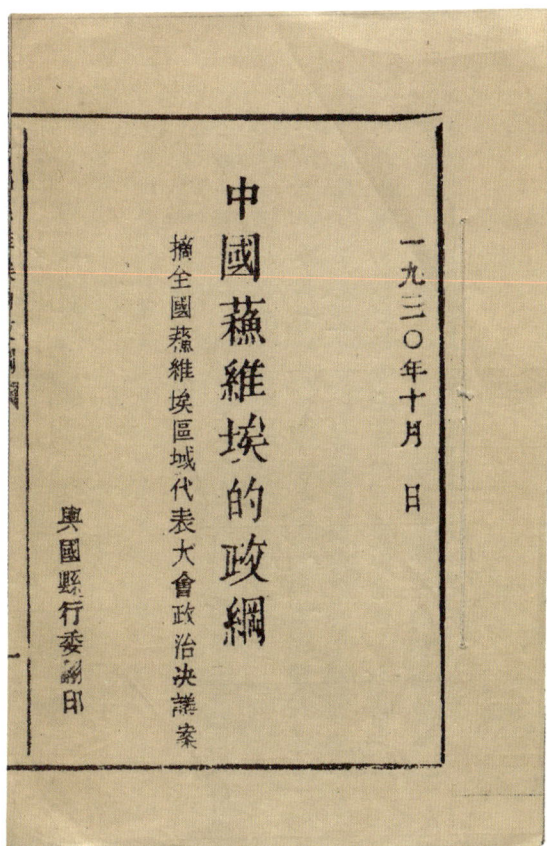

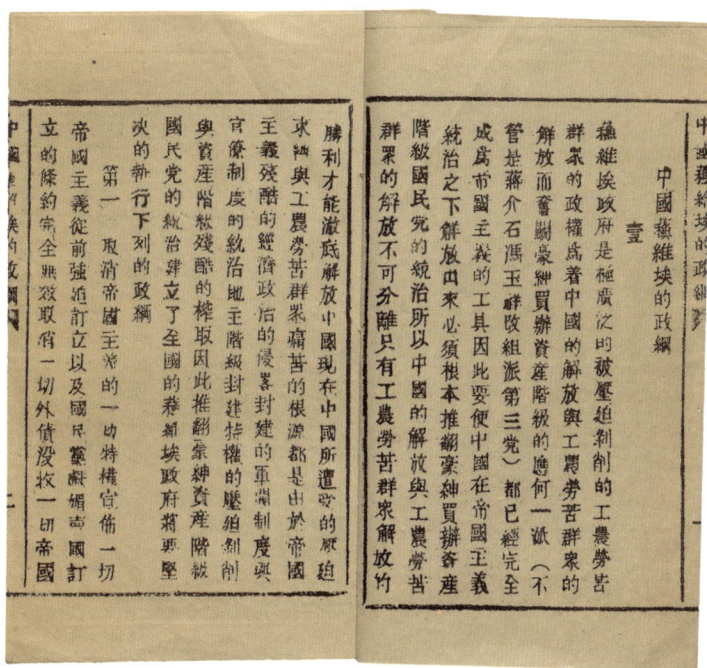

中国苏维埃的政纲

兴国县行委　1930 年 10 月　复制件

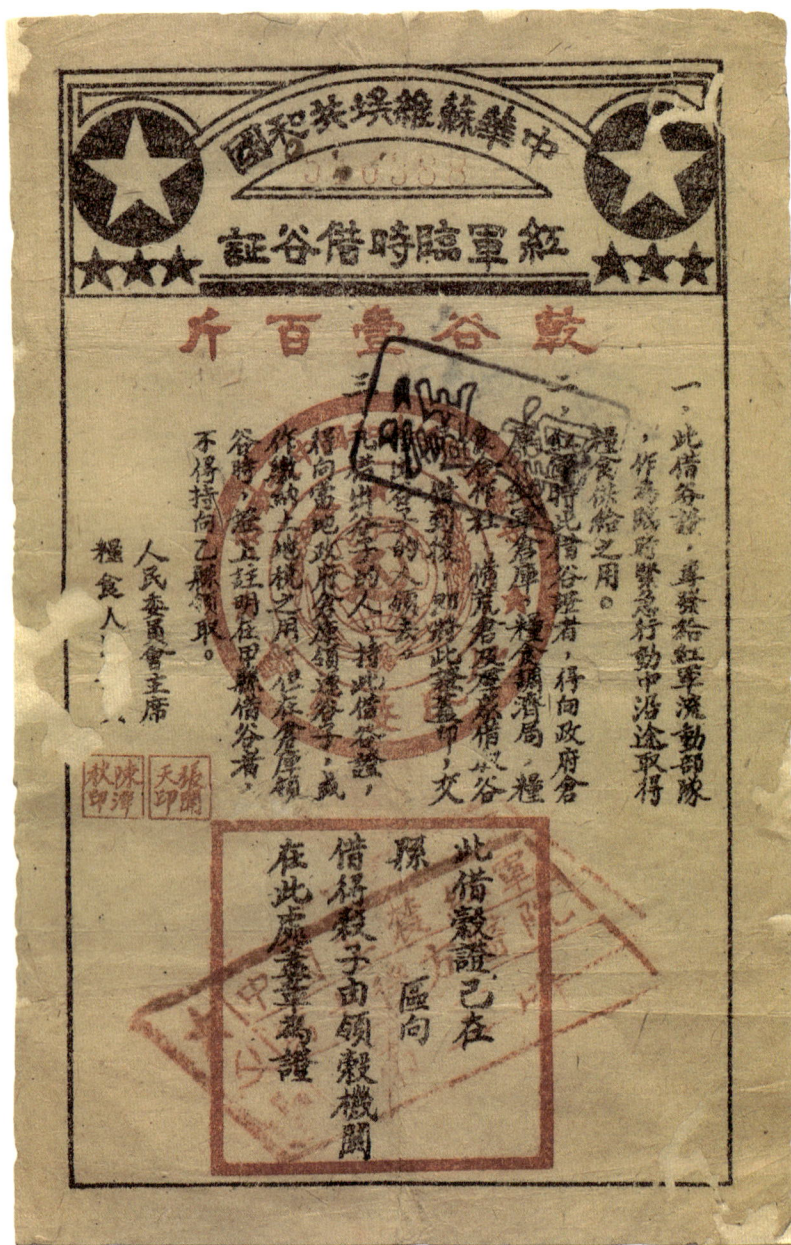

中华苏维埃共和国红军临时借谷证

中华苏维埃共和国中央政府人民委员会

中国工农红军后方医院发给，经中华苏维埃共和国中央政府批准印制发行，证末钤有人民委员会主席张闻天、粮食人民委员陈潭秋的红色印章。这是为了适应战时流动性极大的部队和地方党政工作人员的粮食需要而印制的一种特殊证券。

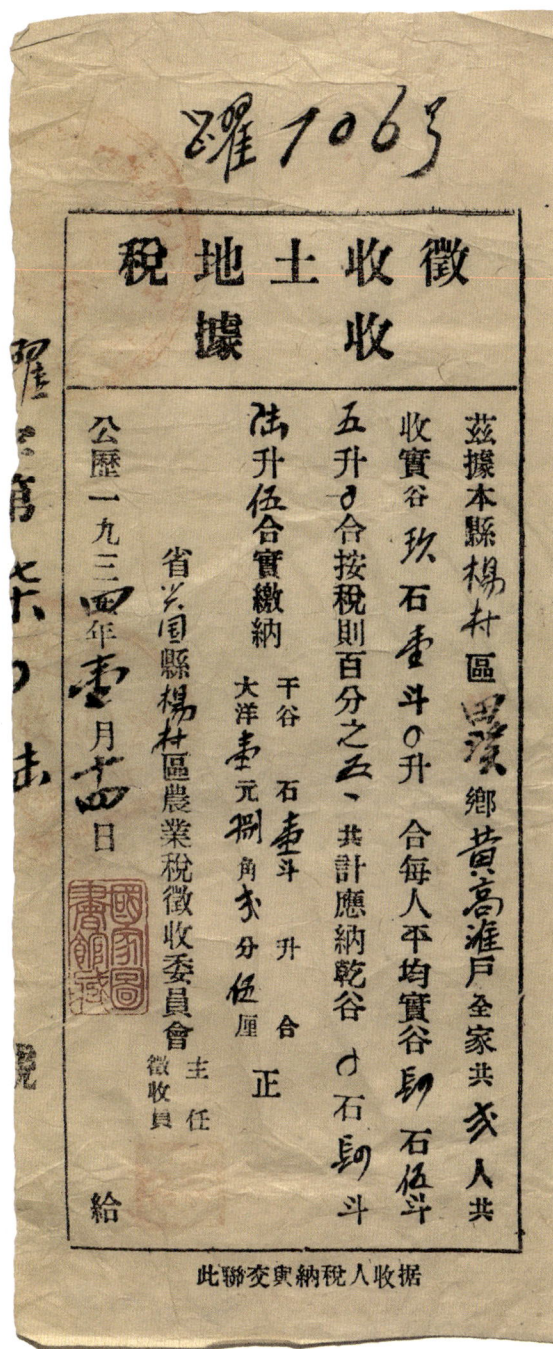

征收土地税收据

江西兴国县　兴国县杨村区农业税征收委员会　1934 年

　　兴国县杨村区农业税征收委员会 1934 年 1 月发给杨村区田溪乡农户黄高淮的土地税收据。

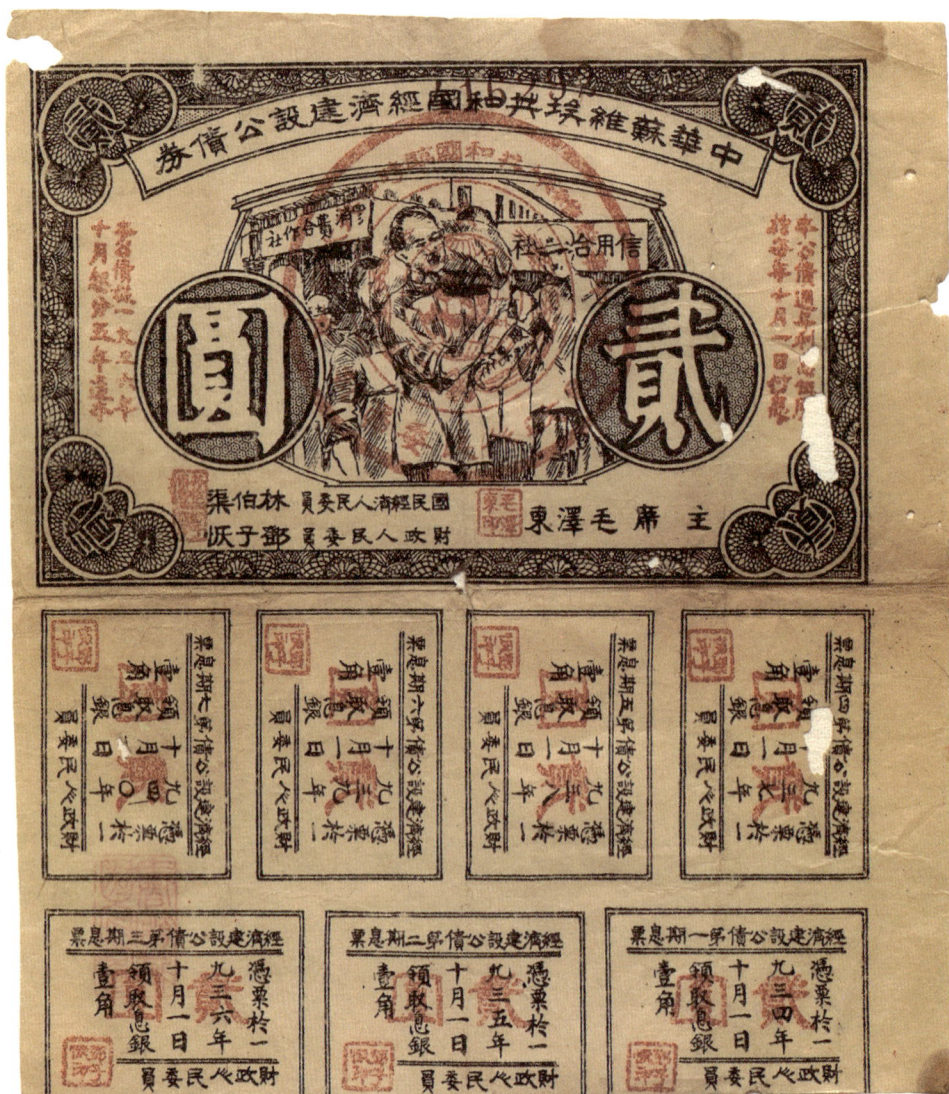

中华苏维埃共和国经济建设公债券（贰元）

中华苏维埃共和国临时中央政府财政人民委员部　1934年

　　公债券均采用单面石印。债券分上下两部分，上半部为公债正票，债券下半部是为期七年的息票。

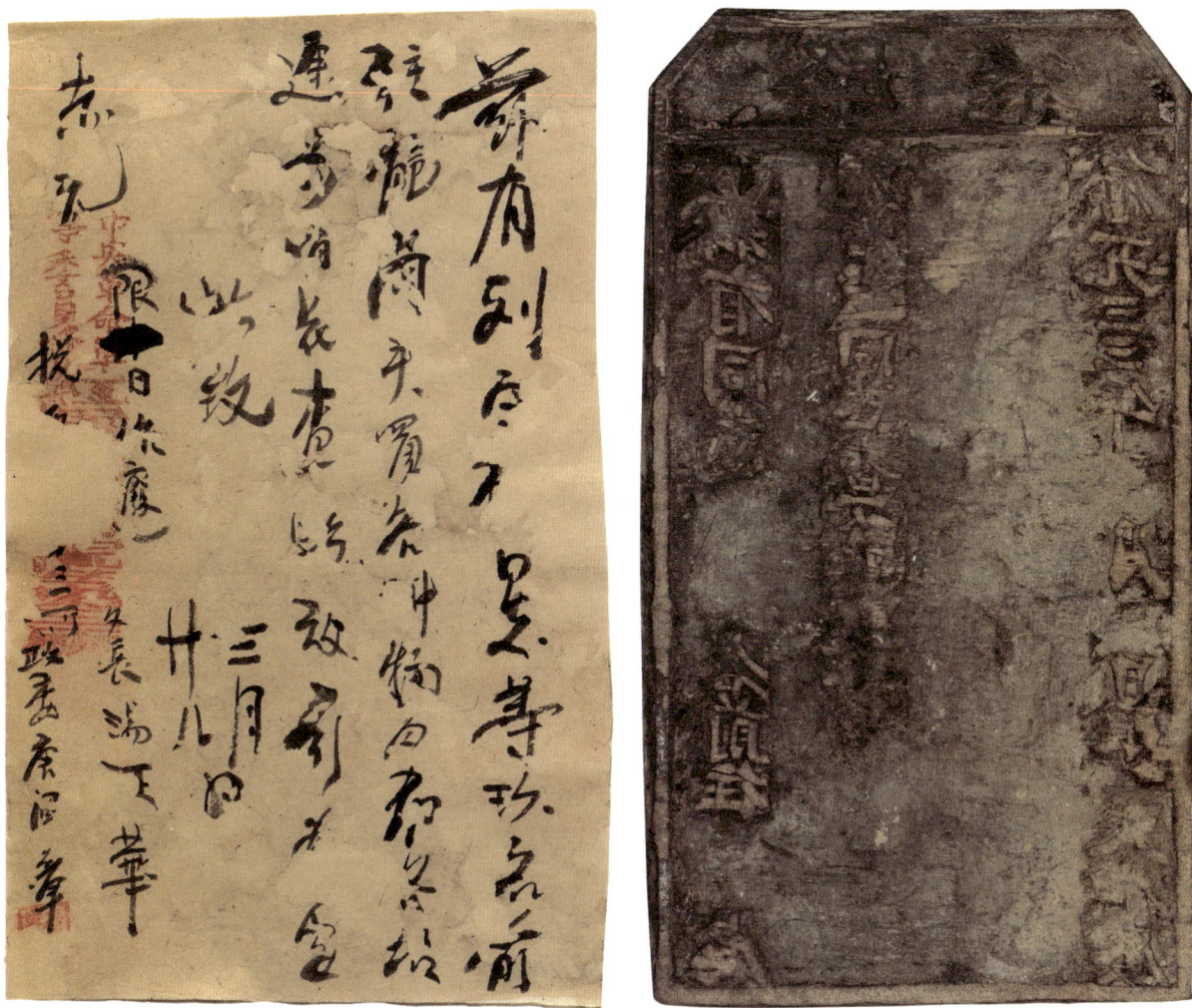

红军路条及路条模板

中央苏区创建初期，根据地尚未连成一片，苏区内县与县、区与区、乡与乡之间，不少地方还处于赤白相间或赤白对立的局面。红军路条就是当时各红色根据地之间人员流动时所持有的一种特别通行证。

中央苏区军民反"围剿"斗争

　　从 1930 年到 1933 年，蒋介石向中央苏区接连发动了四次大规模的"围剿"。在毛泽东、朱德等的正确指挥下，反"围剿"斗争取得了巨大的胜利。1933 年 9 月，蒋介石纠集 50 万军队，发动对中央苏区的第五次"围剿"。当时，中国共产党主要负责人博古和共产国际军事顾问李德来到苏区，取得了中央最高领导权，在"左"倾错误军事路线指挥下，中央苏区第五次反"围剿"失败。

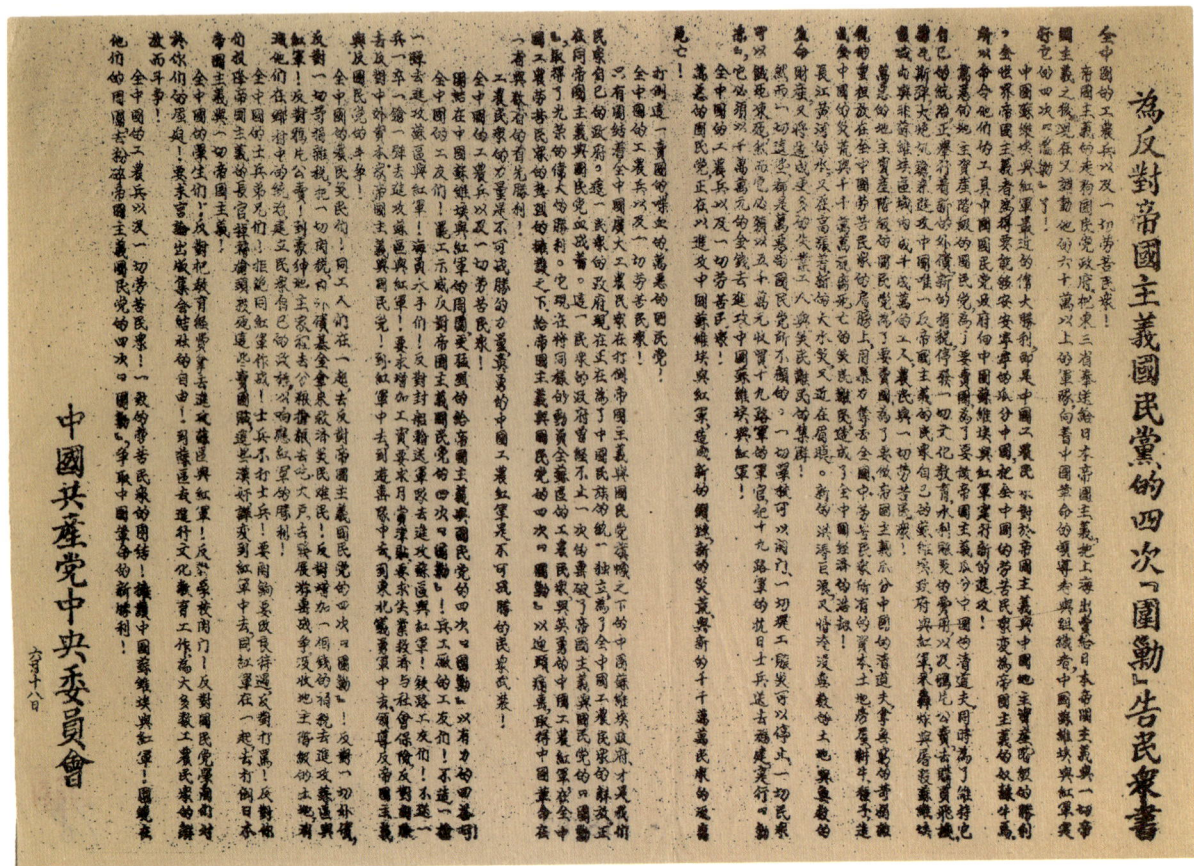

为反对帝国主义国民党的四次"围剿"告民众书

1933 年 6 月 18 日　复制件

拥护红军胜利反对军阀混战宣言

中国共产党满洲省委会　1931 年 8 月 13 日　复制件

　　中国共产党满洲省委会针对 1931 年 7 月蒋介石发动的国民党军队对中央苏区的第三次围剿，动员广大群众拥护红军反对军阀混战而进行的宣传。

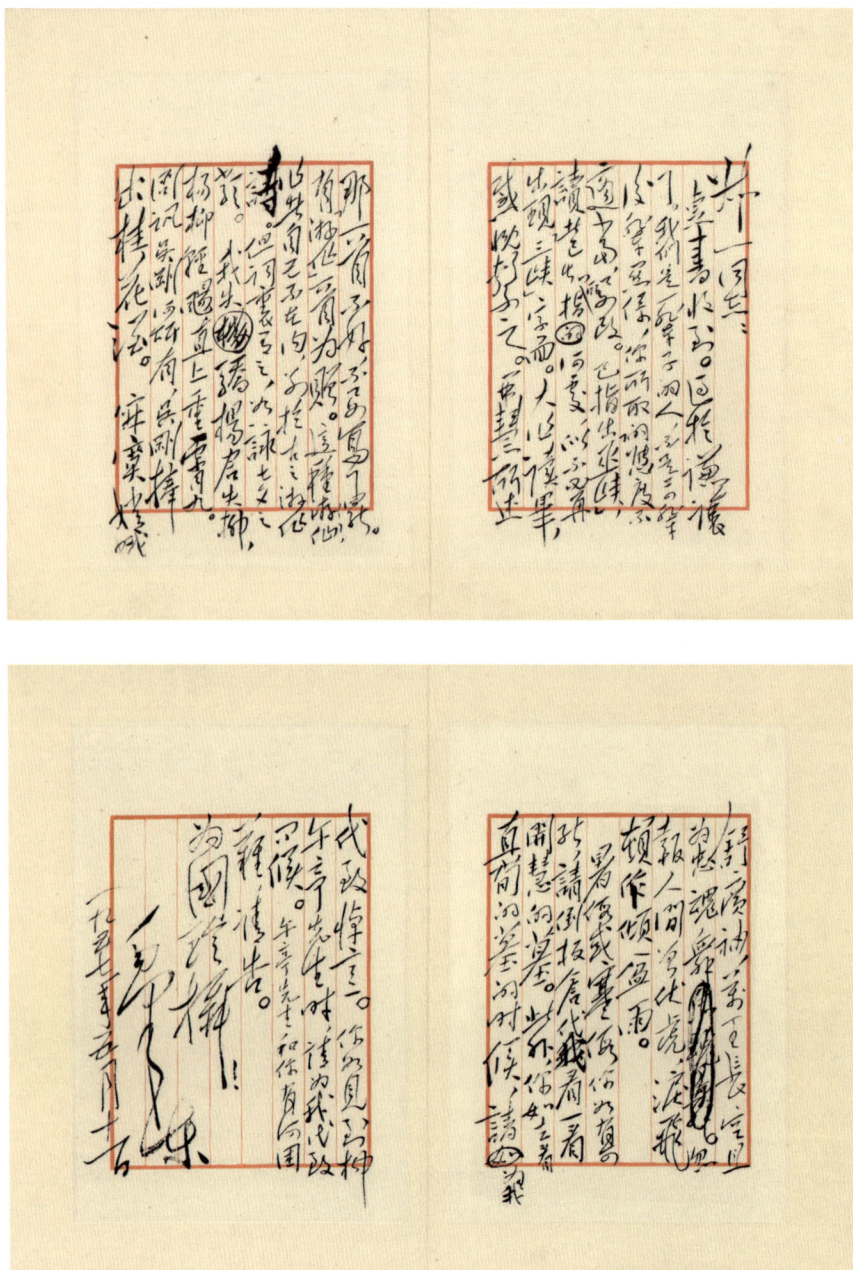

蝶恋花·答李淑一

毛泽东　1957 年　复制件

　　作于 1957 年 5 月 11 日，词中寄托了毛泽东对夫人杨开慧和亲密战友柳直荀烈士的无限深情。《蝶恋花·答李淑一》发表后，国家图书馆馆员冯宝琳先生立即设法找到了李淑一同志，从她手里征集到记有这首词的毛主席亲笔信。这是国家图书馆第一次征集到毛主席的手迹。原件现存中央档案馆。

红军长征

　　由于"左"倾教条主义的错误领导，红军在第五次反"围剿"斗争中遭到严重失败，红军主力被迫从长江南北各苏区向陕甘苏区进行战略转移。1934 年 10 月初，国民党军队推进到中央根据地腹地，红一方面军开始长征。历经艰难险阻，冲破围追堵截，红一方面军于 1935 年 10 月到达陕甘苏区吴起镇。1936 年 10 月，红四、红二方面军先后与红一方面军会师，中国工农红军长征全部胜利结束。

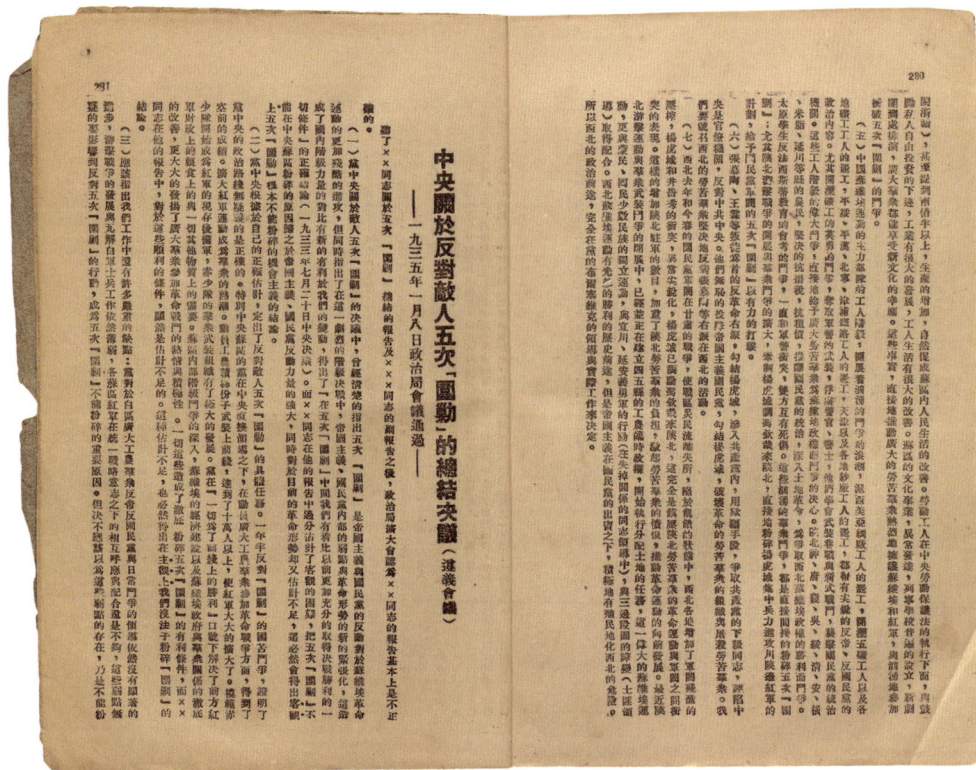

中央关于反对敌人五次"围剿"的总结决议（即遵义会议决议）

《六大以来选集》上册　中共中央书记处　1941 年

　　遵义会议于 1935 年 1 月 15 日开始，17 日结束。决议是在会后写成，并于 2 月 8 日中央政治局通过。时间标为"一月八日"有误。《六大以来选集》汇集了 1928 年 6 月党的第六次代表大会到 1941 年 11 月期间党的重要历史文献 86 篇，为中国共产党最早的和比较系统的历史文献汇集，被称为三大"党书"之一。该书印数较少，仅限党的高级干部阅读，逐一编号登记分发。

斯诺对长征的报道

美国记者埃德加·斯诺（Edgar Snow）1936年赴陕北革命根据地参观、考察，完成《西行漫记》（又称《红星照耀中国》）一书。该书客观地介绍了中国共产党领导的中国革命和中国工农红军的二万五千里长征，扩大了中国共产党及其领导的军队、根据地在国内外的影响。

斯诺访问陕北期间，对毛泽东进行采访，内容包括童年经历、个人成长道路、红军发展壮大过程、长征起因与经过，并总结了长征胜利的原因。斯诺将此访问记录整理成《毛泽东自传》，1937年7月至10月在英文《亚细亚》杂志上连载，迅速被国内多家出版社翻译出版。

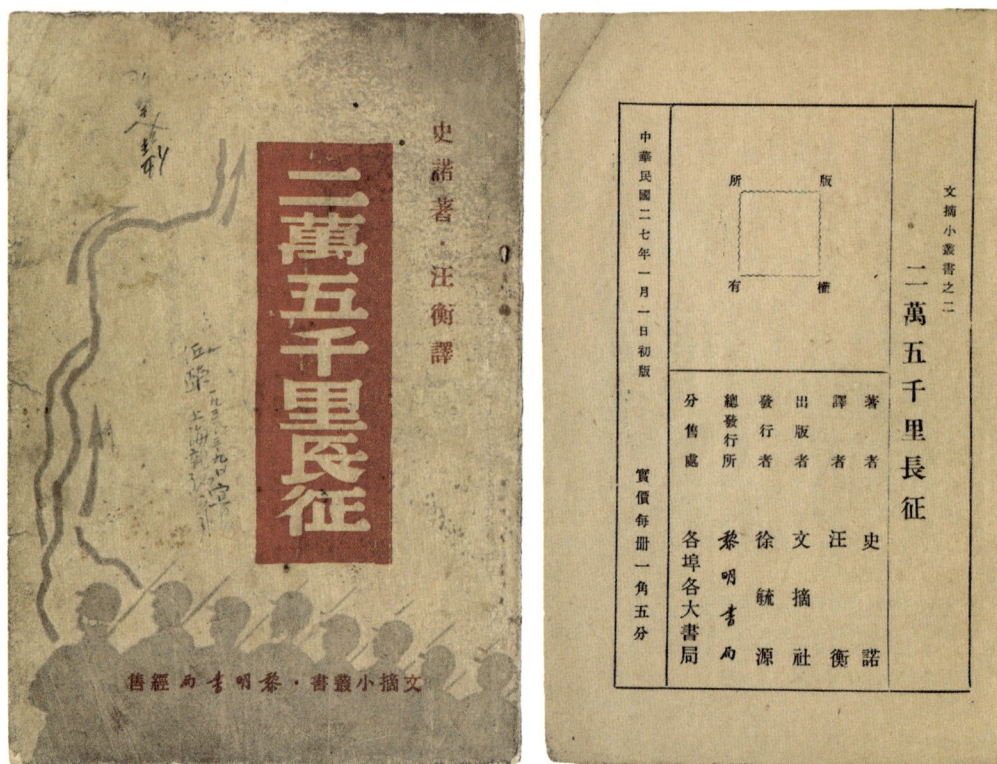

二万五千里长征

〔美〕斯诺著　汪衡译　上海文摘社　1938年1月

本书译自斯诺发表在英文《亚细亚》（Asia）杂志上的系列报道，内容分为：写在前面、在长征以前、从江西到贵州边境、从黔边到遵义、从遵义到扬子江、从会理到四川、到达了新的根据地。附红军第一军团西征中经过地点及里程一览表。

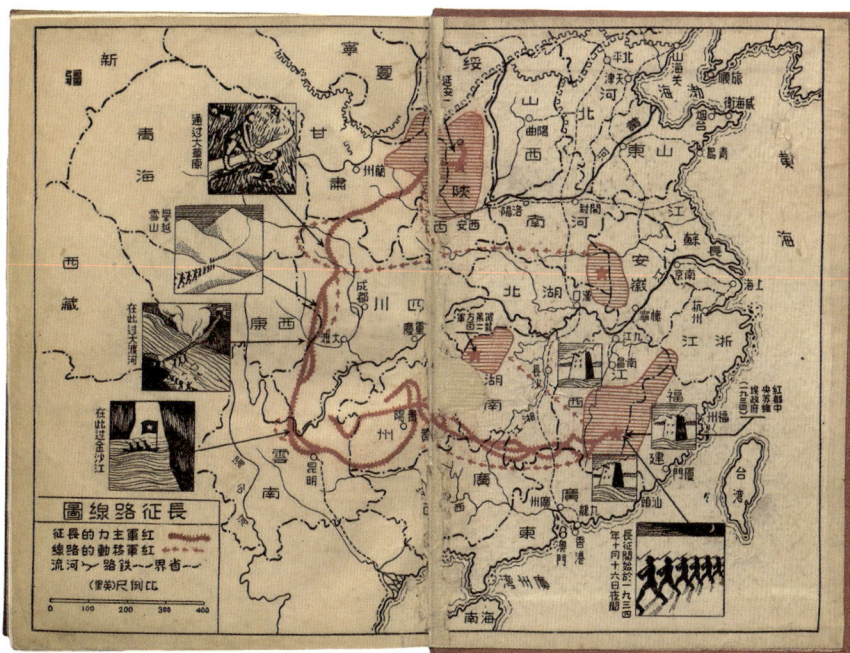

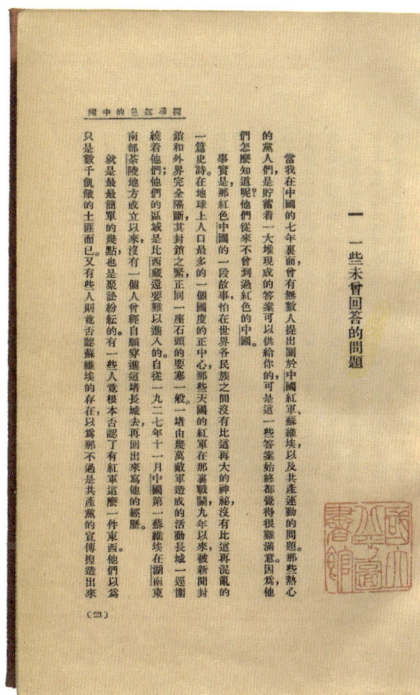

西行漫记

〔美〕斯诺著　上海复社　1938 年 11 月

　　原名《红星照耀中国》（*Red Star Over China*），是美国著名记者埃德加·斯诺的名著，向西方读者描述了还处于游击状态的陌生的中国共产党。书中有作者 1938 年 1 月于上海写的“序”及译者“附记”，照片 51 幅。

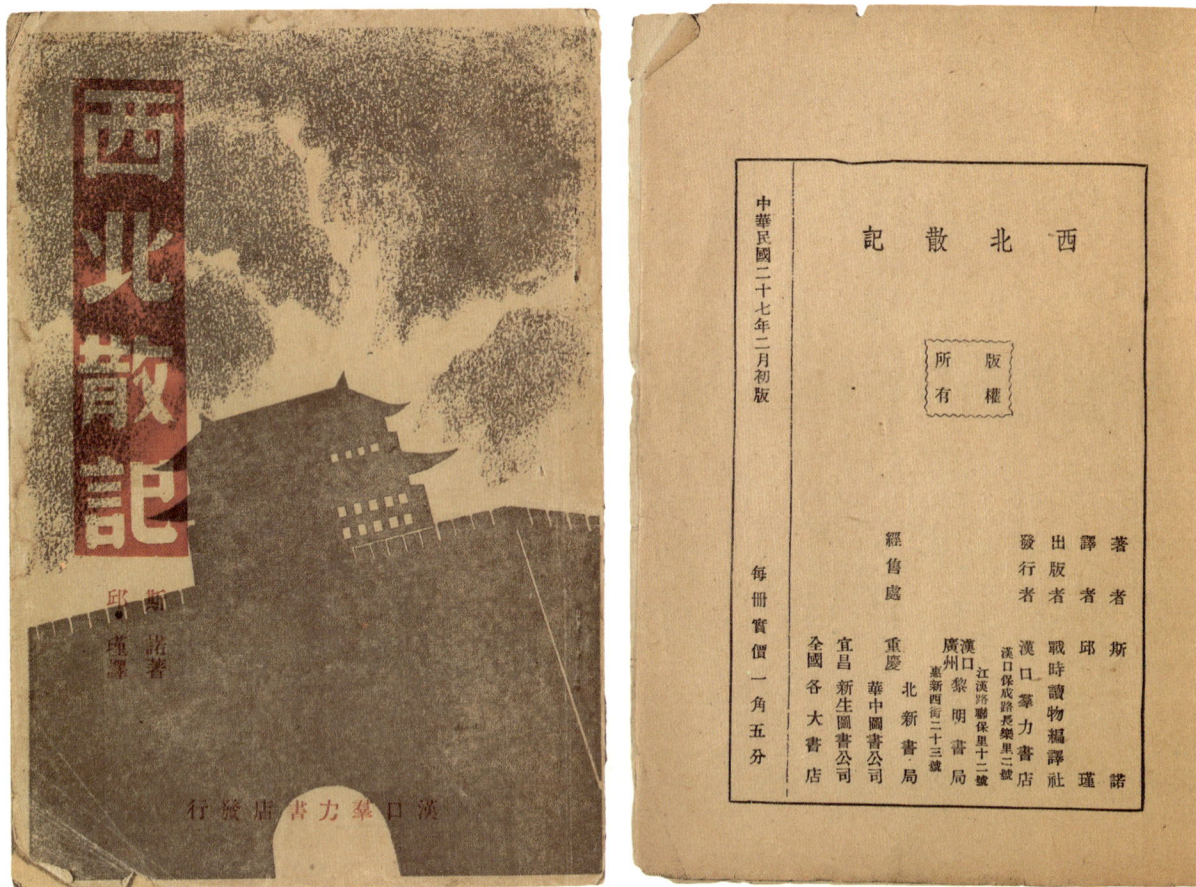

西北散记

〔美〕斯诺著 邱瑾译 汉口战时读物编译社出版 1938年2月

　　本书译自斯诺的系列报道，内容包括：抗日大学参观记、人民抗日剧社的演剧、"小鬼"——少年先锋队、红军战斗员的生活、保安生活散记、红军唯一的外国顾问。其中"红军战斗员的生活"一章，讲述了作者亲眼所见红军战士的日常生活情况，以及他们与中国其他军队的不同之处，澄清了某些歪曲事实的污蔑之词。

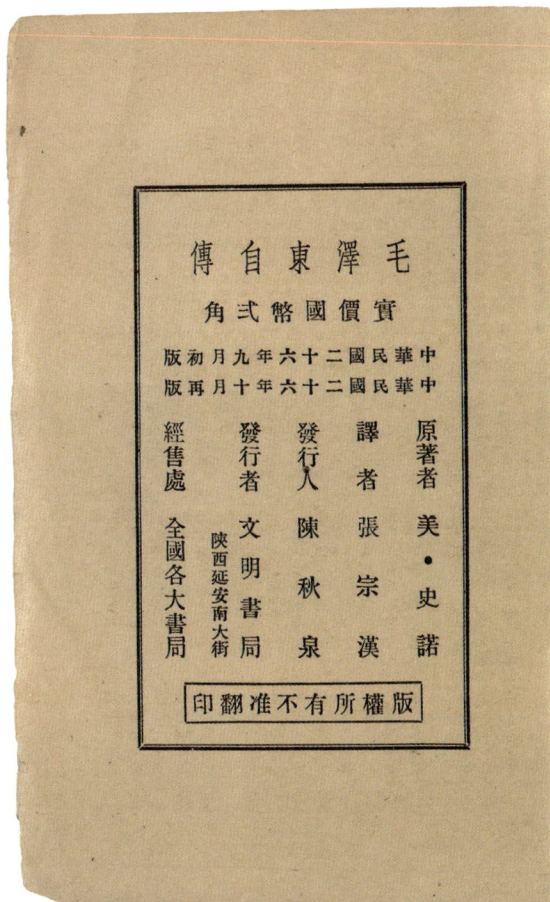

毛泽东自传

〔美〕斯诺著　张宗汉译　延安文明书局　1937年10月再版

　　内容包括：少年时代、动乱中的中年时代、共党的展开、超人的忠勇和忍耐心。在"译后记——毛泽东到底是个怎样人？"中，译者为读者描述了毛泽东其人，分析了毛泽东领导下的人们能够取胜的原因：和民众打成一片、说民众愿说的话、办民众愿办的事、训练民众所需要的武力，民众爱戴他，视之为自己军队的领袖，而乐为之效命。

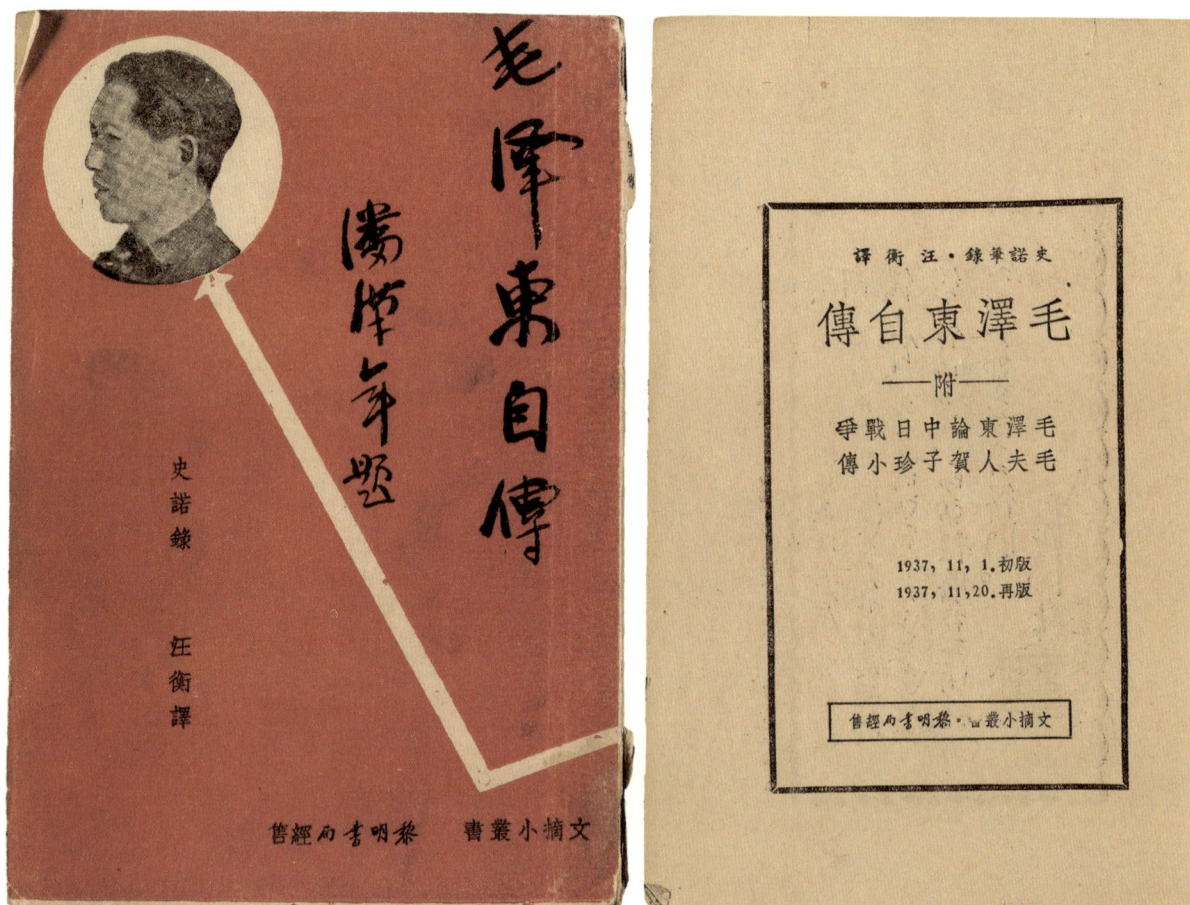

毛泽东自传

〔美〕斯诺著　汪衡译　上海文摘社　1937 年 11 月

　　本书封面左上角有毛泽东侧面照片，扉页有毛泽东手书题词。书前有毛泽东本人全身照片及他与夫人贺子珍的照片。封面题名系潘汉年所题。内容分为 4 章：一颗红星的幼年、在动乱中成长起来、揭开红史的第一页、英勇忠诚和超人的忍耐力。

陈云《随军西行见闻录》

此书是陈云 1935 年秋所作，于 1936 年发表在中国共产党在巴黎主办的《全民月刊》上。作者假托为一名被红军俘虏的国民党军医（化名廉臣），后跟随红军一起长征，讲述了当时鲜为人知的中国工农红军长征的情况。此书一经发表便引起了人们的极大兴趣，在国统区多次出版。

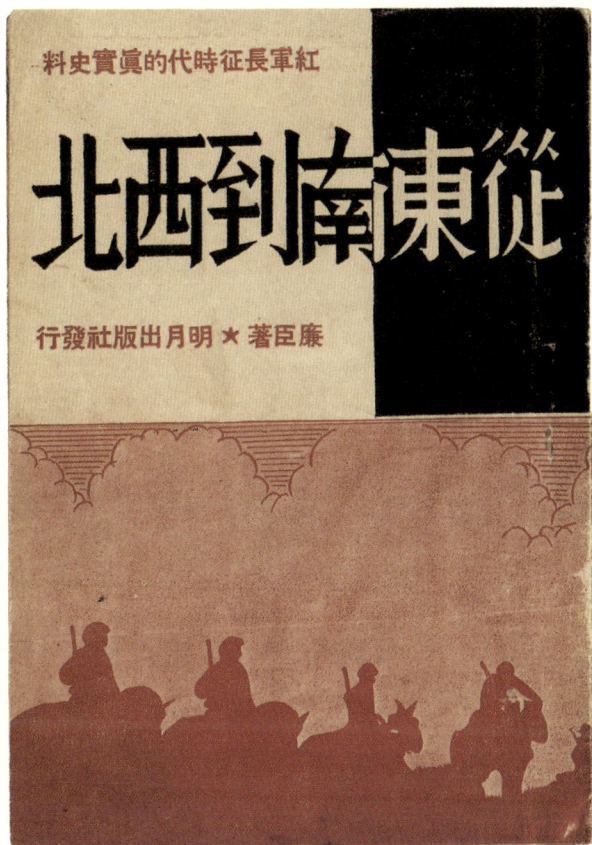

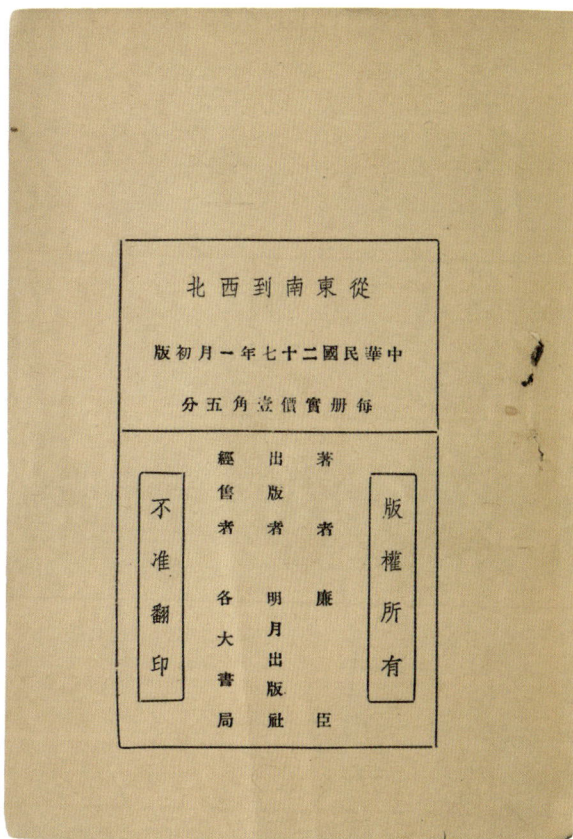

从东南到西北：红军长征时代的真实史料

廉臣著　明月出版社　1938 年 1 月

本书是《随军西行见闻录》的重要版本之一，全书共分 21 节，编者为各节增加了小标题。廉臣为陈云的化名。

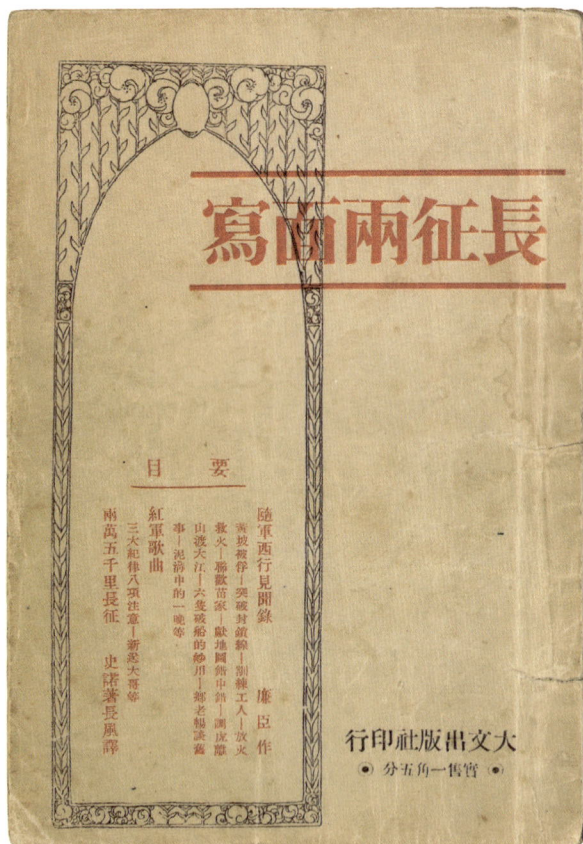

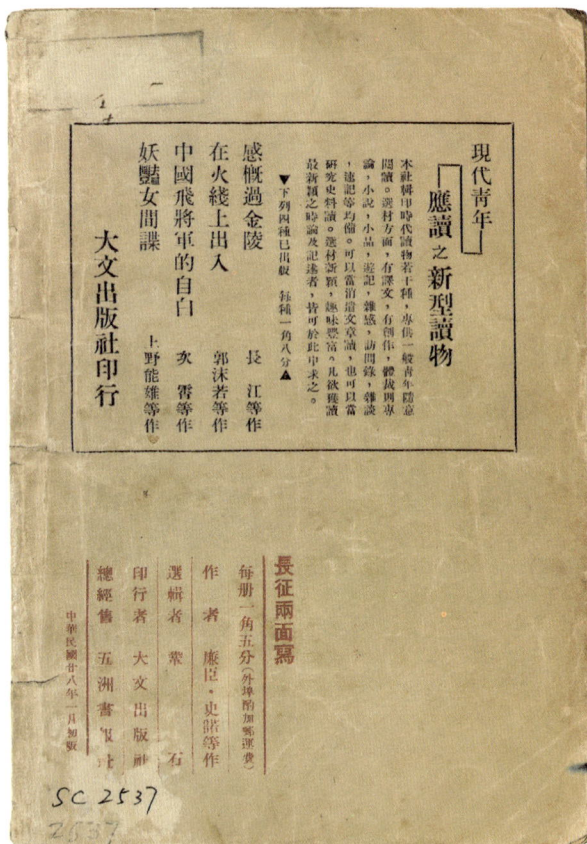

長征兩面寫

要目

隨軍西行見聞錄　廉臣作

黃坡被俘——突破封鎖線——
救火——聯歡苗家——獻地圖錯中錯——
山渡大江——六隻破船的妙用——鄉老暢談舊
事——泥溝中的一晚等

紅軍歌曲

三大紀律八項注意——新送大哥等

兩萬五千里長征　史諾著　長風譯

大文出版社版印行
◉ 實售一角五分 ◉

現代青年
應讀 之 新型讀物

本社輯甲時代讀物若干種，專供一般青年閱讀之用。選材方面，有譯文、有創作，體裁則專論、小說、遊記、雜感、訪問錄、雜談，遠記等為偏。可以當消遣文章讀，也可以當研究史料讀。選材游顧、趣味豐富，凡欲覓讀最新題之時論及記述者，皆可於此中求之。

▼下列四種已出版　每種一角八分▲

感慨過金陵　　　長　江等作

在火綫上出入　　郭沫若等作

中國飛將軍的自白　次　霄等作

妖豔女間諜　　　上野能雄等作

大文出版社印行

長征兩面寫

作　者　廉臣・史諾等作

選輯者　荼　石

印行者　大文出版社

總經售　五洲書報社

中華民國廿八年一月初版

SC 2537

长征两面写

大文出版社　1939年1月

　　本书收录内容：（一）随军西行见闻录（廉臣作）：黄坡被俘——突破封锁线——训练工人——放火救火——联欢苗家——献地图错中错——调虎离山渡大江——六只破船的妙用——乡老畅谈旧事——泥沟中的一晚等；（二）红军歌曲：三大纪律八项注意——新送大哥等；（三）两万五千里长征（史诺著，长风译）。

杨定华《雪山草地行军记》

　　杨定华撰写的《雪山草地行军记》是较早记录红军长征的回忆录。在 1936 年 6 月所写的前言中，作者自称在国民党十八师张辉瓒部任无线电台机务员，红军第一次反"围剿"龙岗战役中被俘，后参加红军。长征时任中央红军总司令部无线电队第六分队机务主任，跟随红军长征直到陕北。在养病期间，读到了巴黎《救国时报》和廉臣的《随军西行见闻录》，萌发了把"记忆最深的雪山草地行军一段事情写下来作为投稿"的欲望。

　　全文分为《雪山草地行军的开始》《草地行军的阶段》《雪山栈道的行军》三大部分，比较系统地记述了红一方面军长征途中经过雪山草地的情况，最早在中国共产党主办的巴黎《救国时报》上连载。

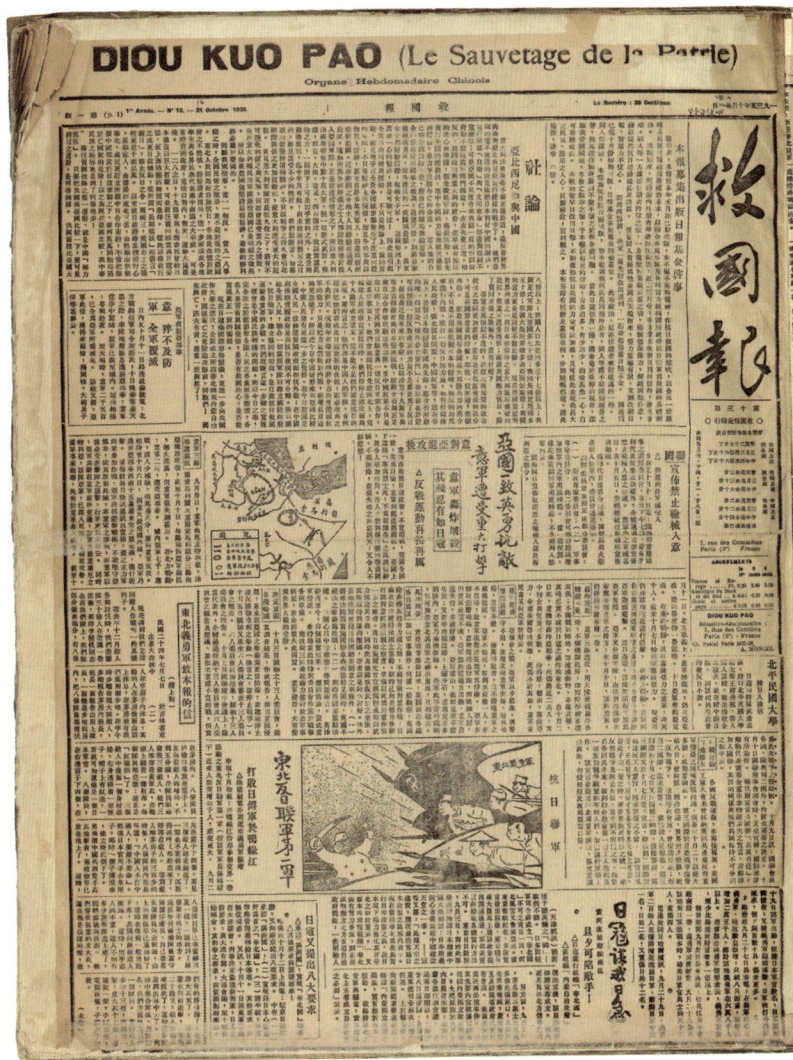

救国报

　　1935 年 12 月 9 日在法国巴黎创刊，后改名为《救国时报》，1939 年 10 月正式停刊。1936 年至 1937 年间，杨定华的《雪山草地行军记》曾在该报上连载。

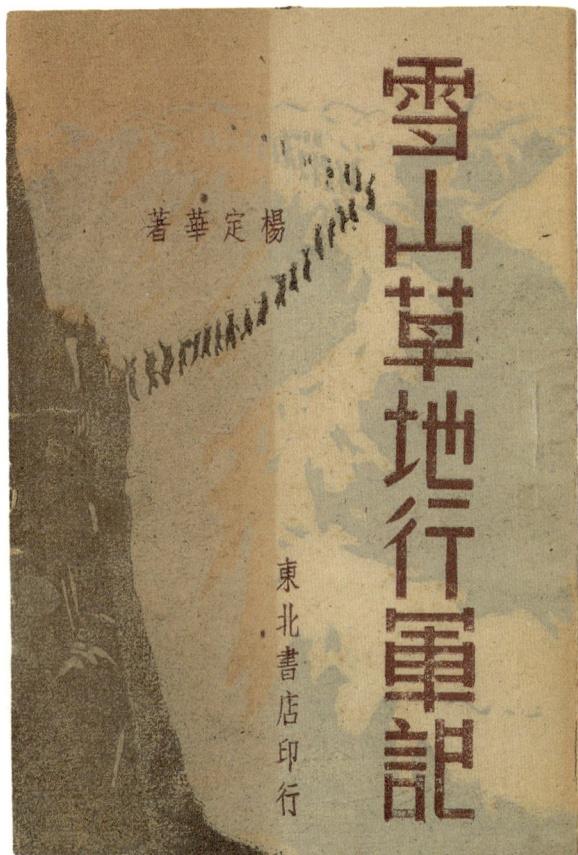

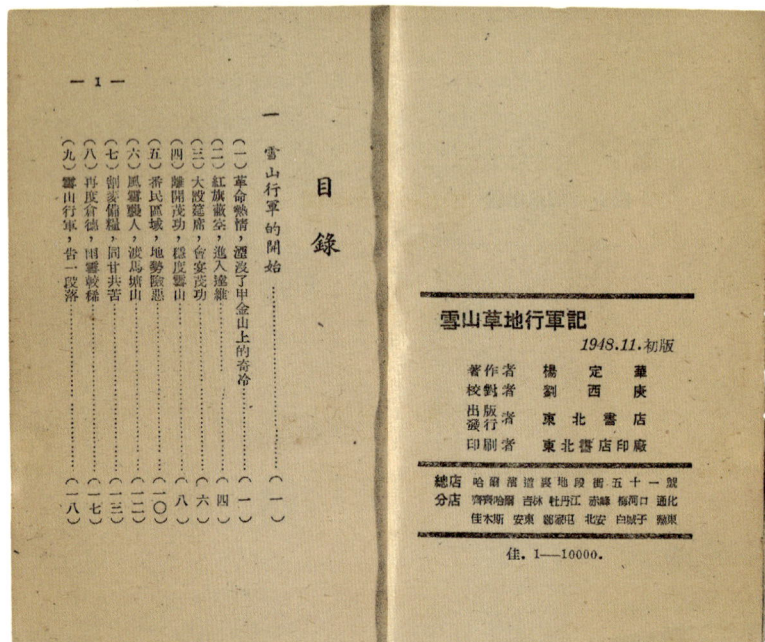

雪山草地行军记

杨定华著　东北书店　1948 年 11 月

红军长征记

　　《红军长征记》，又名《二万五千里》，是一本由毛泽东亲自发起、亲历长征的红军将士们集体编撰的长征回忆录。1936 年 8 月 5 日，毛泽东与总政治部负责人杨尚昆联名致函参加过长征的红军将士，为编辑出版"长征记"征稿。短短两月，红军总政治部就征集到 200 多篇文章。1937 年 2 月 22 日全部编辑工作即告完成，由朱德题写书名，共收有回忆文章 100 篇，歌曲 10 首以及附录等，计有 30 多万字，取名为《二万五千里》。由于抗日形势的发展和编辑人员离开等原因，这本书直到 1942 年 11 月才由八路军总政治部宣传部在延安排版印刷，定名《红军长征记》，作为"党内参考材料"发给有关单位和个人。

　　《红军长征记》没有公开出版，好在其中讲述的故事在此之前就已经通过各种途径流传开来。我们看到的许多长征亲历者的回忆录，多为本书的节选本和改编本，他们以生动、鲜活的语言记录了自己的亲身经历，再现了红军长征的战斗历程。

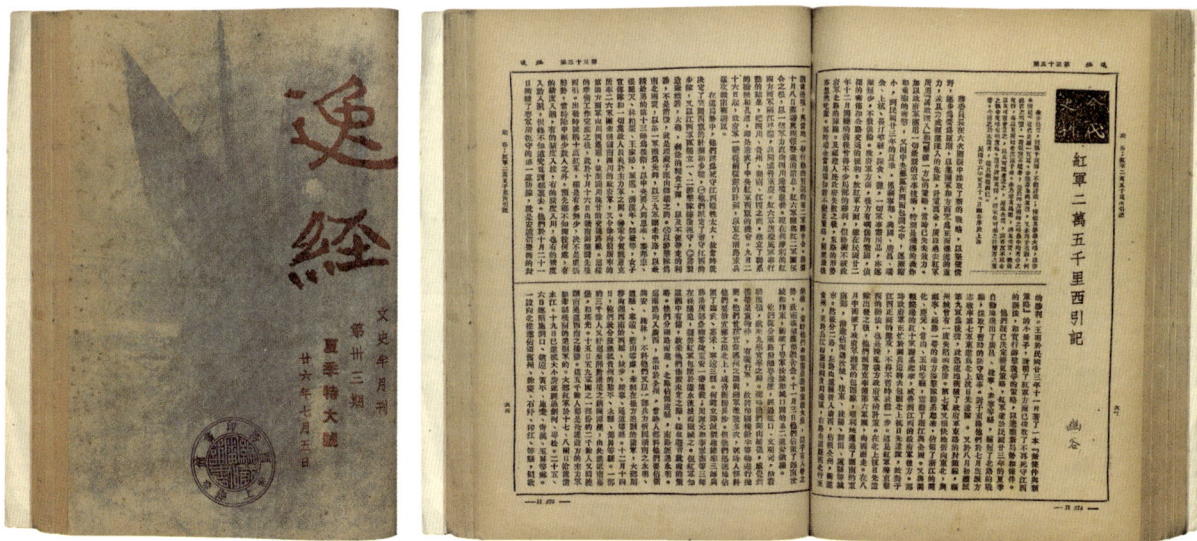

逸经

谢兴尧、陆丹林主编　人间书屋　1937 年

　　1937 年 7 月，中共地下党员董健吾将红军组织编写的《红军长征记》，改编成《红军二万五千里西引记》一文，刊登在《逸经》杂志第 33、34 期上，全面介绍了红一方面军长征的经历及到达陕北的消息，配以红军由江西瑞金出发至陕西吴起镇的长征路线图以及毛泽东身着红军军装照片等，在上海引起轰动。

第八路军行军记：长征时代

黄峰编　上海光明书局　1937 年 11 月

　　编者认为，没有长征就没有抗战，为此特意收集资料纪念长征，并反映陕甘宁边区的风貌。本书内容有部分为亲历长征的红军纪实报道，还有长征结束后一些记者对陕北采访的纪实。

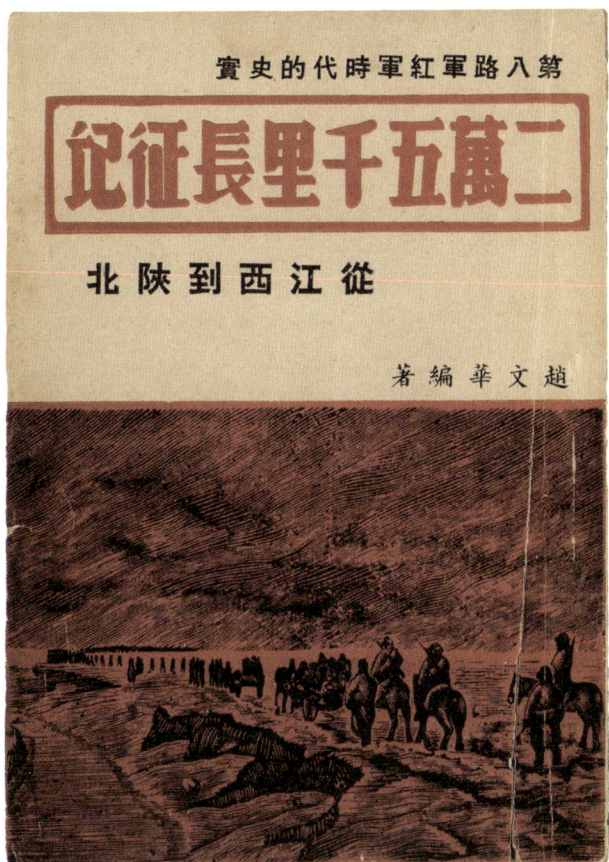

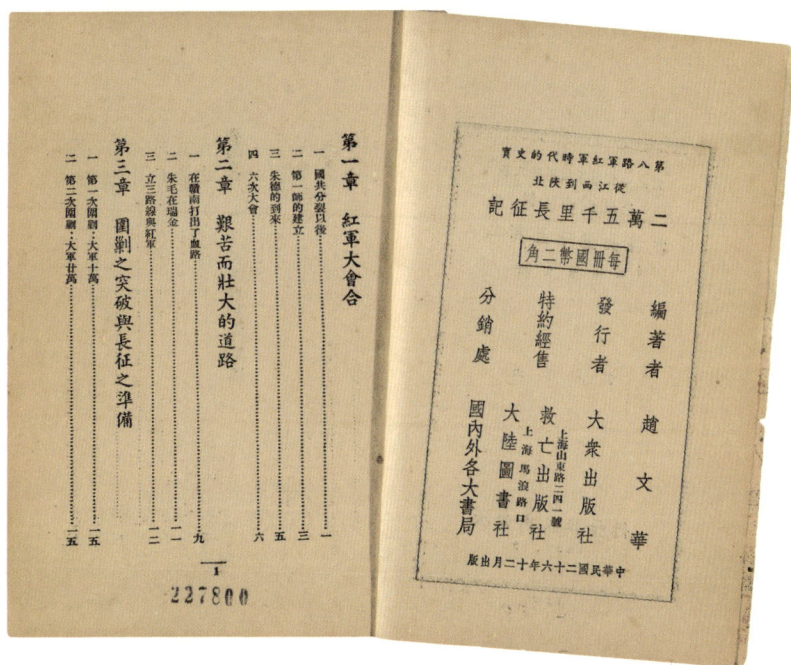

二万五千里长征记

赵文华编著　上海大众出版社　1937 年 12 月

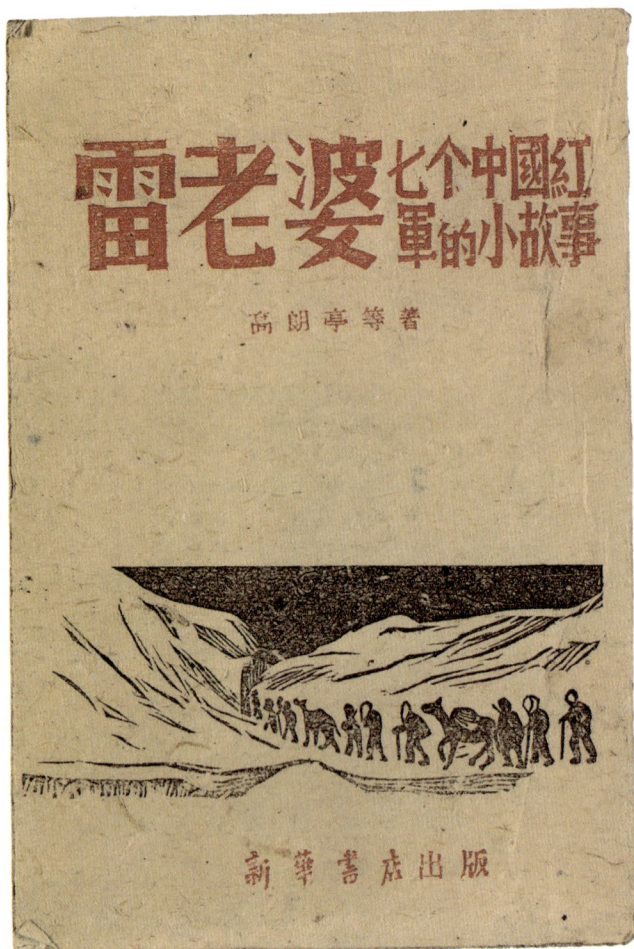

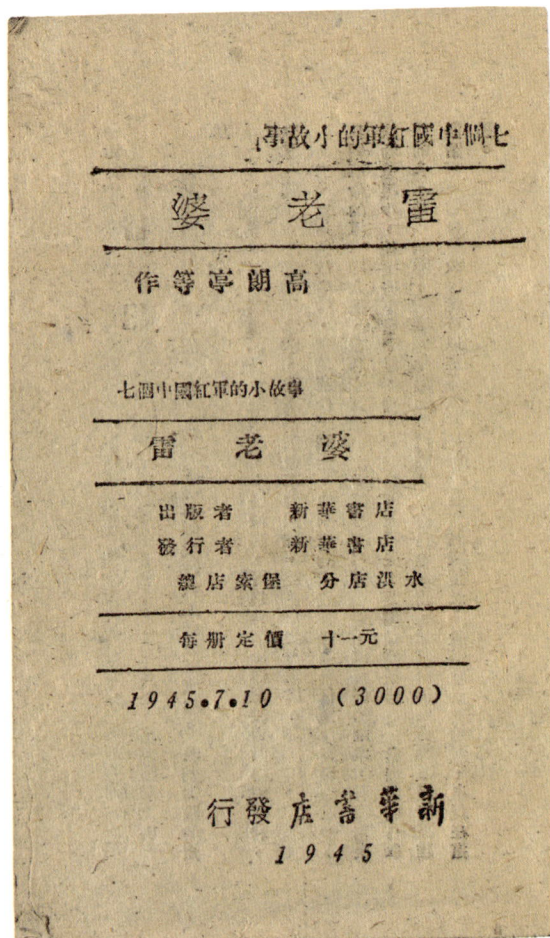

雷老婆：七个中国红军的小故事

高朗亭等著　新华书店　1945年7月

　　内容包括：忆过草地（黄玉山著）、过雪山（李立著）、渡金沙江（李立著）、重逢（刘振江著）、一个掉队的小鬼（林间著）、怀义湾（高朗亭著）、雷老婆（高朗亭著）。

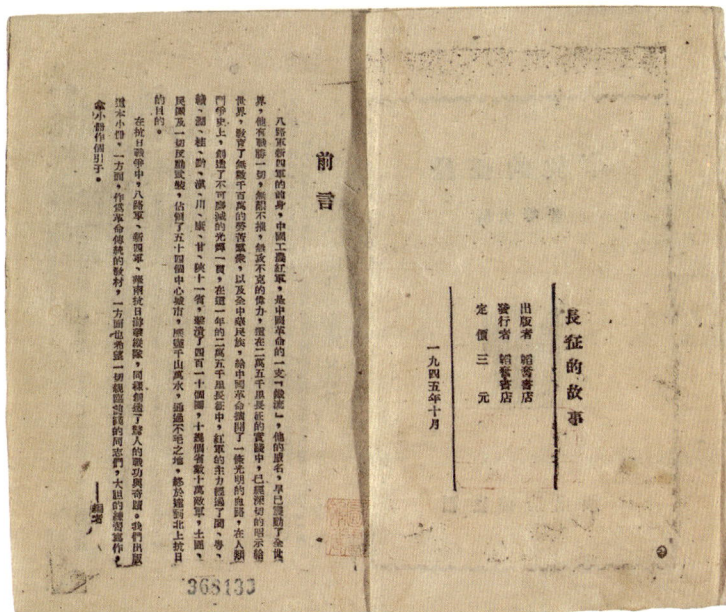

长征的故事

韬奋书店编印　1945 年 10 月

内容分为五个部分：冲过乌江天险巧计夺取金沙江、经过猓猓区、大渡河是我们的生命线、爬雪山过草地、突破天险腊子口。

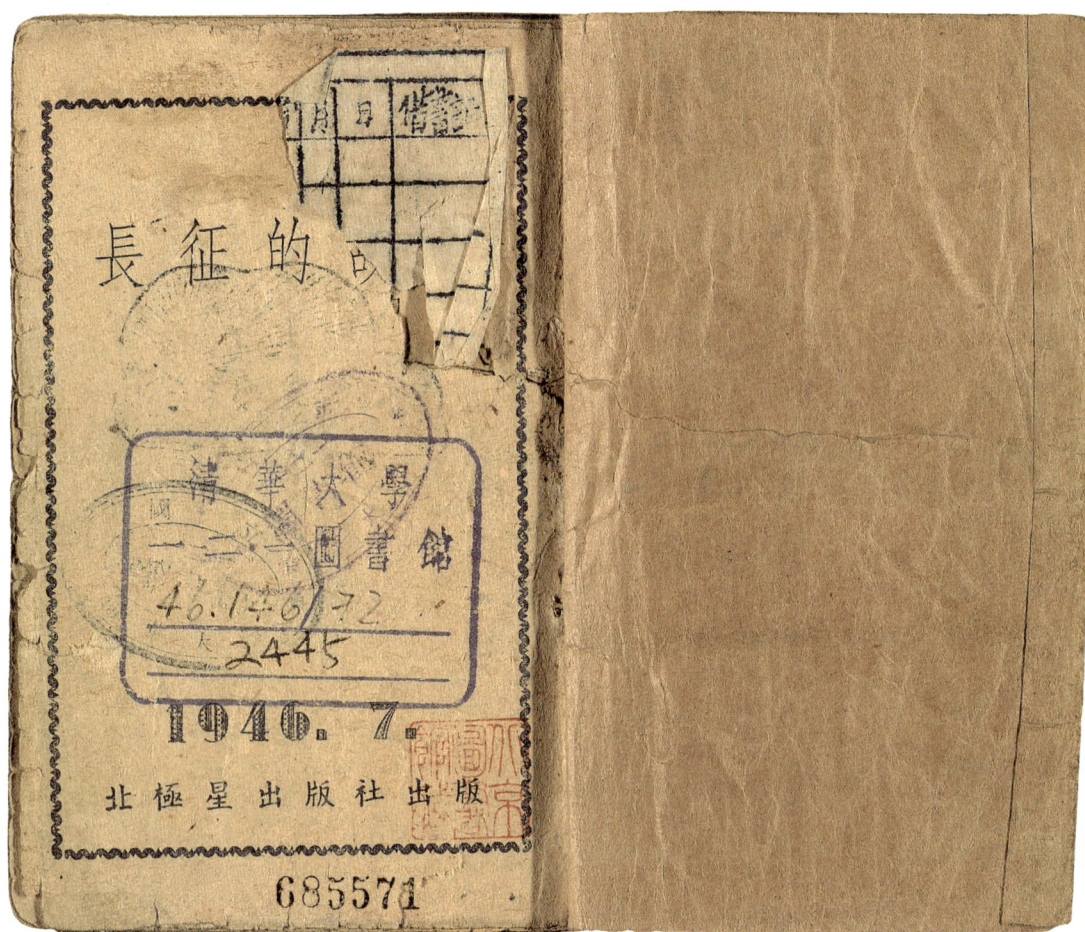

长征的故事

北极星出版社编印　1946 年 7 月

　　内容包括：乌江十八英雄、巧计渡过金沙江、通过了猓猓区、大渡河上的英雄、抢泸定桥、爬雪山过草地、突破天险腊子口。

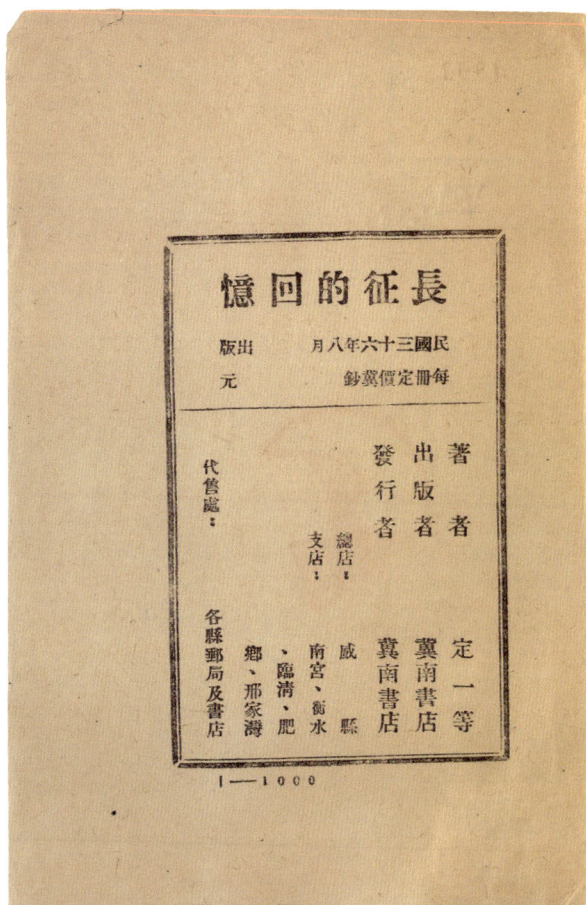

长征的回忆

陆定一等著　冀南书店　1947 年 8 月

　　内容包括：老山界（定一著）、五一前夜（莫文骅著）、我们怎样过的雪山和草地（潘自力著）、草地（蔡前著）、红军的炊事员老路（袁血辛著）。

长征故事

晋冀鲁豫军区政治部编印　1947 年 8 月

　　本书共七部分：冲破乌江天险、红军与僳僳兄弟结盟、十八英雄强渡大渡河、"不要烂枪只要桥"、爬雪山、过草地、突破腊子口。书前有毛泽东诗词《长征》。

红军长征故事

山东新华书店总店编印
1947 年 9 月

本书分为两大部分，第一部分是纪实描写，收入 8 篇文章：突破乌江天险、巧夺金沙江、通过猓猓区、抢渡大渡河、飞夺泸定桥、翻过大雪山、草地行军、天险腊子口。第二部分是"长征片段回忆"，收入 5 篇回忆文章：老山界、长征中的几件事、草地、一个掉队的小鬼、红军的炊事员——老路。

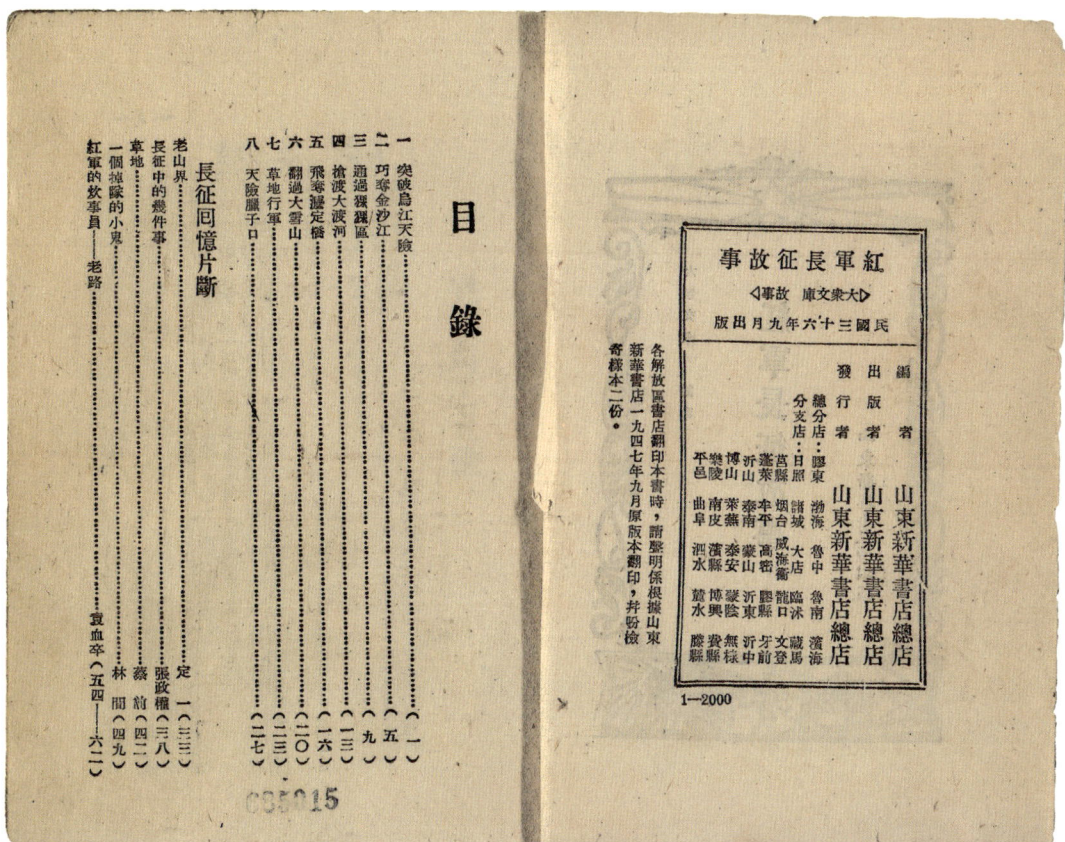

大衆文庫
紅軍長征故事
〈故事〉
民國三十六年九月出版

編者　山東新華書店總店
出版者　山東新華書店總店
發行者　山東新華書店總店
總分店：膠東　魯中　魯南　濱海
分支店：日照　諸城　煙台　高密　龍口　臨沐　蒙陰　沂東縣　沂中　莒中　牙前　文登
博山　沂山　莒南　大店　威海衛　泰安　蒙山　泗水縣　龍縣　博興縣　無棣縣　藏馬
平樂陵　沂水　蓬萊　萊陽　奉南　曲阜　南縣　泰南　濱縣　沂源　費縣　膠縣　滕縣

各解放區書店翻印本書時，請聲明係根據山東薪華書店一九四七年九月原版本翻印，並盼檢寄樣本二份。

1—2000

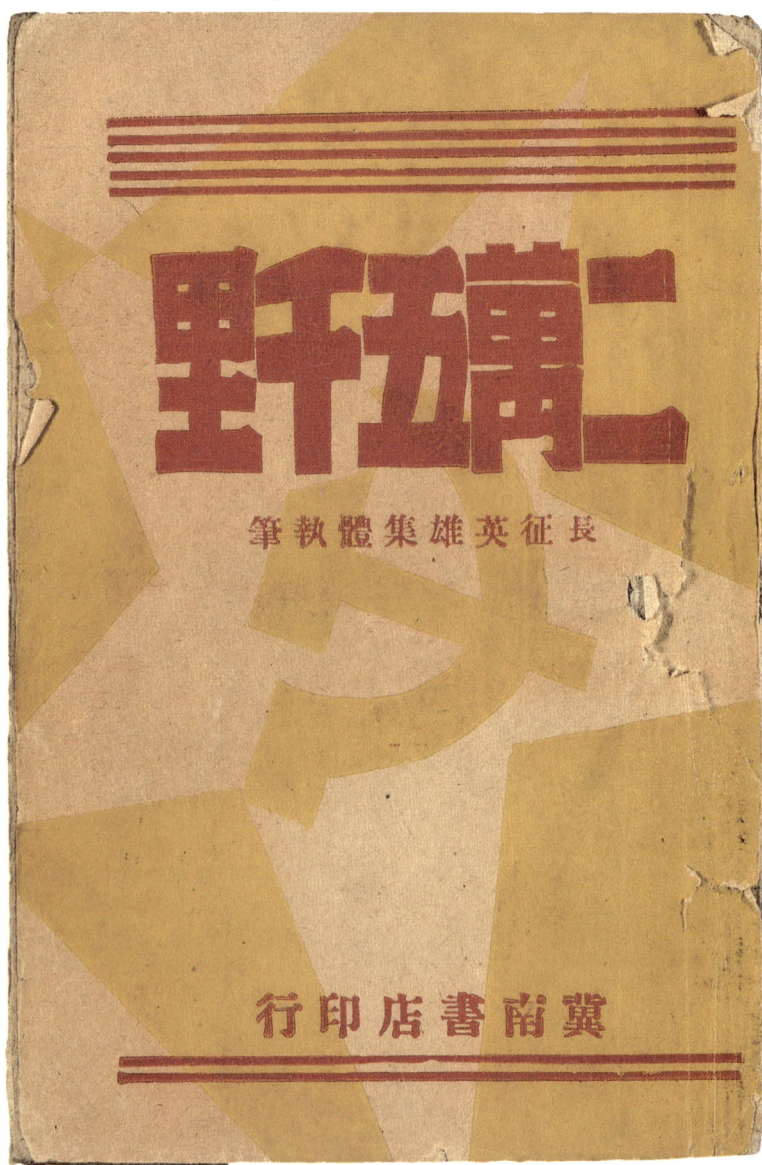

二万五千里

长征英雄集体执笔　冀南书店　1947年10月

　　本书是1942年八路军总政治部宣传部印发的《二万五千里》（即《红军长征记》）一书的选辑本，共收入董必武的《出发前》、李富春的《夜行军》、陆定一的《老山界》、李一氓的《从金沙江到大渡河》等回忆长征的文章32篇，另收入7首《长征歌》《红军入川歌》等红军歌曲。书前有毛泽东诗词《长征》《选辑者的话》和《红军长征记要》（附长征图）。

长征的伟大胜利

　　正当抗日烽火即将在全国燃烧起来的时候，三支主力红军为担负中国革命的新任务在西北会师。这是一个具有伟大历史意义的事件。它的胜利表明，中国共产党及其领导的中国工农红军具有战胜任何困难的无比顽强的生命力，是一支不可战胜的力量。长征的胜利，是一曲响彻云霄、震撼神州的革命英雄主义的凯歌。长征中红军所表现出来的坚定的共产主义理想、革命必胜的信念、艰苦奋斗的精神和一往无前、不怕牺牲的英雄气概，构成了伟大的长征精神，成为激励共产党人和人民军队继续前进的强大动力。

　　长征是历史纪录上的第一次，长征是宣言书，长征是宣传队，长征是播种机。自从盘古开天地，三皇五帝到于今，历史上曾经有过我们这样的长征吗？十二个月光阴中间，天上每日几十架飞机侦察轰炸，地下几十万大军围追堵截，路上遇着了说不尽的艰难险阻，我们却开动了每人的两只脚，长驱二万余里，纵横十一个省。请问历史上曾有过我们这样的长征吗？没有，从来没有的。长征又是宣言书。它向全世界宣告，红军是英雄好汉，帝国主义者和他们的走狗蒋介石等辈则是完全无用的。长征宣告了帝国主义和蒋介石围追堵截的破产。长征又是宣传队。它向十一个省内大约两万万人民宣布，只有红军的道路，才是解放他们的道路。不因此一举，那么广大的民众怎会如此迅速地知道世界上还有红军这样一篇大道理呢？长征又是播种机。它散布了许多种子在十一个省内，发芽、长叶、开花、结果，将来是会有收获的。总而言之，长征是以我们胜利、敌人失败的结果而告结束。谁使长征胜利的呢？是共产党。没有共产党，这样的长征是不可能设想的。

　　　　　　——毛泽东《论反对日本帝国主义的策略》（1935年12月27日）

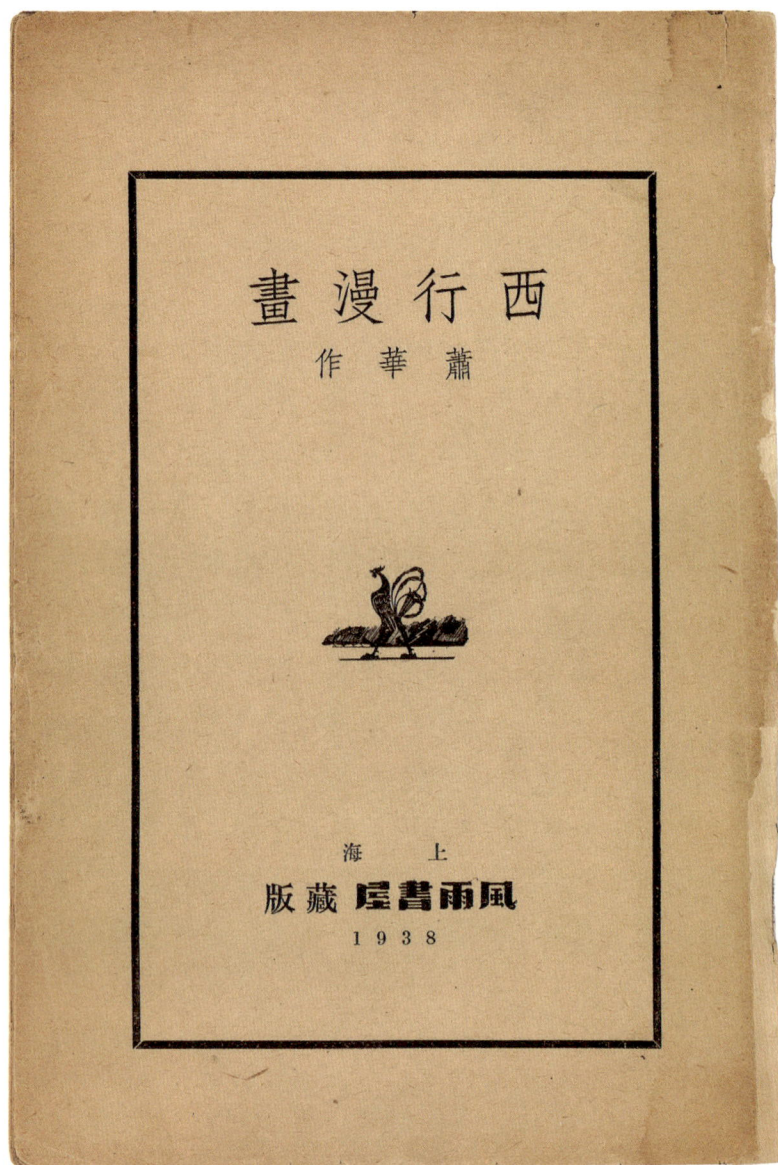

畫漫行西

蕭華作

海　上
版藏　風雨書屋
1938

西行漫画

萧华作　上海风雨书屋　1938 年 10 月

　　书前有钱杏邨（笔名阿英）所作"题记"及"二万五千里行程图"。共收入作者在长征途中所创作的反映红军二万五千里长征题材的漫画 25 幅。关于本书的书名，因当时的环境不宜直接用"二万五千里长征"字样，阿英后来说是受了《西行漫记》书名的启发，题名为"西行漫画"。此书初版精印 2000 册，当时主要在上海和新四军辖区流传。本书作者当时误为萧华，直到 1962 年，人们才搞清楚真正的作者是黄镇。

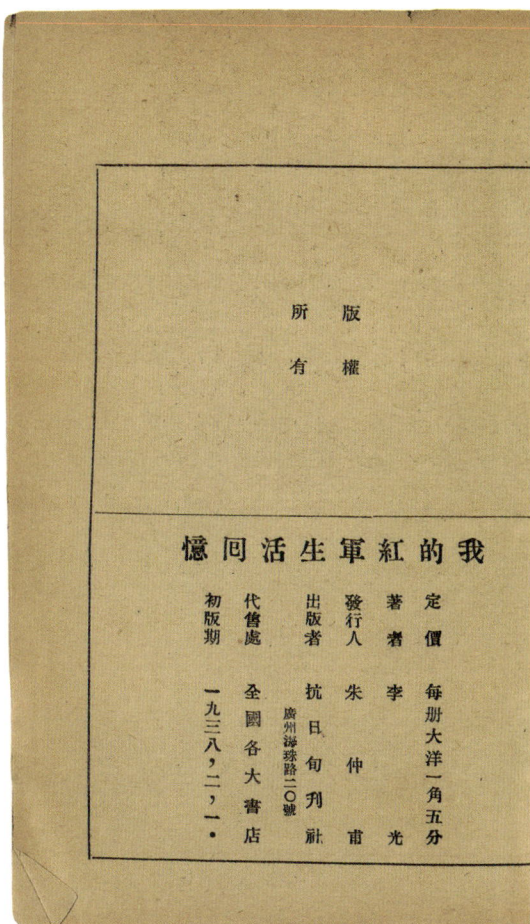

红军是怎样锻炼的——我的红军生活回忆

李光著　广州抗日旬刊社　1938年2月

　　书中涉及红军的各个方面，力图使读者对红军有一个全面的了解。书后所附《一个信基督教的医生在红军内的经验》一文，系时任中央苏维埃医院院长傅连暲的自述。他的自述真实可信、朴实无华，富有感召力。此书在抗日战争初年出版，对于让国统区的广大人民群众更好地了解和认识中国共产党及其所领导的人民军队起到了一定的宣传作用。

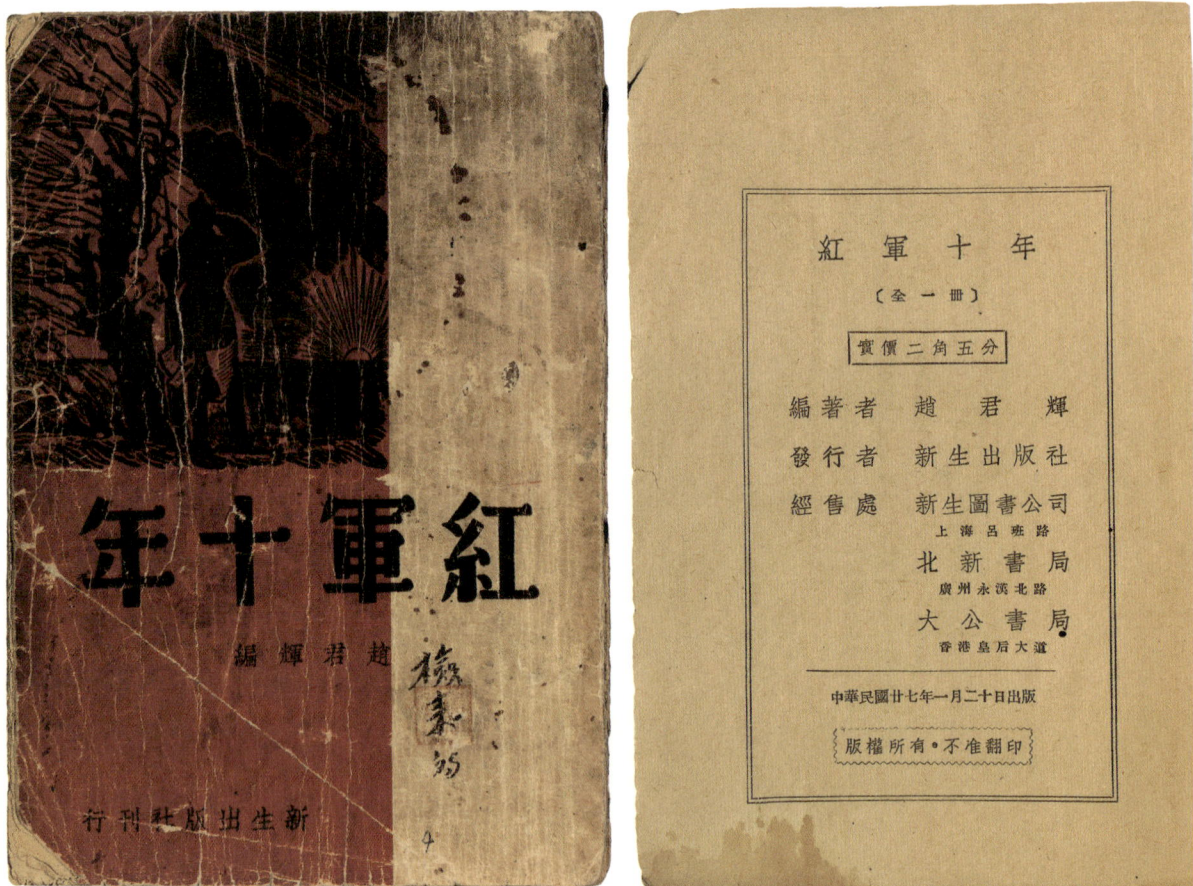

红军十年
〔全一册〕

实价二角五分

编著者	赵君辉
发行者	新生出版社
经售处	新生图书公司
	上海吕班路
	北新书局
	广州永汉北路
	大公书局
	香港皇后大道

中华民国廿七年一月二十日出版

版权所有·不准翻印

红军十年

赵君辉编　上海新生出版社　1938年1月

本书从1927年国共分裂写起，一直写到1937年八路军的"平型关大捷"，详细描写了10年间红军的发展历程，其中也包括红军长征的内容，故名"红军十年"。

朱德与红军

张尚志编　上海三风书局　1949年3月

　　内容包括：朱德的生平、红军发展史、红军的生活、林彪与红军大学、几员老将。书中附朱德、林彪、贺龙、徐向前、彭德怀、项英、徐海东等人的照片。此书出版时，正是中国人民解放军大举南下解放全中国前夕，它对于让广大读者了解中国共产党及其领导的人民军队，起了很好的宣传作用。

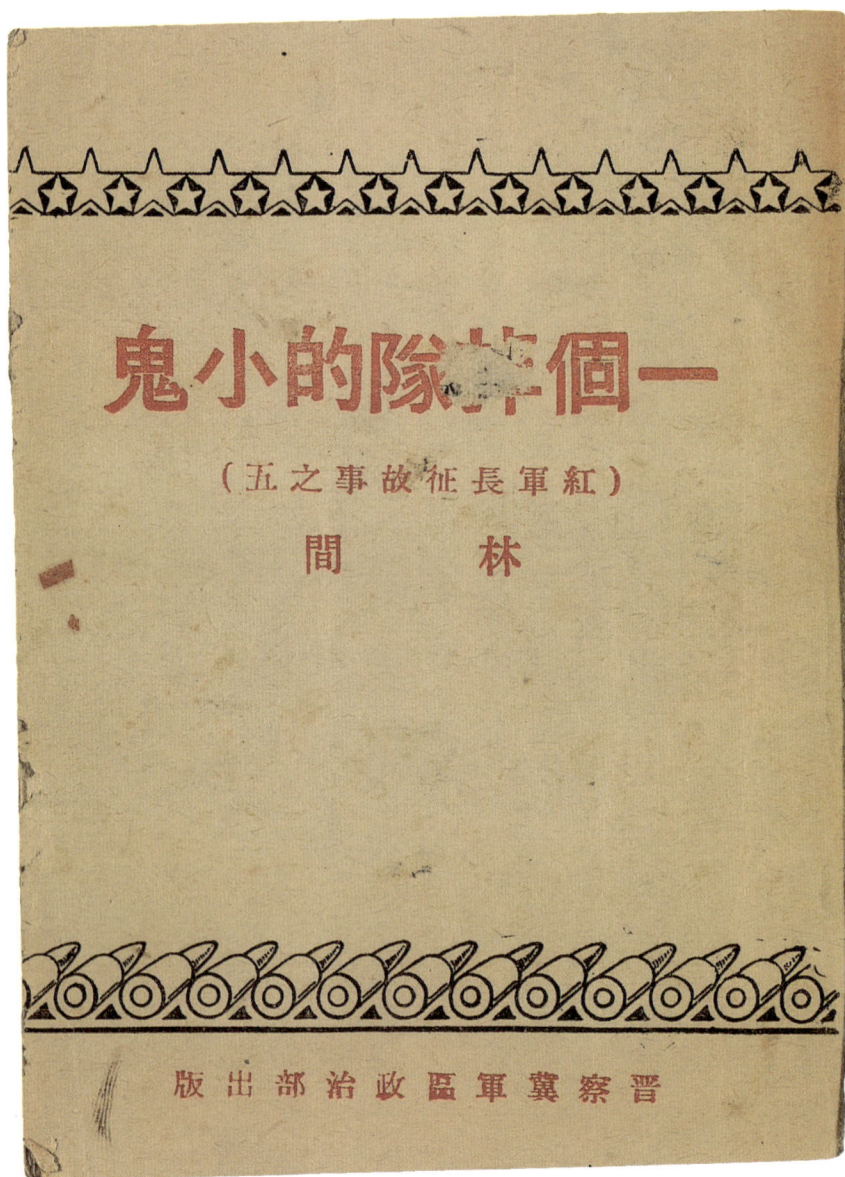

一个掉队的小鬼

林间著　晋察冀军区政治部编印　1947年

　　红军长征故事之五。本书以第一人称讲述红军长征中的小故事。主人公是一个11岁的小红军，"我的父亲是一个贫农，母亲在村苏维埃做妇女部长。红军入川的时候，我参加了儿童团。后来红军北上，我就跟随着部队。"讲述他在过雪山途中掉队的经过。文字简洁易懂，全书不足4000字。

长征故事

姚迁编　河北兴化县老圩区文娱社　1947年10月　油印本

本书系通俗读物，其形式较为新颖，编者采用了河北兴化地区民间流传较广的鼓词形式，将红军二万五千里长征故事予以改编，介绍给广大人民群众。

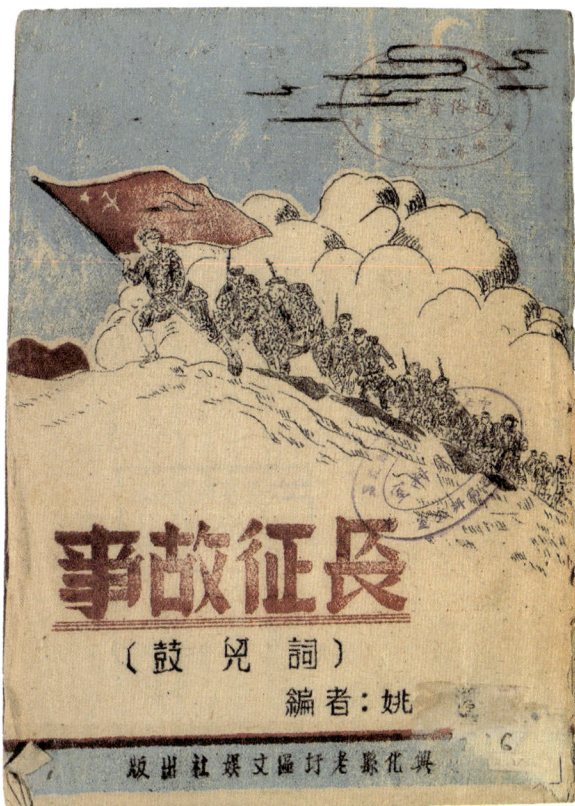

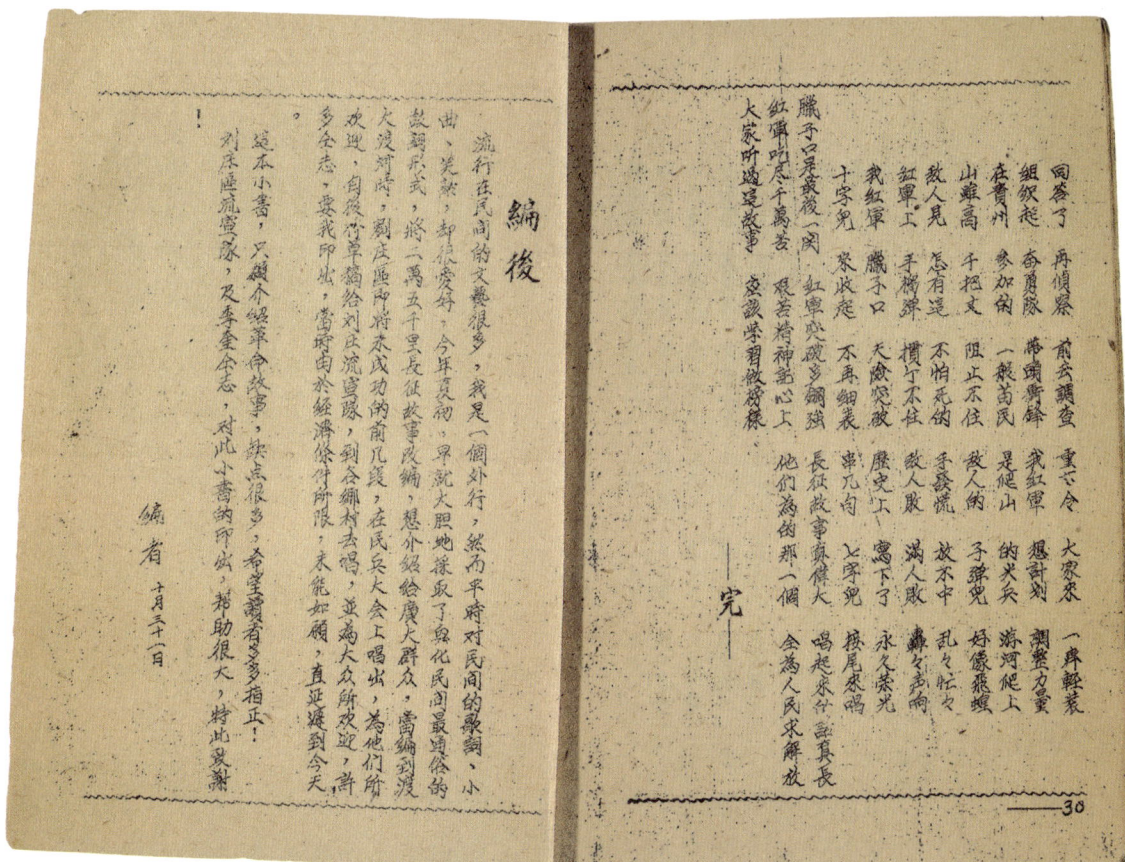

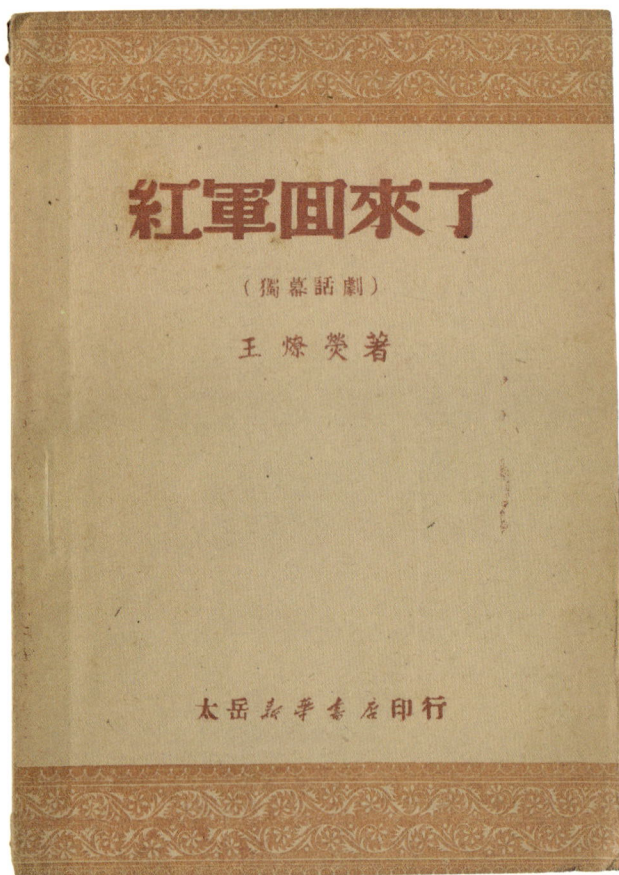

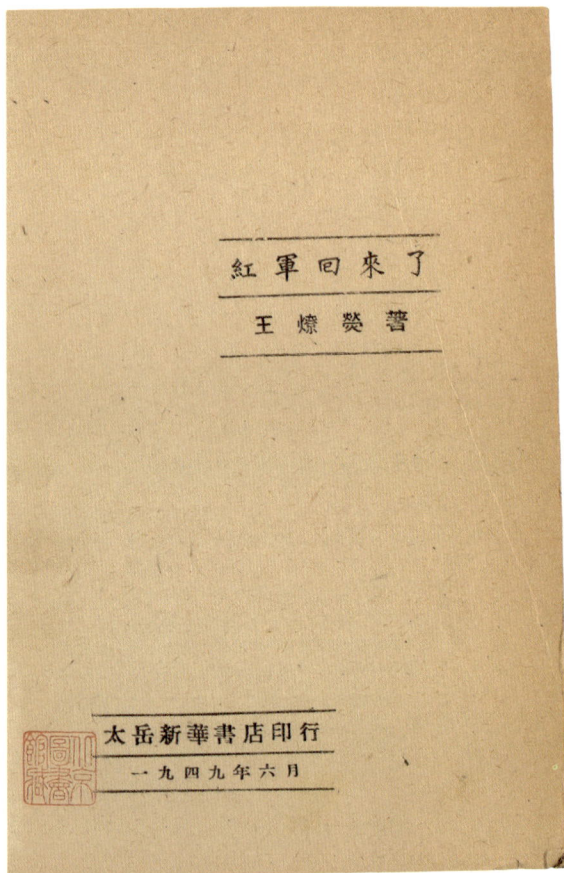

红军回来了

王燎荧著　太岳新华书店　1949年6月

　　本书是为"七一"晚会创作的独幕话剧，1949年1月抄改。篇头题：谨致南方老革命地区的农友们。剧情讲述留在老苏区的人民在红军离开后所受的苦难，他们忍辱负重的等待以及盼望红军想念红军的故事。书后附"鄂豫皖土地革命歌曲"二首。

团结一切可以团结的力量

——中国共产党领导的统一战线

中国共产党领导的统一战线，是在中国新民主主义革命和社会主义建设与改革的历史进程中，为实现国家的独立、民主、富强和中华民族的伟大复兴，中国各民族、各党派、各阶层、各方面人士所结成的最广泛的革命统一战线、社会主义统一战线和爱国主义统一战线。

中国共产党历来高度重视统一战线工作，中国共产党领导的统一战线是中国革命和建设的重要"法宝"。统一战线发扬中华民族伟大的团结精神，团结一切可以团结的力量，调动一切可以调动的积极因素，把全民族的意志、智慧和力量集中到中华民族的伟大复兴事业中来，在中国革命和社会主义建设中有着特殊的重要地位和作用。

统一战线的产生和第一次国共合作

  1922 年 7 月 16 日至 23 日，中国共产党在上海举行第二次全国代表大会。"二大"通过的《关于"民主的联合战线"的议决案》，提出联合全国一切革命党派，联合资产阶级民主派，组织民主的联合战线。这是中国共产党最早提出关于统一战线的思想和主张，对推动中国革命的发展有着重大的意义。1923 年 6 月 12 日至 20 日，中国共产党在广州举行第三次全国代表大会，通过《关于国民运动及国民党问题的议决案》等文件，决定采取党内合作的形式同国民党建立联合战线，共产党员应加入国民党，同时规定了党在政治上保持独立性的一些原则。

  1924 年 1 月 20 日至 30 日，中国国民党第一次全国代表大会在广州举行。出席开幕式的代表 165 人中，有共产党员 20 多人。这次会议通过的《中国国民党第一次全国代表大会宣言》草案，对三民主义作了适应时代潮流的新解释，成为国共合作的共同纲领。国民党"一大"还在事实上确立了联俄、联共、扶助农工的三大政策。经过国共两党共同努力，革命力量从全国四面八方汇集起来，形成反对帝国主义和封建军阀的革命新局面。

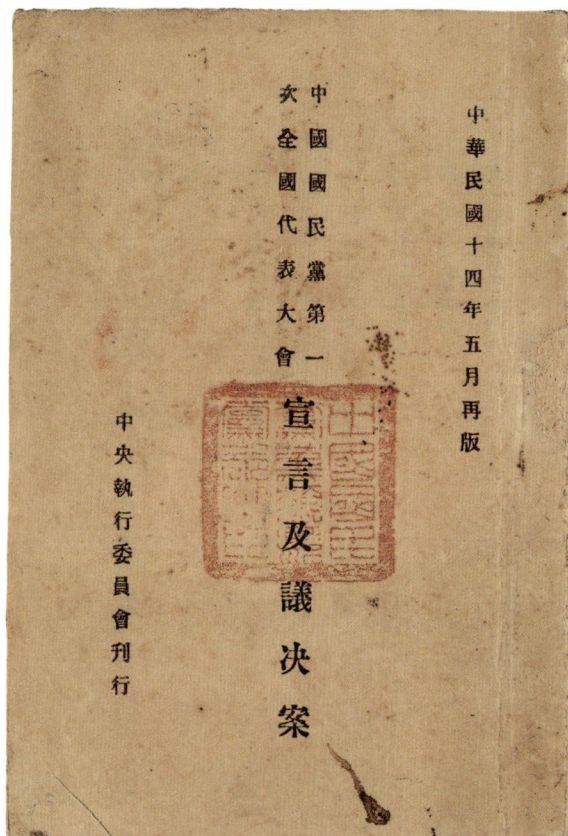

中国国民党第一次全国代表大会宣言及议决案

中央执行委员会　1925 年 5 月

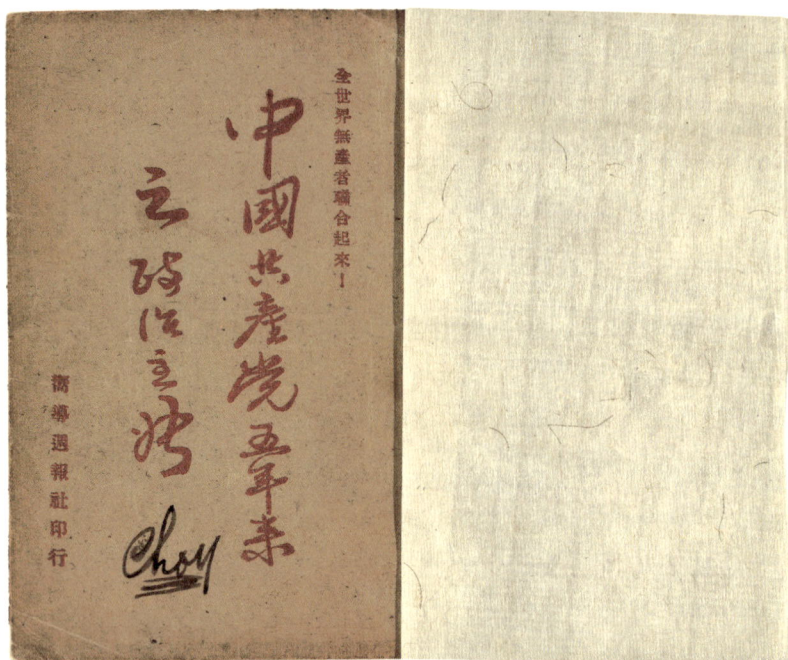

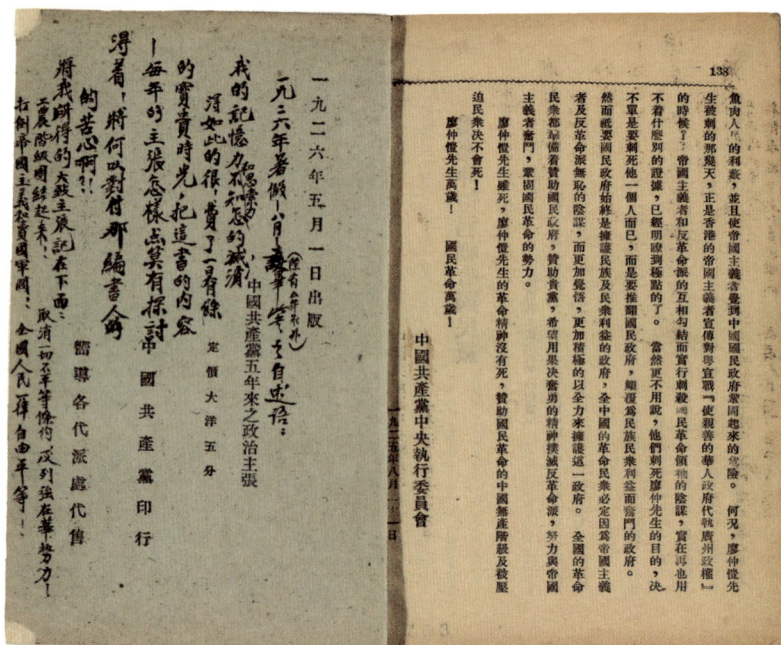

中国共产党五年来之政治主张

向导周报社　1926年5月

　　内容包括第二次至第四次全国大会宣言，以及四次对时局的主张的论述，阐明了中国共产党对当时时局的看法，号召全国人民奋起反抗帝国主义、北洋军阀的残暴统治及对工农运动的血腥镇压。

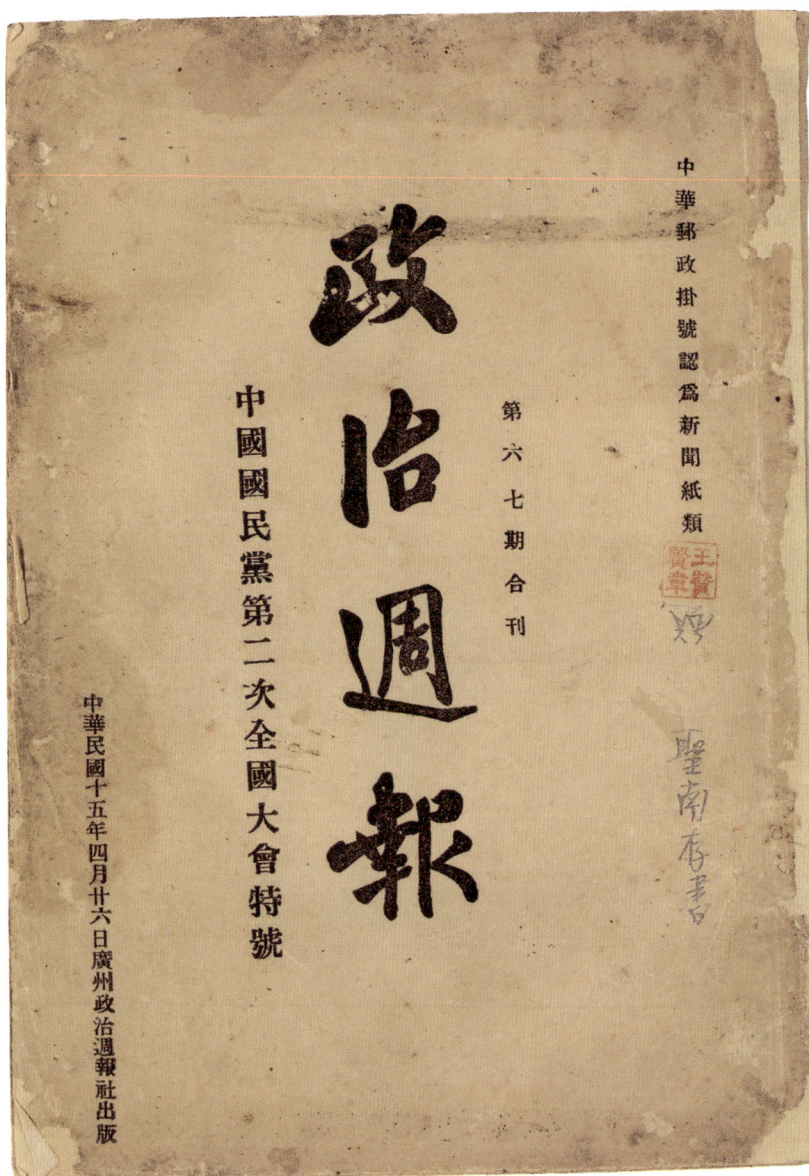

政治周报

政治周报社编 1926 年

1925 年 12 月 5 日创刊，为国民党中央宣传部主持出版的中央级机关报，毛泽东曾参与筹办并任第一任主编，第五期起由共产党人沈雁冰、张秋人接任主编。该报主要刊载国民党中央和广东革命政府的重要会议、文件、报告与部分专稿。

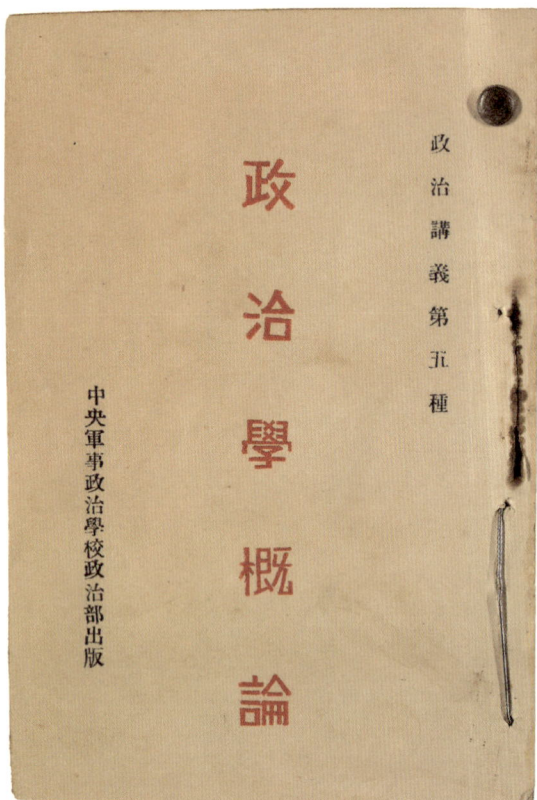

政治学概论

恽代英编　中央军事政治学校政治部　1926年9月

1926年，国民政府中央军事委员会决定，将原陆军军官学校扩大改组，于同年3月正式命名成立中央军事政治学校。这是恽代英为该校编纂的政治讲义。

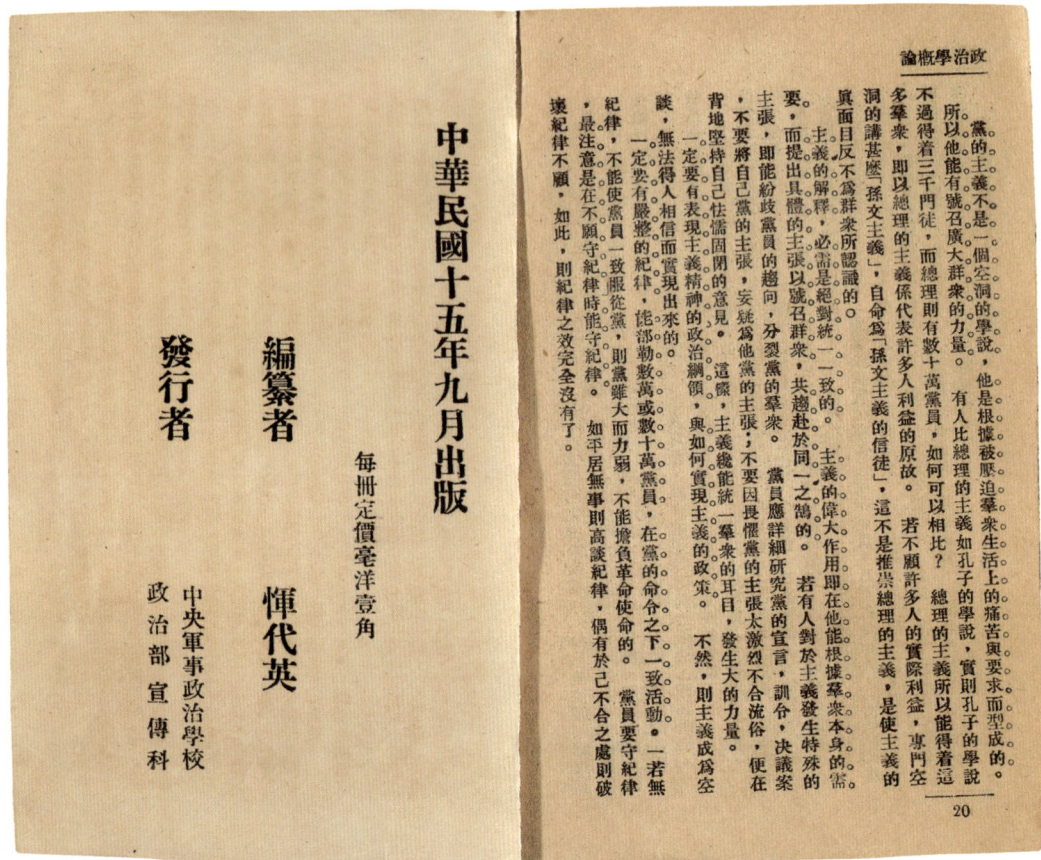

革命軍 孫文題 第九期

革命軍第九期目次

汪兆代表像
被革命軍攻破後之惠州城攝影
惠州城北門之死難烈士攝影
惠州民衆歡迎革命軍情形攝影
革命軍與惠州人民聯歡情形攝影
論　壇
我們應該怎樣努力 ………………… 汪精衞
二次東征告終我革命軍應有之覺悟及其他使命 … 王柏齡
留別有槍的同志們 ………………… 白瑜
製造毒氣之一夕談 ………………… 王柏齡

467057

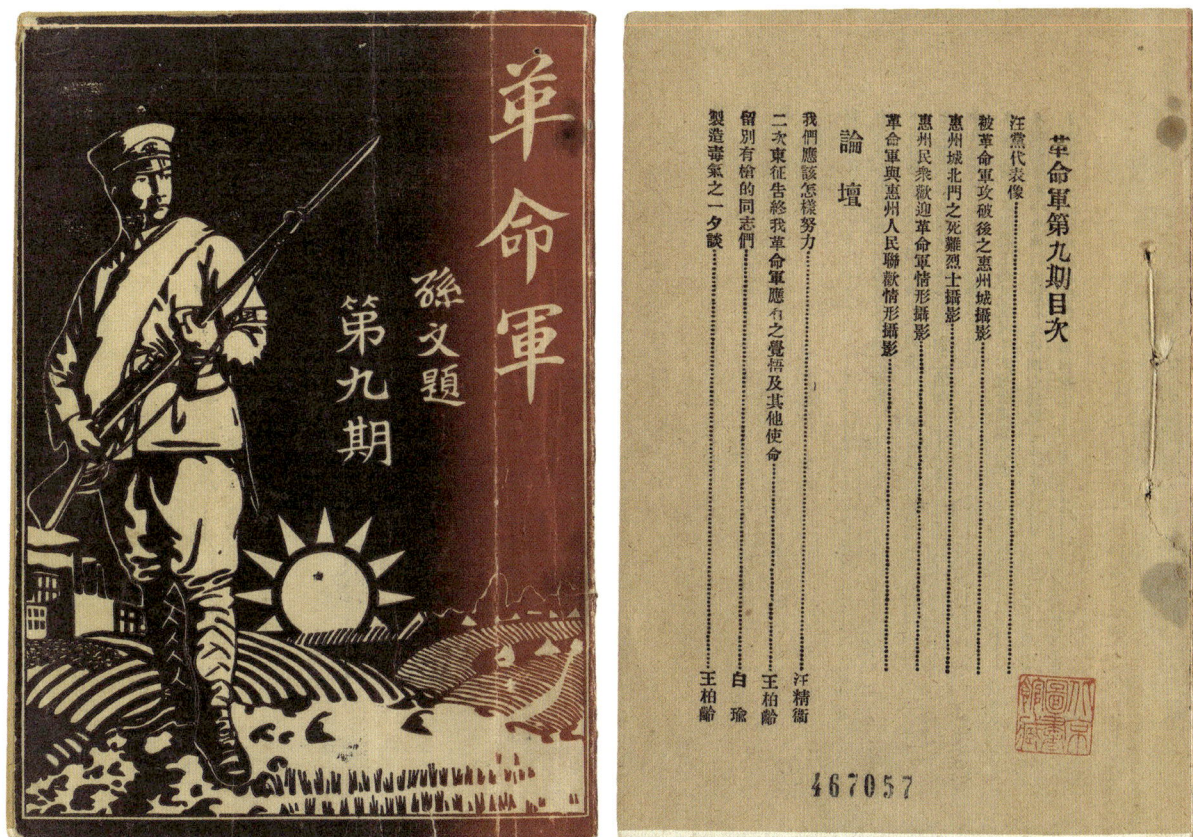

《革命军》第九期

黄埔军校特别党部革命军社编　1925 年

　　本书内容包括"我们应该怎样努力""二次东征告终我革命军应有之觉悟及其他使命""我们的决心""革命的力量与民众的弱点""中央党部对全国及海外全体同志之通告"等。

抗日民族统一战线

1935年8月1日，中国共产党发表了《为抗日救国告全体同胞书》（即《八一宣言》），号召各党派抛弃过去的成见，停止内战，一致对外，建立抗日民族统一战线。不久，"一二·九"运动爆发，全国抗日救亡运动新高潮形成。12月25日，中共中央政治局在陕北瓦窑堡举行会议，通过《中央关于目前政治形势与党的任务决议》，正式确定建立抗日民族统一战线的战略方针。

"西安事变"和平解决后，中共中央将《中国共产党为公布国共合作宣言》送交国民政府。1937年9月22日，国民党中央通讯社发表了中国共产党的宣言，次日蒋介石发表承认中国共产党在全国合法地位的谈话。至此，中国共产党倡导的以国共合作为基础的抗日民族统一战线正式形成，为抗日战争的胜利奠定了坚实的基础。

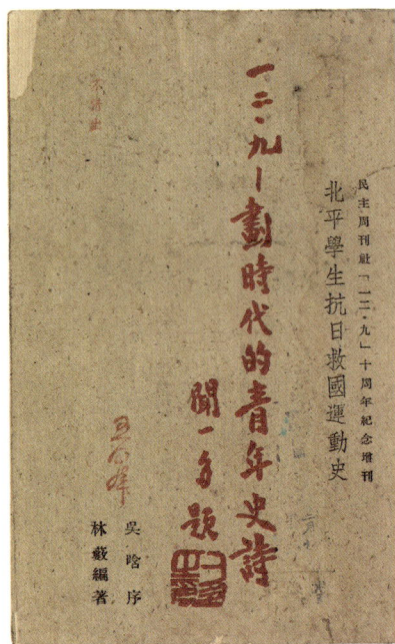

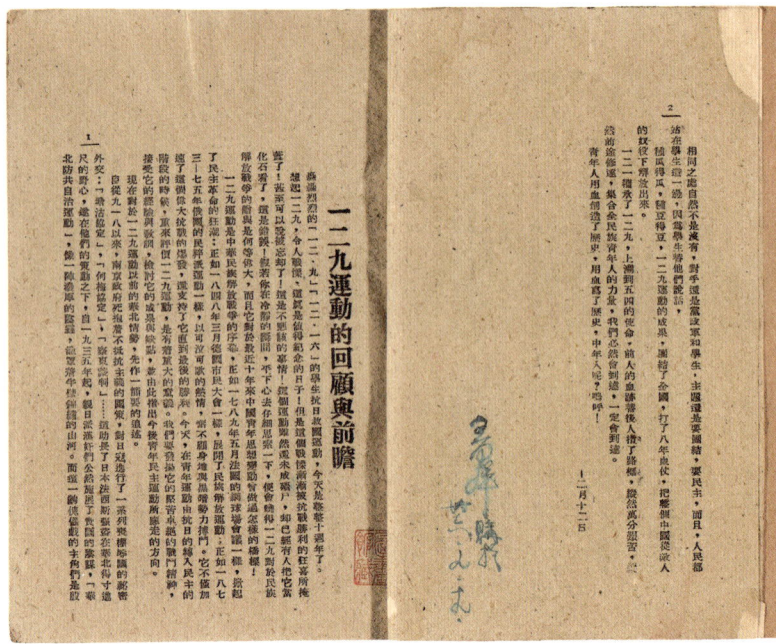

一二·九：划时代的青年史诗

林蔸编著 昆明民主周刊社 1945年

本刊为民主周刊社"一二·九"运动十周年纪念增刊，由吴晗作序，回顾北平学生抗日救国运动历史。书后附《北平学生联合会宣传大纲》《平津教育界宣言与通电》。

为反对卖国贼蒋介石阎锡山拦阻中国人民红军抗日先锋军东下抗日捣乱抗日后方宣言

中国抗日红军革命军事委员会　1936 年 4 月 5 日　黎小弟捐赠

该宣言为反映红军东征抗日的重要史料。

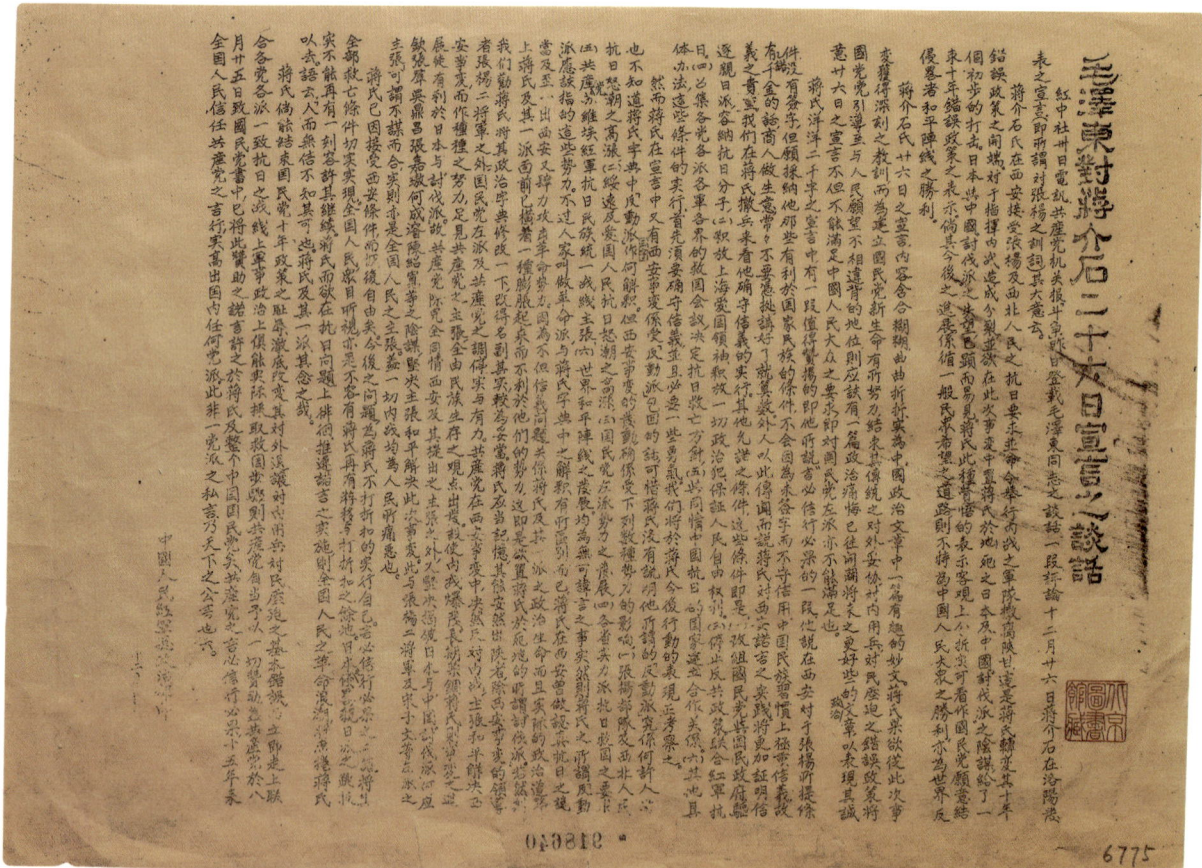

毛泽东对蒋介石二十六日宣言之谈话

中国人民红军总政治部　1936 年 12 月　油印本

　　"西安事变"发生后，中国共产党反对内战，主张和平解决，经过有力调停，蒋介石得以被释出陕。

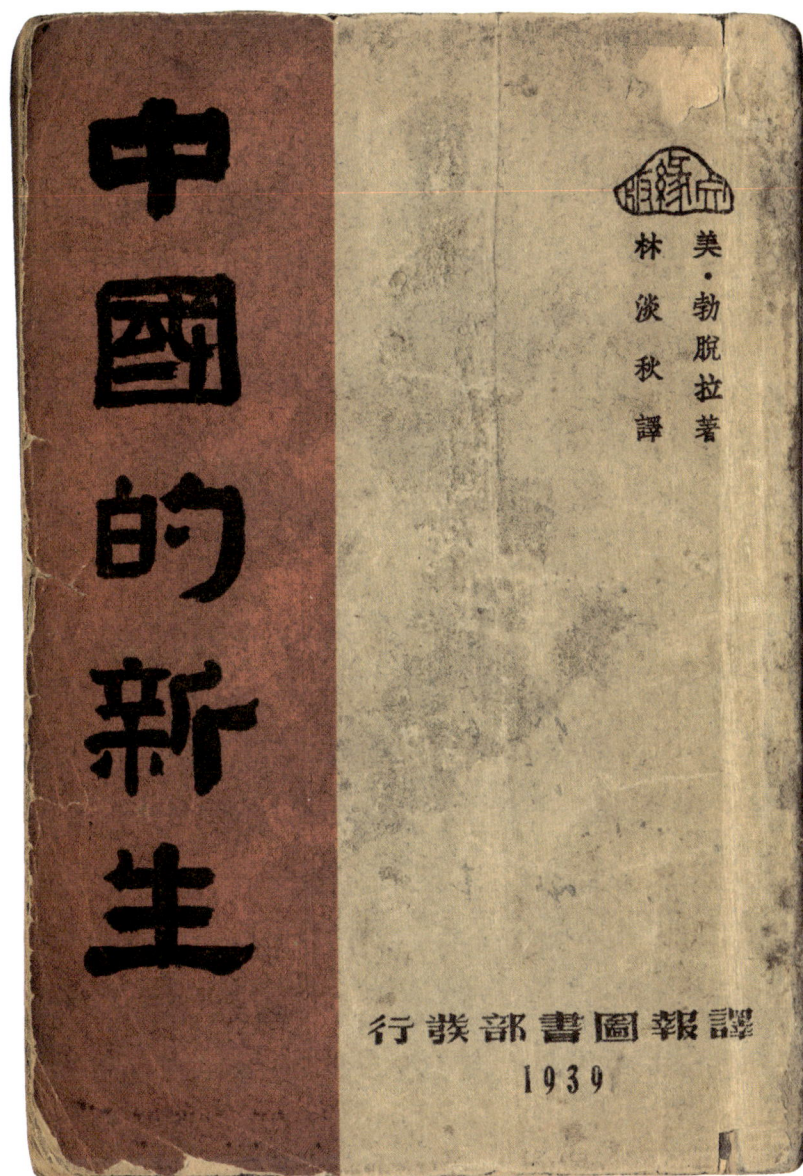

中国的新生

勃脱拉（James M. Bertram）著　林淡秋译　每日译报社　1939 年 1 月

　　"西安事变"发生后，伦敦《每日先驱报》记者勃脱拉（James M. Bertram）前往西安，作了 44 天全方位的采访，搜集到大批宝贵的信息和第一手资料，真实而生动地记述了"西安事变"的全貌，认为"西安事变"的和平解决对促成第二次国共合作和全民团结抗日局面的形成起了决定性作用。

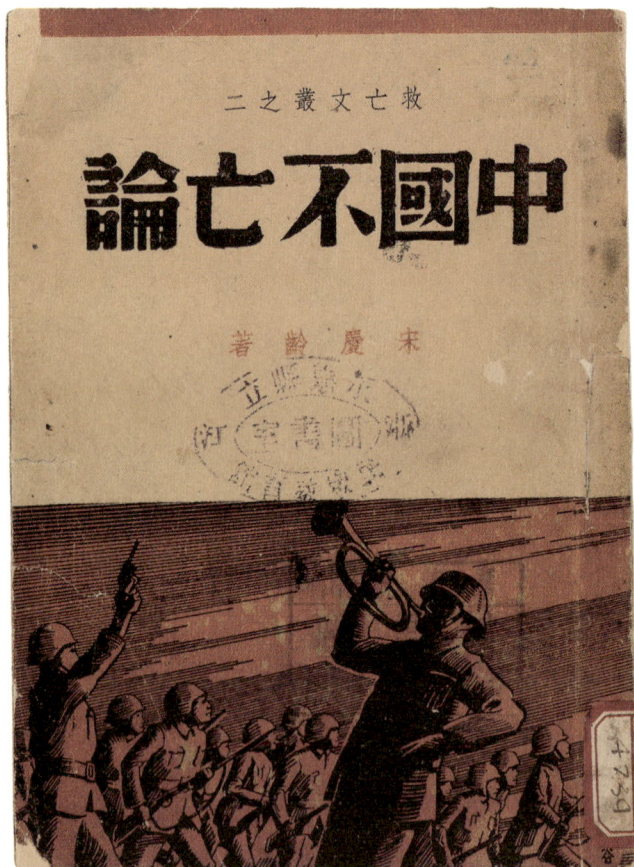

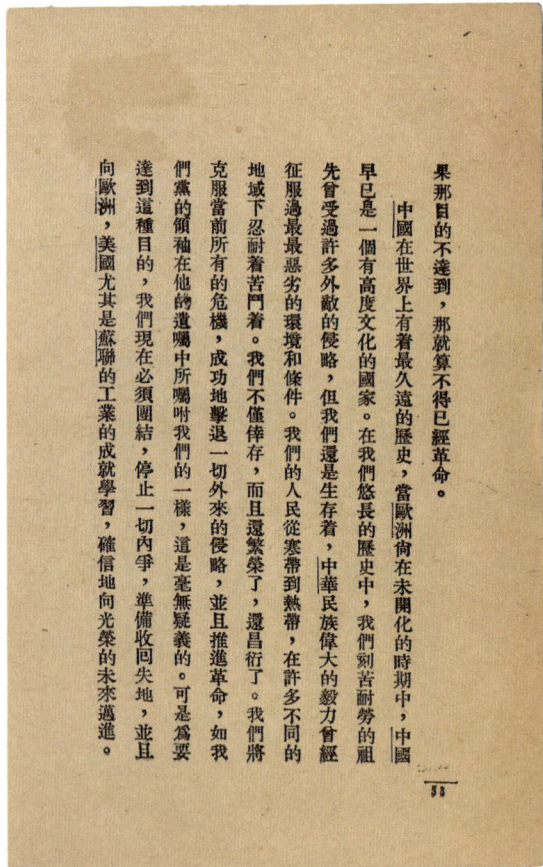

中国不亡论

宋庆龄著　上海生活书店　1938年1月

　　本书收入《中国不亡论》《两个"十月"》《致英国工党书》《中国走向民主的途中》《国共统一运动感言》《中国应当干什么》6篇文章。

中共中央論目前抗戰形勢及抗日民族統一戰綫

中共中央論目前抗戰形勢及抗日民族統一戰綫

（周恩來）（博古）

124395

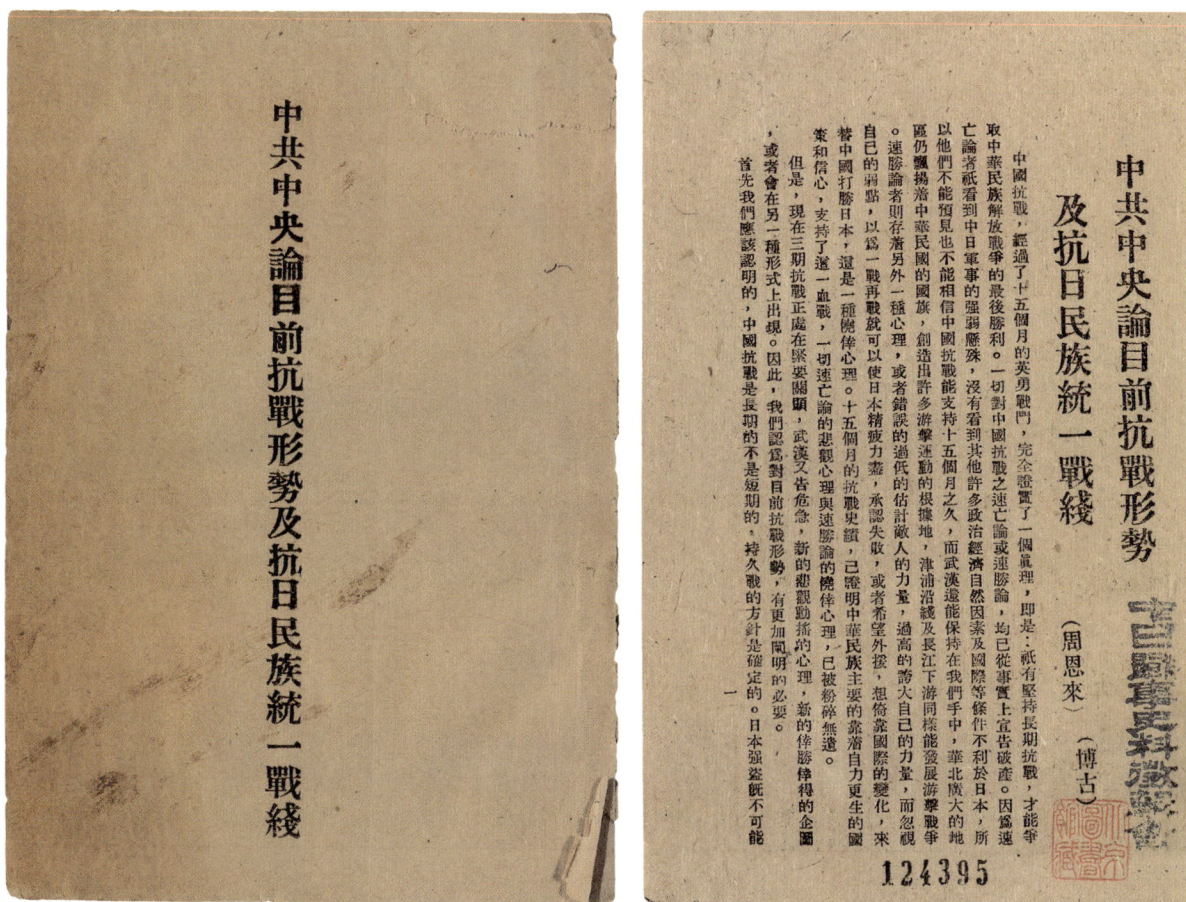

中共中央论目前抗战形势及抗日民族统一战线

周恩来、博古执笔　1938 年

　　书中收录了周恩来、博古执笔的《中共中央论目前抗战形势及抗日民族统一战线》和博古执笔的《抗日民族统一战线发展困难及前途》两篇文章，指出"只有坚持长期抗战，才能争取中华民族解放战争的最后胜利"。

125

抗日民族统一战线下的中国共产党十大政策

抗大一分校训练部　油印本

解放战争时期人民民主统一战线的巩固和扩大

　　人民解放战争时期，国统区爆发严重的经济危机，人民生活陷入困境。1947 年 5 月，爆发了反饥饿、反内战运动，遭到国民党当局的镇压，造成震惊全国的"五二〇"血案。在中国共产党各级相关组织领导下，"五二〇"以后，学生们又提出了"反迫害"的口号，由此，"反饥饿、反内战、反迫害"运动迅速扩展到全国 60 多个大中城市，与工人、农民、市民的斗争汇聚成反对国民党统治的第二条战线。在中国共产党的团结和争取下，各民主党派和许多无党派民主人士同中国共产党实行政治合作，共同反对国民党当局的反动统治，有力地支持了人民解放战争的胜利。

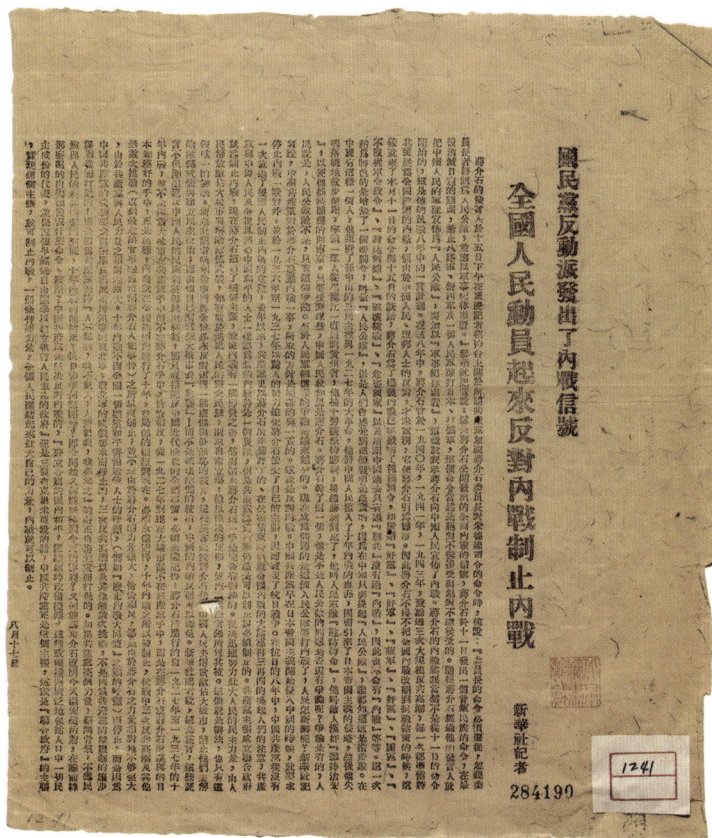

国民党反动派发出了内战信号　全国人民动员起来反对内战制止内战

新华社　1945 年 8 月 17 日

昆明八文化团体迎接胜利反对内战通电

　　自由论坛社、民主周刊社、大陆周刊社、人民周报社、中苏文协昆明分会、中法大学学生自治会、国立云南大学学生自治会、国立西南联合大学学生自治会编　1945年8月

拿饭来吃：五二〇血案画集

中央大学五二〇血案处理委员会编
1947 年 6 月

1947 年 5 月 20 日，京、沪、苏、杭四区学生联合请愿团在南京举行反饥饿、反内战的示威游行，遭到国民党当局的镇压。本书为该事件的宣传画刊，其中有文章、诗歌、照片、漫画等。

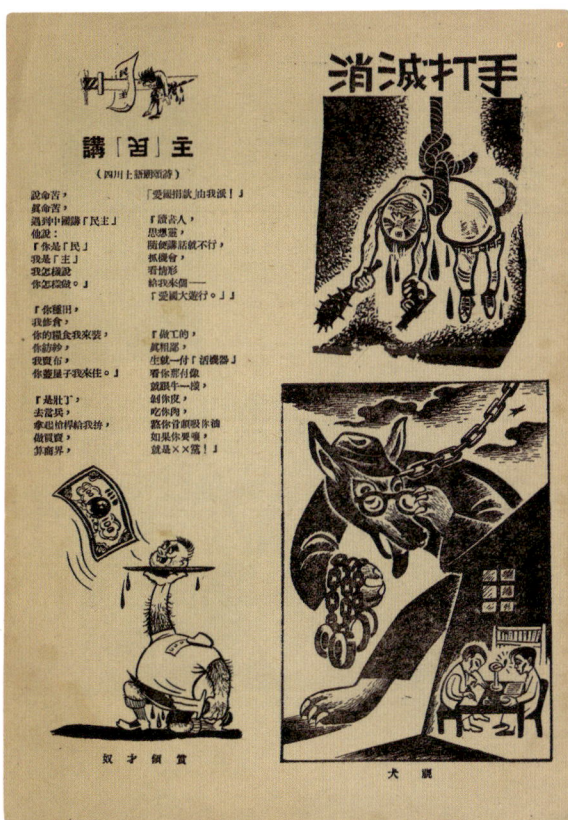

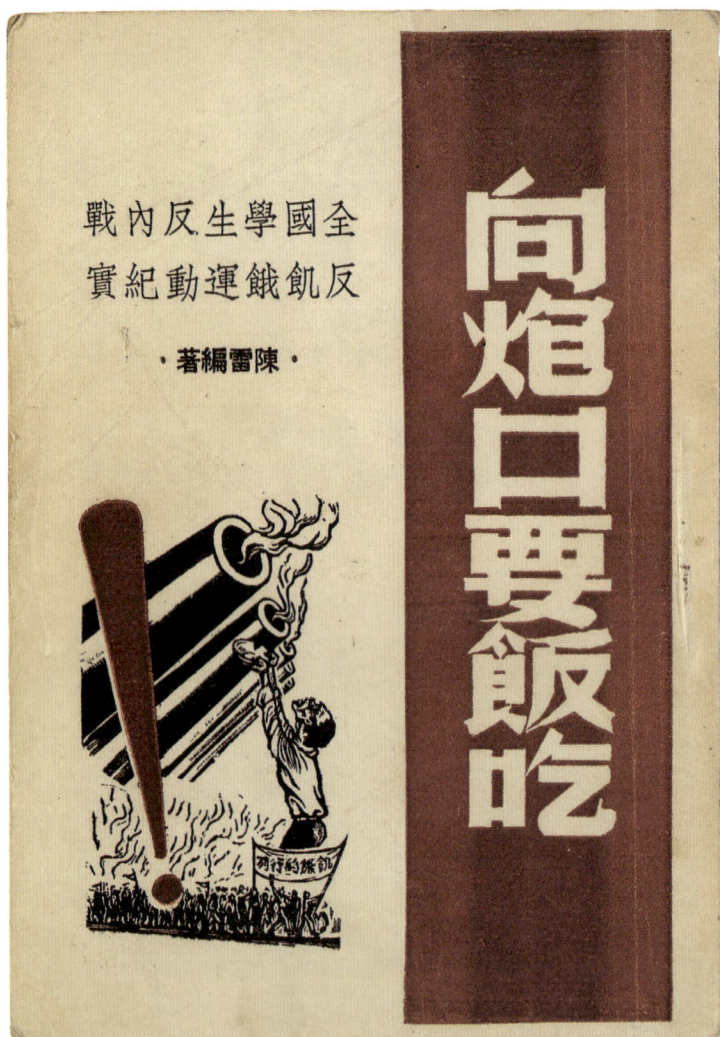

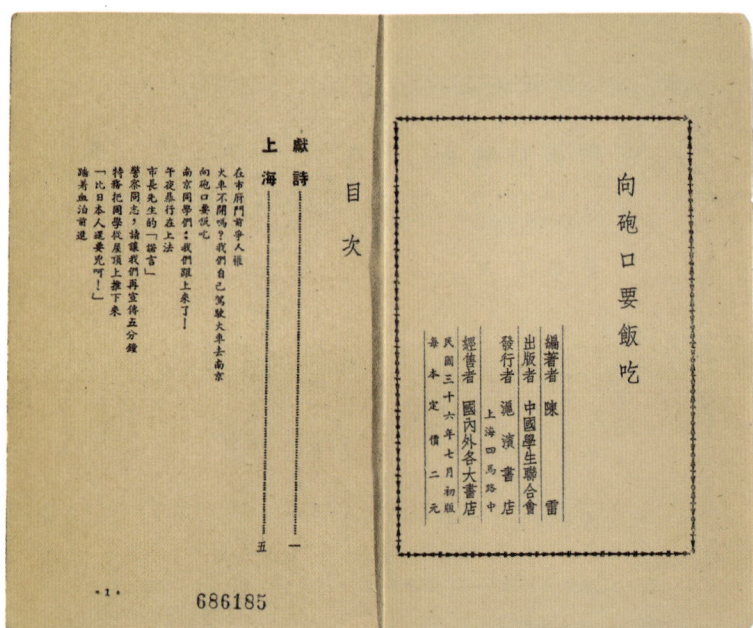

向炮口要饭吃：全国学生反内战反饥饿运动纪实

陈雷编著　1947 年 7 月

记述在这次学生运动中全国各地（上海、南京、北平、天津等）的情况。附录：中国学生联合会成立宣言。

虞初近志（伪装本）

陈伯达著

1946 年 10 月，陈伯达发表《中国四大家族》，用大量事实，揭露了蒋、宋、孔、陈四大家族的发家史。本书为伪装本，伪装题名《虞初近志》，伪托"大达图书供应社刊行"。

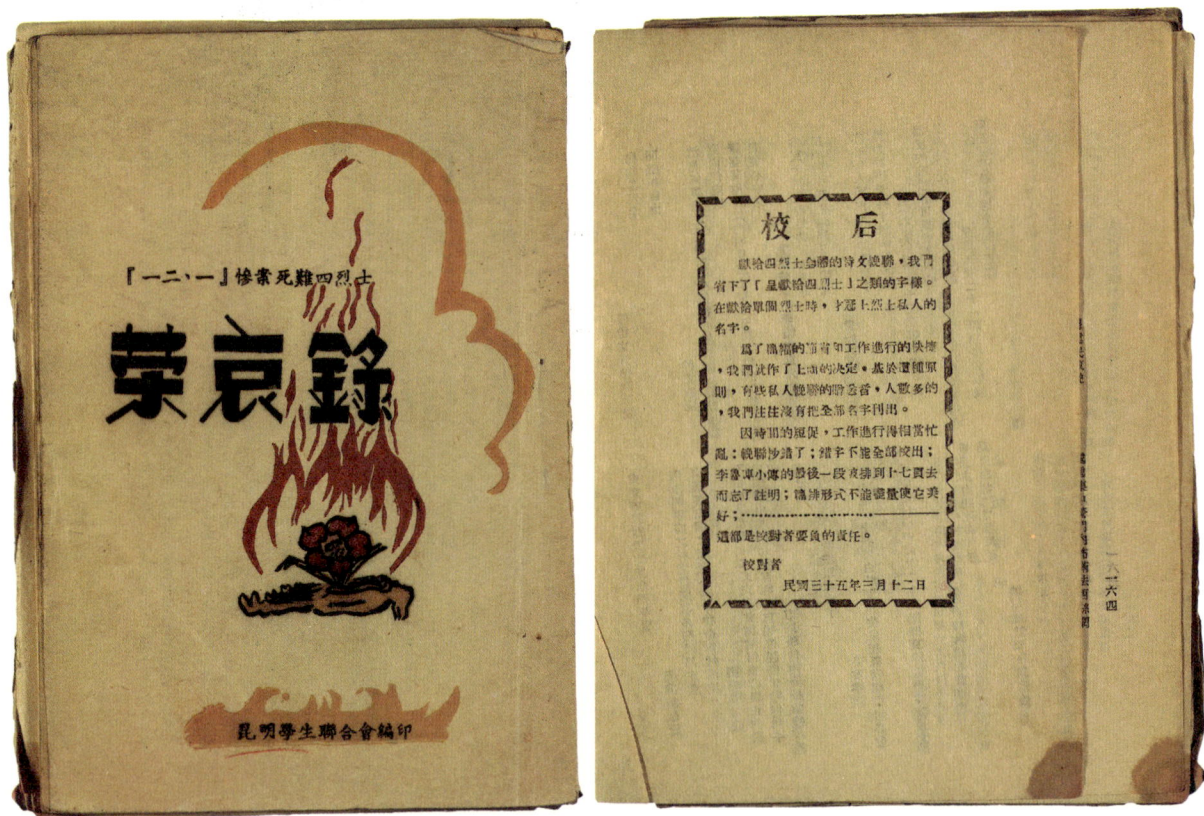

"一二·一"惨案死难四烈士荣哀录

昆明学生联合会编　1946年3月

人民英烈：李公朴、闻一多先生遇刺纪实

李闻二烈士纪念委员会编
1946 年 8 月

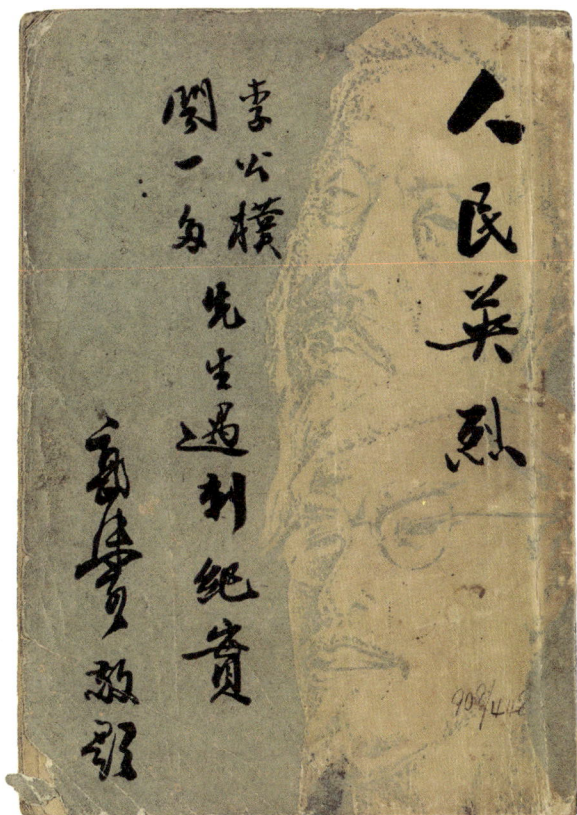

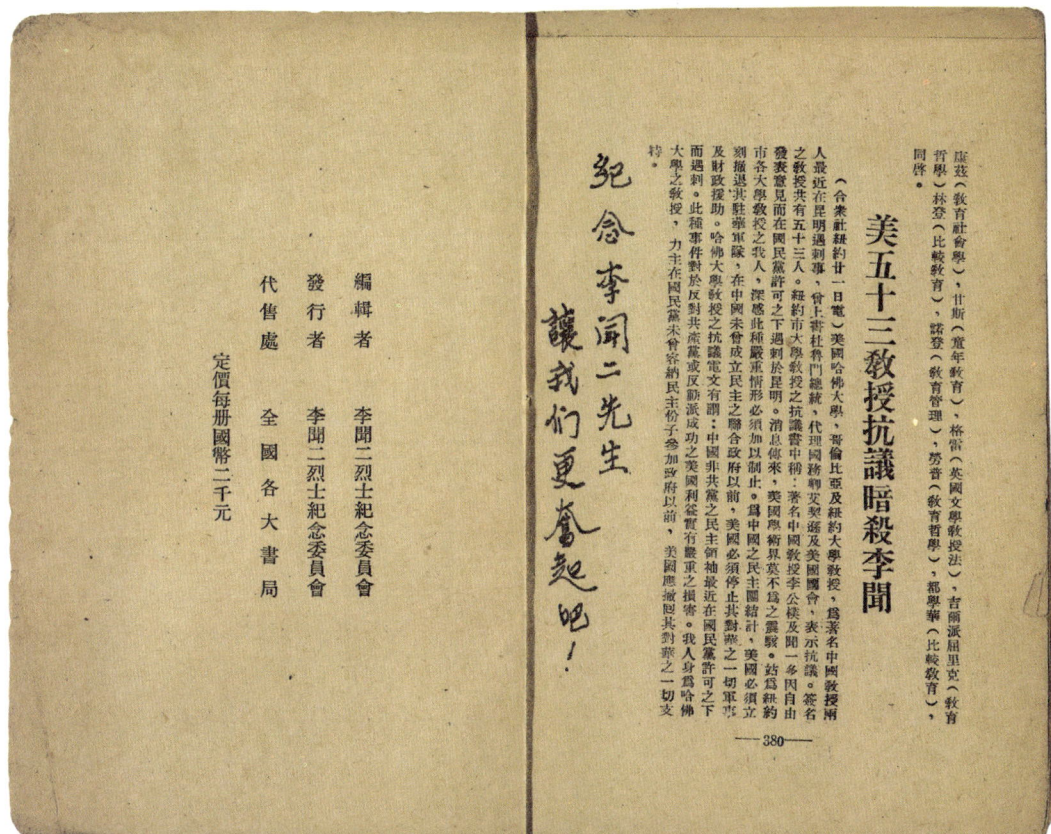

中国人民政治协商会议第一届全体会议

　　1949 年 9 月 21 日至 30 日，中国人民政治协商会议（简称政协）第一届全体会议在北平召开。中国共产党及各民主党派、人民团体和无党派民主人士的代表（含候补代表）共 662 人参加了会议。

　　会议通过了《中国人民政治协商会议共同纲领》《中国人民政治协商会议组织法》和《中华人民共和国中央人民政府组织法》。政协第一届全体会议的召开，体现了全国各族人民的大团结，标志着中国新民主主义革命在全国的胜利。

　　《中国人民政治协商会议组织法》使中国人民民主统一战线在组织上得到完备并固定下来。1954 年第一届全国人民代表大会召开后，人民政协不再代行全国人大的职权，但作为中国最广泛的爱国统一战线组织继续存在，并在国家政治生活和社会生活以及对外交往中发挥着重要作用。

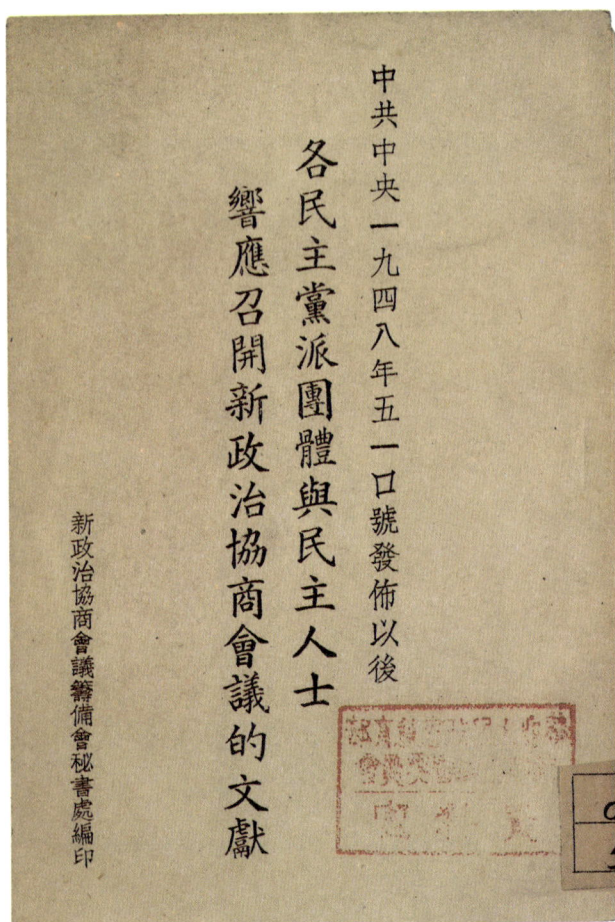

中共中央一九四八年五一口号发布以后各民主党派团体与民主人士响应召开新政治协商会议的文献

新政治协商会议筹备会秘书处编印

1949 年

慶祝 中國人民政治協商會議成功 中華人民共和國中央人民政府成立 口號

一、慶祝人民政治協商會議成功！
二、慶祝中華人民共和國成立！
三、慶祝中央人民政府成立！
四、擁護中央人民政府！
五、擁護共同綱領！
六、擁護人民民主統一戰線！
七、擁護人民民主專政！
八、把革命戰爭進行到底！
九、消滅一切國民黨殘餘匪幫！
十、迅速解放台灣西藏和一切尚未解放的地方！
十一、統一全中國！
十二、打倒帝國主義！
十三、打倒封建主義！
十四、打倒官僚資本主義！
十五、發展新民主主義的政治！
十六、發展新民主主義的經濟！
十七、發展新民主主義的文化！
十八、鞏固人民解放軍！
十九、鞏固國防！
二〇、聯合世界上以平等待我之民族！
二一、擁護中蘇合作！
二二、擁護世界民族解放運動！
二三、反對侵略戰爭！擁護世界和平！
二四、中國人民大團結萬歲！
二五、中國人民政治協商會議萬歲！
二六、中央人民政府萬歲！
二七、中國人民解放軍萬歲！
二八、中國共產黨萬歲！
二九、中華人民共和國萬歲！
三〇、毛主席萬歲！

上海人民保衛世界和平慶祝中國人民政協與中央人民政府成立大會籌備處宣傳部翻印

SC10356

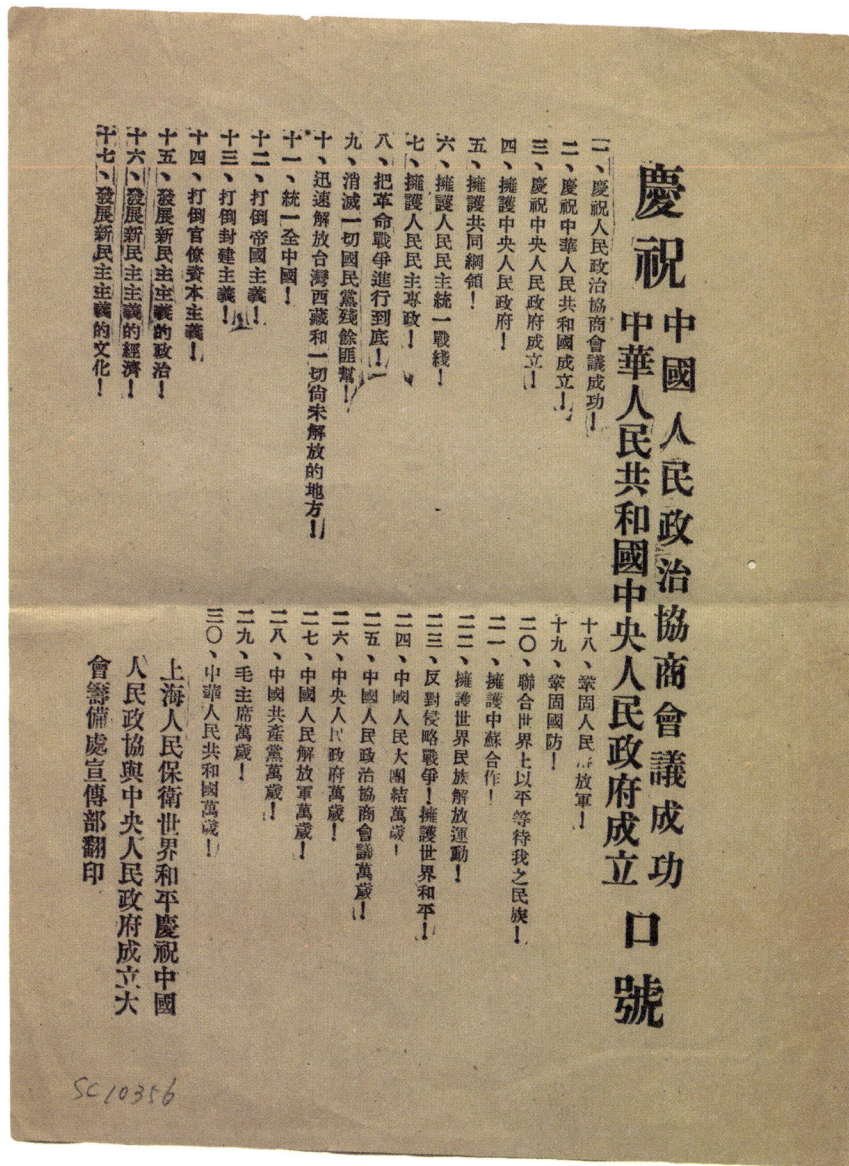

庆祝中国人民政治协商会议成功　中华人民共和国中央人民政府成立口号
上海人民保卫世界和平庆祝中国人民政协与中央人民政府成立大会筹备处宣传部翻印
1949 年

新中国成立后爱国统一战线的建立与扩大

　　1954 年 9 月第一届全国人民代表大会召开之后，中国人民政治协商会议转为统一战线组织。政协根据中国共产党同各民主党派和无党派人士"长期共存、互相监督、肝胆相照、荣辱与共"的方针，对国家的大政方针和群众生活的重要问题进行政治协商，通过建议和批评发挥民主监督作用，组织参加政协的党派、团体和各族各界人士参政议政，在国家政治生活、社会生活和对外友好活动中做出了不可磨灭的贡献。

　　十一届三中全会以后，中国共产党的统一战线政策重新得到落实，明确了新时期爱国统一战线的任务，爱国统一战线被赋予新的历史内涵，其范围包括社会主义劳动者、拥护社会主义的爱国者和拥护祖国统一的爱国者；其任务是高举社会主义旗帜和统一祖国、振兴中华的爱国主义旗帜，调动一切积极因素，团结一切可以团结的力量，为建设有中国特色的社会主义和统一祖国而奋斗。

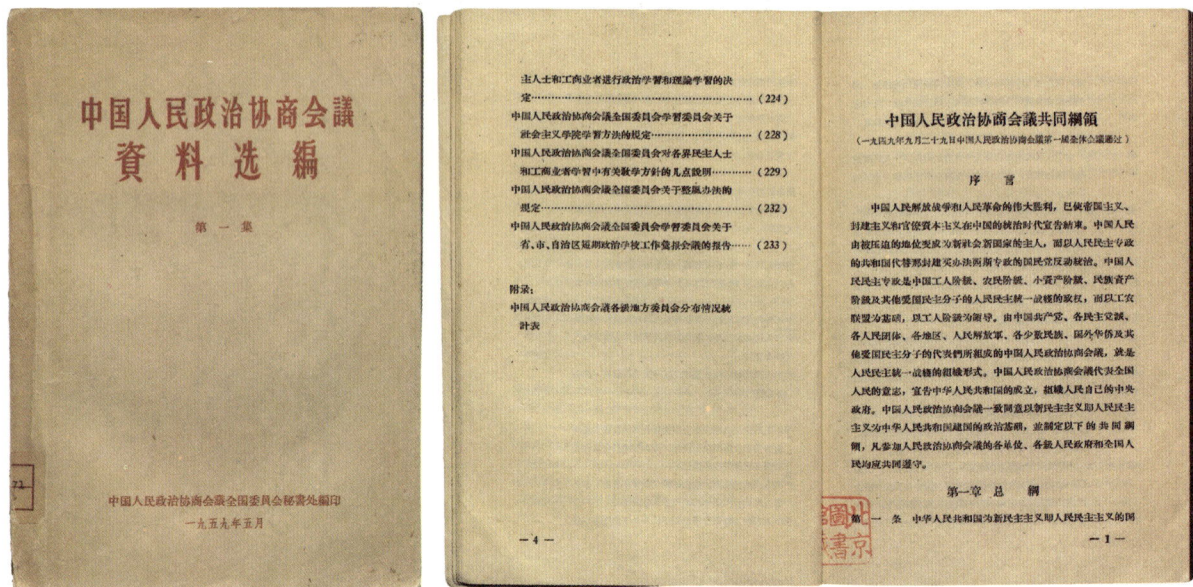

中国人民政治协商会议资料选编·第一集
中国人民政治协商会议全国委员会秘书处编　1959 年

　　本书收入了中国人民政治协商会议第一届全体会议、中国人民政治协商会议第一届和第二届全国委员会的重要文件、本会同各民主党派、各人民团体的联合宣言等。

"打铁还需自身硬"
——不断加强党的思想作风建设

党的建设，指的是政党为完成自身的使命而进行领导国家、社会和提高自身生机和活力的理论和实践活动。中国共产党历来重视加强自身的建设。党的建设是毛泽东总结的中国革命取得胜利的三大法宝之一。党的建设包括思想建设、组织建设、作风建设、队伍建设和反腐倡廉建设等。

古田会议与"思想建党"

1929年12月28日至29日，红军第四军第九次党代表大会在福建上杭县古田镇召开，出席会议的代表共120多名。陈毅主持大会并传达了中央九月来信，毛泽东作了政治报告，朱德作了军事报告。与会者讨论了中央指示和上述报告，总结经验教训，通过了《中国共产党红军第四军第九次代表大会决议案》，即著名的古田会议决议案。会议选举毛泽东、朱德、陈毅、李任予、黄益善、罗荣桓、林彪、伍中豪、谭震林、宋裕和、田桂祥为前委委员，毛泽东为前委书记。

古田会议决议初步回答了在党员以农民为主要成分的情况下，如何从加强党的思想建设着手，保持党的无产阶级先锋队性质的问题；初步回答了在农村进行革命战争的环境中，如何将以农民为主要成分的军队，建设成为无产阶级领导的新型人民军队的问题。古田会议决议所规定的基本原则，集中体现了党对思想建设的重视，对以后不断加强党的建设产生了深远的影响。

闽西古田会议决议案——红军第四军第九次代表大会

毛泽东著　中共平原分局宣传部　1944年

该文是毛泽东同志为红军第四军第九次代表大会（1929年12月闽西古田会议）起草的决议案。

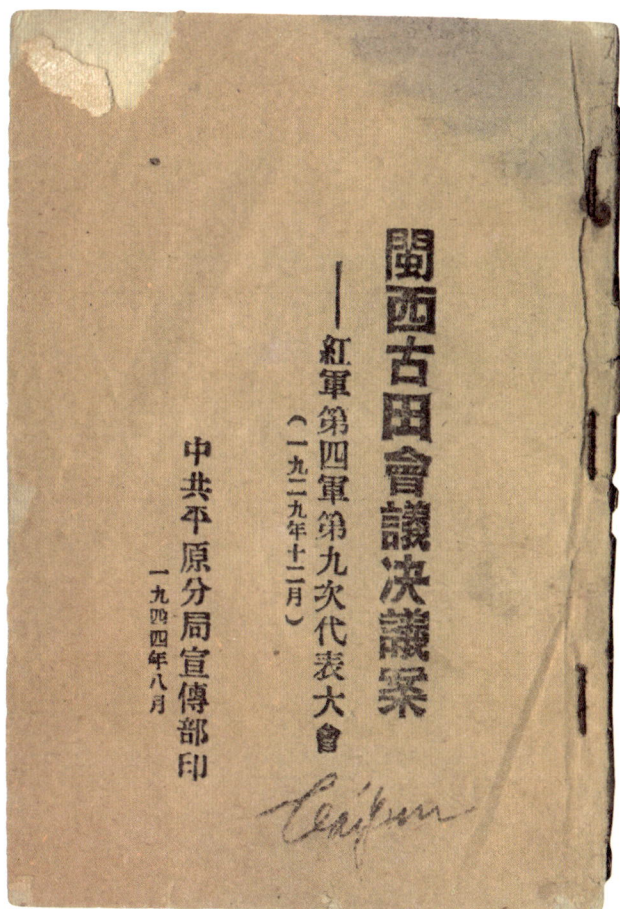

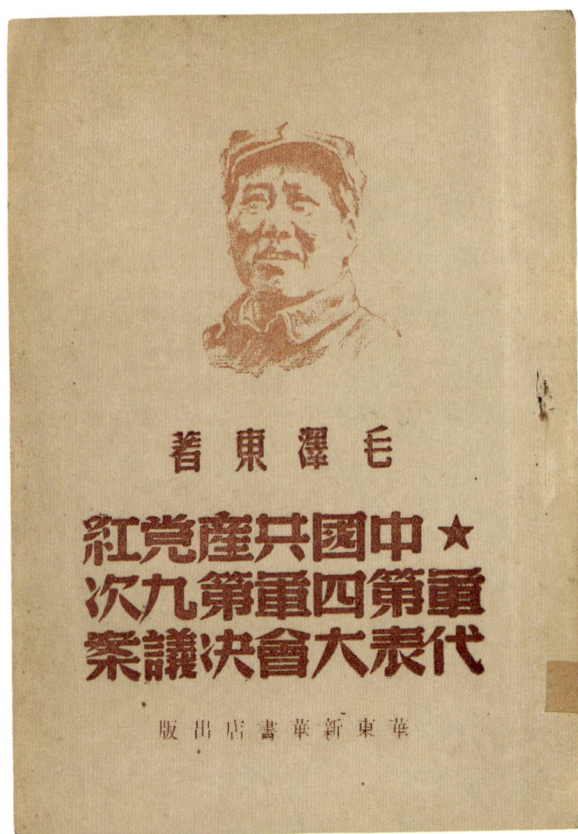

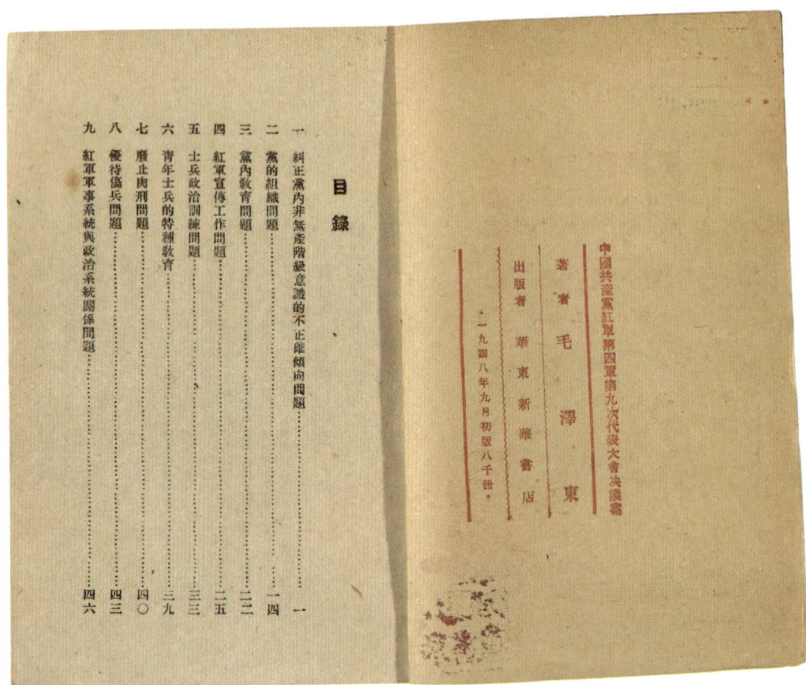

中国共产党红军第四军第九次代表大会决议案

华东新华书店　1948年9月

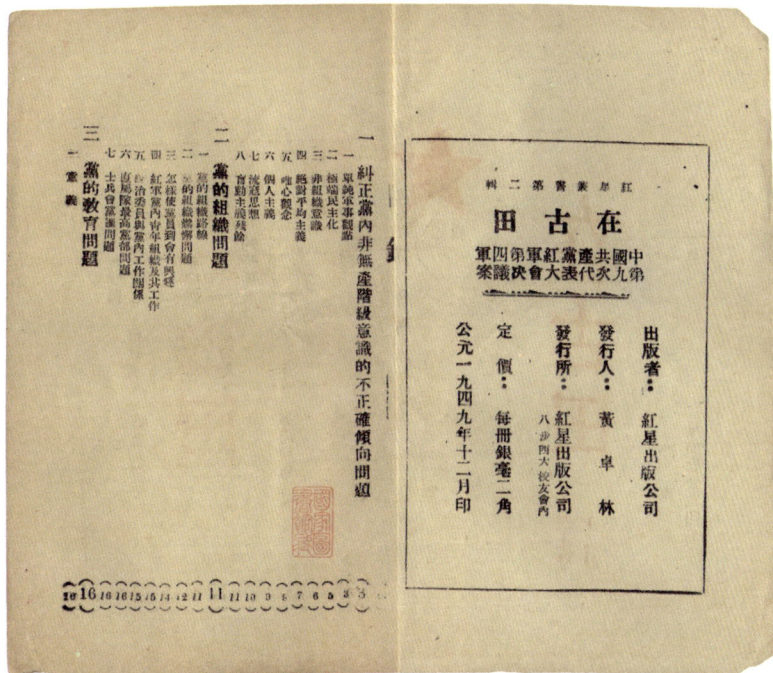

红星丛书

第二辑

在古田

毛澤東 著

紅星出版公司印行

一九二七年
十二月

红星丛书 第二辑

在古田

中國共產黨紅軍第四軍第九次代表大會決議案

出版者：紅星出版公司

發行人：黃卓林

發行所：紅星出版公司
八少四大校友會內

定價：每冊銀毫二角

公元一九四九年十一月印

在古田

毛泽东著　红星出版公司　1949 年

延安整风运动

　　抗日战争时期，中国共产党根据革命斗争发展和党的自身建设的需要，以延安为中心进行了一次整顿党的作风的运动。1942 年 4 月 3 日，中央宣传部发出《关于在延安讨论中央决定及毛泽东同志整顿三风报告的决定》，整风运动在全党展开。整风运动的内容是反对主观主义以整顿学风、反对宗派主义以整顿党风、反对党八股以整顿文风。1945 年 4 月，党的六届七中全会就党的若干历史问题通过了决议，整风运动结束。

　　整风运动使广大干部和党员进一步掌握了马克思主义普遍原理同中国革命具体实践相结合这个基本原则，树立了实事求是的优良作风，为迎接抗日战争的胜利奠定了思想基础。1945 年 4 月至 6 月，中国共产党在延安召开第七次全国代表大会。此次会议确立毛泽东思想为中国共产党的指导思想，并写入党章。

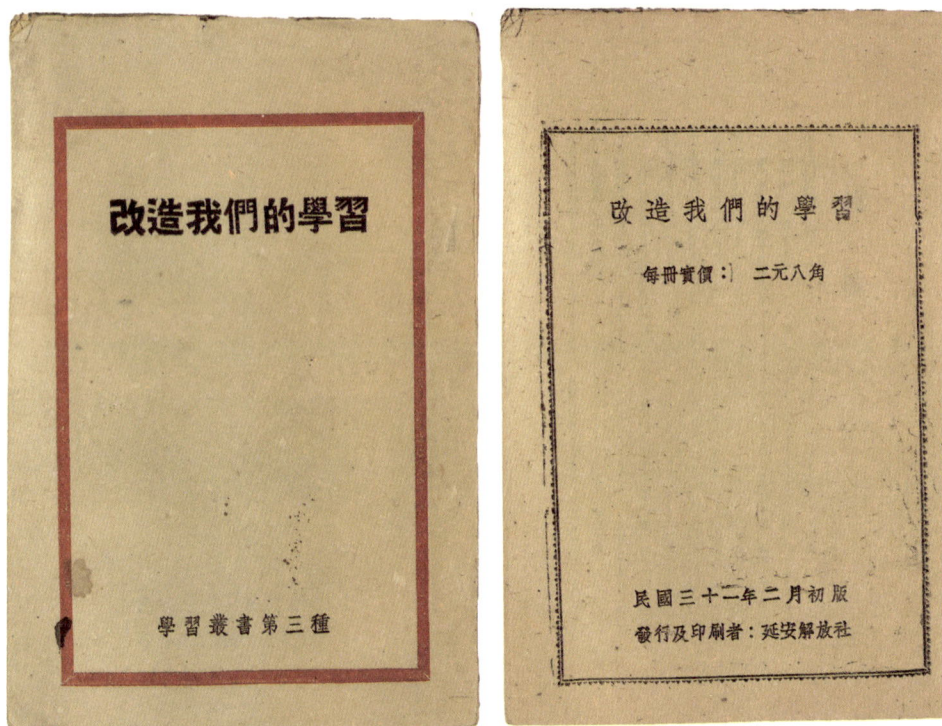

改造我们的学习

毛泽东著　解放社　1942 年 2 月

　　1941 年 5 月 19 日毛泽东在延安干部会上所作的报告，主要是针对党内在学风中存在的问题，号召全党坚持理论联系实际，反对主观主义。

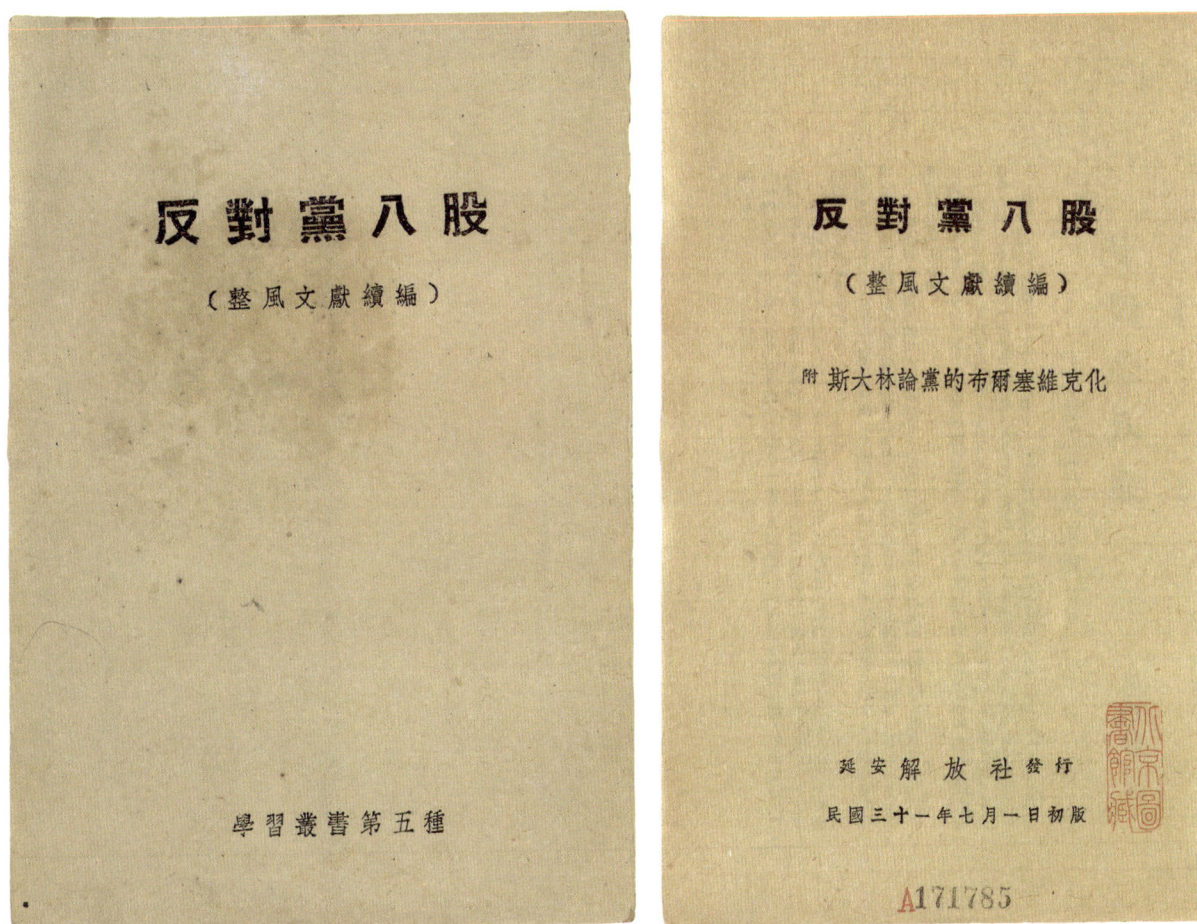

反對黨八股

（整風文獻續編）

學習叢書第五種

反對黨八股

（整風文獻續編）

附 斯大林論黨的布爾塞維克化

延安解放社發行
民國三十一年七月一日初版

A171785

反对党八股

毛泽东著　解放社　1942 年 7 月

　　这是毛泽东于 1942 年 2 月 28 日在延安干部会上的讲演。毛泽东认为党八股是主观主义和宗派主义的宣传工具和表现形式，反对主观主义和宗派主义必须消灭党八股。

整顿三风文献

解放社　1942年4月

　　收入有关整顿学风、党风、文风问题的论著20篇，包括毛泽东《整顿学风党风文风》、刘少奇《论共产党员的修养》、陈云《怎样做一个共产党员》等。附录：《毛泽东凯丰两同志论肃清党八股》等2篇。

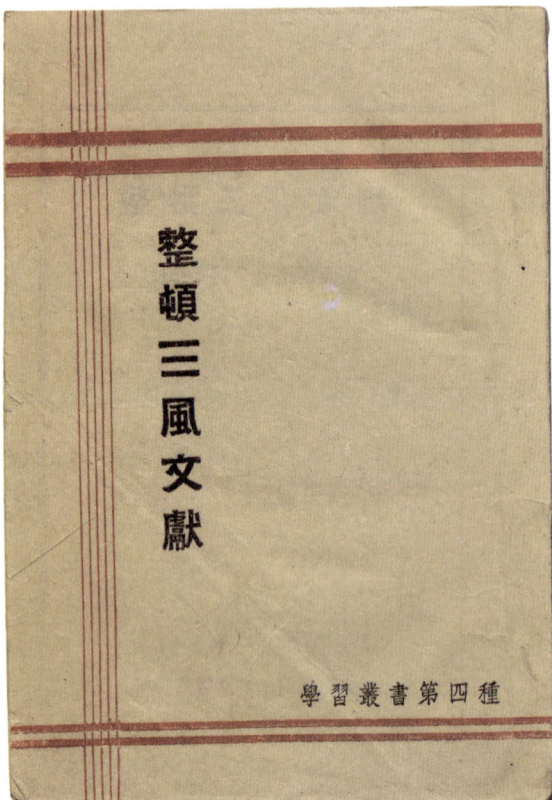

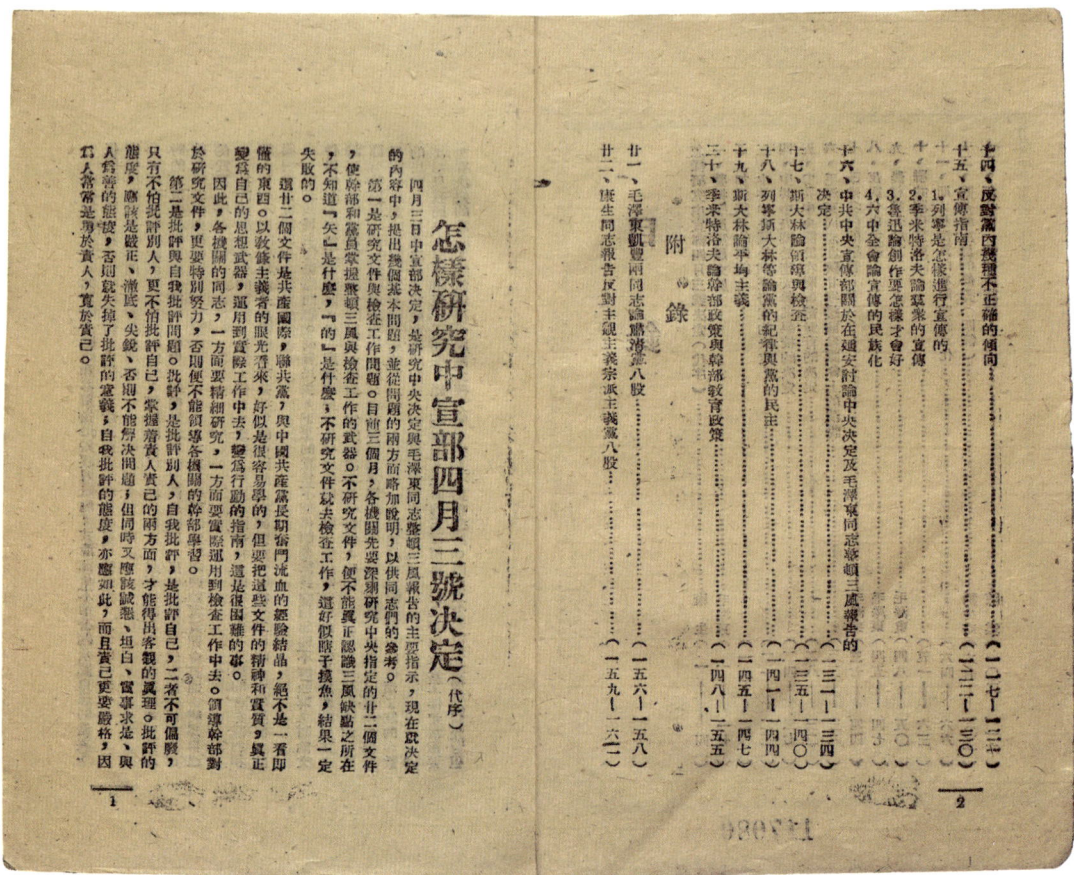

中共中央宣传部关于在延安讨论中央决议及毛泽东同志整顿三风报告的决定

1942 年 4 月 3 日

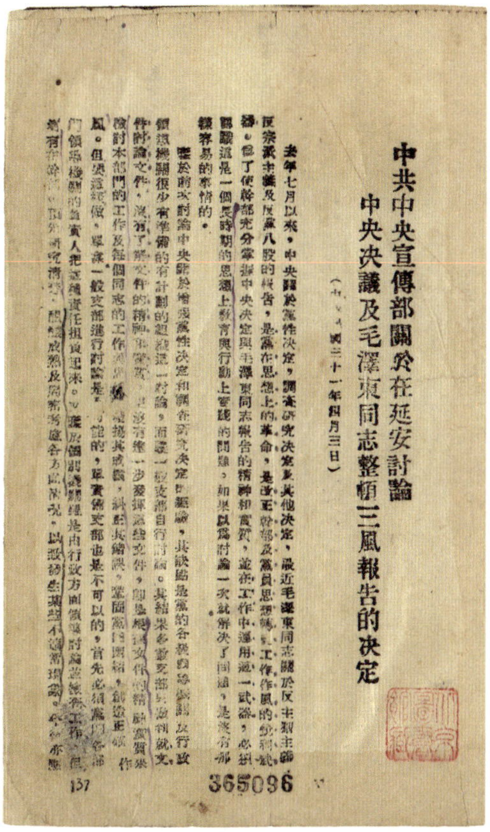

中共中央宣傳部關於在延安討論中央決議及毛澤東同志整頓三風報告的決定

（中華民國三十一年四月三日）

去年七月以來，中央關於黨性決定，調查研究決定及其他決定，最近毛澤東同志關於反主觀主義、反宗派主義及反黨八股的報告，是黨在思想上的革命，是改正幹部及黨員思想方法、工作作風的銳利武器。但了使幹部充分掌握中央決定與毛澤東同志報告的精神和實質，並在工作中運用這一武器，必須認識這是一個長時期的思想上教育與行動上實踐的問題，如果以爲討論一次就解決了問題，是沒有那樣容易的事情的。

137

365096

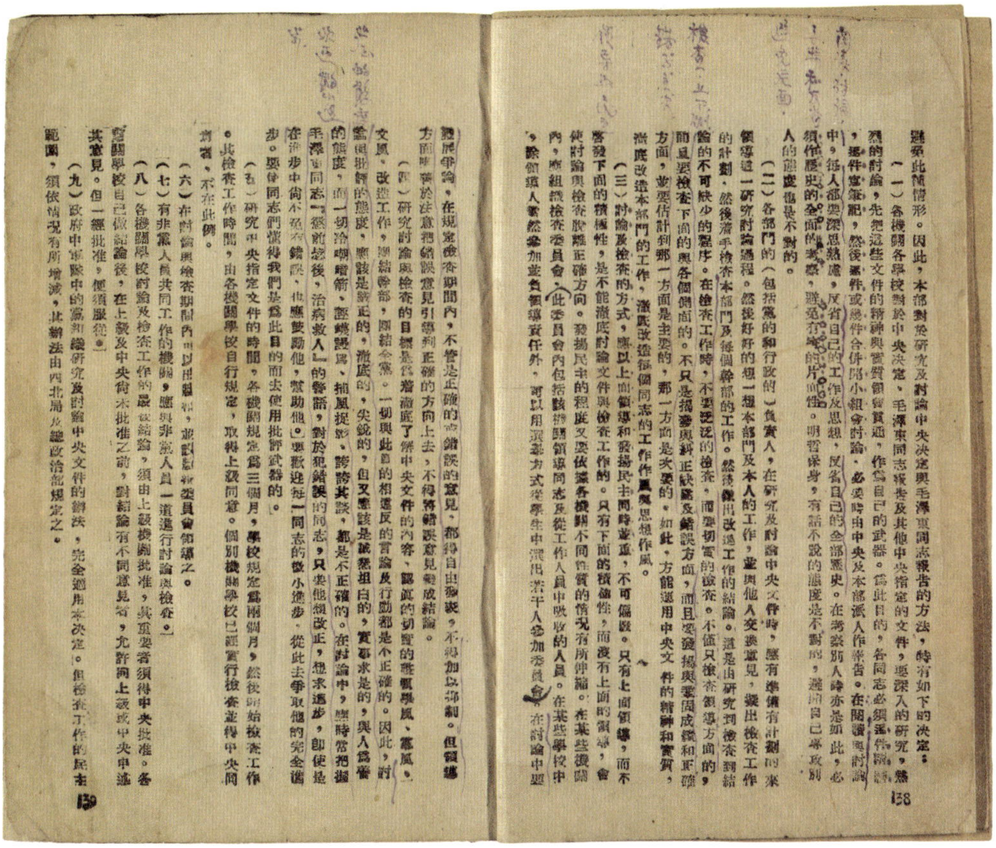

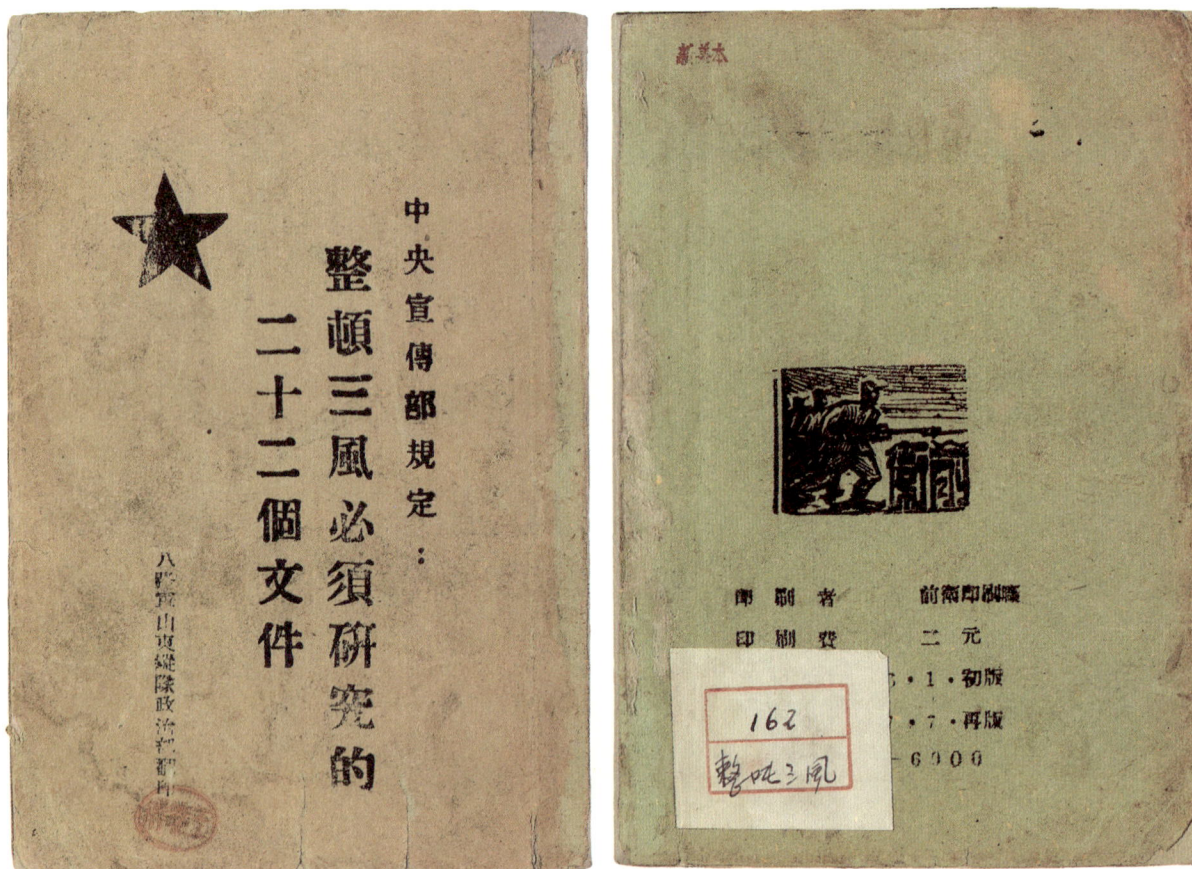

中央宣傳部規定：
整頓三風必須研究的
二十二個文件

八路軍山東縱隊政治部翻印

印刷者　　前衛印刷廠
印刷發　　二元

162
整吮三風

中央宣传部规定整顿三风必须研究的二十二个文件

八路军山东纵队政治部翻印　1942年

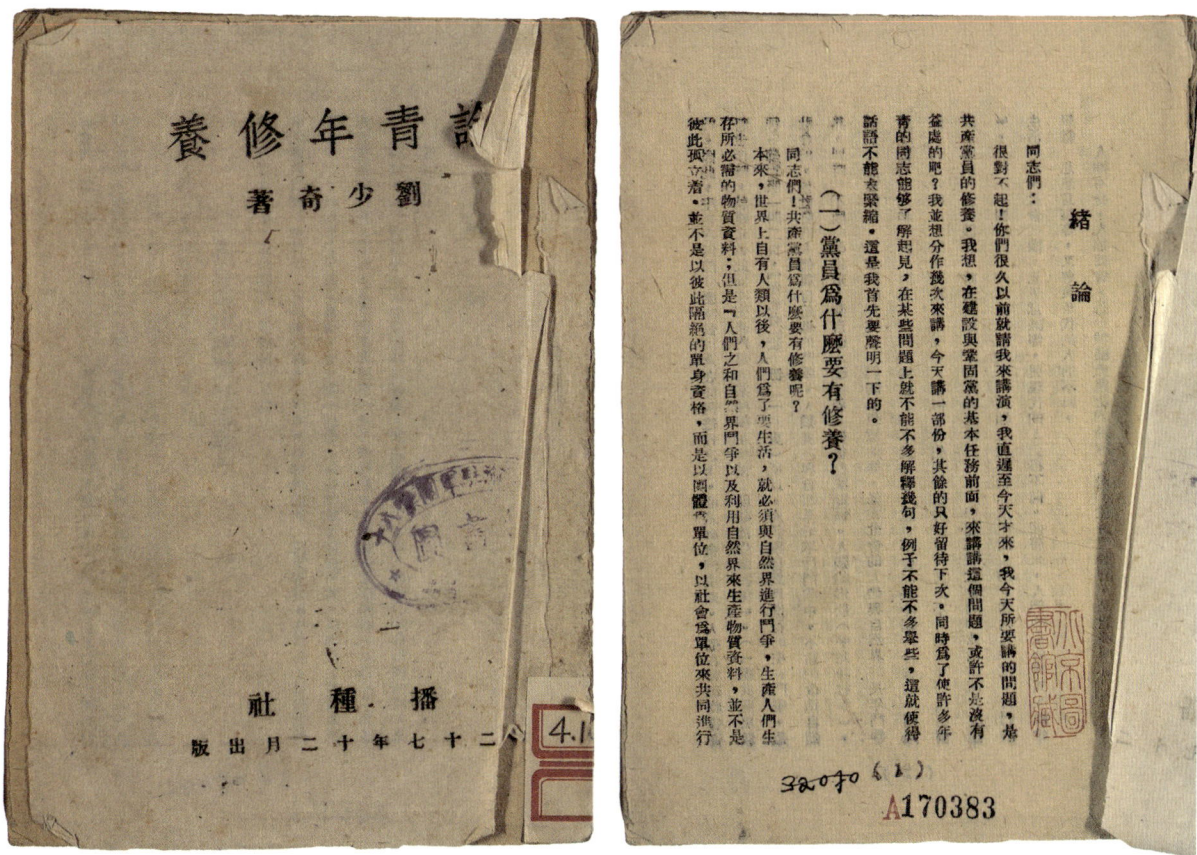

论青年修养（伪装本）

刘少奇著　播种社

　　本书是刘少奇著《论共产党员的修养》的伪装本，封面伪装题名为《论青年修养》，托名"播种社"，"二十七年十二月出版"。刘少奇该著作系 1939 年 7 月在延安马列学院发表的演讲。

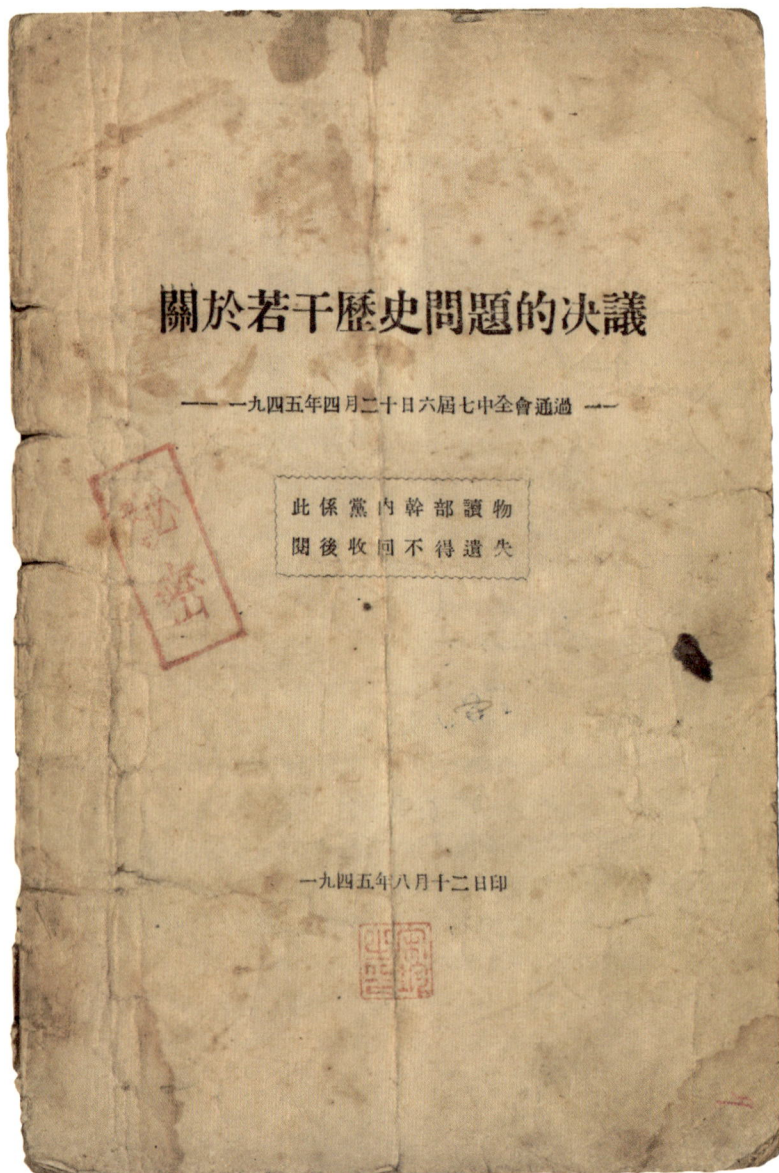

关于若干历史问题的决议

1945 年 4 月 20 日

    该《决议》是在全党延安整风运动的基础上形成的。《决议》原准备提交党的"七大"讨论通过，但为了使党的"七大"能集中精力讨论抗战建国方针问题，征得准备参加党的"七大"的各代表团同意，改在党的六届七中全会上讨论通过。封面有"秘密"二字印章，并有"此系党内干部读物阅后收回不得遗失"字样。

毛泽东思想的形成和发展

　　毛泽东思想是以毛泽东为主要代表的中国共产党人，根据马克思列宁主义的基本原理，对中国革命和建设实践中一系列独创性经验的概括和总结，是被实践证明了的关于中国革命和建设的正确理论原则和科学思想体系。毛泽东思想是马克思主义普遍原理与中国革命和建设具体实践相结合的第一次飞跃的重大理论成果，是中国共产党集体智慧的结晶。它的主要创立者是毛泽东，毛泽东的科学著作是它的集中概括。

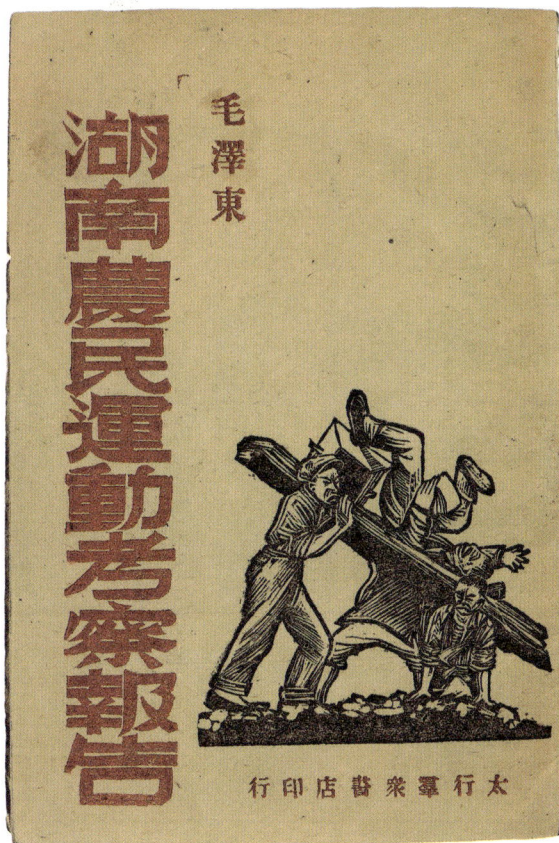

湖南农民运动考察报告

毛泽东著　太行群众书店　1947 年 9 月

　　1927 年，毛泽东对湖南五个县的农民运动做了 32 天的考察工作后撰写了此报告。报告批驳了党内外一切怀疑和指责农民运动的论调，充分评估了农民在中国革命中的地位和作用，强调了在农村建立革命政权和革命武装的重要性，阐明了无产阶级领导权的中心问题是对农民的领导问题。

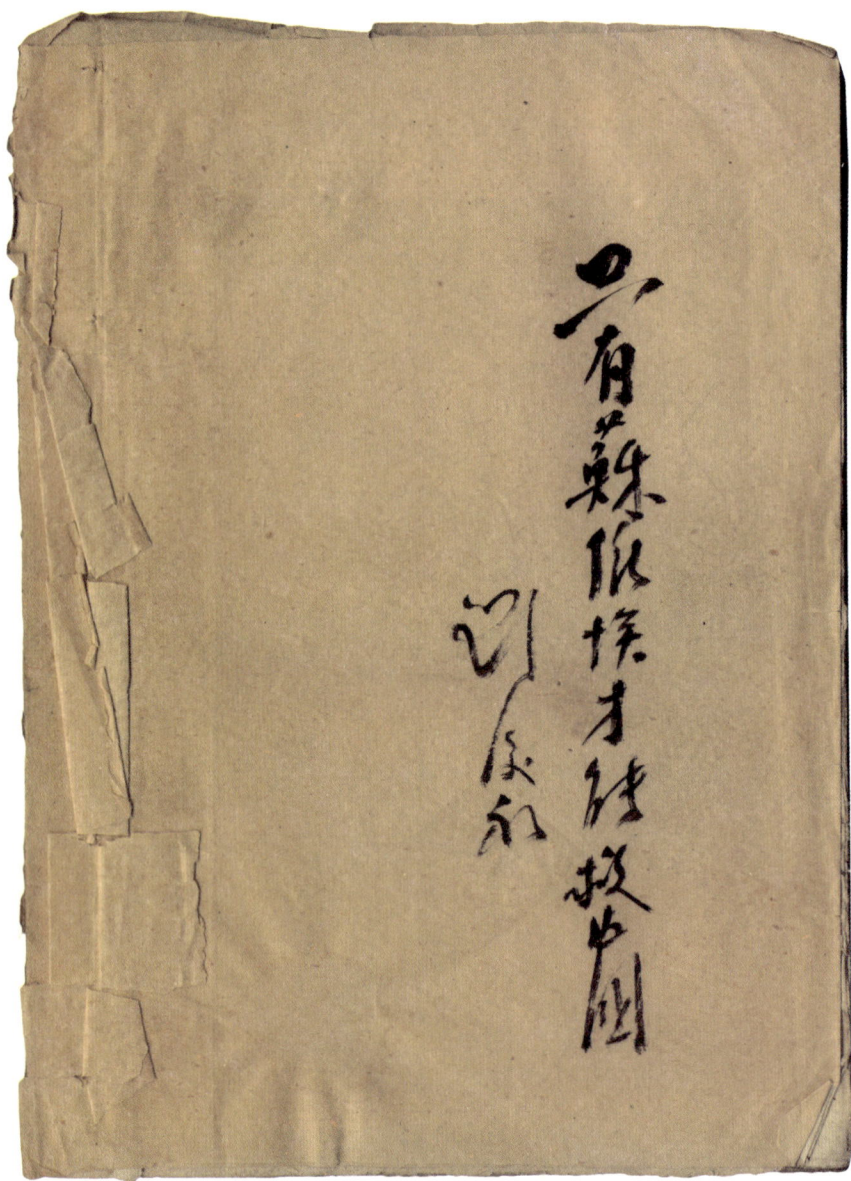

只有苏维埃才能救中国

油印本

　　毛泽东的早期著作，副标题为"中华苏维埃共和国中央执行委员会与人民委员会对第二次全国苏维埃代表大会的报告和结论"。正文包括两部分内容：一、中华苏维埃共和国中央执行委员会与人民委员会对第二次全国苏维埃代表大会的报告；二、关于中央执行委员会与人民委员会报告的结论。

新民主主义理论体系的形成

1939 年底至 1940 年初，毛泽东先后发表《〈共产党人〉发刊词》《中国革命和中国共产党》《新民主主义论》等重要著作，完整、系统地阐述了中国共产党的新民主主义理论。这是马克思列宁主义基本原理同中国革命实际相结合的产物，对争取抗日战争乃至整个中国革命的胜利起了重大指导作用。

毛泽东在《〈共产党人〉发刊词》中首次论述了统一战线、武装斗争、党的建设是中国共产党在中国革命中战胜敌人的三大法宝。毛泽东关于三大法宝的总结，丰富和发展了马克思主义关于无产阶级革命的理论和策略，是毛泽东思想的创造性贡献。

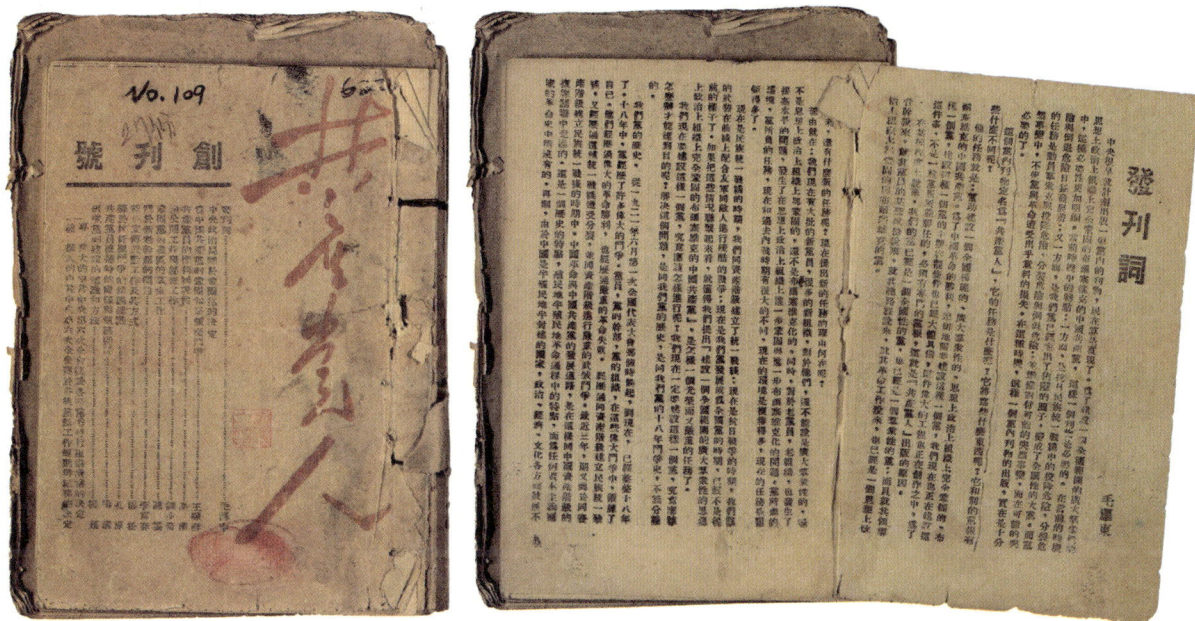

共产党人

1939 年 10 月在延安创刊，总编辑张闻天，李维汉担任编辑主任。毛泽东亲自撰写《发刊词》，称之为"专门的党报"。1941 年 8 月终刊，共出 19 期。

毛澤東著

新民主主義論

解放社出版

内容

一　中國向何處去
二　我們要建立一個新中國
三　中國的歷史特點
四　中國革命是世界革命的一部分
五　新民主主義的政治
六　新民主主義的經濟
七　駁資產階級專政
八　駁左傾空談主義
九　駁頑固派
十　舊三民主義與新三民主義
十一　新民主主義的文化
十二　中國文化革命的歷史特點
十三　四個時期
十四　文化性質問題上的偏向
十五　民族的科學的大衆的文化

139739

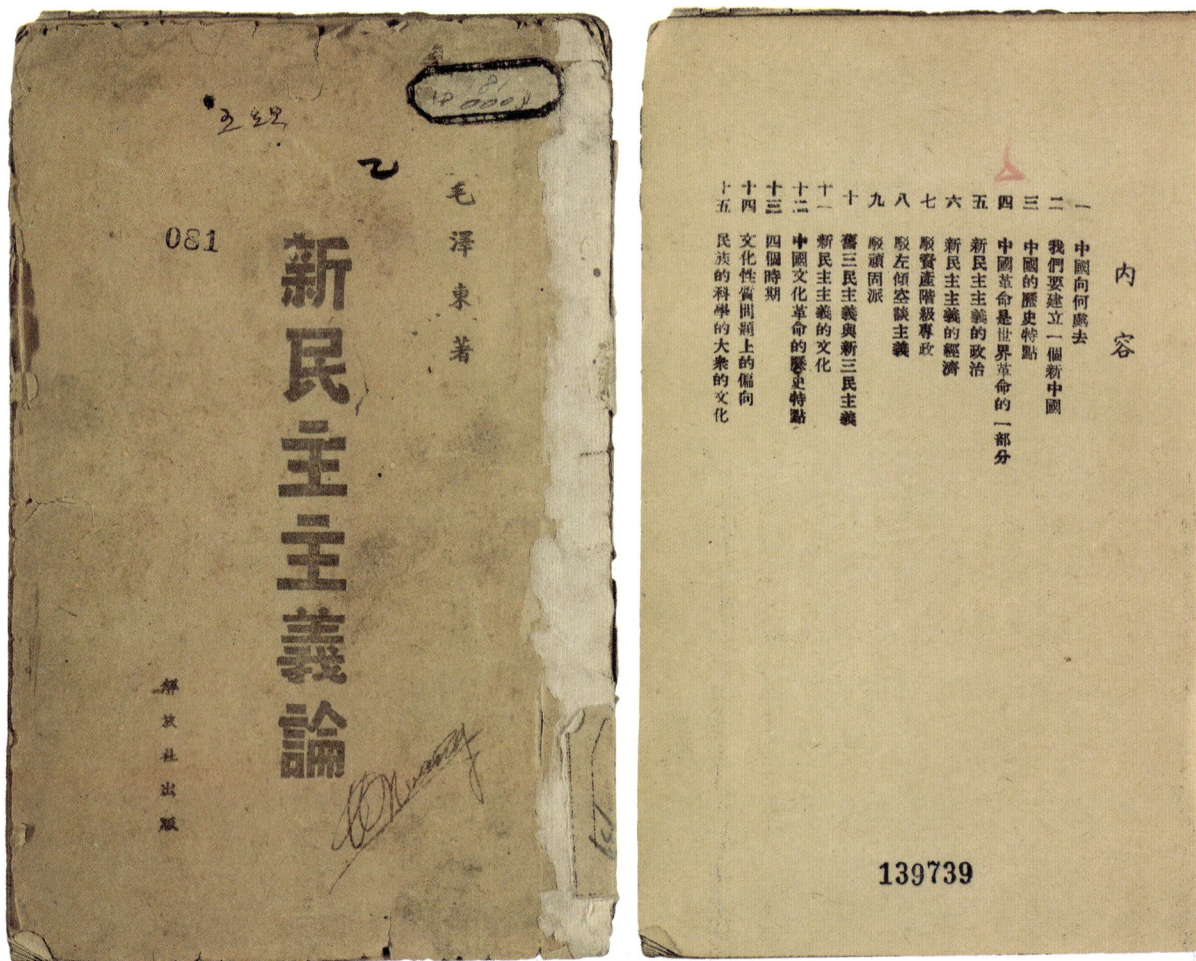

新民主主义论

毛泽东著　解放社　1940年3月

　　毛泽东运用马克思主义关于经济基础和上层建筑辩证关系的原理，根据中国国情，全面制定了新民主主义的政治、经济和文化纲领，阐明了它们之间的辩证关系，对于如何正确认识社会主义的政治、经济和文化的关系以及物质文明与精神文明建设的关系，都有重大的指导作用。

大乘起信论（伪装本）

本书为《新民主主义论》的伪装本，封面伪装题名《大乘起信论》，伪托"北京佛教总会印"。

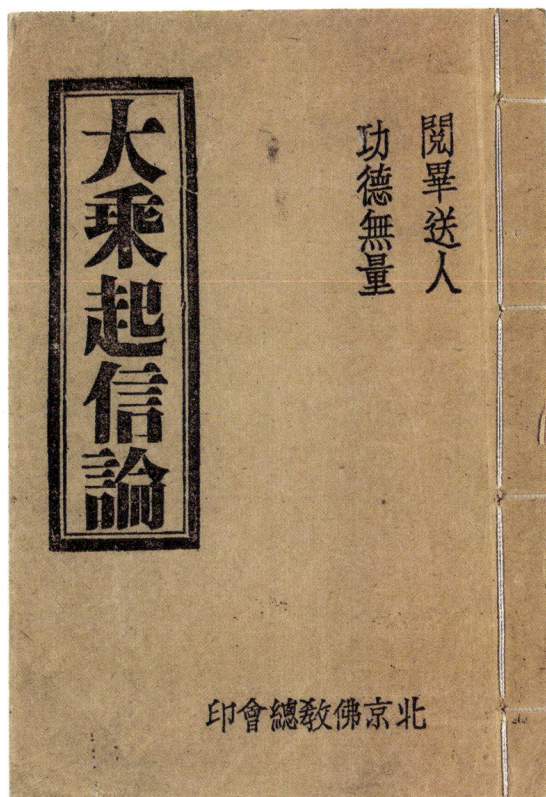

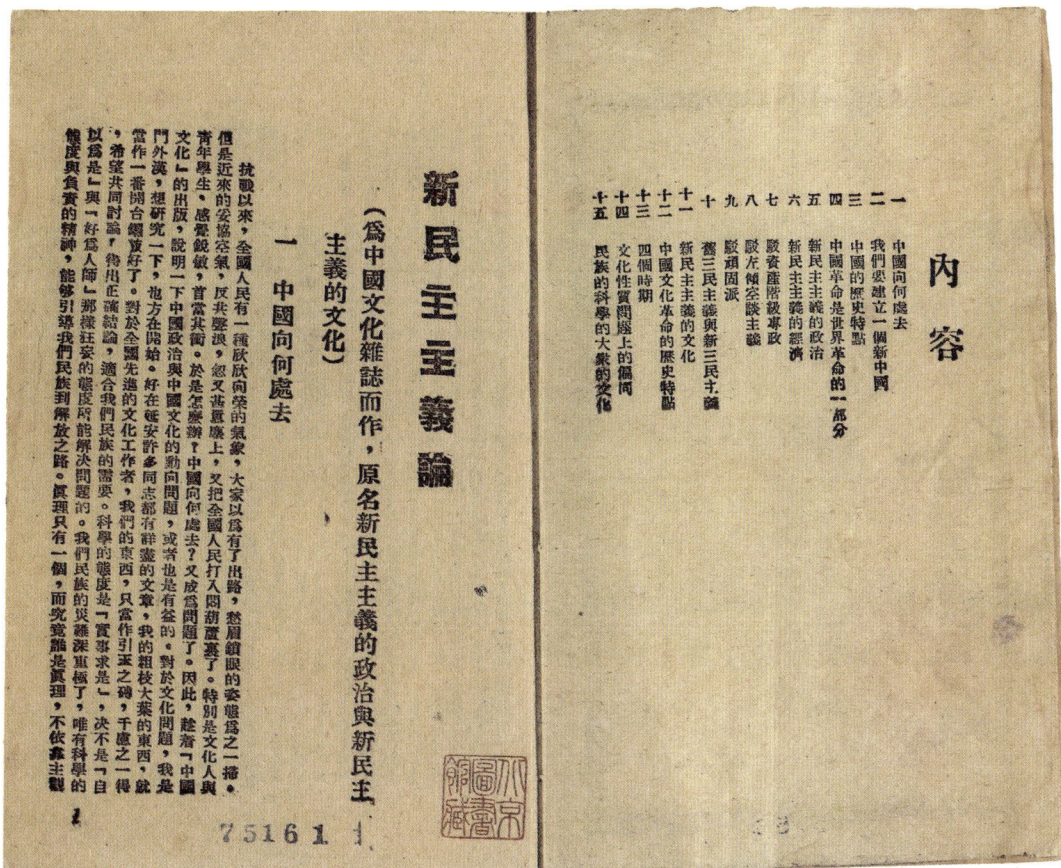

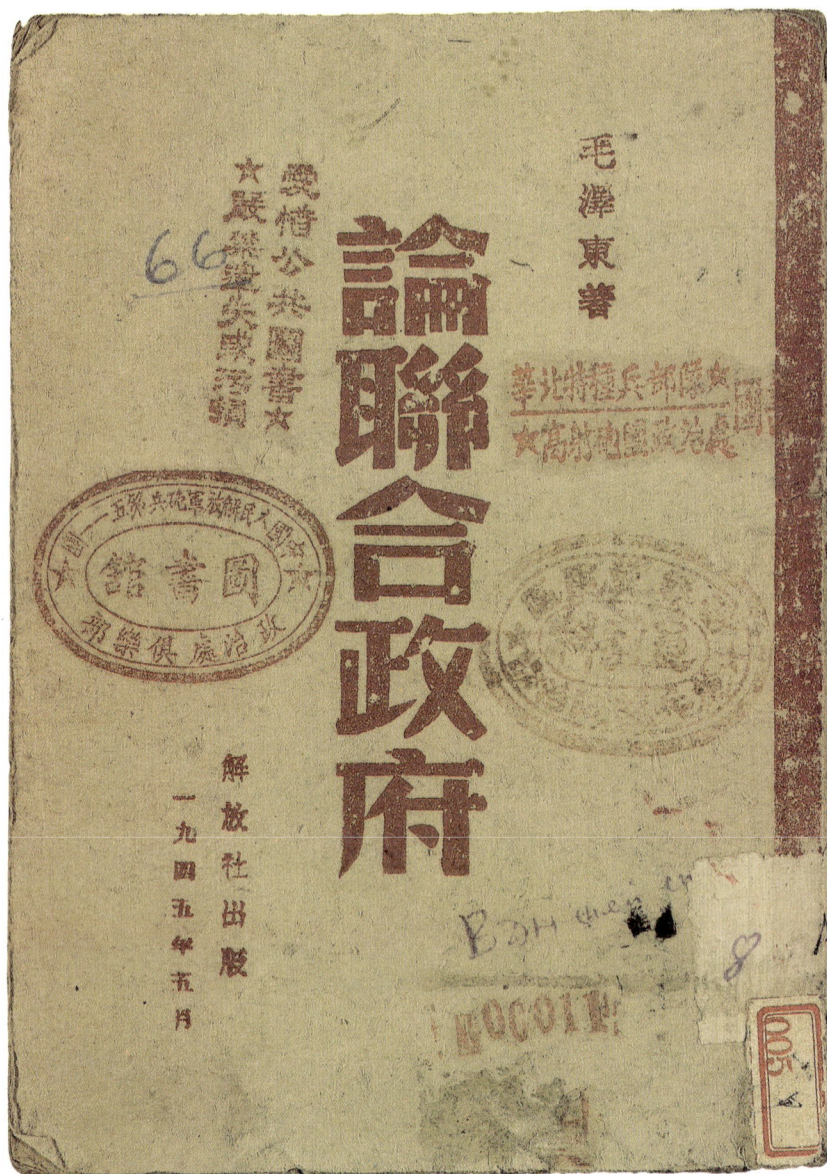

论联合政府

毛泽东著　解放社　1945 年 5 月

　　本书系 1945 年 4 月 24 日毛泽东在中共"七大"所作的政治报告。报告深刻分析了国内外形势，总结了党成立以来领导人民民主革命的经验，特别是抗战以来国共两条抗战路线斗争的经验，提出了党必须实行"放手发动群众，壮大人民力量，在我们党领导之下，打败侵略者，建设新中国"的政治路线。

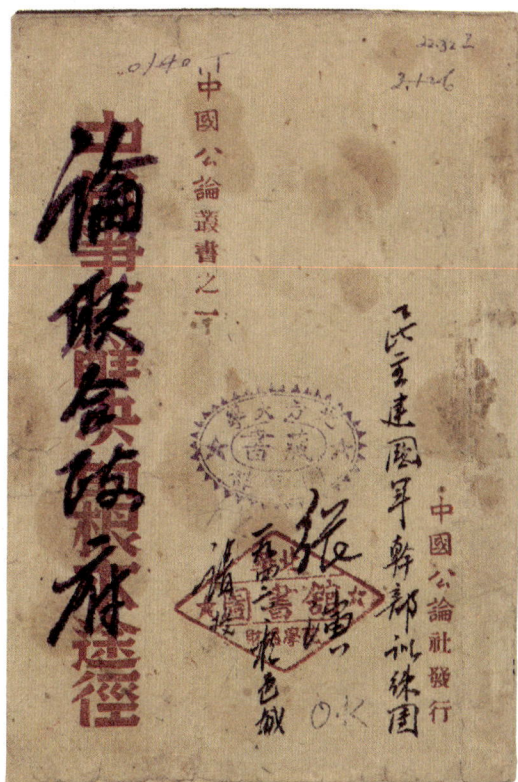

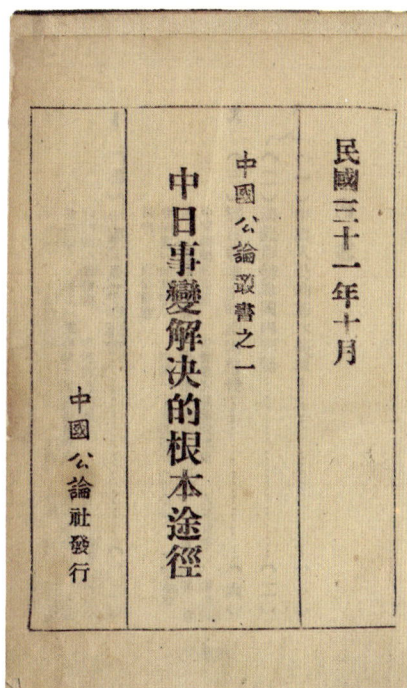

中日事变解决的根本途径（伪装本）

本书为《论联合政府》的伪装本，托名《中日事变解决的根本途径》，假托中国公论社民国三十一年（1942）十月发行。

《毛泽东选集》的早期版本

　　《毛泽东选集》（简称《毛选》）的出版是毛泽东思想形成的重要标志，也是毛泽东留给中国共产党人的宝贵精神财富。1944年5月，晋察冀日报社出版了第一部《毛选》，翻开了毛泽东著作出版史上新的一页。此后，晋察冀中央局、苏中出版社、大连大众书店、渤海新华书店、胶东新华书店、晋冀鲁豫中央局、东北书店、香港新民主出版社等又出版或翻印了《毛选》。建国前各根据地出版发行的各种不同版本的《毛选》，已成为党史研究和毛泽东思想研究宝贵的第一手材料。

毛泽东选集

毛泽东著　晋察冀日报社编　1944年5月

　　晋察冀日报社版《毛泽东选集》是建国前在边区出版的第一部《毛选》，它翻开了毛泽东著作出版史上新的一页，在中国出版史上占有独特地位。

毛泽东选集（第一卷）

毛泽东著　苏中出版社　1945 年 7 月

　　苏中版《毛泽东选集》是继晋察冀日报社版《毛选》后第二部独立系统的版本。它的出版发行，极大地推动了新四军和华中敌后根据地的广大军民学习和贯彻毛泽东思想，为争取抗日战争和全国解放战争的胜利发挥了重要作用。

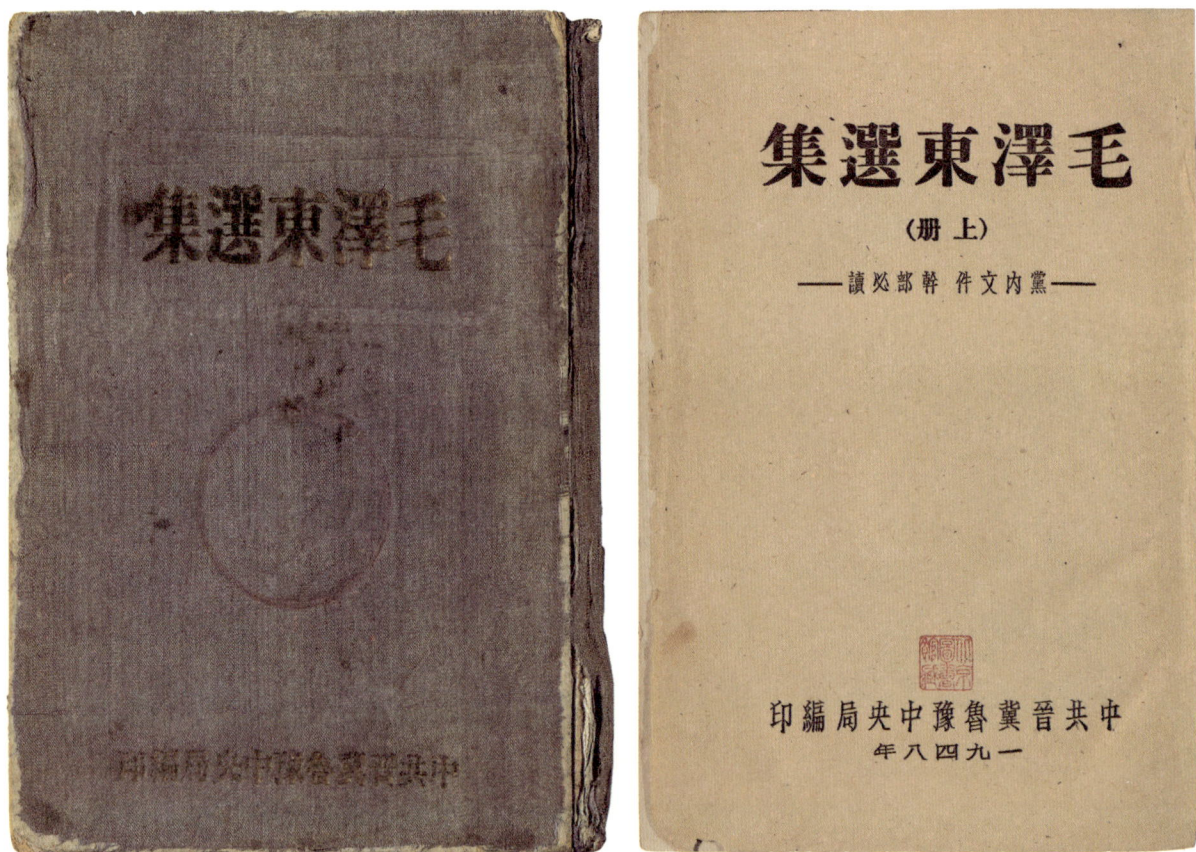

毛澤東選集

（上册）

——黨內文件 幹部必讀——

中共晋冀魯豫中央局編印
一九四八年

毛泽东选集

毛泽东著　中共晋冀鲁豫中央局　1948 年

　　晋冀鲁豫中央局版《毛泽东选集》是建国前收入篇目最多、内容最丰富的一部《毛选》。

毛泽东选集

毛泽东著　大众书店　1946 年 6 月

建国前《毛选》的重要版本之一，由时任大连大众书店党支部书记兼总编辑柳青主持编辑，在 1944 年晋察冀日报社版《毛选》五卷本基础上稍加增删而成。

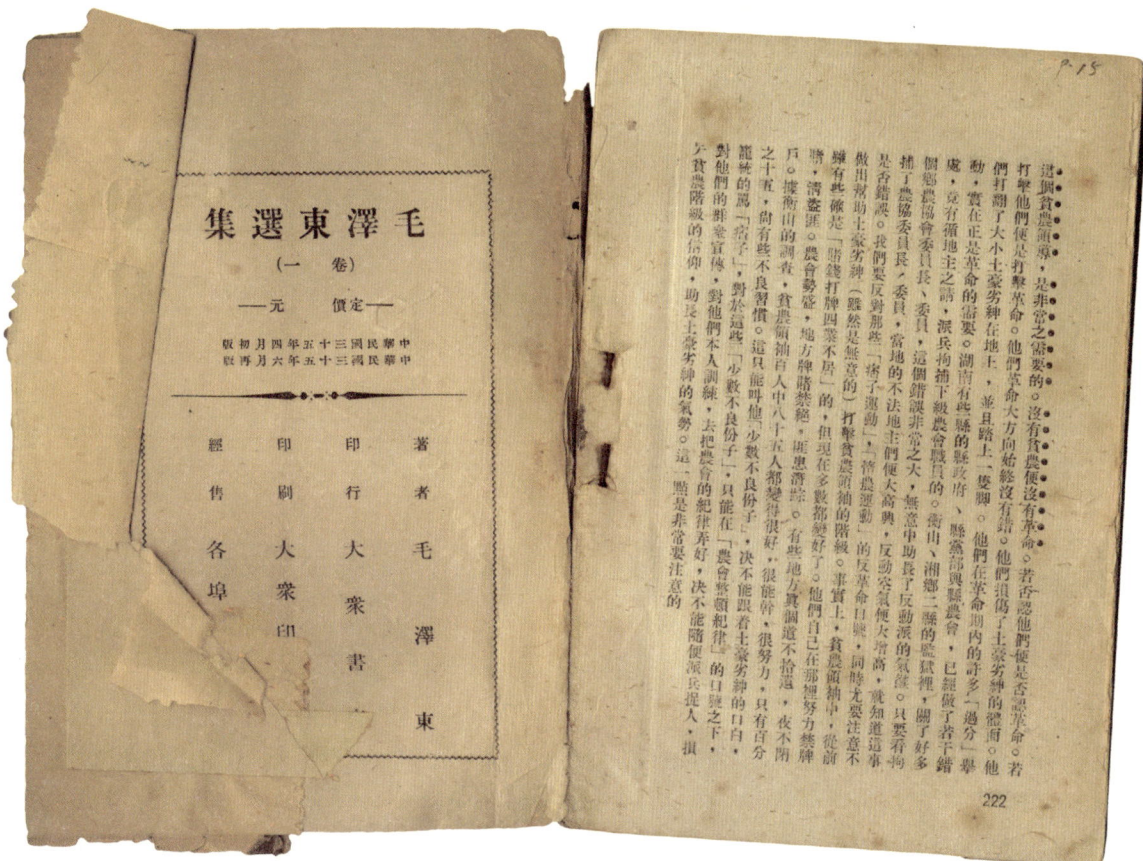

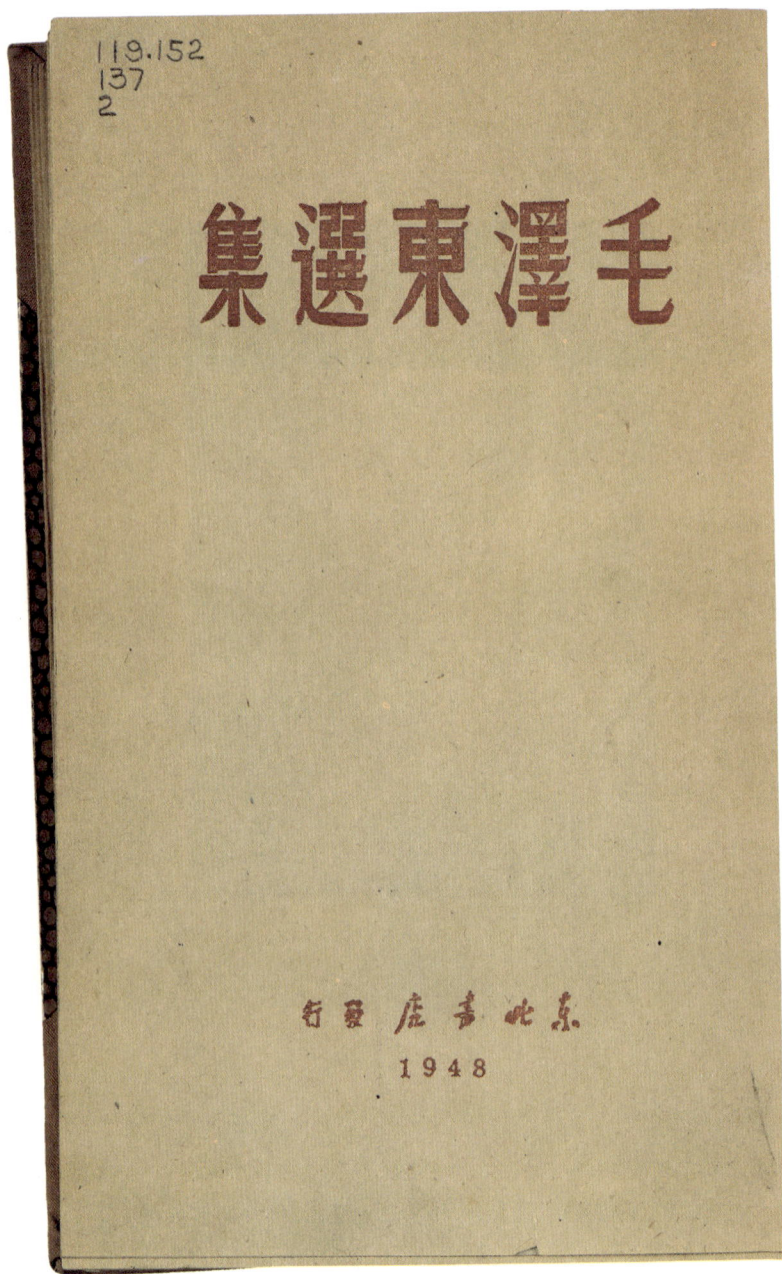

毛泽东选集

毛泽东著　东北书店　1948年5月

　　东北局宣传部部长凯丰主持本书的编辑工作，得到中共中央宣传部的直接指导，毛泽东对选集的选目和书稿的审阅出版工作都有过批示。本选集是建国前装帧精美、发行量最大、印刷质量最好的一部《毛选》。

毛泽东选集

毛泽东著　香港新民主出版社　1946—1949 年

　　1946 年至 1949 年，香港新民主出版社以单行本形式分册陆续出版了一套《毛选》。以上两种单行本封面均钤有"新民主出版社样本"蓝色印章。

创立有中国特色社会主义理论体系

　　十一届三中全会以来，中国共产党总结建国后正反两方面的经验，解放思想、实事求是，坚持马克思主义的思想路线，不断探索和回答什么是社会主义、怎样建设社会主义，建设什么样的党、怎样建设党，实现什么样的发展、怎样发展等重大理论和实践问题，不断推进马克思主义中国化，坚持并丰富党的基本理论、基本路线、基本纲领、基本经验，不断深化和发展对共产党执政规律、社会主义建设规律、人类社会发展规律的认识，形成了有中国特色的社会主义理论体系。

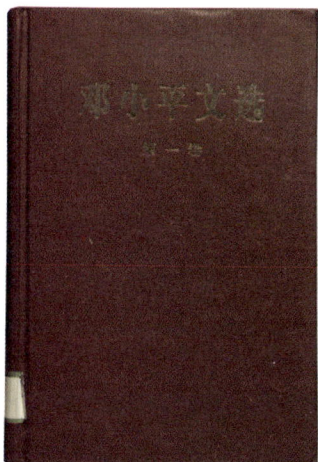

邓小平文选

邓小平著　人民出版社　1983-1993 年

　　本书收入的是邓小平同志在 1983 年 1 月 12 日至 1992 年 1 月 18 日这段时间内的重要文章、讲话共 222 篇，多数是第一次公开发表。展现了建设有中国特色社会主义理论体系逐步形成的历史全貌，集中体现了当代中国马克思主义的精华。

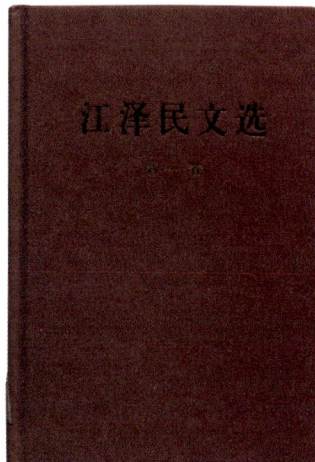

江泽民文选

江泽民著　人民出版社　2006 年

　　本书收录江泽民同志在 1980 年 8 月 21 日至 2004 年 9 月 20 日这段时间内的重要著作，共有报告、讲话、谈话、文章、信件、批示等 203 篇，多数是第一次公开发表。

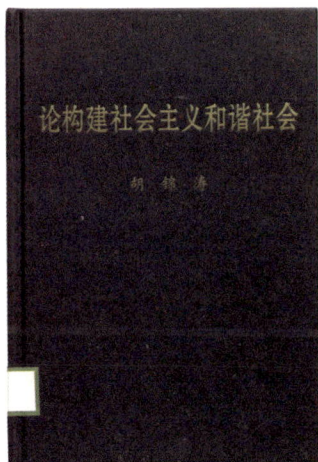

论构建社会主义和谐社会

胡锦涛著　中央文献出版社　2013 年

　　本书以 2003 年 7 月 28 日胡锦涛同志在全国防治非典工作会议上的讲话为开卷篇，以胡锦涛同志在党的十八大报告中关于加强社会建设的论述为收卷篇，精选胡锦涛同志论述构建社会主义和谐社会的重要文稿 40 篇，其中有些文稿是第一次公开发表。

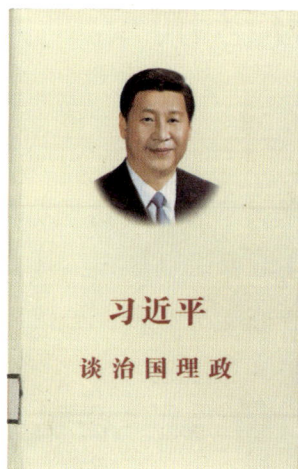

习近平谈治国理政

习近平著　外文出版社　2014 年

　　本书收入习近平总书记在 2012 年 11 月 15 日至 2014 年 6 月 13 日这段时间内的讲话、谈话、演讲、答问、批示、贺信等 79 篇，分为 18 个专题。还收入了习近平总书记各个时期的照片 45 幅。

作风建设与反腐倡廉建设

中国共产党的作风建设与反腐倡廉建设是党的建设的重要内容，不仅关系到党的性质，关系到人心的向背，决定着党的命运，也影响着社会风气。中国共产党一贯重视党风建设与反腐倡廉建设，无论是革命、建设还是改革时期，都自觉地把党风建设与反腐倡廉建设摆在非常重要的位置。尤其是改革开放以来，在经济快速发展、社会急剧变革的过程中，腐败现象在一些部门和领域易发多发，危害党和人民政权，阻碍社会主义现代化建设发展，败坏党风和社会风气。针对这些情况，中国共产党不断加强作风建设与反腐倡廉建设，取得了显著成效。

中央苏区的反腐败斗争

1933 年 12 月 15 日，中央执行委员会下发了由主席毛泽东、副主席项英签发的《关于惩治贪污浪费行为》第 26 号训令。1934 年 1 月 4 日《红色中华》第 140 号训令规定，凡苏维埃机关、国营企业及公共团体工作人员贪污公款在 500 元以上者，处以死刑；贪污公款 300 元以上 500 元以下者，处以 2 年以上 5 年以下监禁；贪污公款在 100 元以上 300 元以下者，处以半年以上 2 年以下的监禁；贪污公款在 100 元以下者，处以半年以下的强迫劳动。同时，对上述犯罪者还得没收其本人家产之全部或一部分，并追回其贪没之公款。对挪用公款为私人营利者以贪污论罪。对于玩忽职守而浪费公款，致使国家受到损失者，依其浪费程度处以警告、撤销职务以至 1 个月以上 3 年以下的监禁。

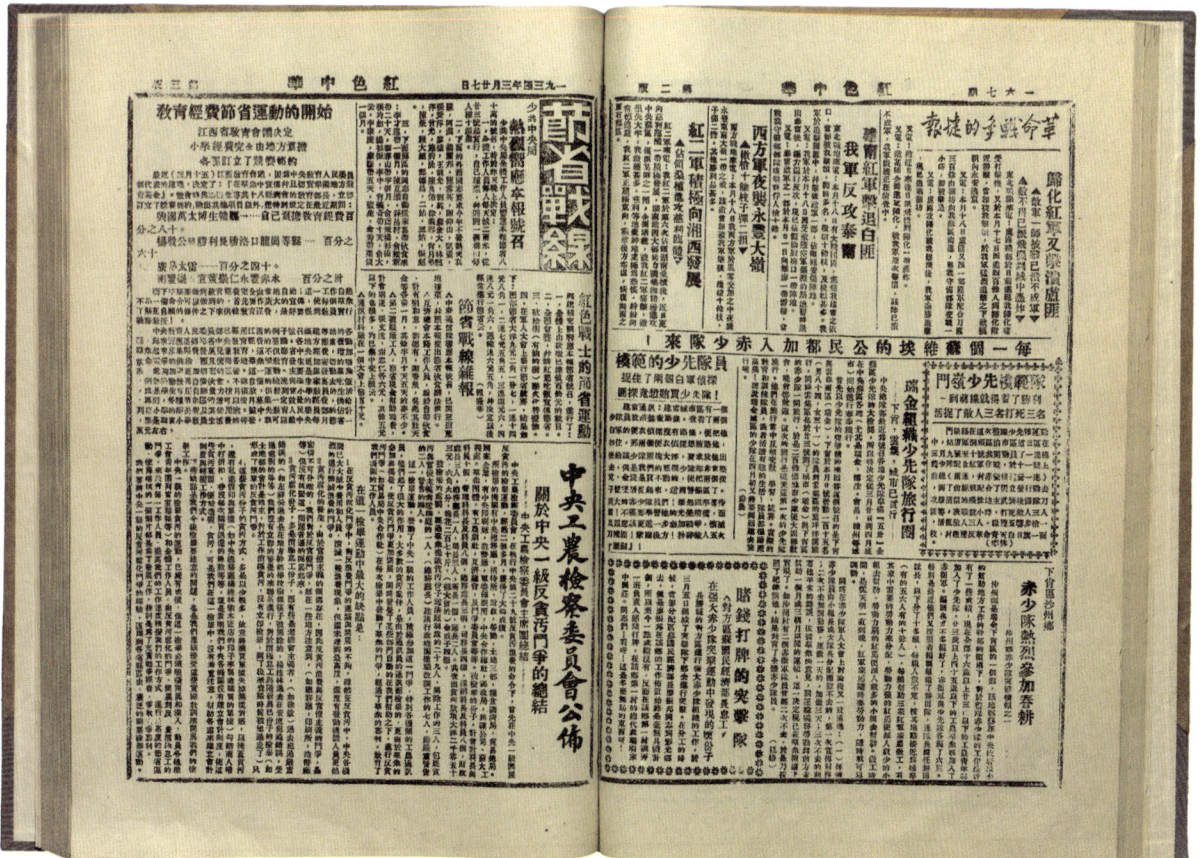

关于中央一级反贪污斗争的总结

《红色中华》第 167 号　1934 年 3 月 27 日

抗战时期的反腐倡廉建设

　　1937 年 8 月，洛川会议通过《抗日救国十大纲领》，明确提出了"铲除贪官污吏，建立廉洁政府"的建政目标。1941 年 5 月 1 日，中共中央政治局批准由中共陕甘宁边区中央局提出的《陕甘宁边区施政纲领》，规定："整理财政，建立严格经济制度，肃清贪污浪费""实行以俸养廉原则，保障一切公务人员及其家属必需的物质生活及充分的文化娱乐生活""厉行廉洁政治，严惩公务人员之贪污行为，禁止任何公务人员假公济私之行为，共产党员有犯法者从重治罪。"其他根据地的政令中，也有类似的廉政内容，如 1941 年 9 月 1 日晋冀鲁豫边区政府公布的施政纲领，明确提出"建立廉洁政府，肃清贪污浪费"。这些规定，把抗日民主政权的廉政建设纳入了法制轨道，使抗日民主政权的廉政建设有了根本保证。

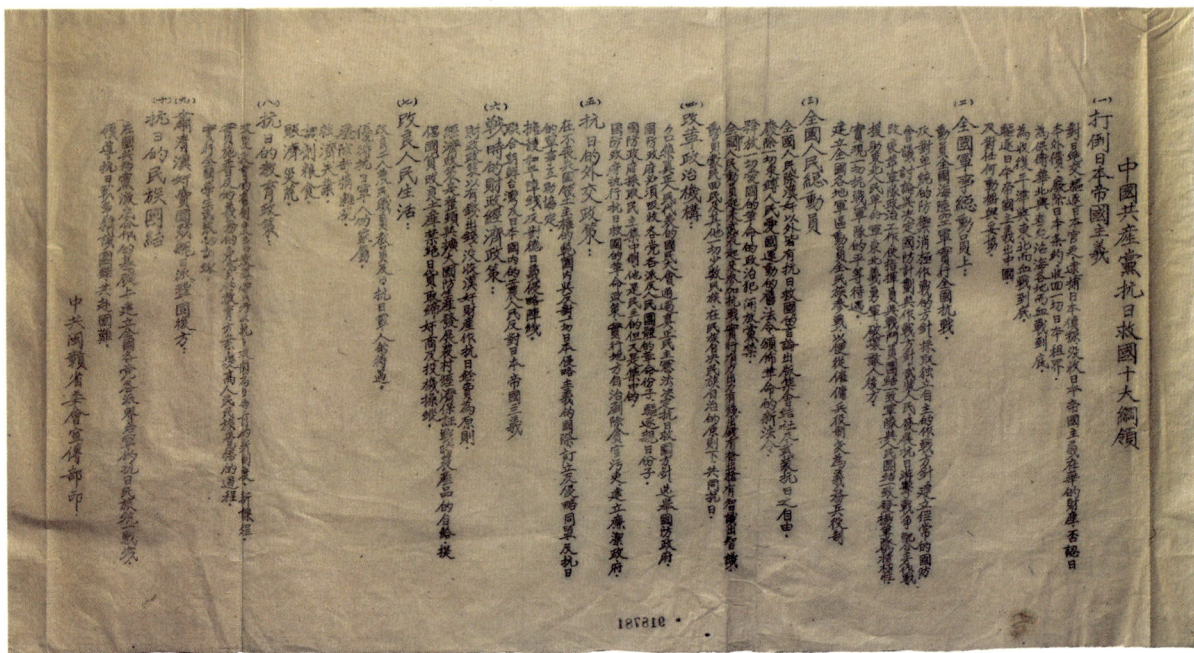

中国共产党抗日救国十大纲领

中共闽赣省委会宣传部印　复制件

陕甘宁边区施政纲领

大众读物社报纸科编   1941 年 5 月

内收《陕甘宁边区施政纲领》原文和解释。

解放区的"三查三整"运动

　　为了彻底实现土地改革，巩固人民解放军后方，保持革命队伍的纯洁，迎接革命战争的更大胜利，根据全国土地会议的决定，从 1947 年冬天到 1948 年，各解放区农村党组织，结合土地改革，普遍开展了以三查（查阶级、查思想、查作风）、三整（整顿组织、整顿思想、整顿作风）为主要内容的整党运动。

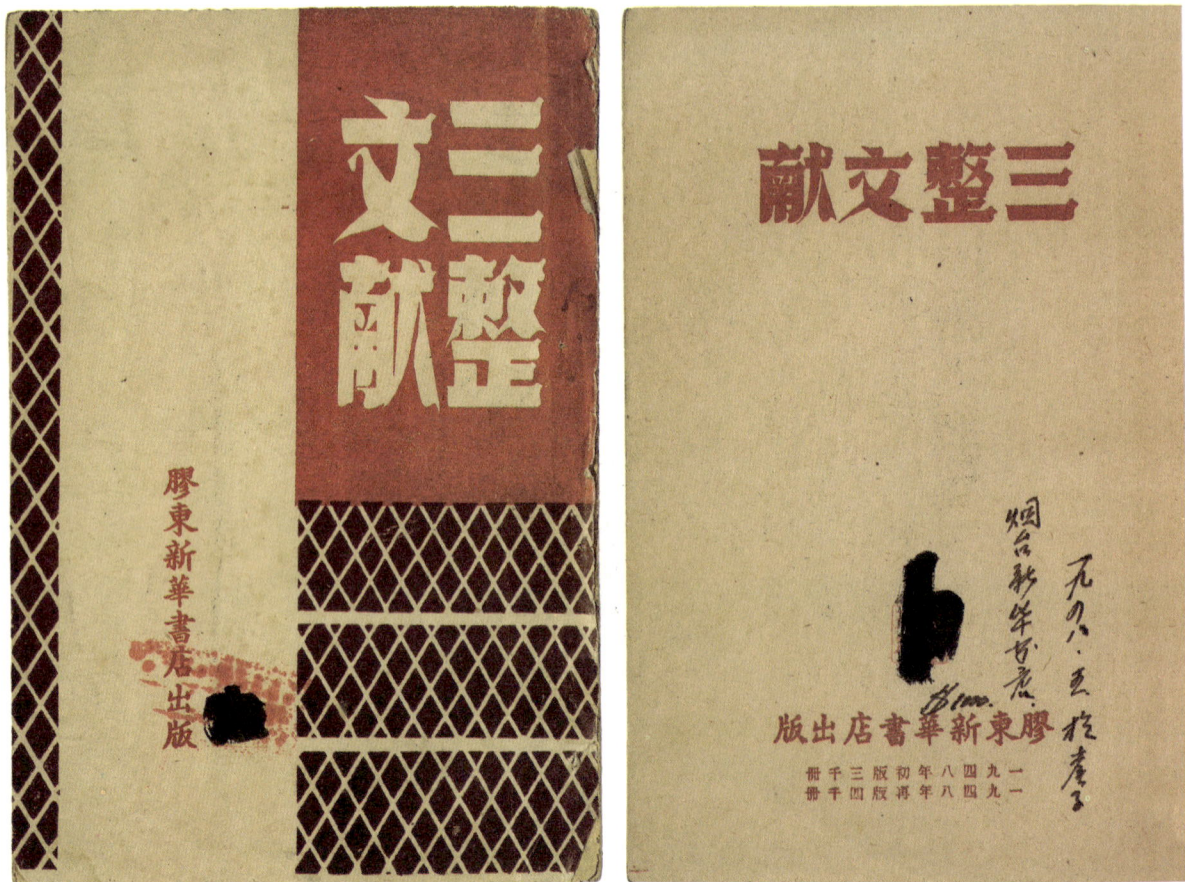

三整文献

胶东新华书店　1948 年

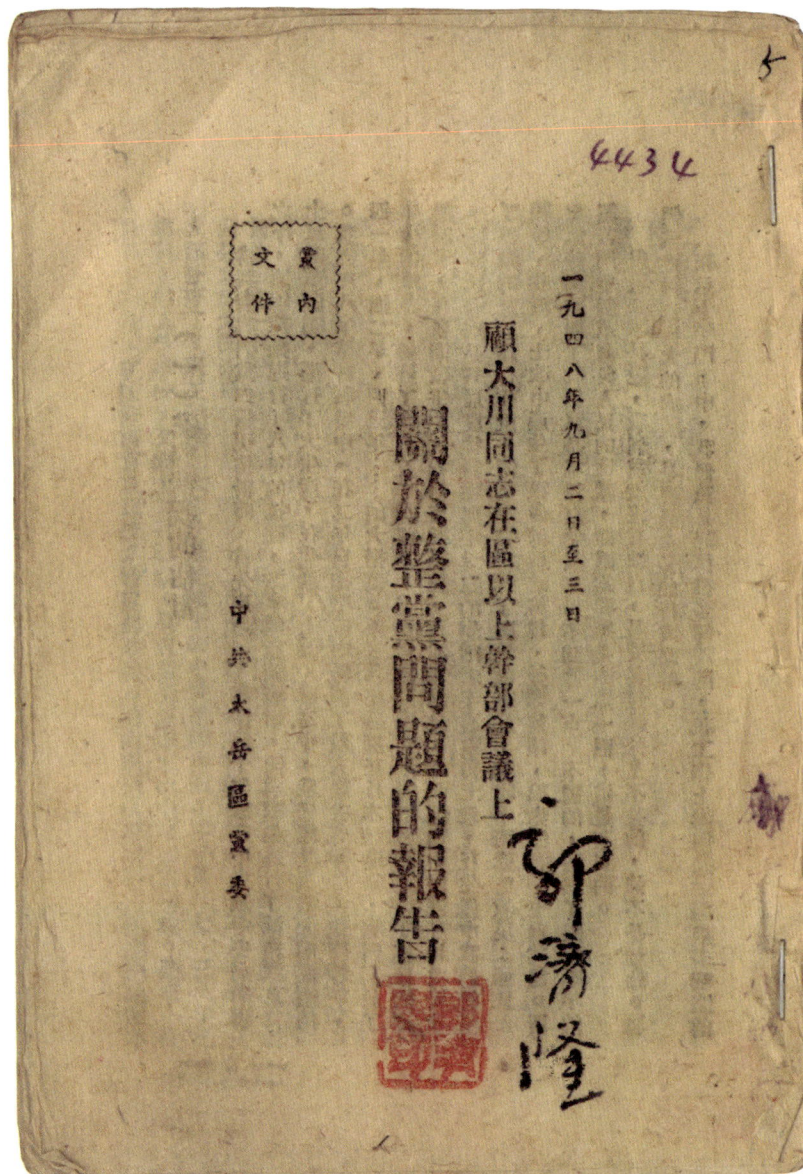

一九四八年九月二日至三日
顾大川同志在区以上干部会议上
关于整党问题的报告
中共太岳区党委

关于整党问题的报告

中共太岳区党委　1948 年 9 月

　　时任太岳军区政委顾大川同志在区以上干部会议上的讲话。

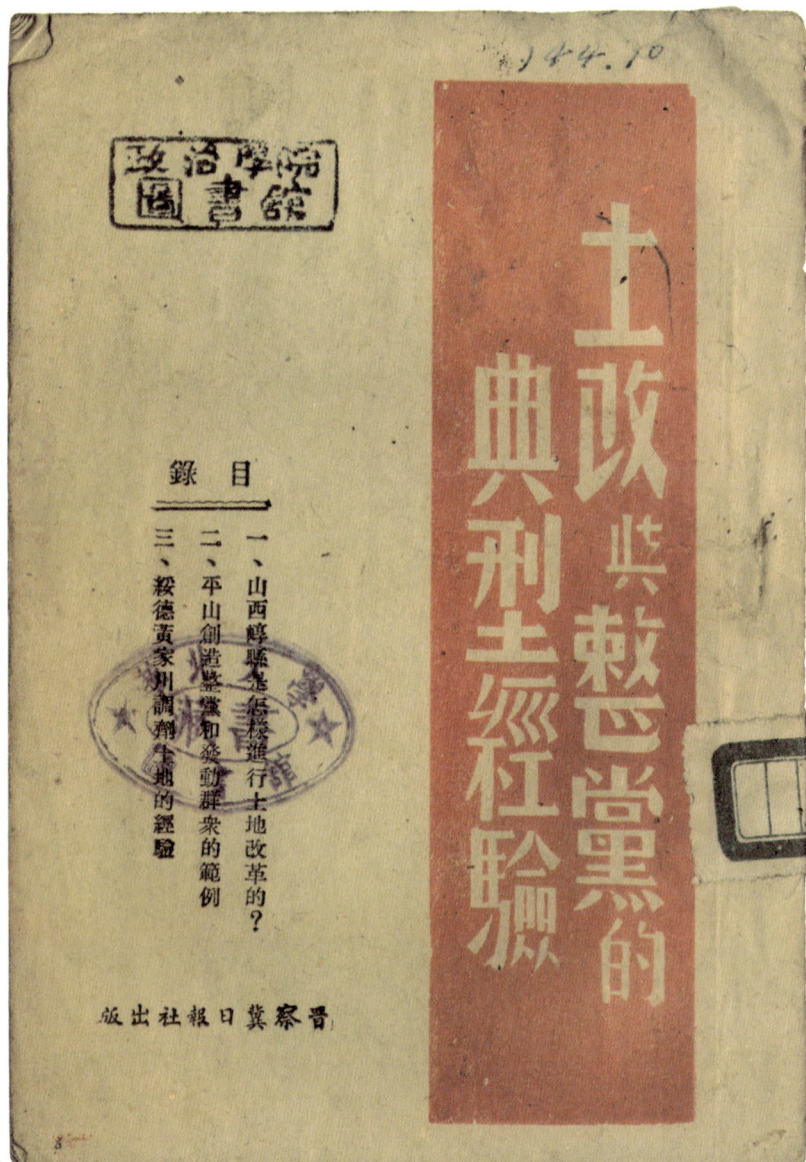

土改与整党的典型经验

晋察冀日报社

　　本书收入三篇文章：一、《山西崞县是怎样进行土地改革的？》；二、《平山创造整党和发动群众结合的范例》；三、《绥德黄家川调剂土地的经验》。

二中全會決議

（黨內文件，不得遺失，發至縣委和團嶺委）

一九四九年三月十三日印

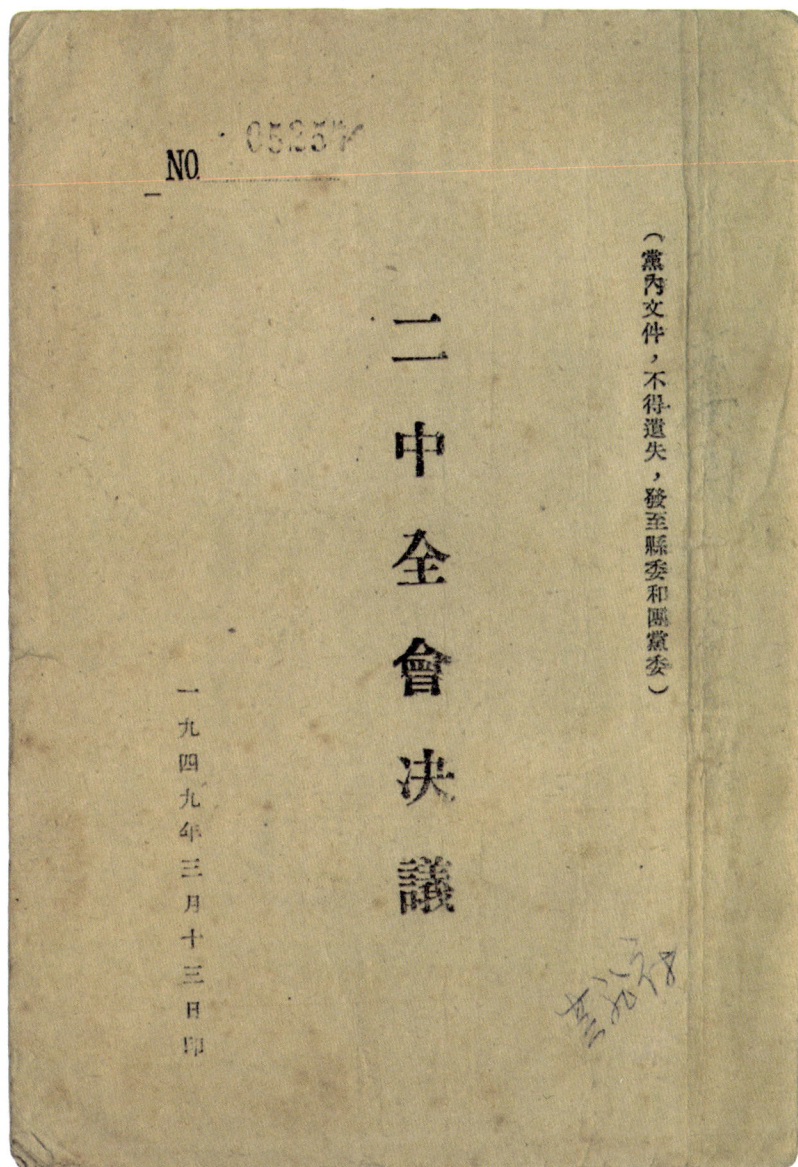

二中全会决议

1949 年 3 月 13 日

　　毛泽东同志在中共七届二中全会上提出"两个务必"，告诫全党要在伟大的胜利面前保持清醒的头脑。这次全会根据毛泽东同志的提议，做出了防止资产阶级腐蚀和反对突出个人的六条规定：（1）禁止给党的领导者祝寿；（2）不送礼；（3）少敬酒；（4）少拍掌；（5）禁止用党的领导者的名字作地名、街名和企业的名字；（6）不要把中国同志和马、恩、列、斯平列，禁止歌功颂德现象。中共七届二中全会关于执政党廉洁自律的理论与规定，为新中国开创了廉政新风。

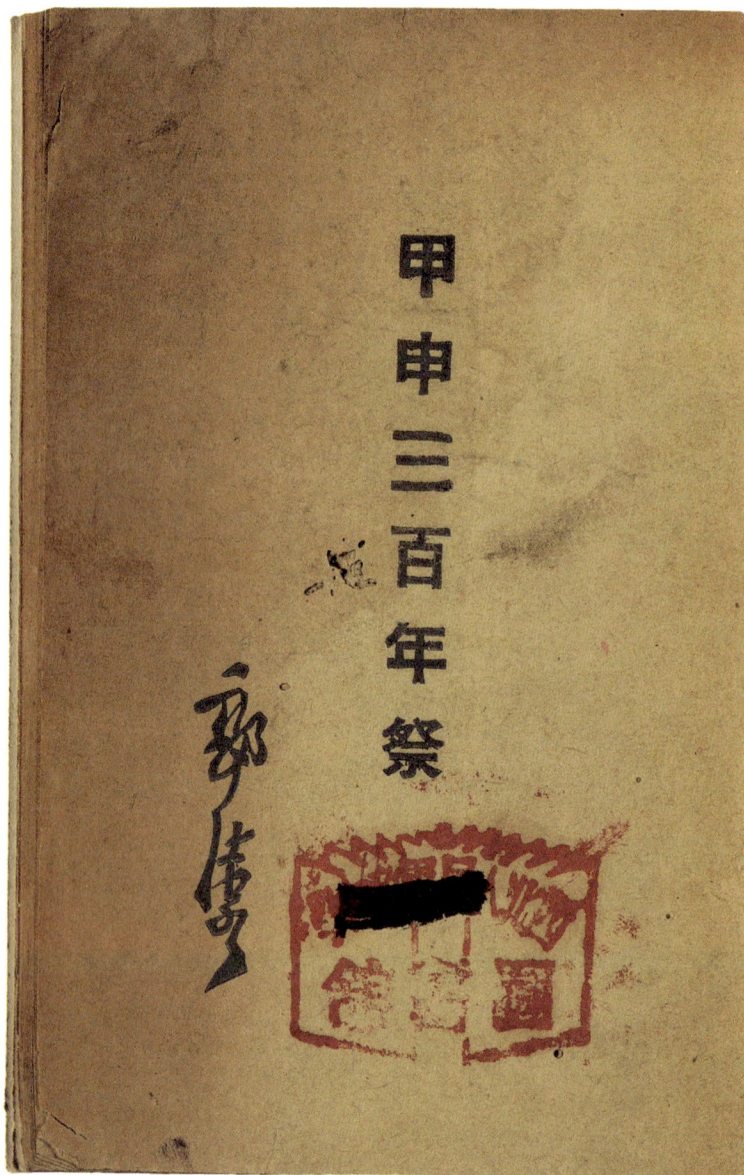

甲申三百年祭

郭沫若著　新华书店　1944 年 5 月

　　1944 年 3 月，郭沫若的《甲申三百年祭》在重庆《新华日报》发表。李自成农民起义军在攻入北京推翻明朝后，若干首领因胜利而骄傲，因骄傲而丧失警惕，因不自警而腐化，因腐化而陷于失败。4 月 12 日，毛泽东在延安高级干部会议上说："近日我们印了郭沫若论李自成的文章，也是叫同志们引为鉴戒，不要重犯胜利时骄傲的错误。"

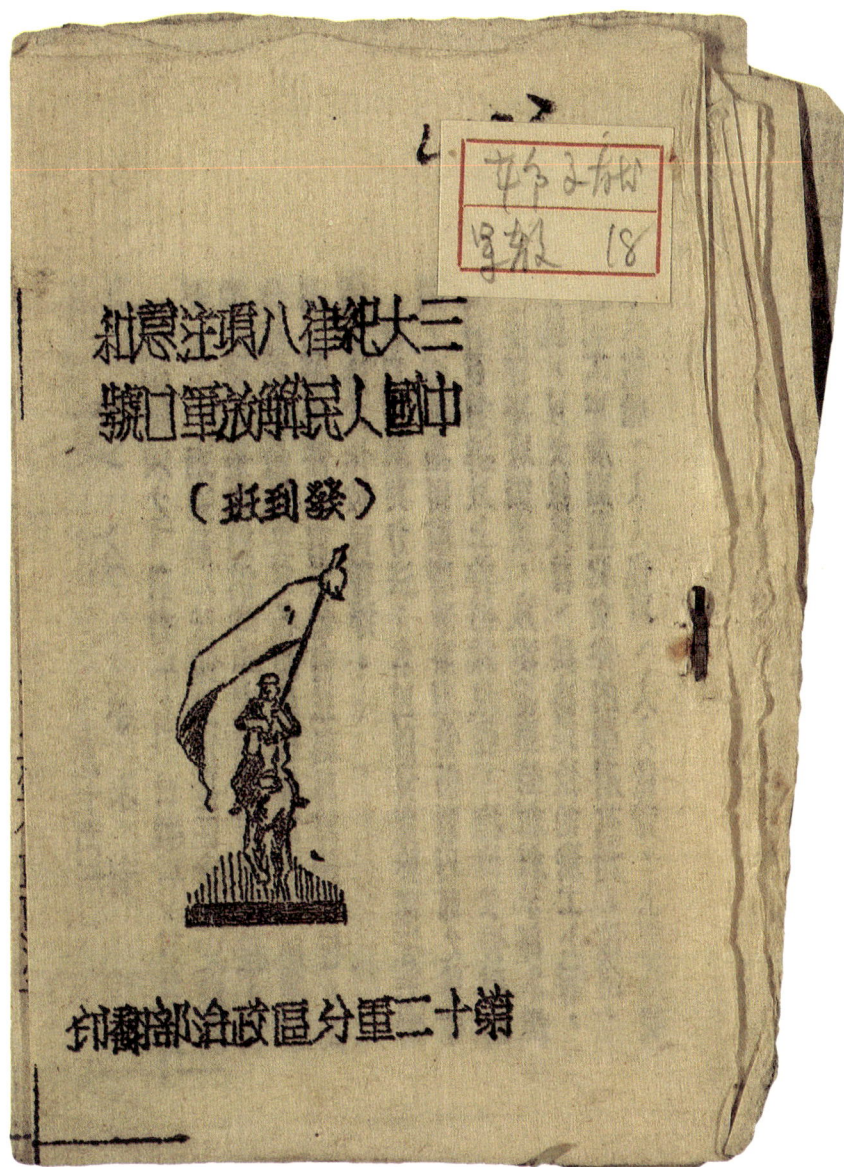

三大纪律八项注意和中国人民解放军口号

第十二军分区政治部翻印 1947 年 10 月 油印本

本册子包括三部分内容：通知、中国人民解放军总部训令、中国人民解放军口号。其中，三大纪律是：（1）一切行动听指挥；（2）不拿群众一针一线；（3）一切缴获要归公。八项注意是：（1）说话和气；（2）买卖公平；（3）借东西要还回；（4）损坏东西要赔偿；（5）不打人不骂人；（6）不损坏庄稼；（7）不调戏妇女；（8）不虐待俘虏。

一切为了群众，一切依靠群众
——践行党的群众路线

中国共产党把马克思主义关于人民群众是历史创造者的原理系统地运用在党的全部活动中，形成党在一切工作中的群众路线。

群众路线是中国共产党长期在敌我力量悬殊的艰难环境中进行革命活动的宝贵历史经验总结，是中国共产党与人民群众建立正确关系的思想原则，是实际工作中的根本领导方法和工作方法。

中国共产党把人民群众的利益作为一切行动的出发点。群众路线的基本点，就是一切为了群众，一切依靠群众，从群众中来，到群众中去。群众路线对中国共产党具有特殊的重要意义，是关系到党和国家前途命运的大问题。

中国工人运动的第一次高潮

中国共产党成立后，从中央到地方各级组织都以主要精力从事工人运动。在党组织的发动和领导下，中国工人阶级的觉悟很快得到提高，工人运动开始出现蓬勃兴起的局面。从 1921 年下半年开始，上海、武汉、广东、湖南、河北等省市和航运、铁路、采矿等行业相继爆发工人的罢工斗争。其中，安源路矿工人罢工、京汉铁路工人大罢工在国内外产生了重大影响。

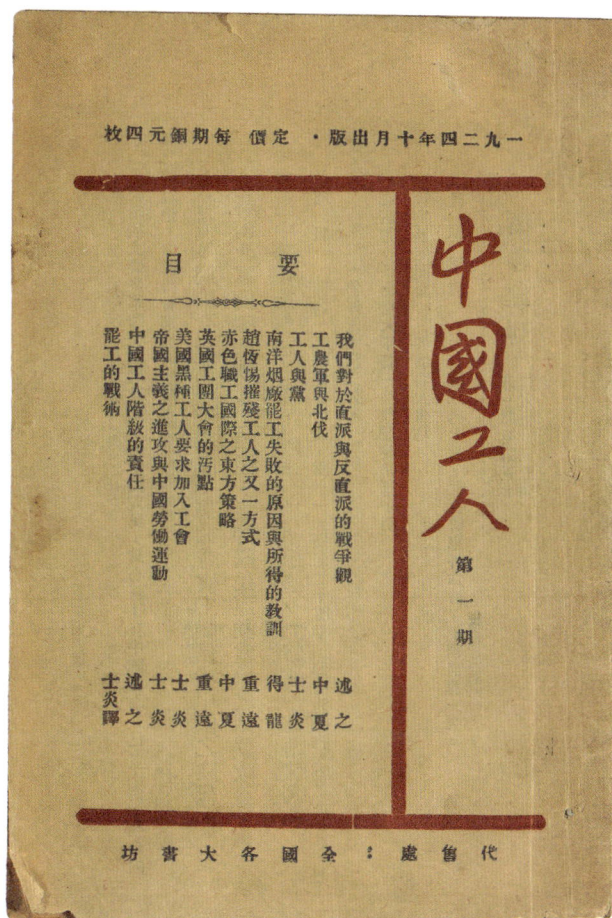

中国工人

全国总工会编　1924-1929 年

1924 年 10 月在上海创刊，中国共产党指导工人运动的刊物。1925 年 5 月起，此刊成为中华全国总工会机关刊物，1927 年 7 月 15 日停刊。1928 年 12 月 1 日在上海复刊，1929 年 5 月 15 日停刊。

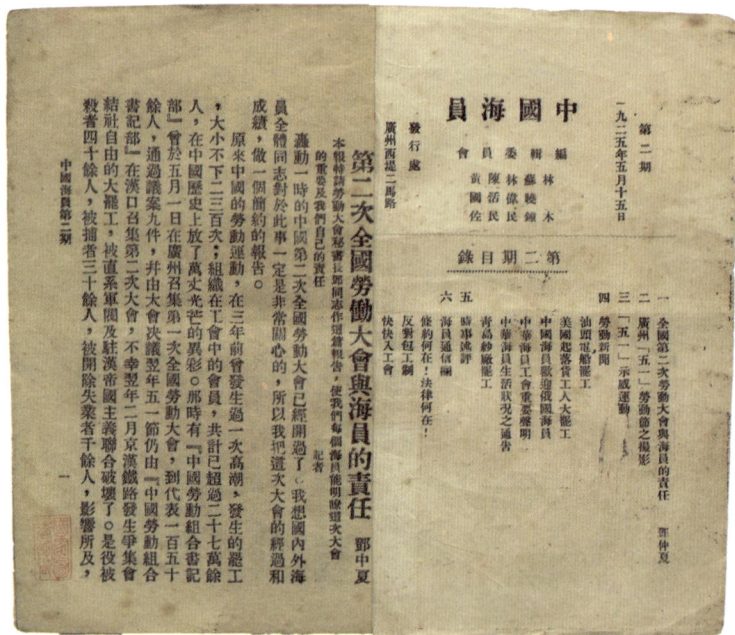

中国海员（第2期）

《中国海员》编辑委员会编　1925年5月15日

　　该期收入邓中夏《全国第二次劳动大会与海员的责任》等15篇文章。

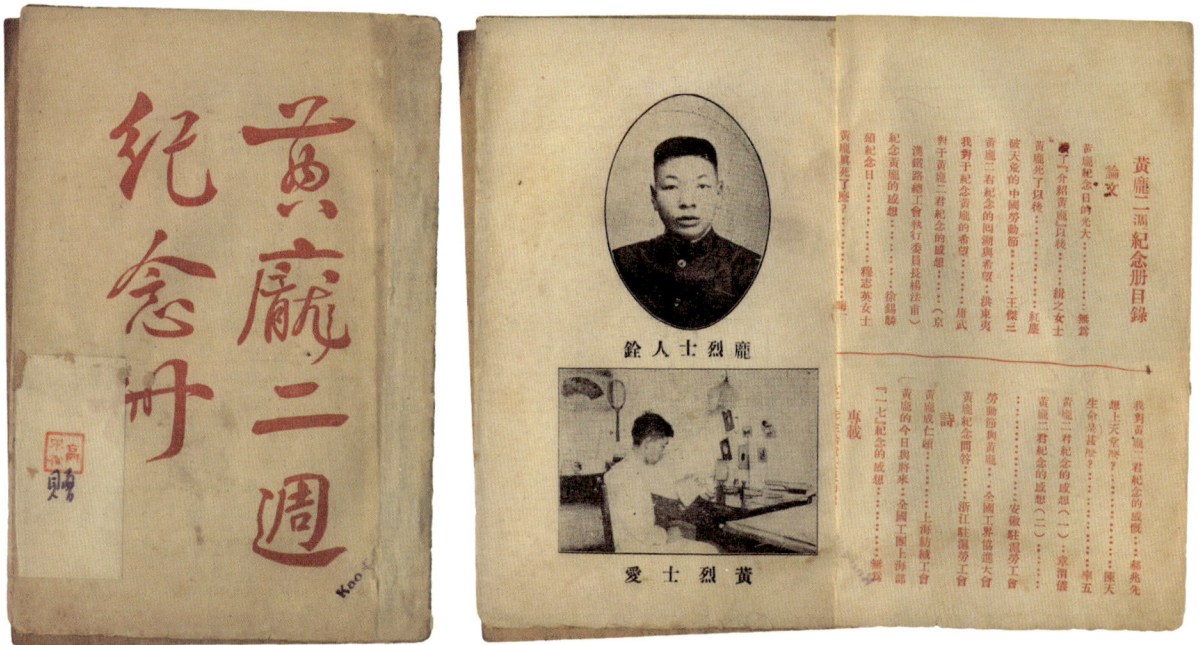

黄庞二周纪念册

1924 年　高尔松捐赠

　　1922 年 1 月，湖南第一纱厂工人要求年终加薪罢工，黄爱、庞人铨代表劳工会与资方谈判，16 日夜遭军警逮捕，17 日凌晨被赵恒惕枪杀在长沙浏阳门外，为中国共产党成立后最早牺牲的工人运动领袖。

施洋先生紀念錄 目錄

序 ……………… 林根
施洋先生傳略
施伯高年譜
施洋先生遺稿
對代施即自由的承認勞農政府 ……… 惲代英
紀念施伯高兄 ………………………… 王述志
賴朕三副

仲麓書箋

施洋先生紀念錄序

許多人都歎惜伯高的死，然而伯高究竟為着什麽死的？被誰害死的？死的價值和意義在哪裏？

人人都說，伯高是為京漢罷工而死的，被蕭耀南殺死的。他死得寬枉。死得不該。死得很可惜！……這都是表面的觀察，如果我們稍

仲麓書箋

施洋先生傳略

施君伯高，鄂中英俊，生平堅苦卓絕，捨身救世，事蹟繁多，兹為略述梗概。

君幼年貧困，工讀兼行，因東性聰穎，又舊勉伺上，學績優良，蔚為大觀。

在鄉創辦農學會，任該會會長。君長於說詞，在鄉演講，動輒集數千人，聽者無不感動。

仲麓書箋

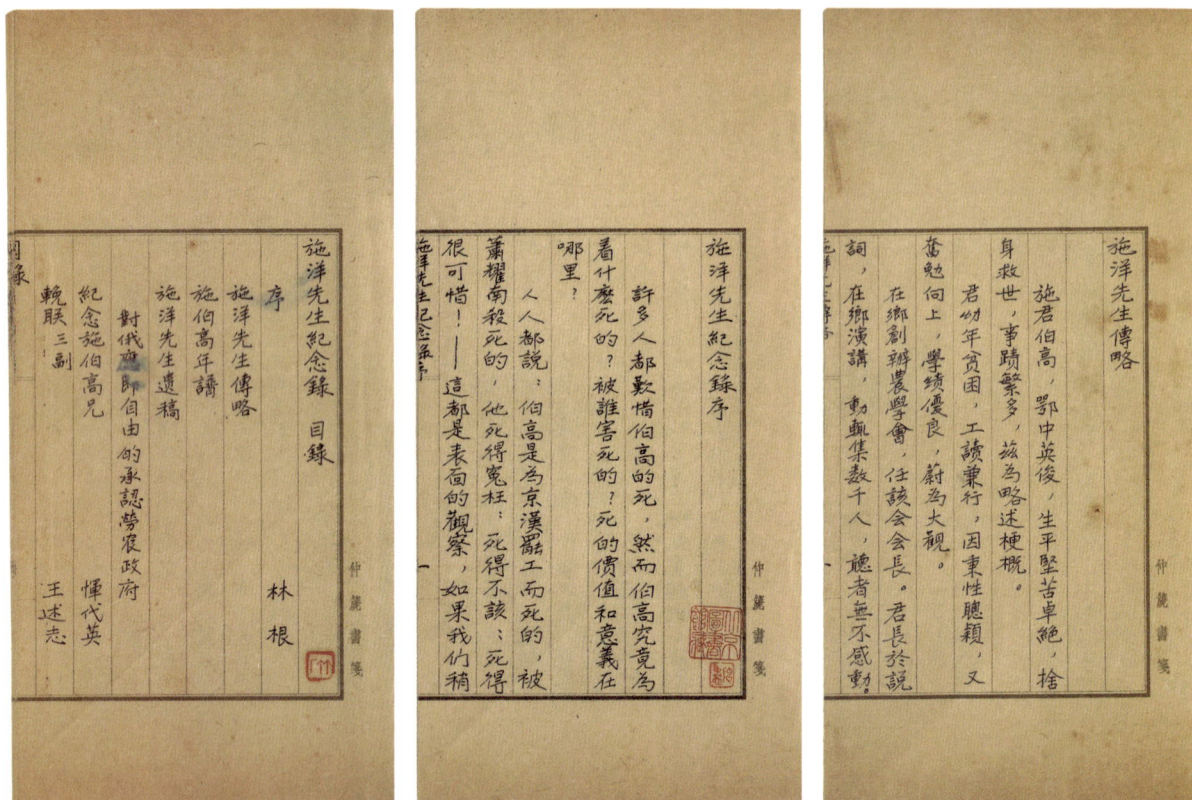

施洋先生纪念录

林根编辑　钢笔抄本

施洋（1889-1923），无产阶级革命家，著名律师。1917年以甲等第一名的成绩毕业于湖北法政专门学校，在武昌从事律师职业。主张律师是保障人权，伸张公理的工具。1922年6月加入中国共产党。1923年2月4日，京汉铁路工人举行罢工。施洋是罢工的领导者之一，积极组织武汉工人和学生进行反对军阀吴佩孚的游行示威。2月7日晚，施洋被反动军警逮捕。2月15日凌晨英勇就义，时年34岁。本书编者林根即中国共产党早期工人运动领袖林育南（1898-1931）。

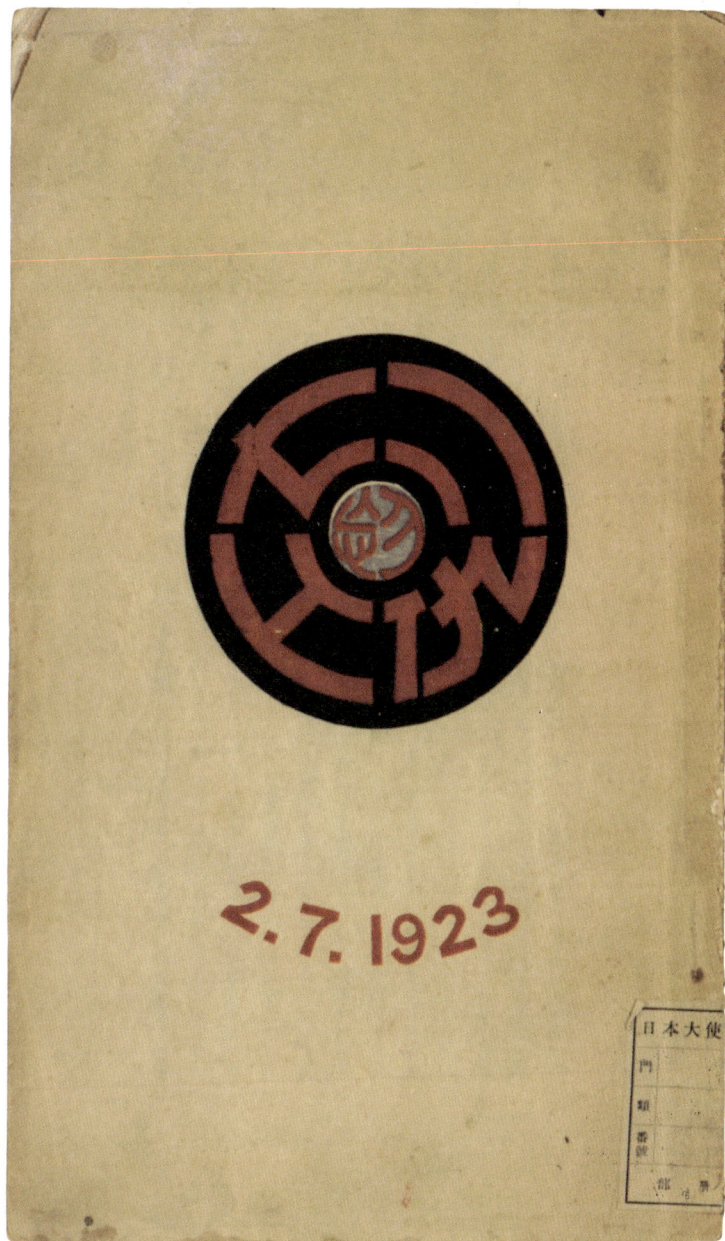

二七工仇

湖北全省工团联合会、京汉路总工会驻沪办事处编　1923年

　　该书分为目录、前言、肖像、"二七"惨案事件之报告和补遗5部分，全面真实地记述了京汉铁路总工会的酝酿、筹备、成立以及遭军阀吴佩孚的破坏、颠覆，进而发生"二七"惨案的全过程。书前有施洋及死难诸烈士照片，均为朱红色；其后为吴佩孚、萧耀南的照片，均为黑色，之后附有魁首题名表，并配有文字说明。

五卅运动与工农革命运动高涨

　　1925年5月30日，上海租界英国巡捕向游行请愿的群众开枪，酿成五卅惨案。6月1日，上海开始了声势浩大的反对帝国主义的总罢工、总罢课、总罢市。在中国共产党的领导和推动下，各阶层广大群众积极参加反帝爱国运动，标志着国民革命高潮的到来。

　　随着北伐战争的胜利推进，军阀的反动统治被推翻，革命群众运动以前所未有的声势蓬勃发展起来。1927年3月，中华全国农民协会临时执行委员会成立。4月，国民党中央农民运动讲习所在武汉开学。在工农运动的高潮中，汉口、九江掀起了收回英租界的斗争，这是中国人民反帝斗争史和外交史上的一次重大胜利。

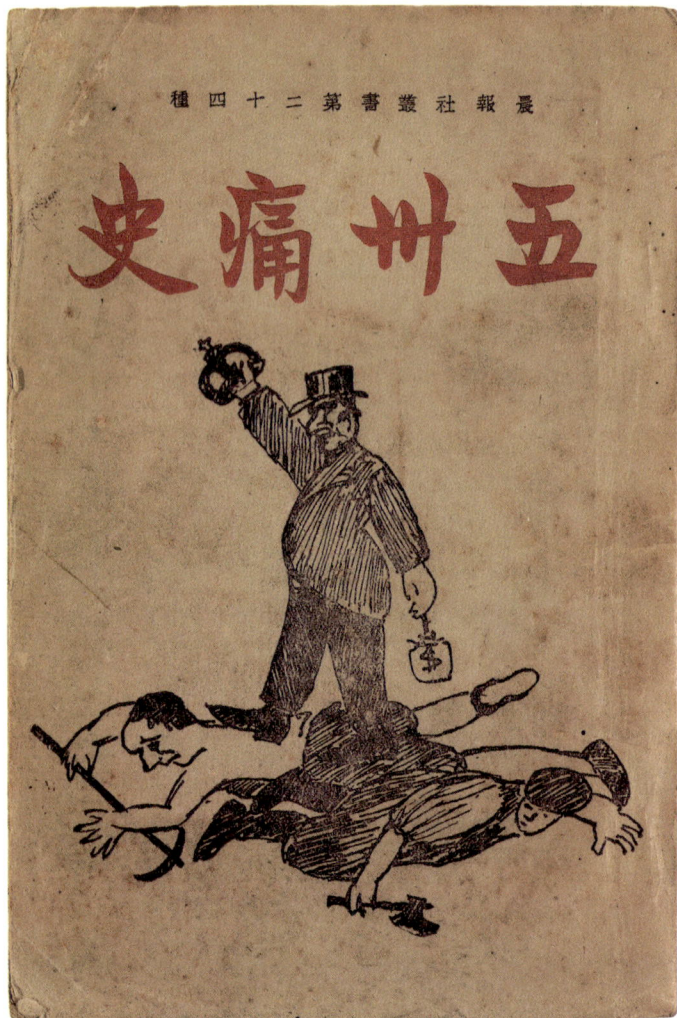

五卅痛史

晨报编辑处、清华学生会编　1925年

　　本书详细介绍了五卅惨案的由来经过，并且配以死难者的照片，对于研究五卅运动这段历史有着重要意义。

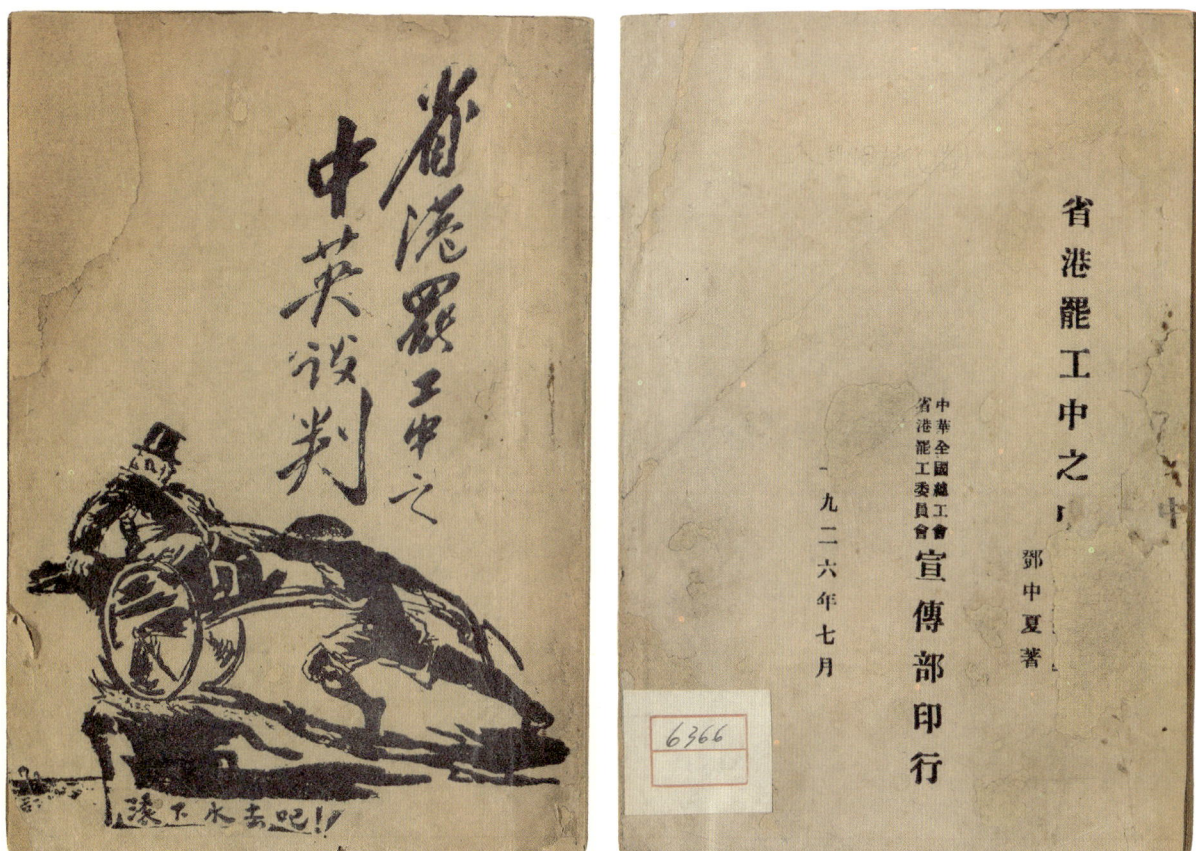

省港罢工中之中英谈判

邓中夏著　中华全国总工会省港罢工委员会宣传部　1926 年

　　1925 年中华全国总工会成立后，邓中夏任秘书长兼宣传部长，留在广州工作，不久参与组织和领导了著名的省港大罢工。

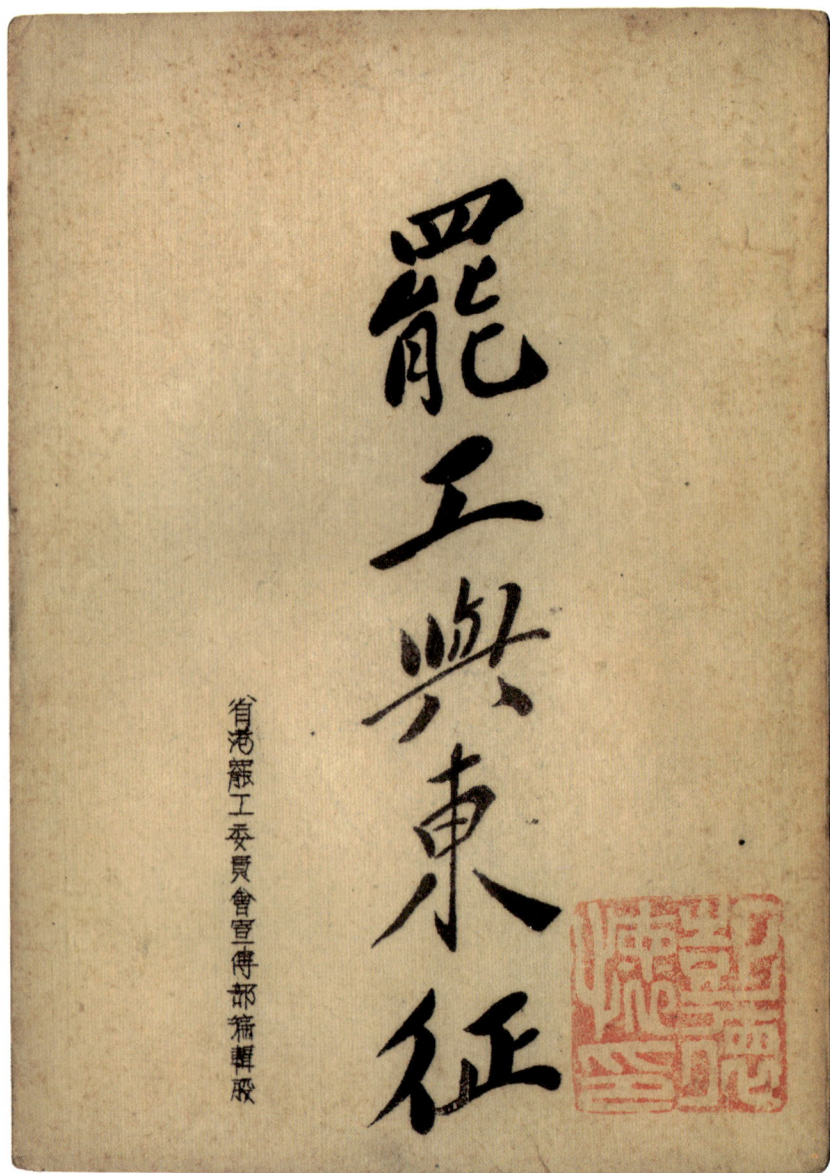

罢工与东征

省港罢工委员会宣传部编辑股　1925 年　油印本

内收邓中夏《香港最后之一政策》、谭平山《东征的意义及其结果》、鲍罗庭《和平的广东与衰落的香港》等6篇文章。

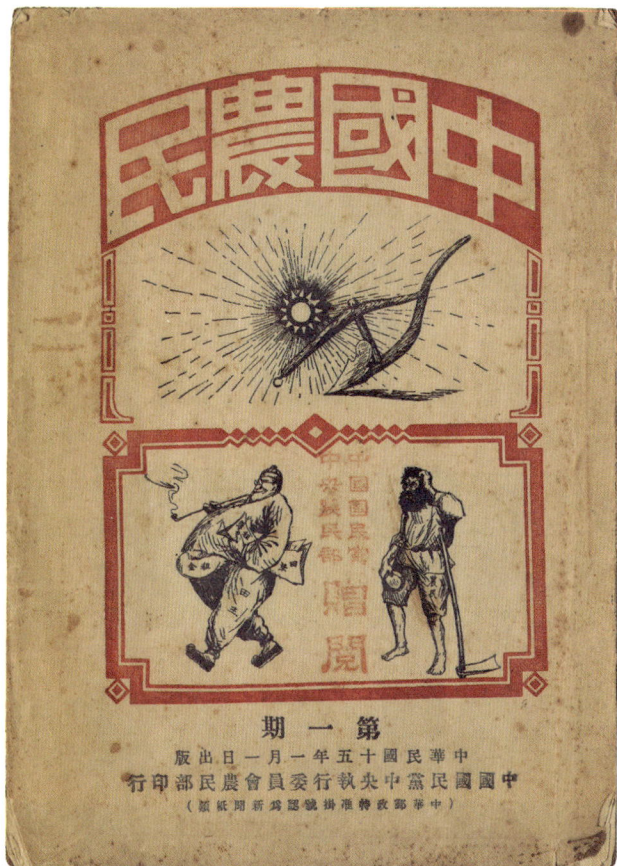

農民運動所當注意之要點

農民運動所當注意之要點

廖仲愷

這篇是廖先生在農民運動講所所的講演，自後曾廖先生口講時的意思，遺留了不少。可是重要的觀點也已明白昭示給我們了。現在廖先生雖死，而他的精神和如明星一般的人格，卻始終照耀著我們前進的路。

●農民運動之重要　各位同志！各位在此時此處來研究農民運動方法，這對於本黨是有非常重大關係的。本黨真有國民革命歷史上的使命，責任既然如此重大，但應怎樣方能使其完成呢？吾人須知國民革命之主要分子為國民，國民中最多者莫如農民，故國民革命之唯一要件為須得農民大多數瞭解與集中本黨旗幟之下，如農民不瞭解與不集中本黨旗幟之下，則革命斷無成功之可言，故我國國民革命之成功與否，全在乎農典之瞭解革命與否一問題。

●農民運動要點一　吾人做農民運動時，若祇對農民要求他加入本黨做黨員，猶不可靠；必要使他明瞭何以要起國民革命？國民革命之成敗與他有何利害關係？地方有參加革命之希望，此為最要之點。

●農民運動要點二　如何可以把我國變為一完全獨立自由的國家呢？千頭萬緒；殊非一時所能盡述。然有一要點在，則要使全國農民皆知我國何以會變成如是貧弱，如是痛苦？如何能改變貧弱，除去痛苦？這種重要原理，現在簡單加以說明。

3

中国农民

中国国民党中央执行委员会农民部编　1926年

　　1926年1月1日在广州创刊，是国民革命时期中国国民党中央农民部主办的指导农民运动的刊物，毛泽东主编。毛泽东在《中国农民》第2期发表《中国社会各阶级的分析》，初步提出了中国新民主主义革命的基本思想，从根本上批驳了国民党右派幻想在中国建立由资产阶级统治的国家的主张。

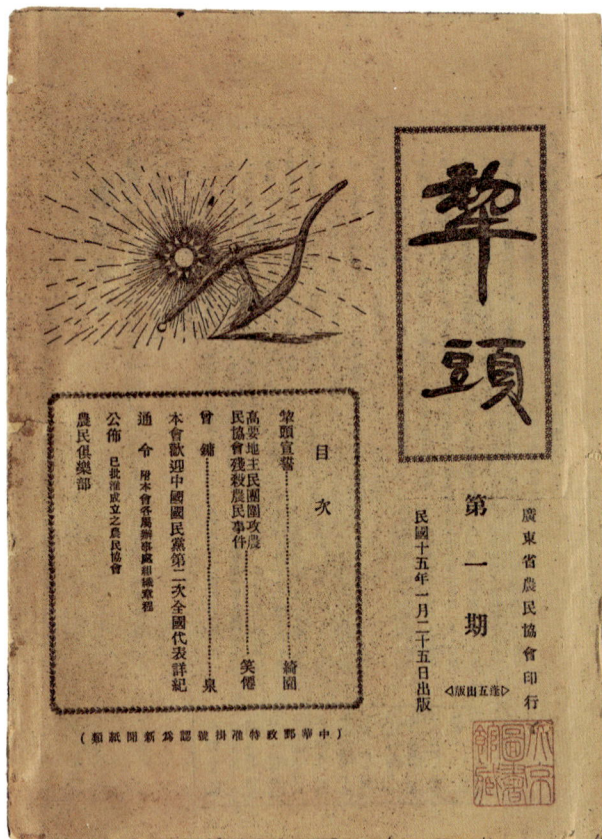

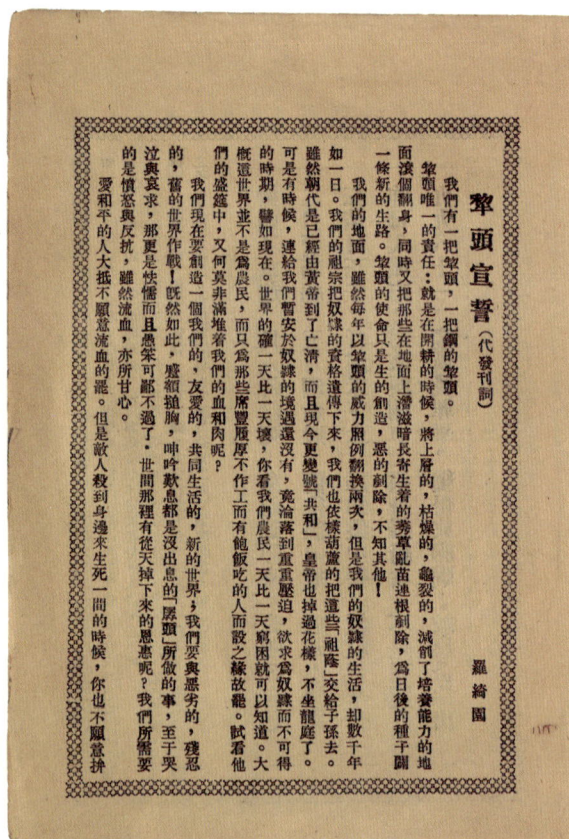

犁头

广东省农民协会　1926-1927 年

　　本刊为广东省农民协会编辑出版的机关刊物，1926 年 1 月 25 日创刊于广州。初为旬刊，后改为周刊。主要刊登农民协会的决议、通告，报道各地农民运动的经验、情况以及研究农民问题的文章。

农村革命根据地的土地革命

　　随着农村革命根据地的创建和发展，土地革命广泛开展起来。在根据地内，消灭封建地主土地所有制，实现"耕者有其田"，是中国共产党领导人民进行的最重大的社会变革。在变革土地制度的实践中，形成了符合中国国情的土地革命路线、方针和政策。土地革命的深入开展，使农村革命根据地发生了根本性的变化，贫苦农民成为农村的主人，生产积极性高涨，促进了农业生产的发展，农民生活很快得到改善，同时也激发了革命的积极性。

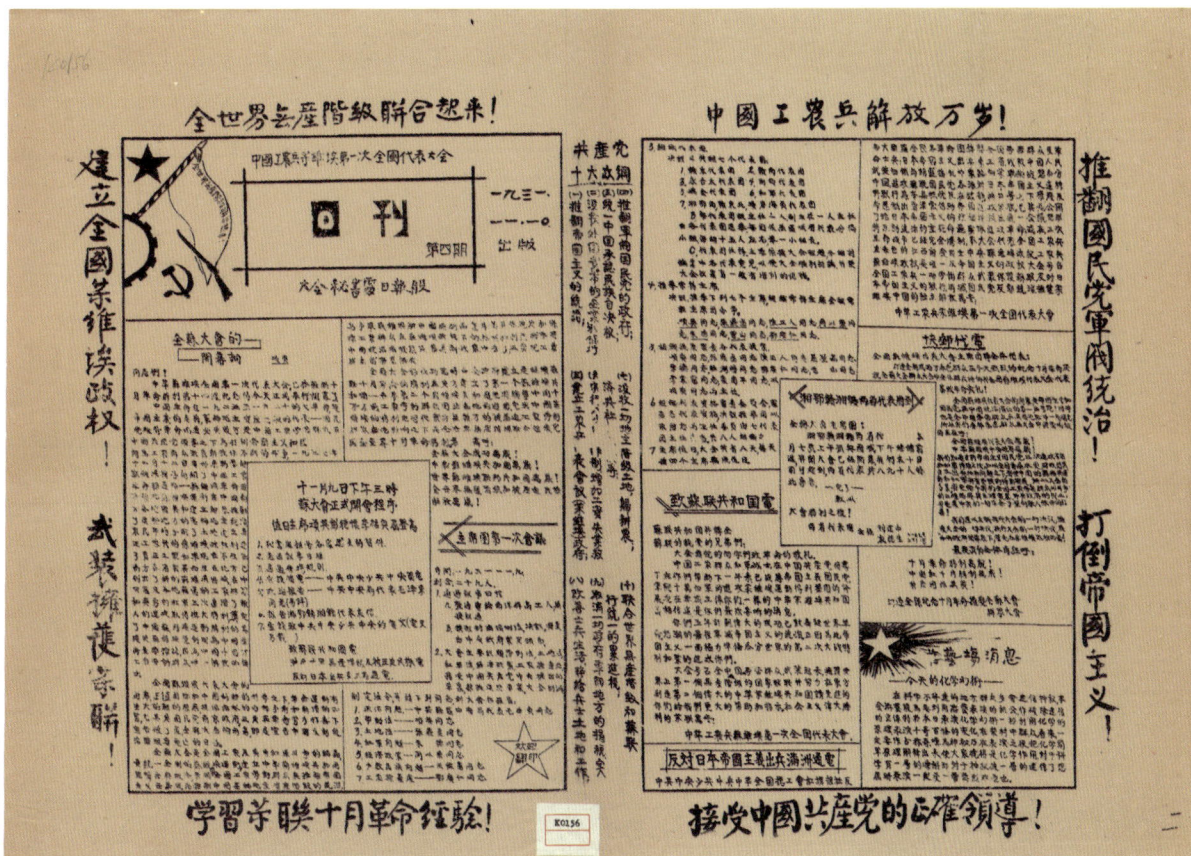

中国工农兵苏维埃第一次全国代表大会日刊（第 4 期）

1931 年 11 月 10 日　　复制件

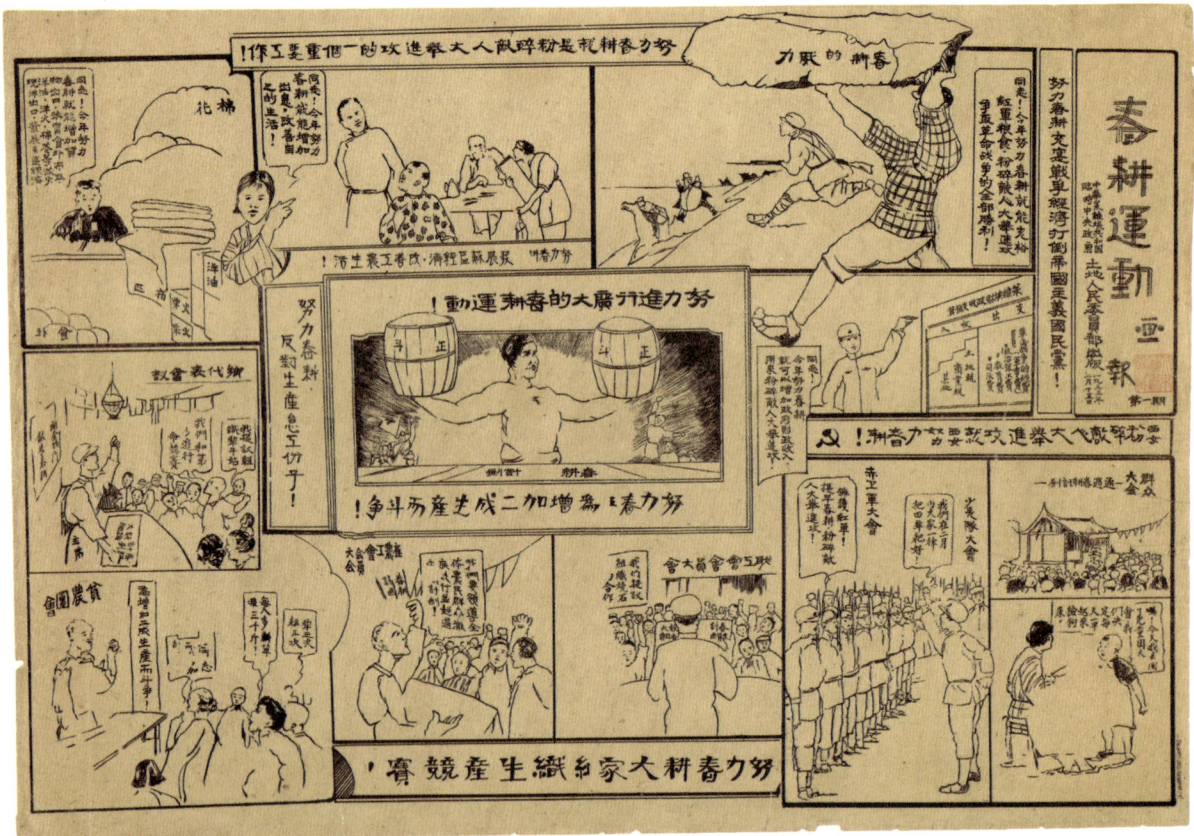

春耕运动画报（第1期）

中华苏维埃共和国临时中央政府土地人民委员部编印　1933年　复制件

　　本画报是中华苏维埃共和国临时中央政府土地人民委员部为粉碎国民党军队对中央苏区的第四次军事"围剿"，以及在经济上的封锁，发动广大人民群众自力更生、生产自救而进行宣传的画报。画中写明了各种表现"努力发展生产"主题的口号。

抗日战争中的敌后战场

面对日军的进攻和国民党的节节败退，中国共产党领导的八路军、新四军、民兵和人民自卫武装，与广大人民群众紧密团结，深入敌后开展游击战争，创建抗日根据地，在华北、华中和华南开辟了广阔的敌后战场，使得日伪军陷入了人民战争的汪洋大海，受到沉重打击。在日军战略进攻阶段，敌后战场从战略上牵制了日军对正面战场的进攻。转入战略相持阶段，敌后战场承担了抗击大量日伪军的重任。在反攻阶段，敌后战场全面出击，解放了大片国土。中国共产党领导的抗日根据地迅速壮大，为中国的抗战胜利做出了重大贡献。

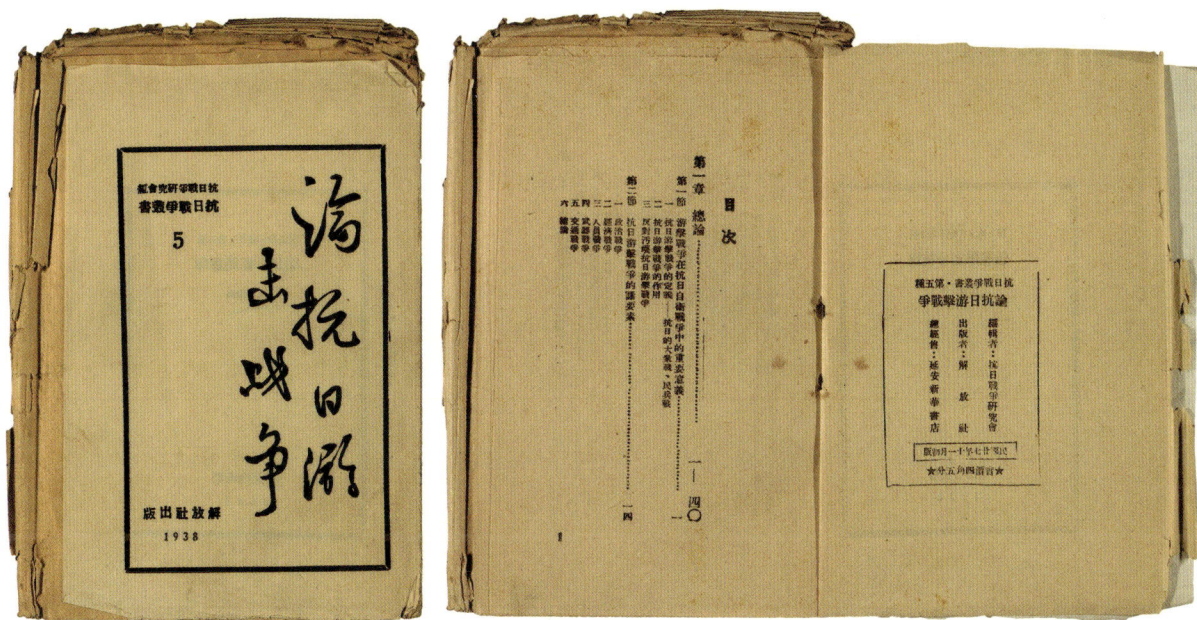

论抗日游击战争

朱德著　解放社　1938 年

抗日战争时期八路军总司令朱德撰写的军事著作。全书共分 3 章 17 节，详细论述了游击战争在抗日自卫战争中的重要意义和作用，驳斥了汉奸、亲日派等对抗日游击战争的种种污蔑，同时也讨论了抗日游击队的各种战术问题。

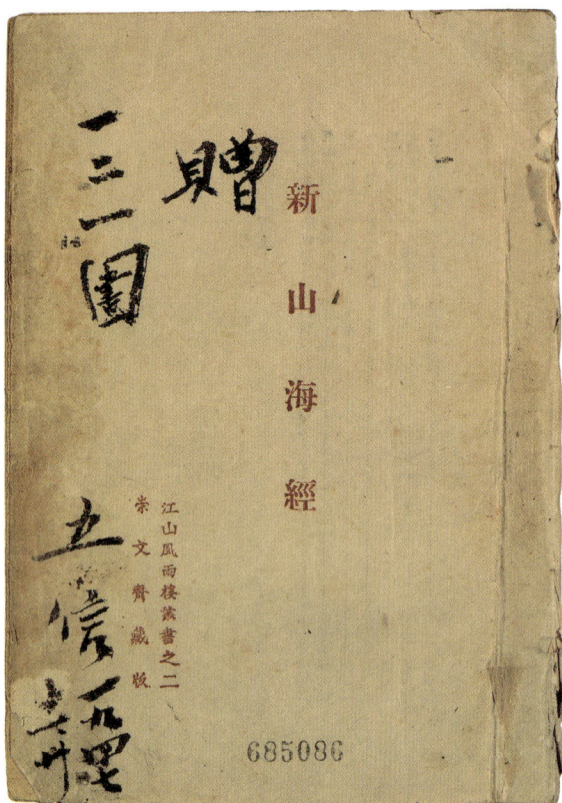

新山海经（伪装本）

本书系伪装本，伪装题名《新山海经》，伪托"崇文斋藏板""江山风雨楼丛书之二"。收录《八路军新四军的抗战成绩与敌后抗日根据地的概况》等 7 篇文章。

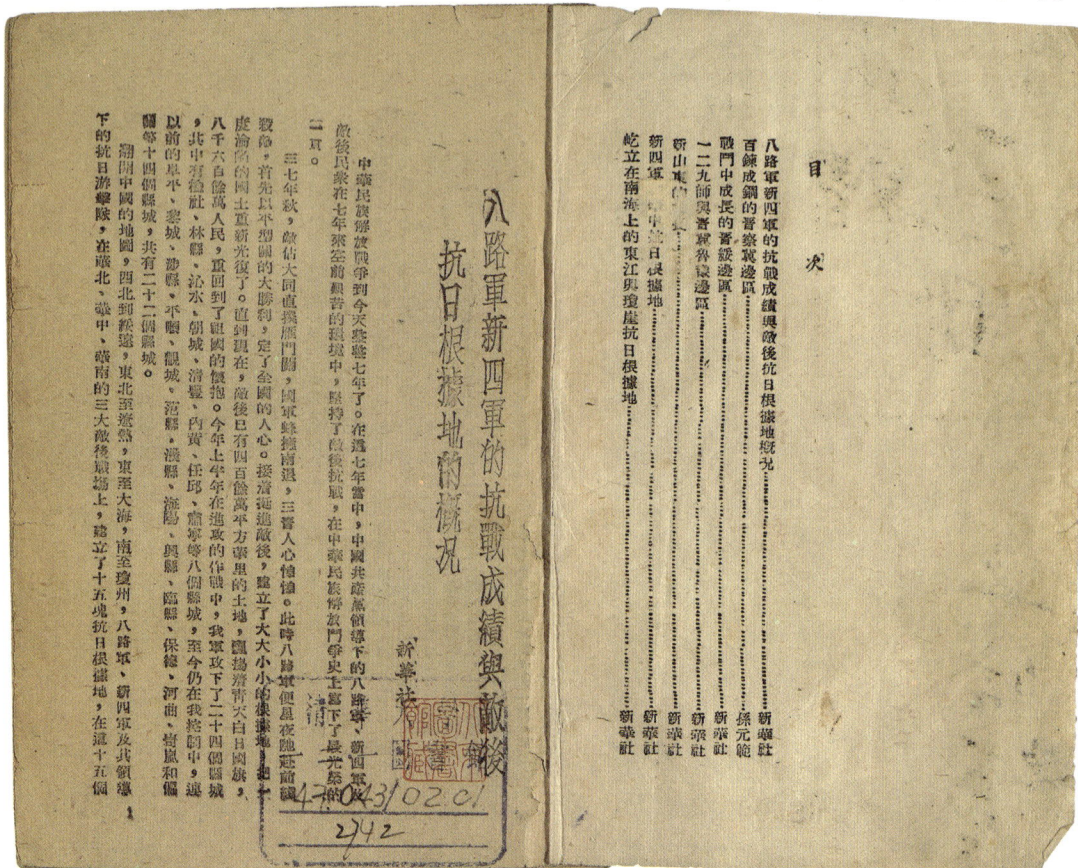

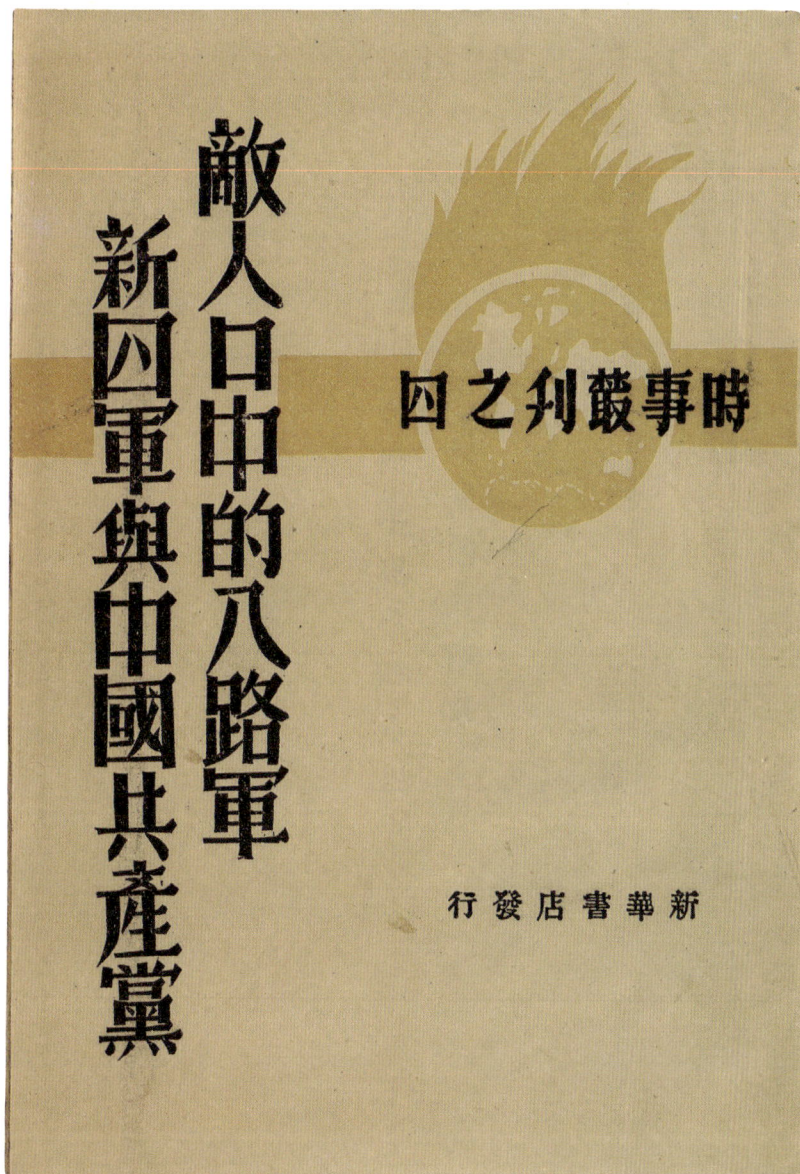

敌人口中的八路军新四军与中国共产党

太行新华日报编　新华书店　1944 年

　　本书系从敌人的报纸、杂志和文件中摘录的材料，扉页冠八路军新四军抗战形势图一幅。

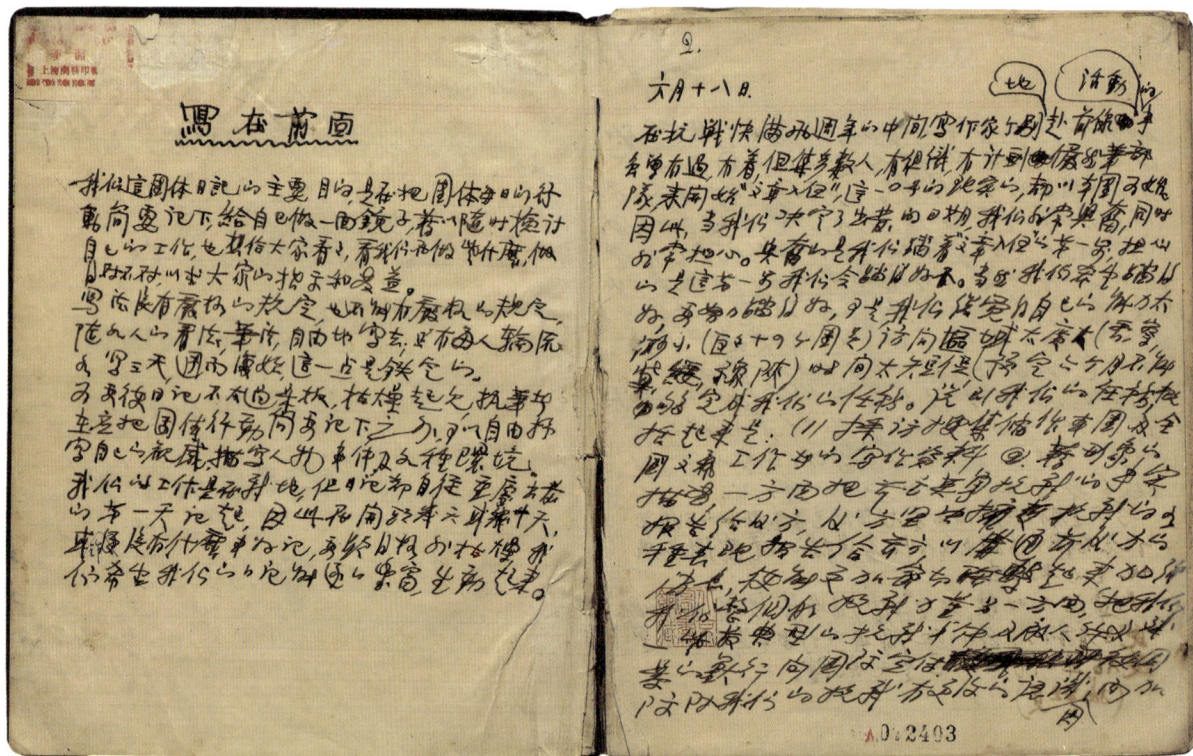

作家战地访问团日记

王礼锡等著　钢笔手书原稿（1939 年）　葛一虹捐赠

　　1939 年 6 月 14 日，中华全国文艺界抗敌协会组织成立作家战地访问团，王礼锡任团长，宋之的任副团长，团员有罗烽、白朗、葛一虹等十余人。访问团于 1939 年 6 月 18 日从重庆出发，同年 12 月 12 日返抵成都，深入前线与农村，开展采访、写稿、演出等工作。本稿是访问团的集体日记，起自 6 月 18 日，讫于 8 月 27 日。

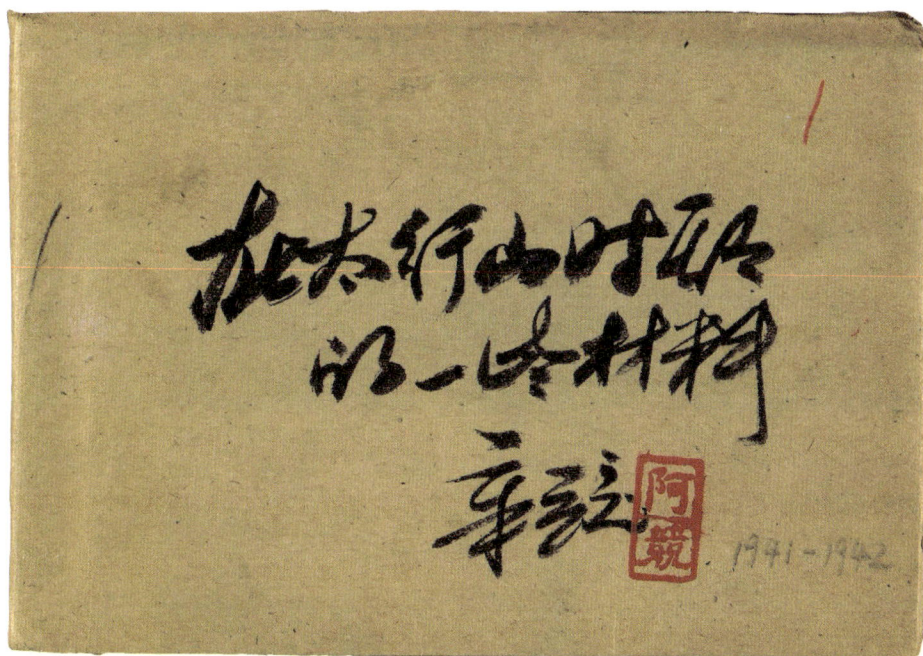

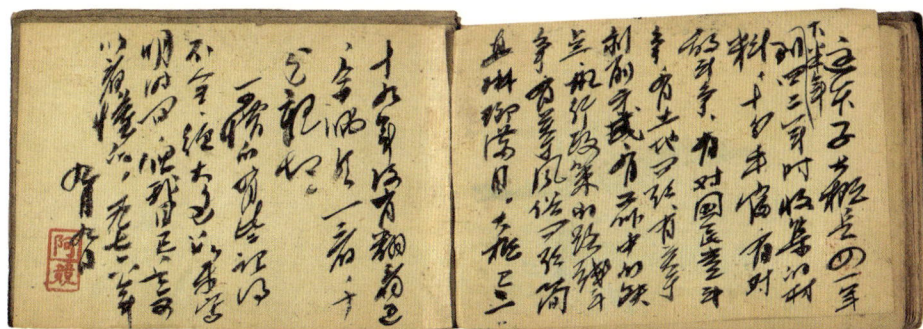

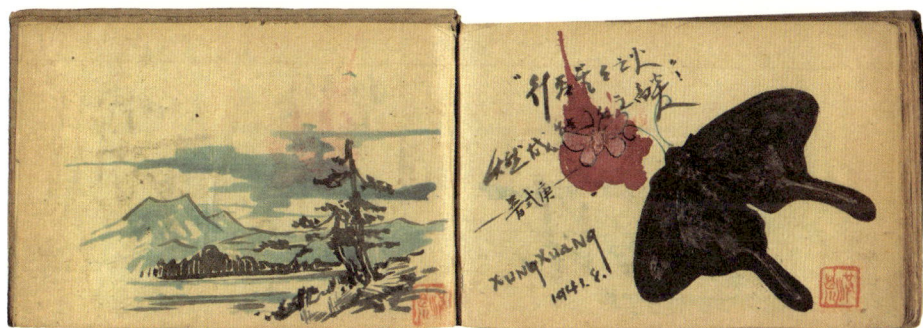

在太行山时期的一些材料

阮章竞著　钢笔手书原稿（1942 年）　阮援朝捐赠

阮章竞（1914-2002），广东中山人，现代著名作家、诗人。本稿是作者 1941 至 1942 年在太行山区工作时的笔记，真实记录了太行山剧团的文艺抗战工作和当地人民的抗战活动。

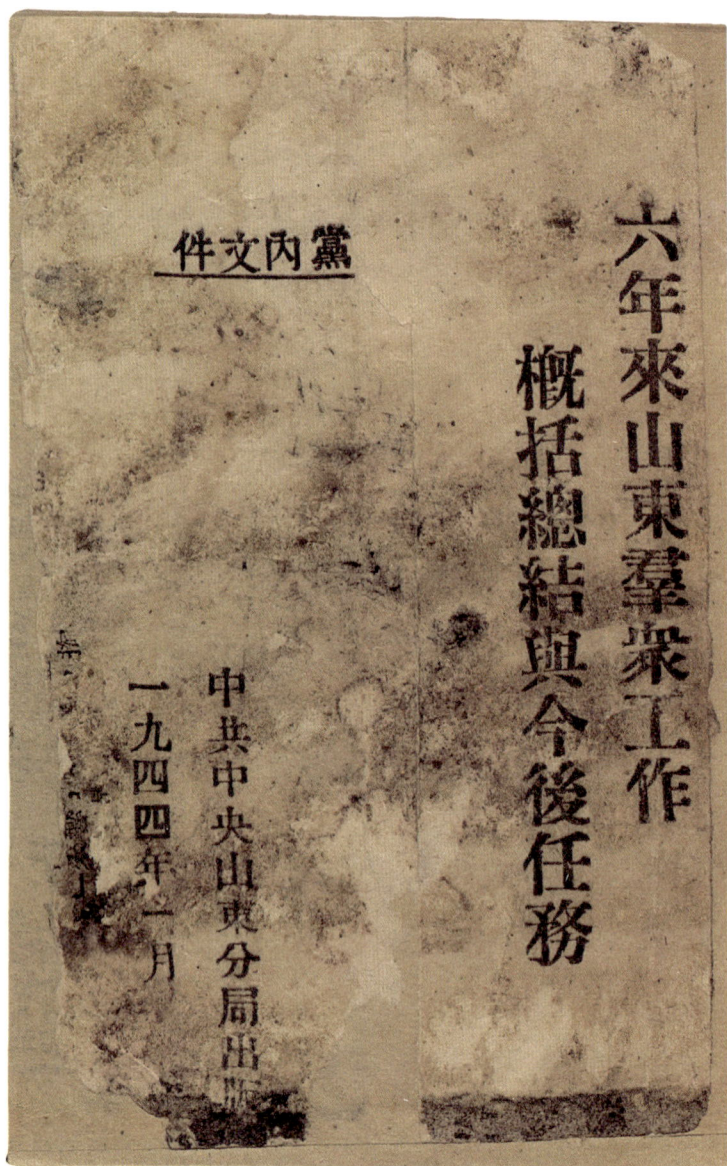

六年来山东群众工作概括总结与今后任务

黎玉著　中共中央山东分局　1944 年 1 月　黎小弟捐赠

　　黎玉（1906-1986），又名李兴唐，山西崞县（今原平）人，曾任八路军山东纵队政委、山东战时工作执委会主任、山东军区副政委、中共中央山东分局副书记、代书记，组织领导了徂徕山起义和反"扫荡"、反蚕食、反国民党顽固派的斗争。此书是黎玉 1943年 10 月在中共山东分局召开群众工作会议时所作的报告。

没有共产党就没有中国

冀鲁豫书店　1943 年

　　本书对抗战六年来国共两党抗战成绩进行了比较，并收录中国共产党抗击伪军概况及八路军和新四军战果统计。

八路军抗战烈士纪念册

十八集团军政治部宣传部编印 1942 年

　　本书收录邓小平、叶剑英、王震等所作悼念烈士的文章，八路军一一五师、一二〇师、一二九师及晋察冀军区为抗战牺牲的营级以上干部略历，连、排级干部题名。毛泽东、王稼祥为本书题词，朱德为本书作序。

敌后抗日民主根据地的创建与壮大

中国共产党领导抗日民主根据地广大军民，坚持独立自主、自力更生的革命精神，广泛开展统一战线工作，建立抗日民主政权，实行减租减息，开展大生产运动，进行经济建设和文化建设，改善人民生活，壮大人民的革命力量，粉碎了日本侵略者的多次"扫荡"，广泛开展抗日游击战争，沉重打击了日本侵略军。

到 1945 年抗战胜利时，陕甘宁、晋绥、晋察冀、冀热辽、晋冀豫、冀鲁豫、山东、苏北、苏中、苏南、淮北、淮南、皖中、浙江、广东、琼崖、湘鄂赣、鄂豫皖、河南等 19 块抗日民主根据地的总面积近 100 万平方公里，人口 1.2 亿。抗日民主根据地的建立和发展，锻炼了人民军队，培养了革命干部，教育了人民群众，为夺取抗日战争的最后胜利和全国解放创造了良好条件。

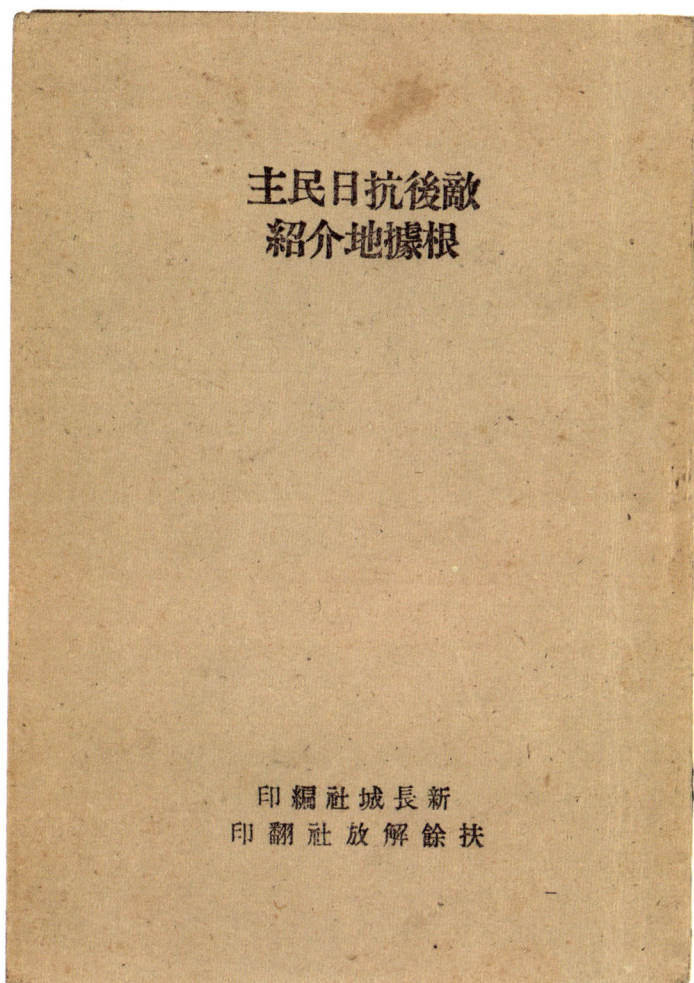

敌后抗日民主根据地介绍

新长城社编印

本书包括八路军新四军的抗战成绩与敌后根据地概况、百炼成钢的晋察冀边区、战斗中成长的晋绥边区、一二九师与晋冀鲁豫边区、新山东的成长、新四军和华中抗日根据地、屹立在南海上的东江与琼崖抗日根据地 7 篇内容。

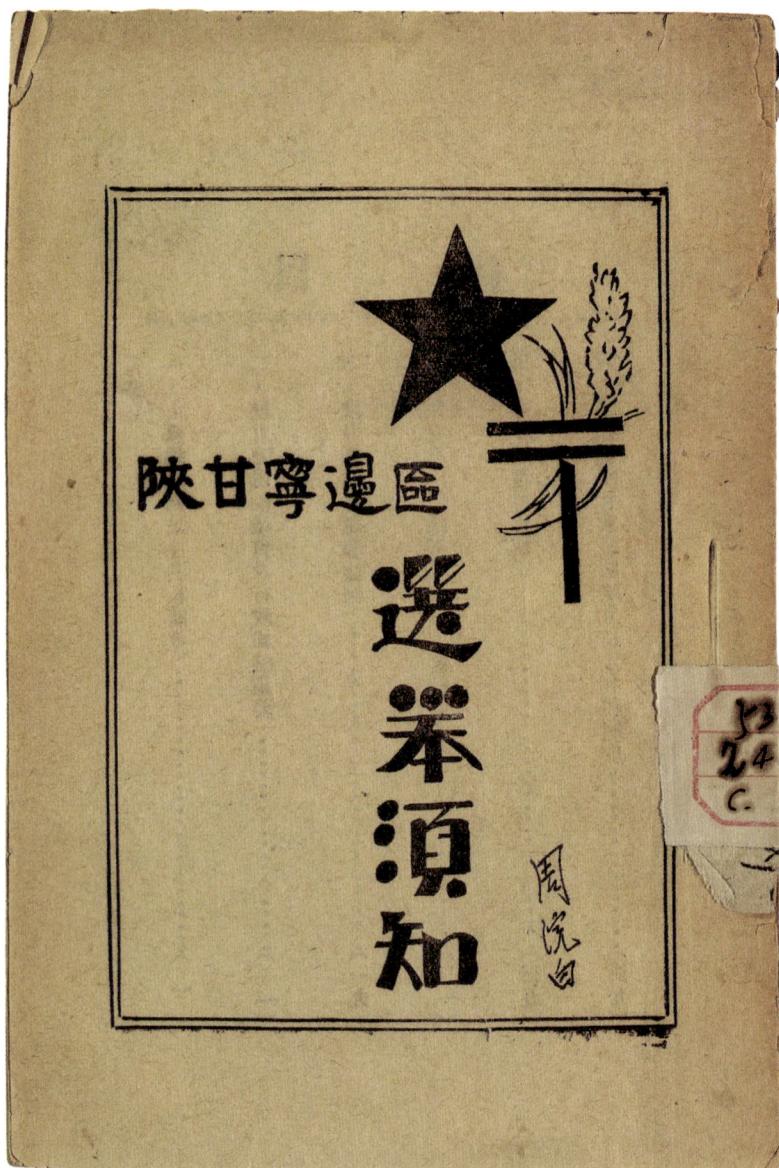

陕甘宁边区选举须知

1937 年

内收林伯渠《由苏维埃到民主共和制度》，及 1937 年 5 月通过的《边区议会及行政组织纲要》（1937 年 5 月 12 日通过）、《边区选举条例及选举委员会工作细则》。

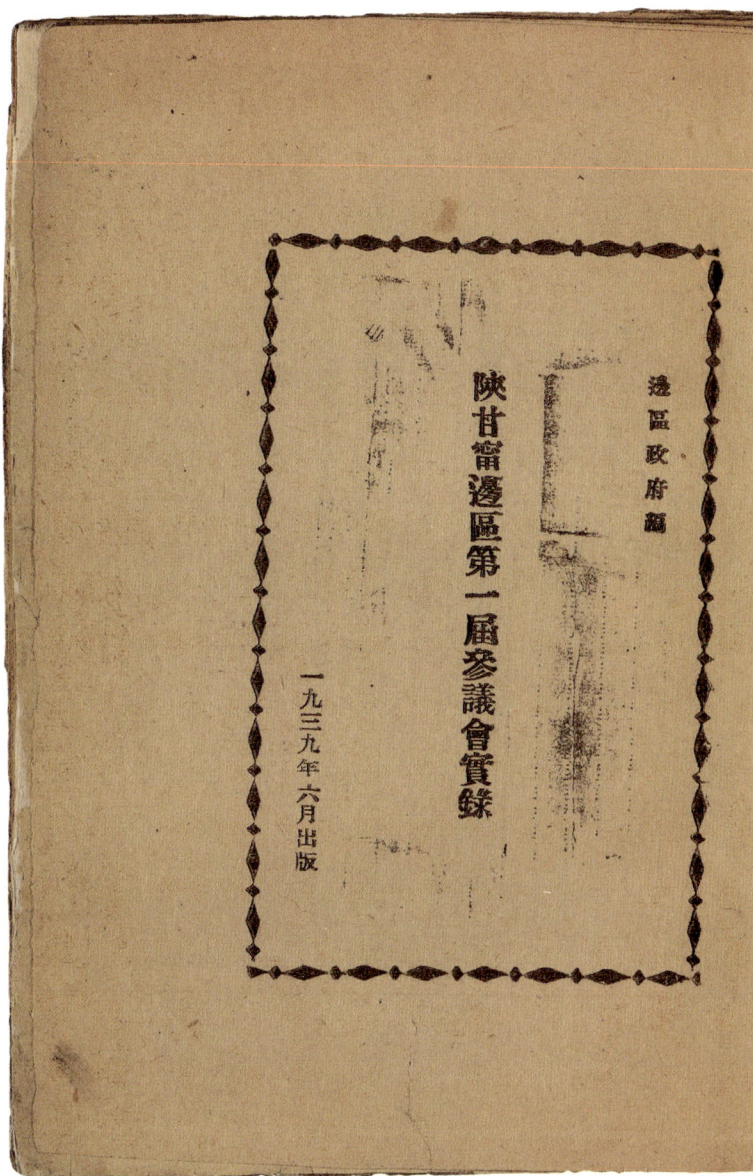

陕甘宁边区第一届参议会实录

陕甘宁边区政府编印　1939 年

内收林伯渠《陕甘宁边区政府对边区第一届参议会的工作报告》，另收《第一届参议会对边区政府工作报告决议》《边区政府抗战时期施政纲领》《边区政府组织条例》等。附录《陕甘宁边区参议会第一届大会告边区同胞书》等。

抗日民主
根据地的
土地政策與法令

新華書店出版

出版總署
圖書館
版本庋藏章

抗日民主根據地的
土地政策與法令

★
26240

1943
華北新華書店出版

4（1—6000）
藏字 32136

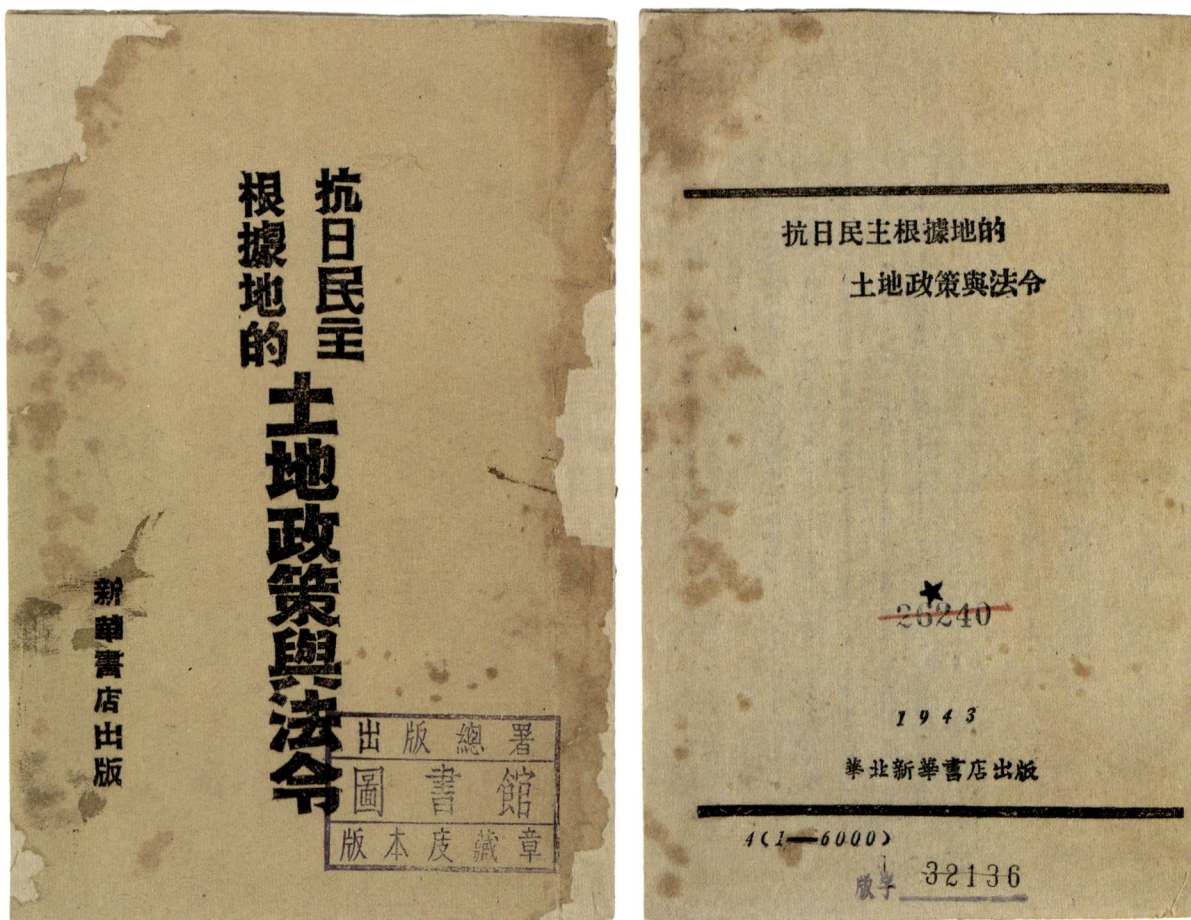

抗日民主根据地的土地政策与法令

华北新华书店编印　1943 年

　　收录《中央关于抗日根据地土地政策的决定》（含附件）、《晋冀鲁豫边区土地使用暂行条例》、《陕甘宁边区租佃条例草案》（附说明）、《抗战中土地问题获得圆满解决》、《保障佃权是减租交租的关键》（解放日报社论）。

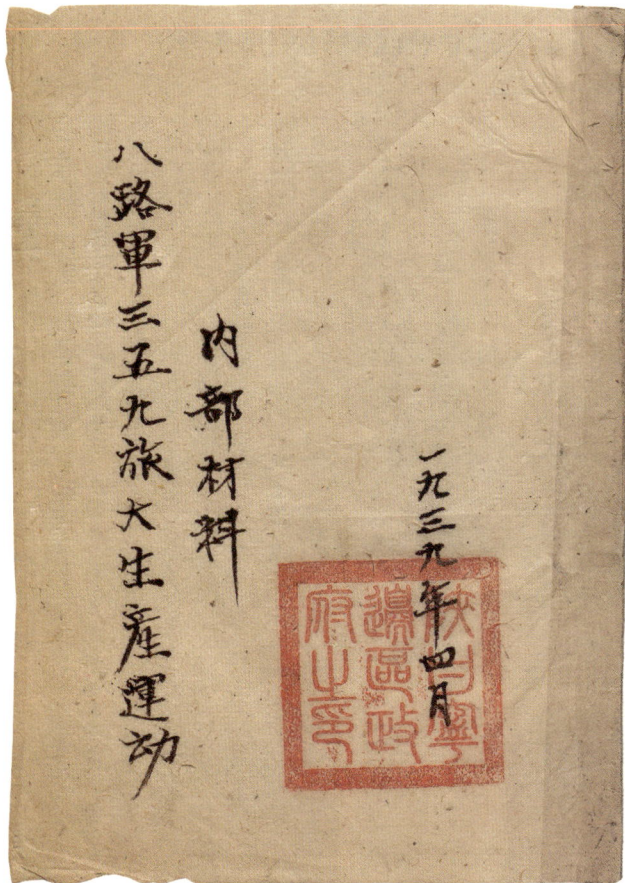

八路军三五九旅大生产运动内部材料

家有千树，不愁一富
春分前后清明前
学习技术栽好树
植树造林正热烈
争取栽上都成活

一、移苗栽树法

挖移树秧时，不要摇动了根，因为小树秧毛根多，挖断了不容易成活。移苗栽树的坑，要是往高坡地和沙土地里，就得比原来树秧的坑栽深二寸；如往低地和粘土地里，和原坑深浅差不多就行。若在沙滩碱地里栽，就得先在坑内换些泥土，顶好是把原来坑内的母土换过些来。这样，树秧就不怕河水土不同而枯死或瘦弱。挖新坑时，注意把浮土和原来长得见日光的土（阳向、阴向土）栽移栽到坑里去，先填浮土，并将些莫（阴向土）背朝地。在放秧时要先浇些水，起清和原来长得见日光（阳向、阴向些）。栽时二人把树秧精同业把，一人在旁填土，这样树根可以伸展，随坑

八路军三五九旅大生产运动内部材料

八路军三五九旅大生产运动内部材料
内部材料
一九三九年四月

八路军三五九旅大生产运动内部材料

1939 年 4 月　油印本　邵志刚捐赠

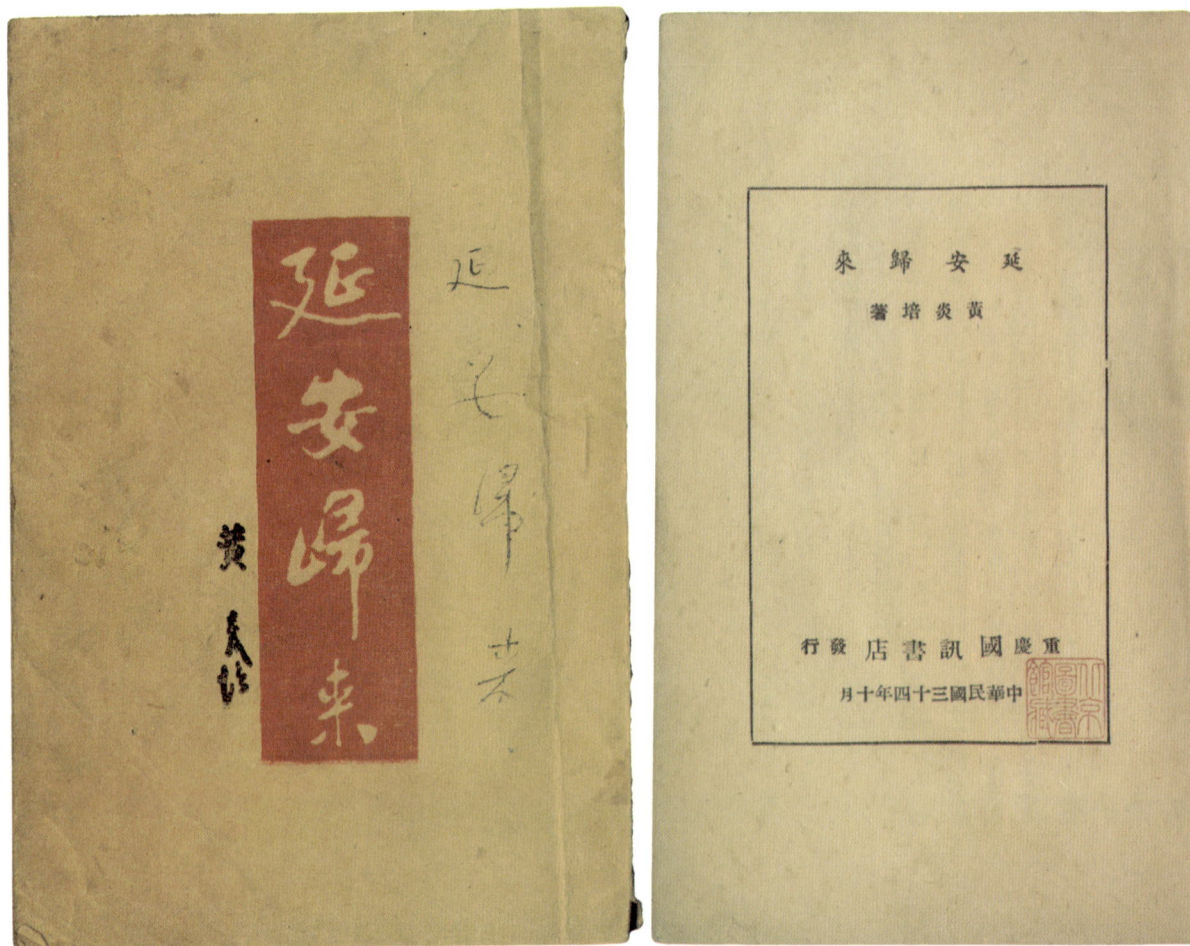

延安归来

黄炎培著　冀南书店　1945 年

　　1945 年 7 月 1 日至 5 日著者偕褚辅成、冷遹、左舜生、傅斯年、章伯钧 5 人到延安访问。本书就是此次延安之行的观感，包括《延安归来答客问》《延安五日记》及诗 2 首。

苏联对日宣战红军攻入伪满日本宣布无条件投降

《大众日报》号外　1945年8月11日

　　1945年8月11日，《大众日报》号外率先发布日本无条件投降的消息。本件号外红色铅印，由"苏联对日宣战红军攻入伪'满'""日本宣布无条件投降"及毛主席发表的"由于苏联对日宣战抗战已到最后阶段"声明等相关报道组成。

解放区的土地制度改革运动

1947 年 9 月，中共中央召开全国土地会议，颁布《中国土地法大纲》，宣布在解放区实行土地改革，把地主土地无偿分给无地或少地农民。土地改革运动基本消灭了封建土地制度，改变了农村旧有的生产关系，使农村各阶级占有的土地大体平均，贫雇农基本获得相当于平均水平的土地和其他生产生活资料。

这一翻天覆地的变化，使亿万农民在政治、经济上获得了解放，由此迸发出难以估量的革命热情。土地革命运动为夺取全国胜利，提供了源源不断的人力、物力支持。

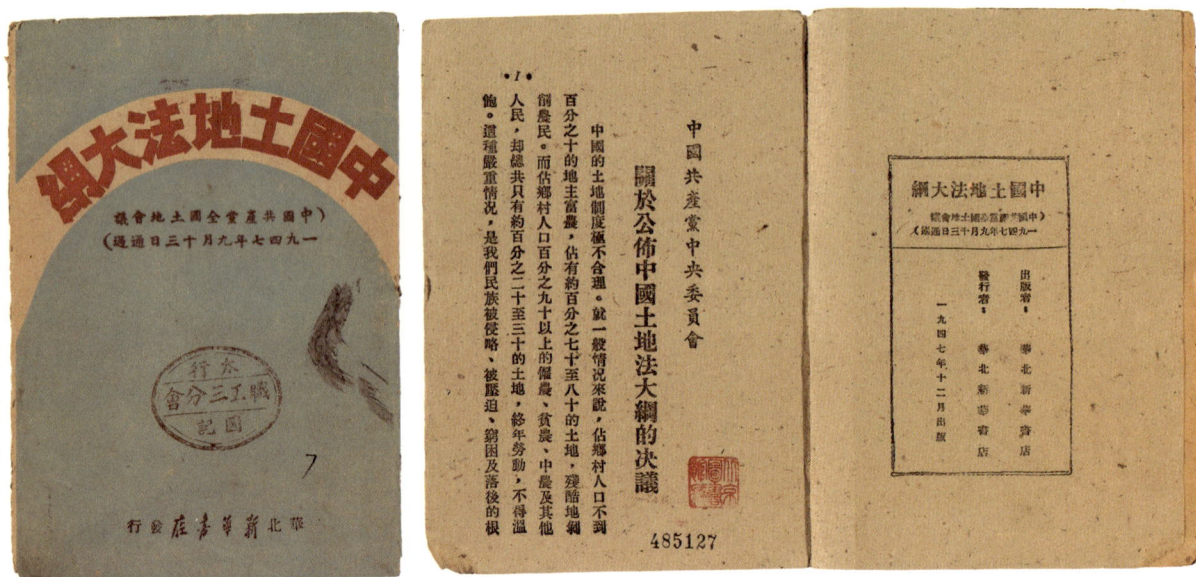

中国土地法大纲

华北新华书店　1947 年 12 月

中国共产党全国土地会议 1947 年 9 月 13 日通过。

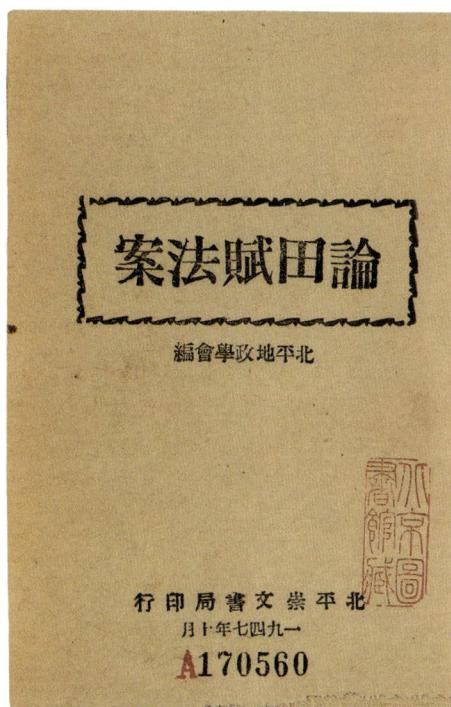

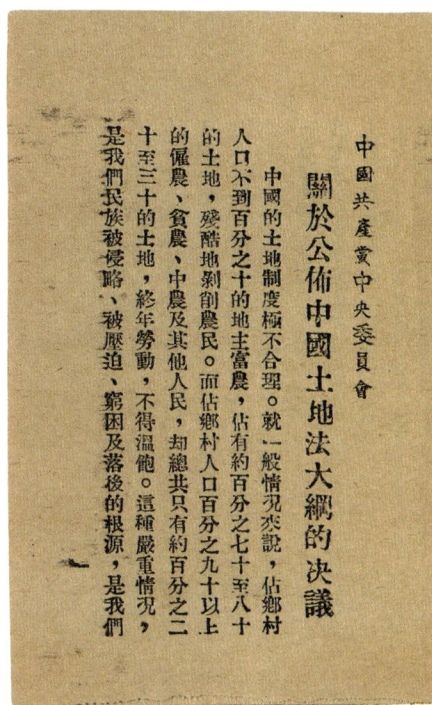

论田赋法案（伪装本）

伪装本，伪托"北平地政学会编"，"崇文书局印行"，内容为 1947 年 10 月 10 日通过《中国共产党中央委员会关于公布土地法大纲的决议》。

两個文件的决定

央中於關一九三三年的

142.16

华北大学

行印店書華新北華

的年三三九一於關央中共中

兩個文件的決定

中共華北中央局編

〔2〕1—3000

一九四八年八月再版

出版者　華北新華書店

發行者　華北新華書店

總分店　冀中・邯鄲

分店　石家莊　察哈爾（易縣）
　　　辛集　河間　安國　鄴州
邢台　　　　長治　陽泉　薄源

每冊定價　　元

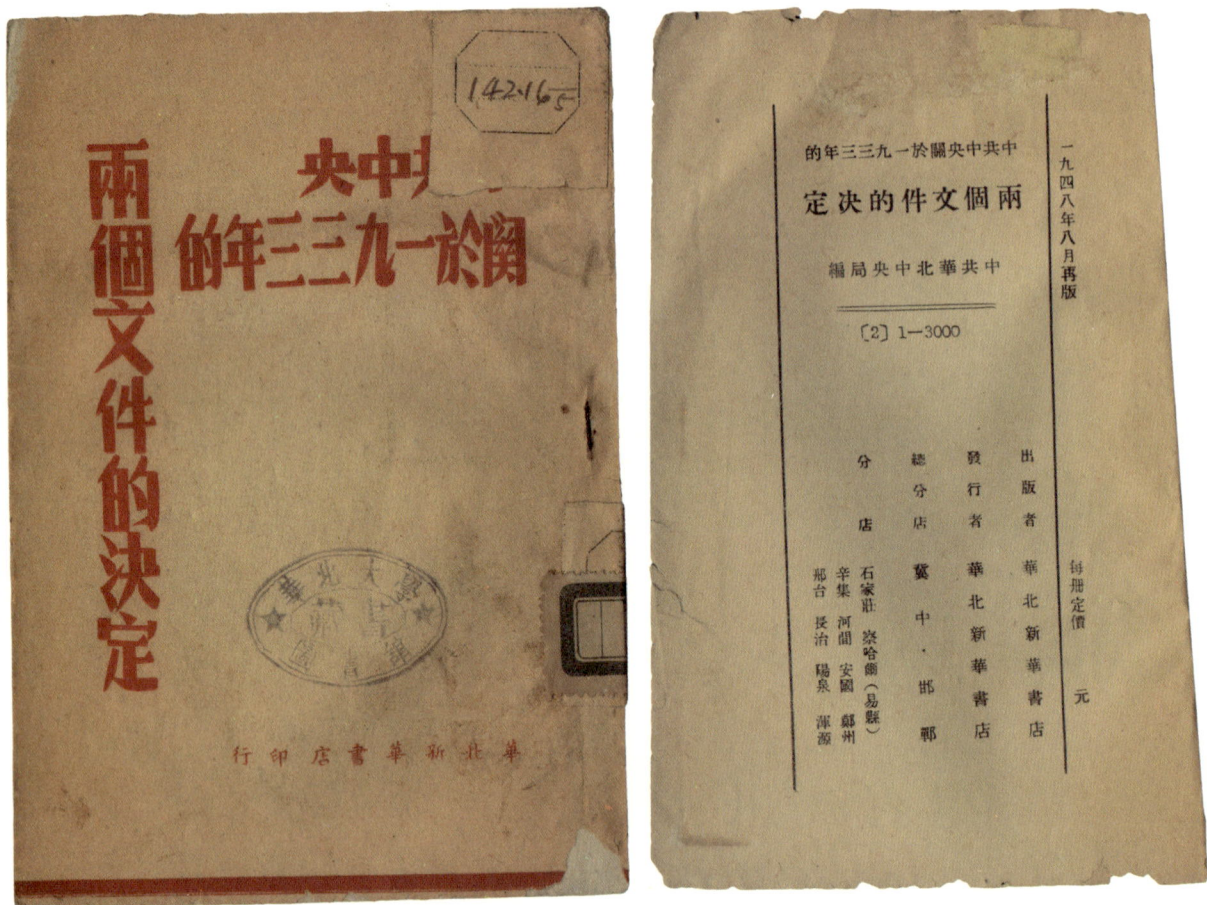

中共中央关于一九三三年的两个文件的决定

中共中央颁发　中共中央华北中央局编　华北新华书店　1948年8月再版

　　1933年10月10日，经中华苏维埃临时中央政府通过后颁布实施了《怎样分析阶级》和《关于土地斗争中一些问题的决定》两个文件。1947年12月又以参考文件的方式发给各解放区的各级党委。1948年5月25日，为了指导当时的土地改革工作，纠正土改运动中"左"的偏向，中共中央委员会决定重新正式发布这两个文件给各级党委应用。

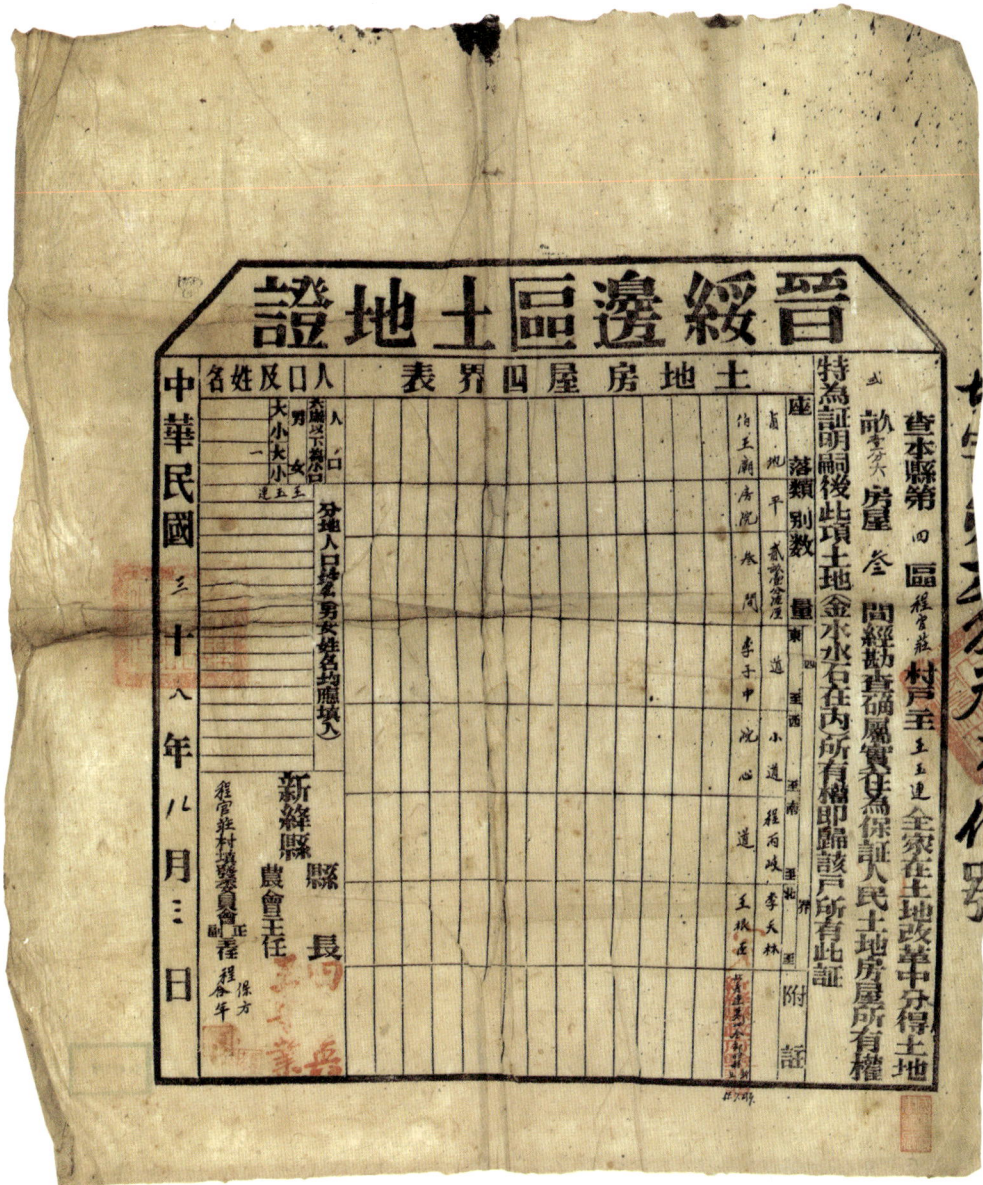

晋绥边区土地证

新绛县政府　1949 年

本件系新绛县政府 1949 年 8 月 3 日颁发给该县第四区程官庄村王玉连的土地所有证，末有新绛县县长田英、农会主任王守业、程官庄村填发委员会正主任程保方、副主任程合年的签名。

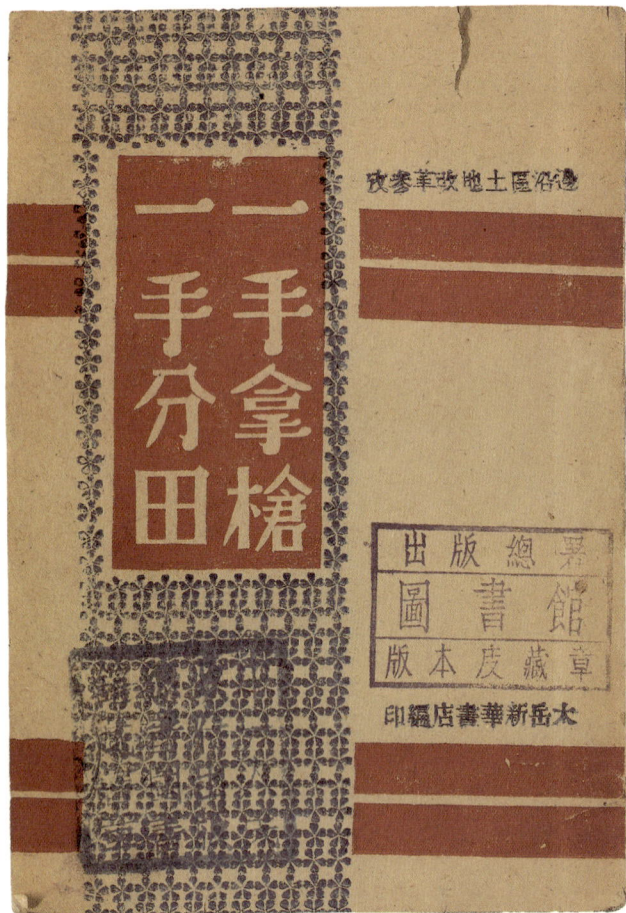

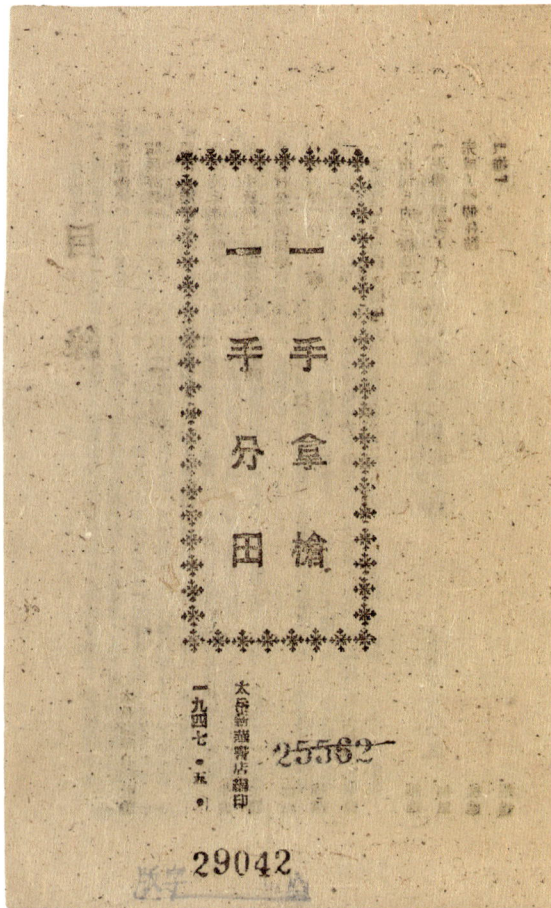

一手拿枪一手分田

太岳新华书店　1947年5月

在人民的支持下夺取全国
解放战争的胜利

1948 年秋，国民党政府的政治危机愈加严重，国统区经济急剧走向全面崩溃。中国人民解放军先后组织了辽沈、淮海、平津三个战略性战役及其他几个重要战役，解放了东北、华北大部分地区。1949 年春，中国人民解放军实施渡江战役，进而向华南、西南地区进军。至 1949 年 9 月底，中国大陆大部分地区均已解放。

解放战争时期，翻身做主人的广大工农群众踊跃参军、支前，以各种方式支持人民解放军。陈毅曾说："淮海战役的胜利是人民群众用小车推出来的。"这句话生动地说明，人民群众的支持是解放战争迅速取得胜利的重要原因。

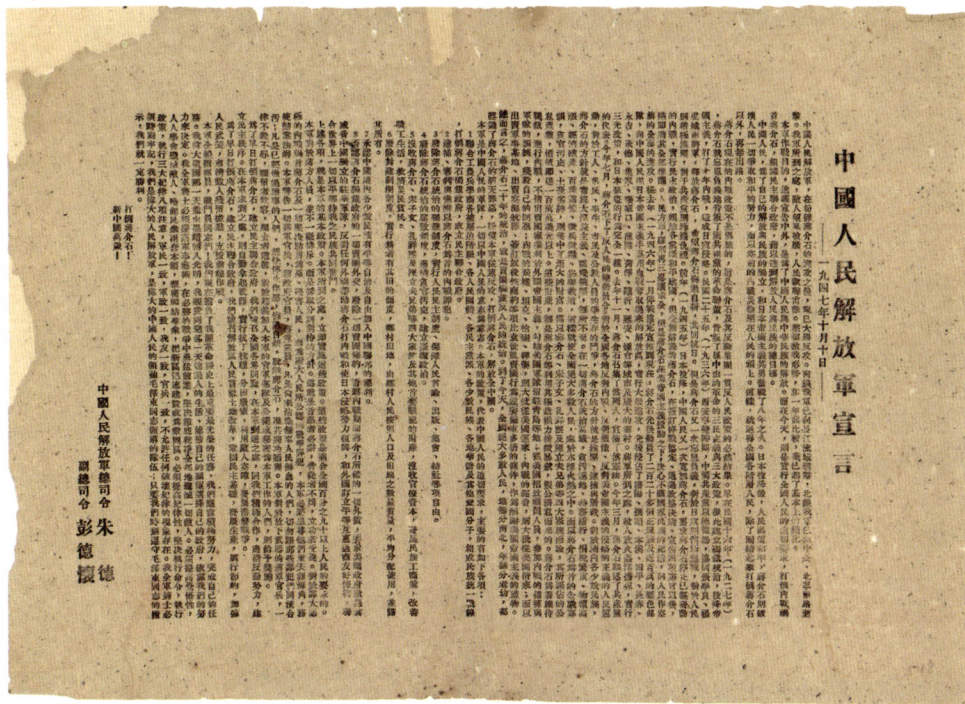

中国人民解放军宣言

毛泽东起草　朱德、彭德怀发布　1947 年 10 月 10 日

又称"双十宣言"，是毛泽东为中国人民解放军总部所起草的政治宣言。宣言分析了当时的国内政治形势，提出了"打倒蒋介石，解放全中国"的口号，宣布了中国人民解放军，即中国共产党的八项基本政策。

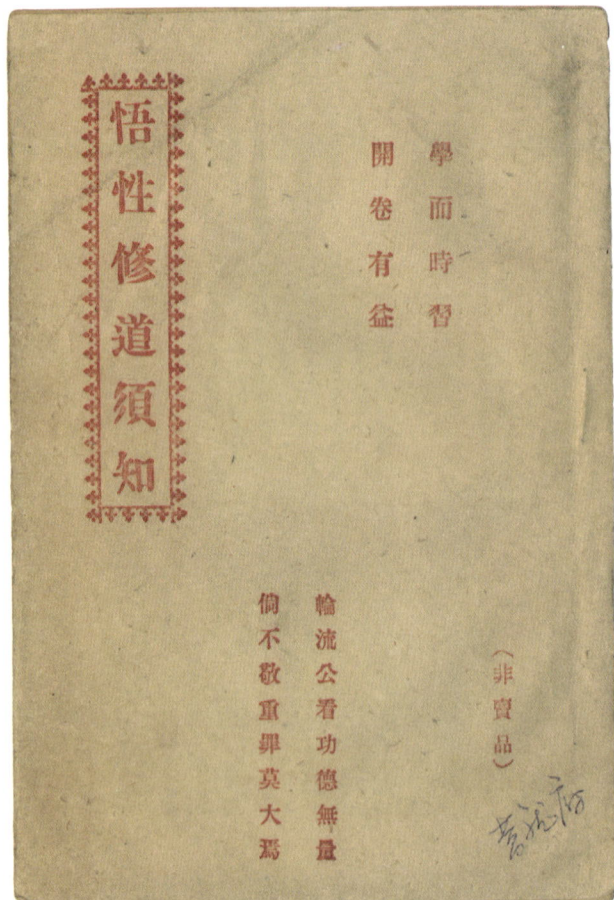

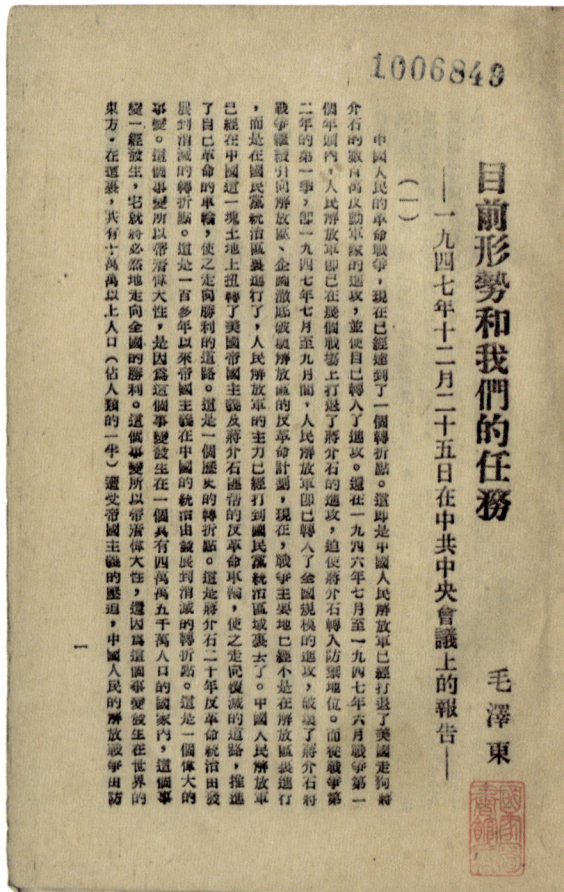

悟性修道须知

学而时习

开卷有益

（非卖品）

轮流公看功德无量

偷不敬重罪莫大焉

1006849

目前形势和我们的任务

——一九四七年十二月二十五日在中共中央會議上的報告——

毛澤東

（一）

中國人民的革命戰爭，現在已經達到了一個轉折點。這即是中國人民解放軍已經打退了美國走狗蔣介石的數百萬反動軍隊的進攻，並使自己轉入了進攻。還在一九四六年七月至一九四七年六月戰爭第一個年間內，人民解放軍即已在曾個戰場上打退了蔣介石的進攻，而就戰爭第二年的第一季，即一九四七年七月至九月間，人民解放軍即已轉入了全國規模的進攻，破壞了蔣介石將戰爭繼續引向解放區、企圖徹底破壞解放區的反革命計劃。現在，戰爭主要地已經不是在國民黨統治區域進行了，前是在國民黨統治區域進行了。人民解放軍的主力已經打到國民黨統治區域裏去了。中國人民解放軍已經將戰爭引向國民黨統治區域，展到了國民黨統治區域，這是一個歷史的轉折點。這是蔣介石的二十年反革命統治由發展到消滅的轉折點。這是一百多年來帝國主義在中國的統治由發展到消滅的轉折點。這個事變，一經發生，它就必然地走向全國的勝利。這個事變所以帶著很大性，是因為這個事變發生在一個有四萬萬五千萬人口的國家內，這個事變一經發生，它就必然地走向全國的勝利。而在某種地方帶著要在全世界的東方。在這裏，共有六萬萬以上人口（佔人類的一半）遭受帝國主義的壓迫。中國人民的解放戰爭由防

一

悟性修道须知（伪装本）

毛泽东著《目前形势和我们的任务》的伪装本，伪托"刘纶熙编辑""成文印书局庆记""康德十一年（1944）六月印刷"。

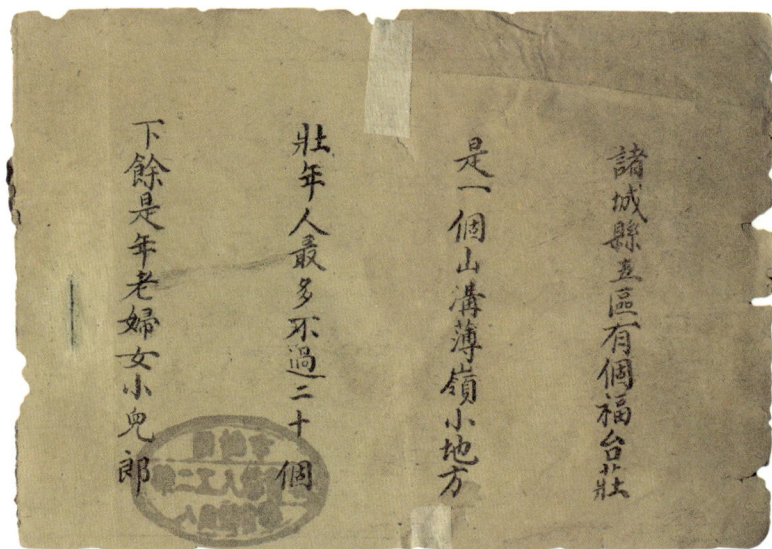

六姐妹运军粮

魏紫熙画

诸城县五区有个福台庄，是一个山沟薄岭小地方，壮年人最多不过二十个，下余是年老妇女小兒郎。

六姐妹运军粮

魏紫熙画

本书描写了解放战争时期山东解放区诸城县福台庄六姐妹送军粮的故事，左图右文，图文并茂。

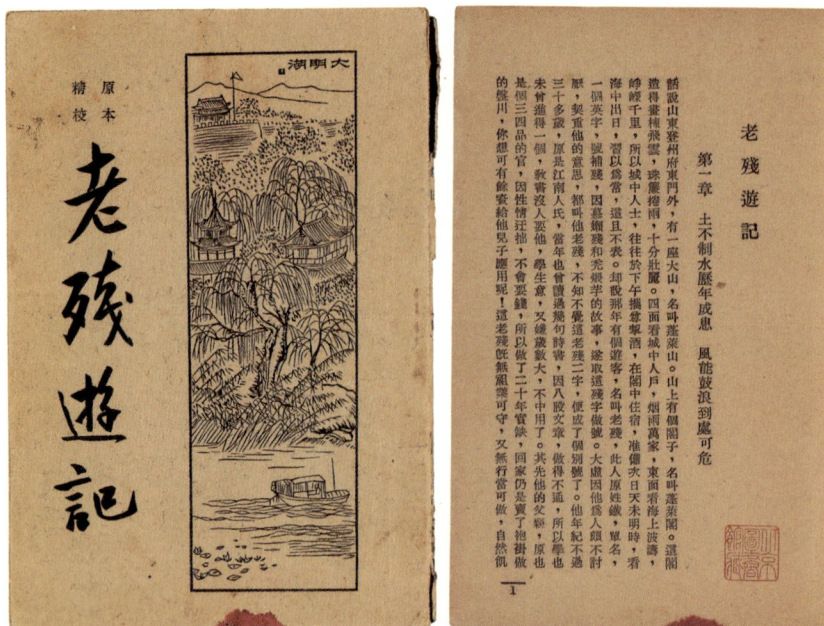

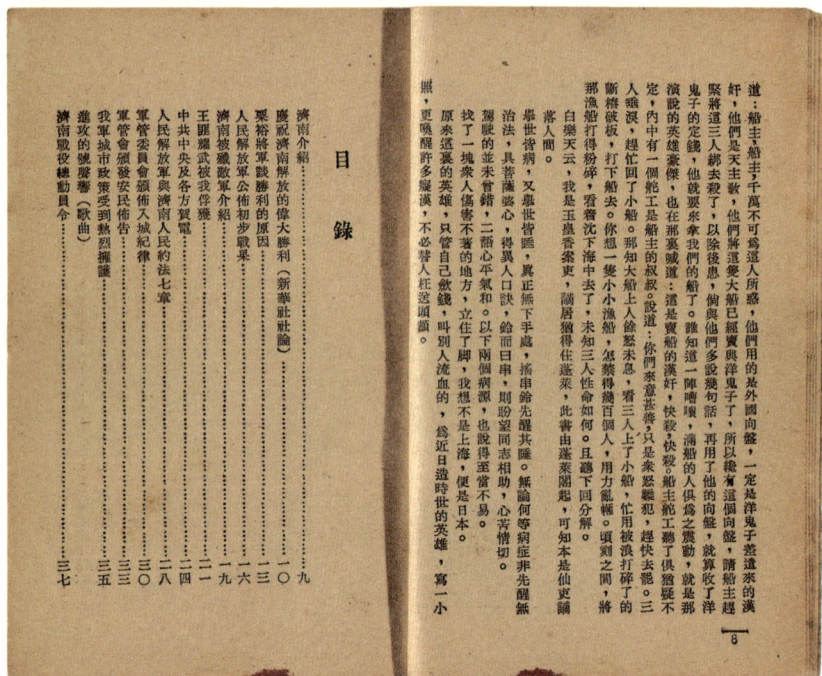

老残游记（伪装本）

1948 年

济南战役是人民解放军攻克敌人重点设防的大城市的开始。本书为报道济南解放的伪装本，收入《济南介绍》《庆祝济南解放的伟大胜利》《解放济南之战》等16篇文章、文告，还收入《进攻的号声响》等3首歌曲。

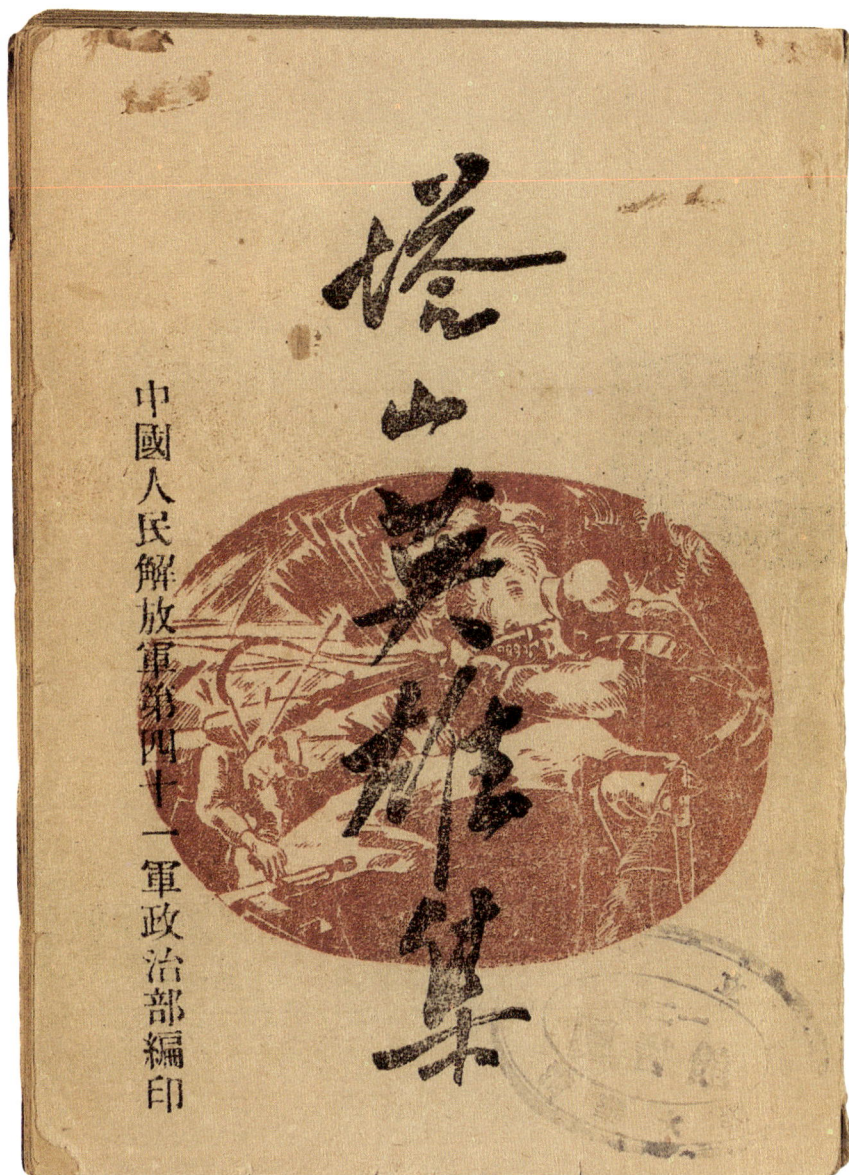

塔山英雄集

中国人民解放军第四十一军政治部编印　1949 年

　　1948 年 10 月 10 日至 10 月 15 日，塔山战役持续了六天六夜。塔山战役后，国民党军被限制在塔山一线。中国人民解放军授予坚守塔山的第 4 纵队第 12 师第 34 团为"塔山英雄团"。本书收 40 余篇通讯报道，介绍塔山阻击战的英雄事迹。

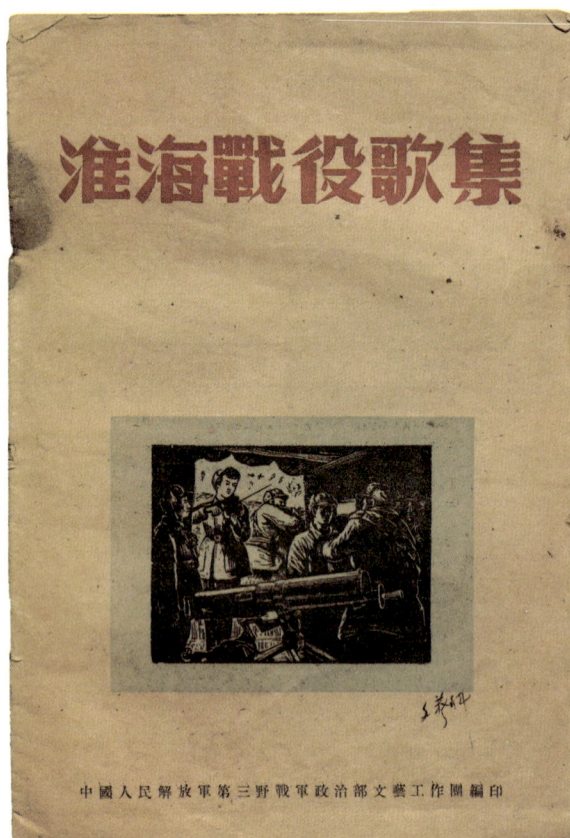

中國人民解放軍第三野戰軍政治部文藝工作團編印

淮海战役歌集

中国人民解放军第三野战军政治部文艺工作团编印　1949年

　　本书收录了《淮海战役组歌》《淮海打胜仗》《往南打》《飞毛腿》《铁要趁热打》等脍炙人口的战斗歌曲。这些歌曲激发了战士们的斗志，唱出了人民战争的宏伟气势和中国人民解放军必胜的决心与气魄。

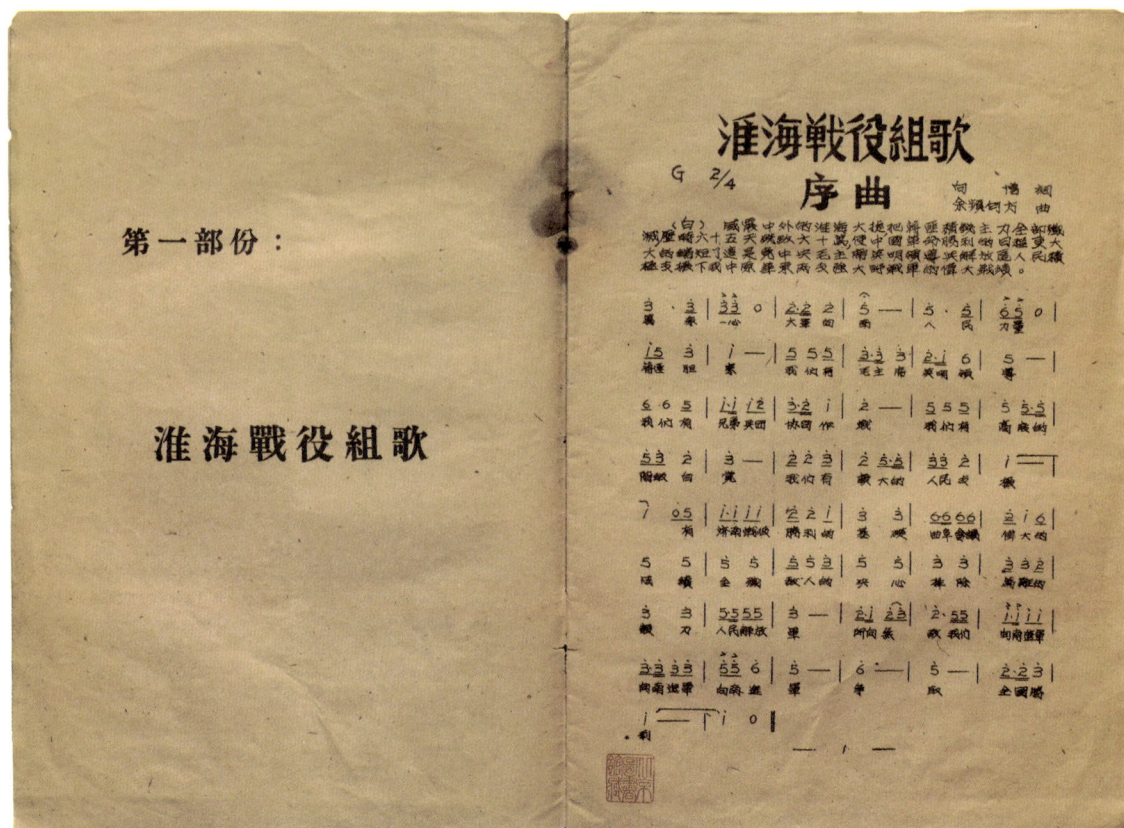

中國人民解放軍平津前線司令部佈告

本軍奉命殲滅國民黨匪軍，解放北平、天津、唐山、張家口諸城市。茲特宣佈約法八章，願與我全體人民共同遵守。

(1)保護各城市全體人民的生命財產。望我全體人民嚴守秩序，各安生業。如有反革命分子或其他破壞分子乘機搗亂，搶掠破壞者，一經查出，定予嚴辦。

(2)保護民族工商業。凡屬私人經營之工廠、商店、銀行、倉庫等，一律保護，不受侵犯。卓合業員工照常生產，各行商店照常營業。

(3)沒收官僚資本。凡屬國民黨及動官府經營之工廠、商店、銀行、倉庫、鐵路、政、電報、電燈、電話、自來水等，均由民主政府接管。其中如有一部分民主資本經調查屬實者，當承認其所有權。所有在官僚資本企業中供職之人員，在民主政府接管前，均須照舊供職，並負責保護資財、機器、圖案、賬册、檔案等，聽候清點和接管。保護有功者獎，急工破壞者罰。其願繼續服務者，在民主政府接管後，准予量才錄用。

(4)保護學校、醫院、文化教育機關、體育場所，及其他一切公共建築，任何人不得破壞。學校教職員，文化教育衛生機關及其他社會公益機關供職的人員，均須照常供職，本軍一律保護，不受侵犯。

(5)除首要的戰爭罪犯及罪大惡極的反革命分子外，凡爲國民黨及市、縣各級政府機關的官員或警察人員，區鎮保甲人員，凡不攜抵抗，不論軍破壞者，本軍一律不加逮捕或違捕。並責成上述人員各安職守，服從本軍及民主政府的命令，負責保護各機關資財、檔案等，聽候接收處理。這些人員中，凡有一技之長，而無反動行爲或嚴重方跡者，民主政府准予分別錄用。如有乘機破壞、偷盜舞弊、攜帶公款、公物、檔案潛逃，或非不交代者，定平依法懲辦。

(6)爲維保城市治安、安定社會秩序，一切散兵游勇均應向當地本軍部隊及警備司令部或公安局投誠報到。凡自動投誠報到，並繳納其所有武器，概不追究。其進不報到及隱藏武器者，即予逮捕查究。決不姑寬。窩藏不報者，亦須到受相當的處分。

(7)保護外國僑民生命財產的安全。一切外國僑民，必須遵行本軍及民主政府的法令，不得進行間諜活動。不得有反對中國革命之行爲，不得隱藏戰爭罪犯、反革命分子及其他罪犯；否則，當受本軍及民主政府的法律制裁。

(8)無論在本軍進城以前和進城以後，城內一切市民及各界人士，均須共同負責，維持全城秩序，免遭破壞。凡保護有功者獎、陰謀破壞者罰。本軍紀律嚴明，公買公賣，不取民間一針一線，望我全體人民一律安居樂業，切勿輕信謠言，自相驚擾。切切此佈！

中國人民解放軍平津前線司令部司令員林彪
政治委員羅榮桓
一九四八年十二月二十二日

366632

中国人民解放军平津前线司令部布告

中国人民解放军平津前线司令部发布　1948年12月　石印本

　　为了保护古都北平和华北最大的工商业城市天津，人民解放军平津前线司令部于1948年12月22日发布由司令员林彪、政委罗荣桓署名的约法八章，规定了保护全体人民生命财产、保护民族工商业、没收官僚资本等接管城市的八项政策，劝说北平、天津等地的敌军放下武器。

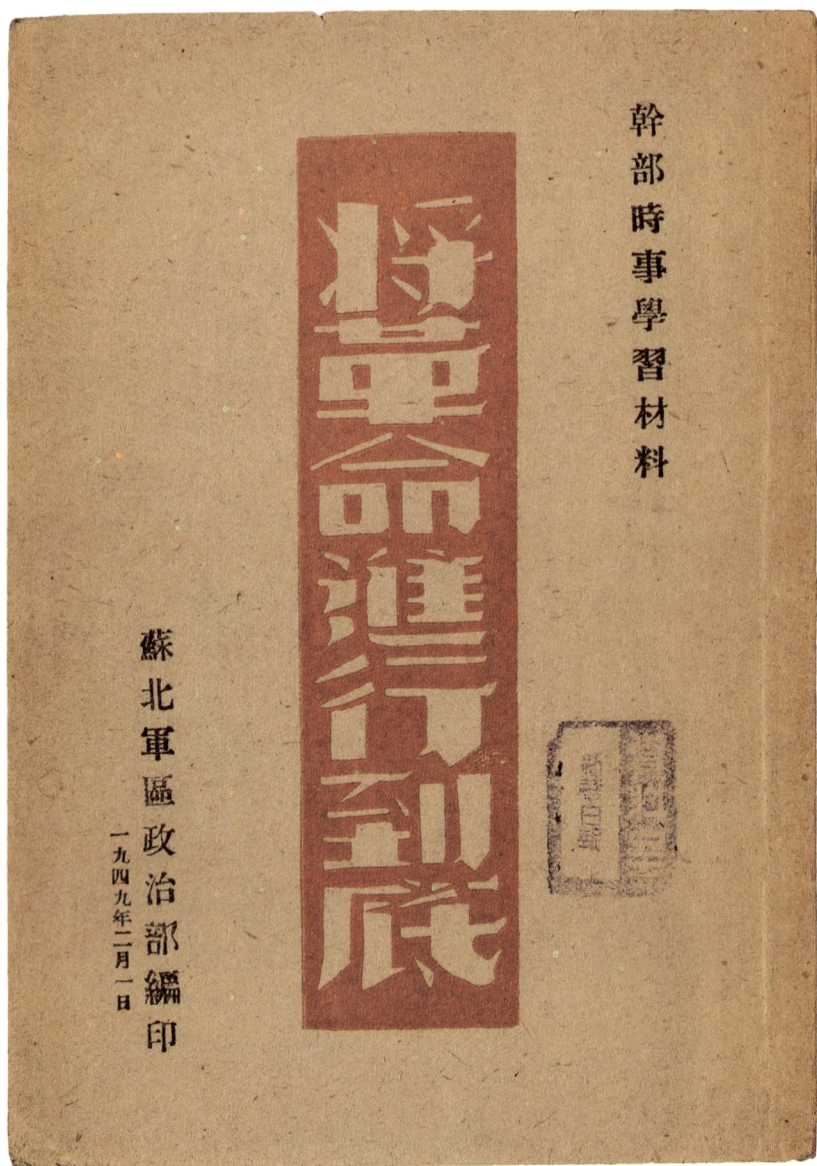

将革命进行到底

苏北军区政治部编印　1949 年 2 月 1 日

　　1948 年 12 月 30 日，毛泽东为新华社撰写的新年献词。号召全党、全军、全国人民坚决彻底干净全部地消灭一切反动势力，推翻国民党反动统治，建立人民民主专政的共和国，绝不能使革命半途而废。

党的群众路线的新发展

新中国成立以后，中国共产党根据执政党面临的新形势和新任务，对群众路线又作了新的丰富和发展。党的十一届六中全会通过的《关于建国以来党的若干历史问题的决议》对群众路线的基本内容作了简明而准确的概括，指出群众路线就是"一切为了群众，一切依靠群众，从群众中来，到群众中去"，同时高度评价了群众路线在毛泽东思想中的重要地位，把它看成是毛泽东思想活的灵魂的三个基本方面之一。

改革开放以来，以邓小平为核心的第二代中央领导集体、以江泽民为核心的第三代中央领导集体和以胡锦涛同志为总书记的党中央，在领导中国特色社会主义建设伟大实践中，继承和发扬党的群众路线，根据不同阶段的发展形势，提出了许多新观点、新论断、新要求，进一步发展了党的群众路线的思想内涵。

在当前新的历史条件下，以习近平同志为总书记的党中央把党的群众路线视为"党的生命线和根本工作路线"。全党开展以"为民、务实、清廉"为主要内容的党的群众路线教育实践活动，是"十八大"作出的一项战略决策。2013 年 6 月到 2014 年 10 月，党的群众路线教育实践活动自上而下分两批开展。各级党组织和广大党员、干部积极响应党中央号召，高度重视、踊跃参与，广大人民群众热烈响应、热情支持，整个活动进展有序、扎实深入，达到了预期目的，取得了重大成果。

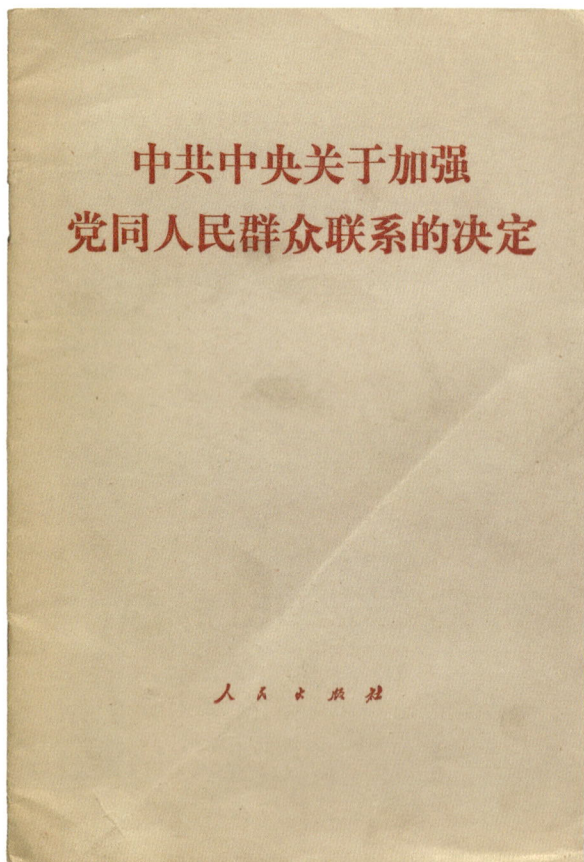

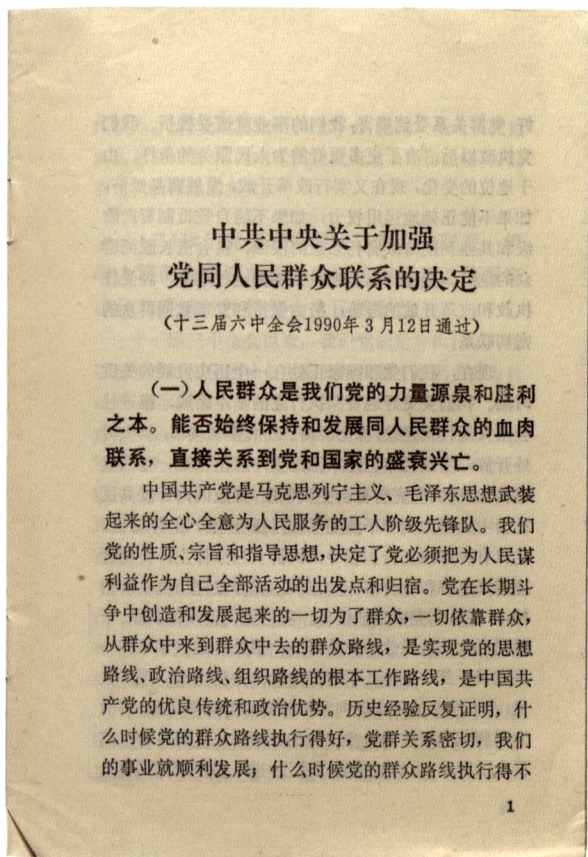

中共中央关于加强
党同人民群众联系的决定

中共中央关于加强
党同人民群众联系的决定
（十三届六中全会1990年3月12日通过）

（一）人民群众是我们党的力量源泉和胜利之本。能否始终保持和发展同人民群众的血肉联系，直接关系到党和国家的盛衰兴亡。

中国共产党是马克思列宁主义、毛泽东思想武装起来的全心全意为人民服务的工人阶级先锋队。我们党的性质、宗旨和指导思想，决定了党必须把为人民谋利益作为自己全部活动的出发点和归宿。党在长期斗争中创造和发展起来的一切为了群众，一切依靠群众，从群众中来到群众中去的群众路线，是实现党的思想路线、政治路线、组织路线的根本工作路线，是中国共产党的优良传统和政治优势。历史经验反复证明，什么时候党的群众路线执行得好，党群关系密切，我们的事业就顺利发展；什么时候党的群众路线执行得不

1

中共中央关于加强党同人民群众联系的决定

人民出版社　1990年

　　1990年3月12日，中国共产党第十三届中央委员会第六次全体会议通过。《决定》指出，党要密切同人民群众的联系；要积极疏通和拓宽党同人民群众联系的渠道；要加强党风和廉政建设；要建立和完善党内监督与党外监督制度。

从左翼文艺到人民文艺
——服务人民，百花齐放

    文艺是时代的号角，最能代表时代风貌，引领时代风气。20世纪初，在新文化运动和五四运动中，发端于文艺领域的创新风潮对社会变革产生了重大影响，成为全民族思想解放运动的重要引擎。在中国共产党领导全国人民进行新民主主义革命与社会主义现代化建设的过程中，革命文艺、进步文艺始终发挥着启迪心智、滋润心灵、鼓舞斗志的重要作用。文艺事业是党和人民的重要事业，文艺战线是党和人民的重要战线。

    长期以来，广大文艺工作者致力于文艺创作、表演、研究、传播，在各自领域辛勤耕耘、服务人民，取得了显著成绩。在几代文艺工作者的共同努力下，我国现当代革命文艺、进步文艺的园地百花竞放，呈现出硕果累累、繁荣发展的生动景象。文艺家们书写和记录着中国人民的伟大实践，弘扬正气，凝聚力量，鼓舞全国各族人民朝气蓬勃地走向胜利、迈向未来。

土地革命战争时期中国共产党领导的左翼文化运动

　　土地革命战争时期，中国共产党在国统区内领导了新兴的左翼文化运动。1929 年下半年，在中共中央宣传部之下成立中央文化工作委员会，统一领导文化工作。1930 年 3 月，经过党的建议和筹划，中国左翼作家联盟在上海正式成立。随后，中国社会科学家、戏剧家、美术家、教育家联盟以及电影、音乐小组等左翼文化团体也相继成立。10 月，各左翼文化团体又共同组成中国左翼文化总同盟。左翼文化力量在党的领导下，积极从事马克思主义宣传和革命文艺创作等活动。

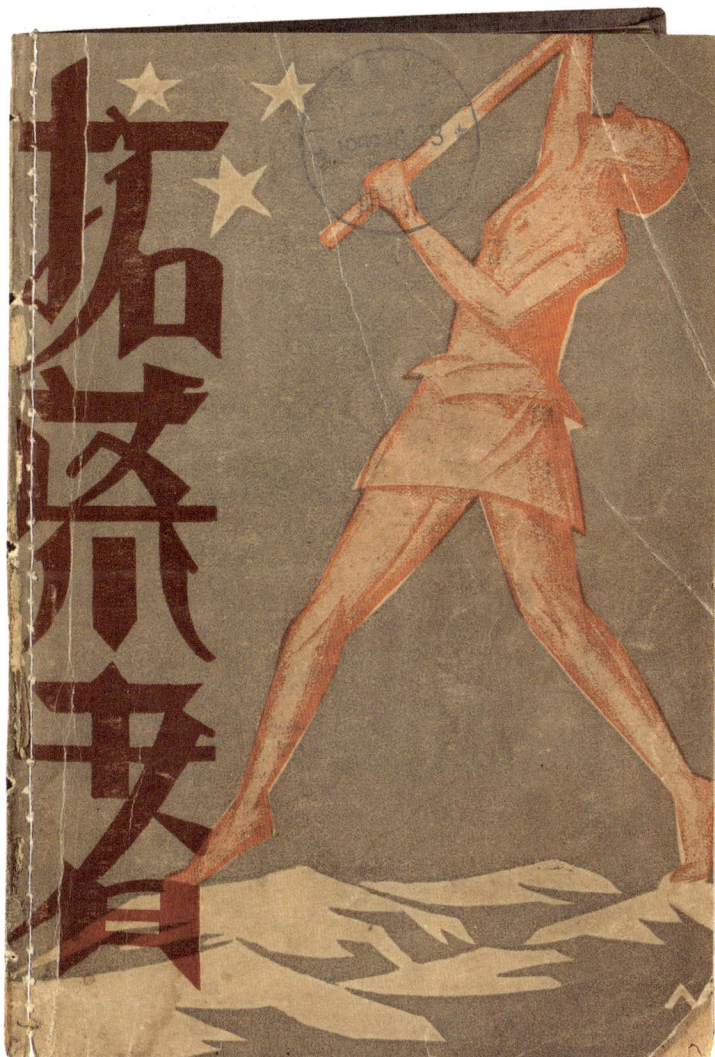

拓荒者

蒋光慈编　现代书局　1930 年

　　1930 年 1 月 10 日创刊，其前身为《新流月报》。自 1930 年第 3 期起，成为"左联"机关刊物，同年 5 月第 4、5 期合刊出版后被国民党政府查禁。《拓荒者》第 1 卷第 3 期刊有《中国左翼作家联盟理论纲领》，由"左联"第一任党团书记兼宣传部长冯乃超起草。

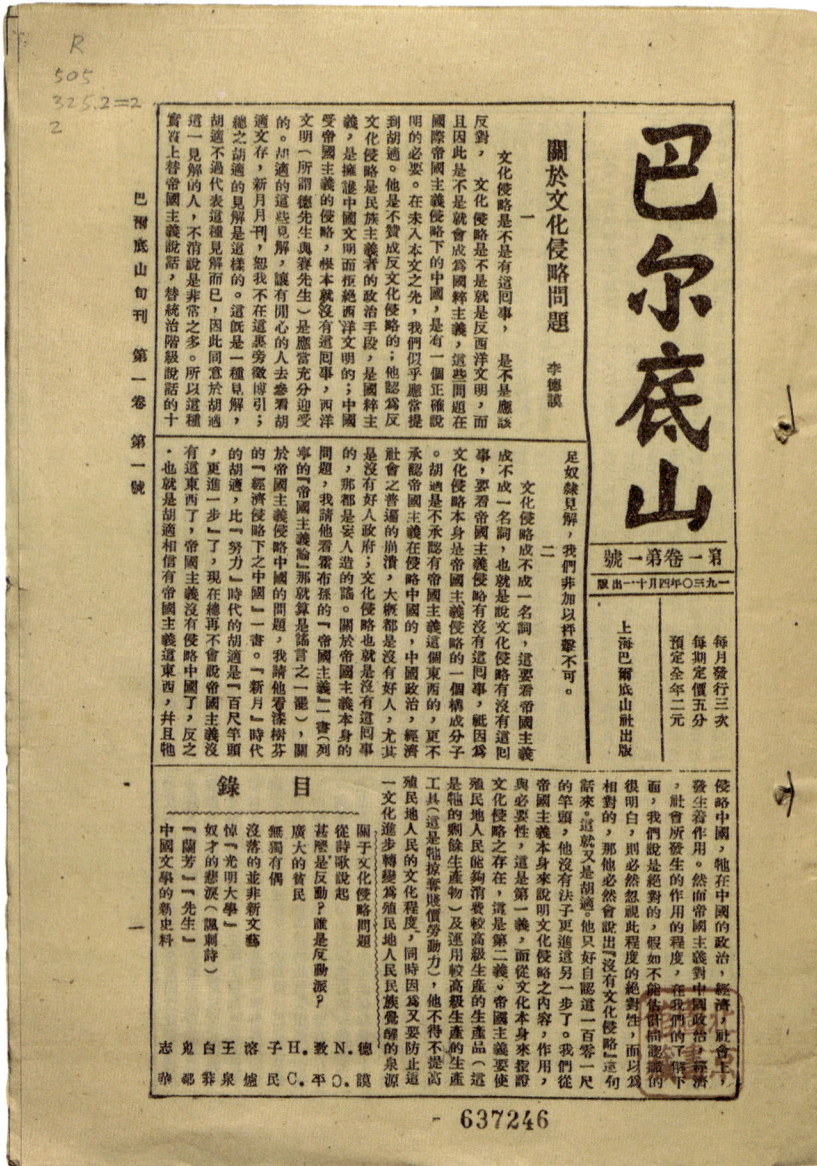

巴尔底山

李一氓编辑　巴尔底山社　1930 年

　　"巴尔底山"是英文 Partisan 的音译，即"游击队员"之意，其"基本队员"有鲁迅、冯雪峰、潘汉年等。《巴尔底山》始刊于 1930 年 4 月 11 日，终刊于 1930 年 5 月 21 日，以发表杂文与时事短文为主，揭露黑暗，抨击军阀混战、清党反共等重大社会事件。

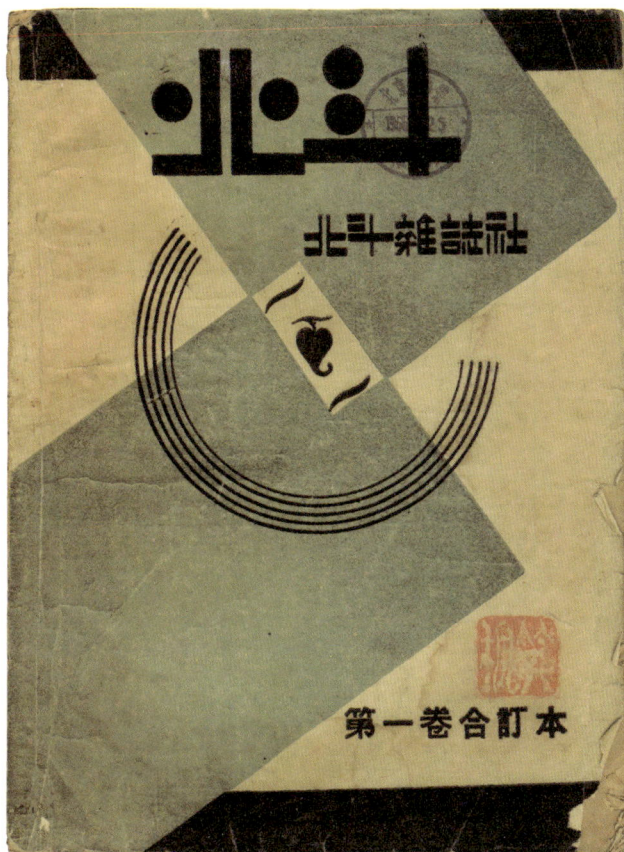

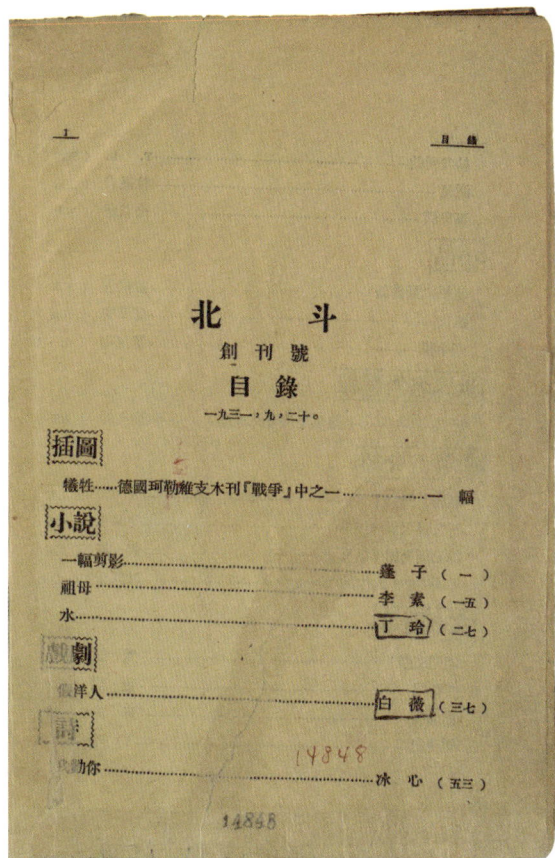

北斗

丁玲主编　上海湖风书局　1931 年 9 月 –1932 年 7 月

　　1931 年 9 月 20 日创刊，是"左联"第一个大型的文艺刊物，设有"批评与介绍""世界名著选评""文艺随笔"等专栏。撰稿人有鲁迅、瞿秋白、茅盾、冯乃超、适夷、张天翼、丁玲、冯雪峰等。1932 年 7 月出版第 2 卷第 3、4 期合刊后被查禁停刊，共出 2 卷 8 期。

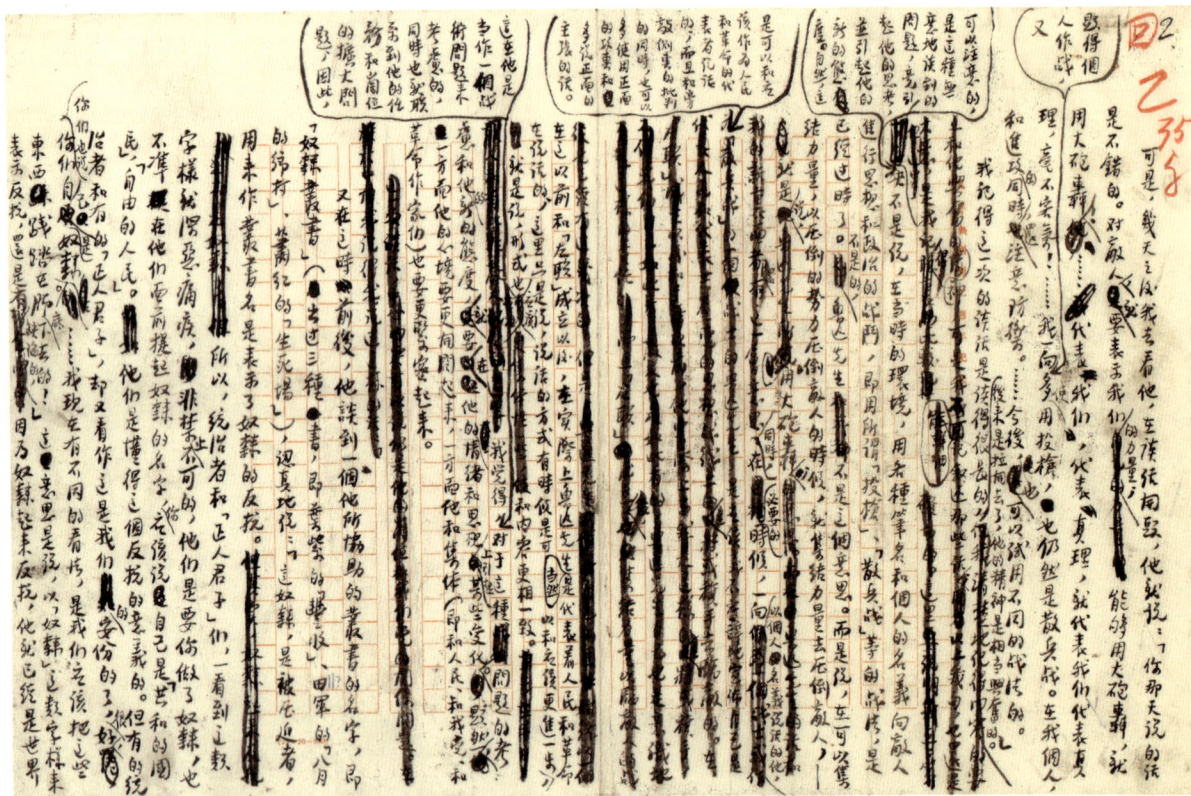

回忆鲁迅

冯雪峰著　毛笔手书原稿　林原捐赠

　　1928 年，冯雪峰通过柔石的介绍认识了鲁迅。1930 年，与鲁迅、柔石、郁达夫等发起成立中国自由运动大同盟。1931 年任中共"左联"党团书记。本文最初在 1951 年 8 月至 1952 年 5 月的《新观察》杂志上连载发表。

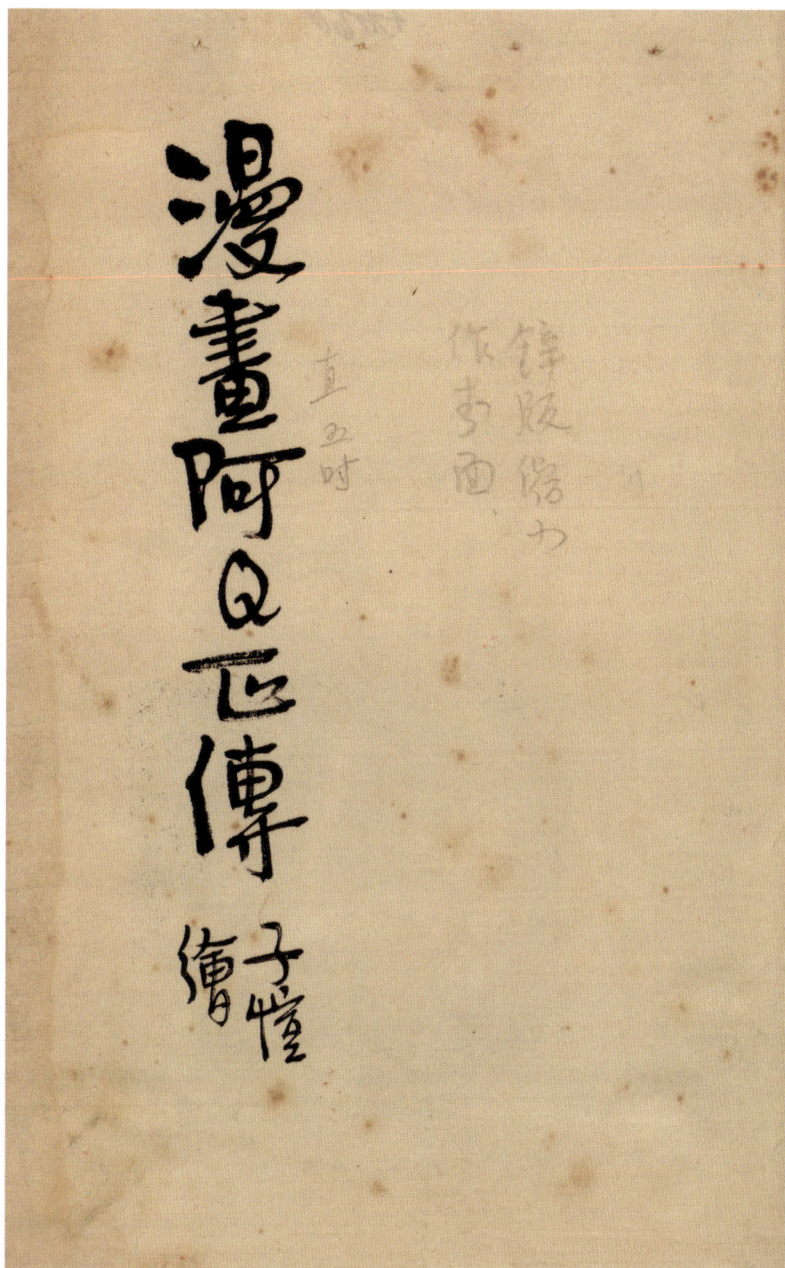

漫画阿Q正传

丰子恺绘　1939年3月　徐调孚赠

　　鲁迅先生的名作《阿Q正传》曾出版过多种漫画版本，较重要的版本有叶浅予1937年版、丰子恺1939年版、丁聪1946年版等。丰子恺的阿Q插画最初以《漫画阿Q正传》为题，于1939年由开明书店出版。这部作品笔法简单拙朴，具有丰子恺漫画独有的淡淡的幽默感，且寄予了深沉的同情和悲哀。

"左联"五烈士

　　"左联"聚集了当时几乎所有中国左翼作家中的精英，为反抗国民党政府文化"围剿"政策、建设马克思主义文艺理论、推动文艺大众化做出了重要贡献。1931年1月7日，淞沪警备司令部以"共产分子""宣传赤化"等罪名，逮捕胡也频、柔石、殷夫、冯铿、李伟森等5位"左联"作家，并于2月7日将他们连同另外18名共产党员一起秘密枪杀。"左联"对此提出严重抗议，指斥反动派的罪行，得到了国内外进步力量的支持。鲁迅先后写下《中国无产阶级革命文学和前驱的血》《为了忘却的纪念》等文章，深情地称颂烈士们的革命精神。

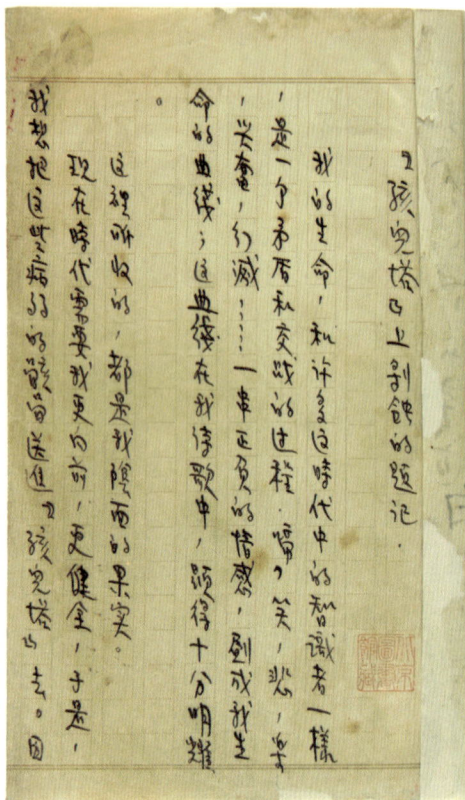

孩儿塔

殷夫著　钢笔手书原稿

　　作于1924年至1929年间。殷夫（1910-1931），原名徐祖华，1930年春参加中国作家联盟。《孩儿塔》收录了作者创作的65首诗，全书在作者生前并未出版，由鲁迅保存。

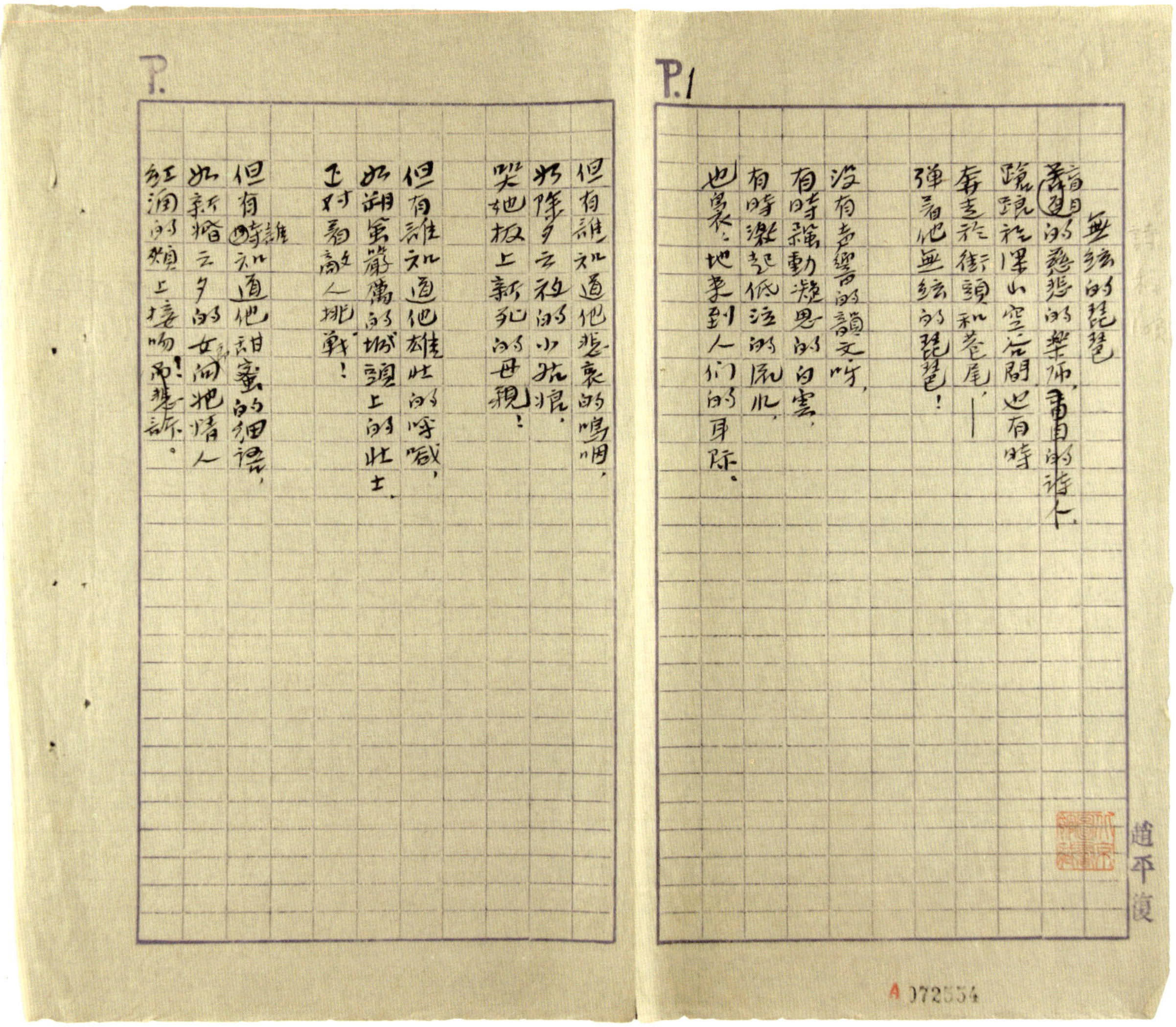

P. ｜ P.1

（柔石毛笔手书诗稿，竖排手迹）

诗稿

柔石著　毛笔手书原稿

　　柔石（1902—1931），原名赵平复，1928年到上海从事革命文学运动。1930年3月任中国左翼作家联盟的执行委员、编辑部主任。1931年被国民党反动派秘密杀害。著有长篇小说《旧时代之死》，中篇小说《二月》等；译有卢那卡尔斯基《浮士德与城》、高尔基《阿尔泰莫诺夫氏之事业》等。

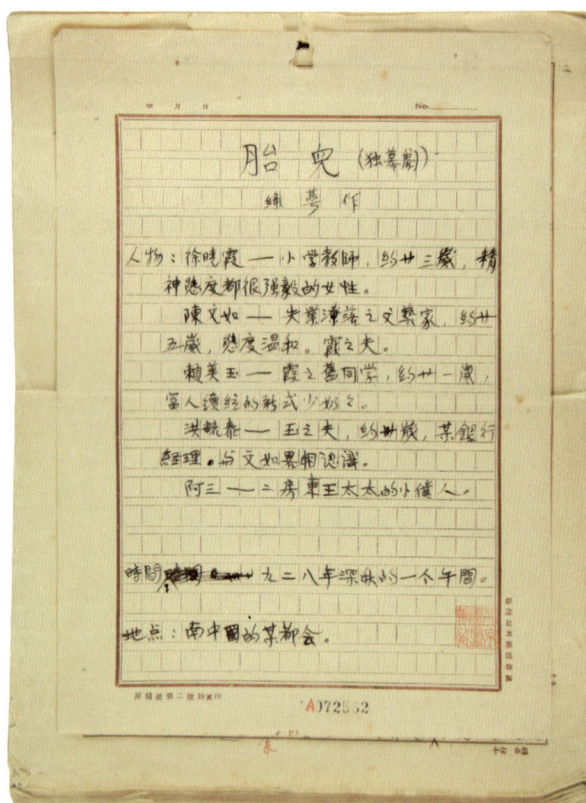

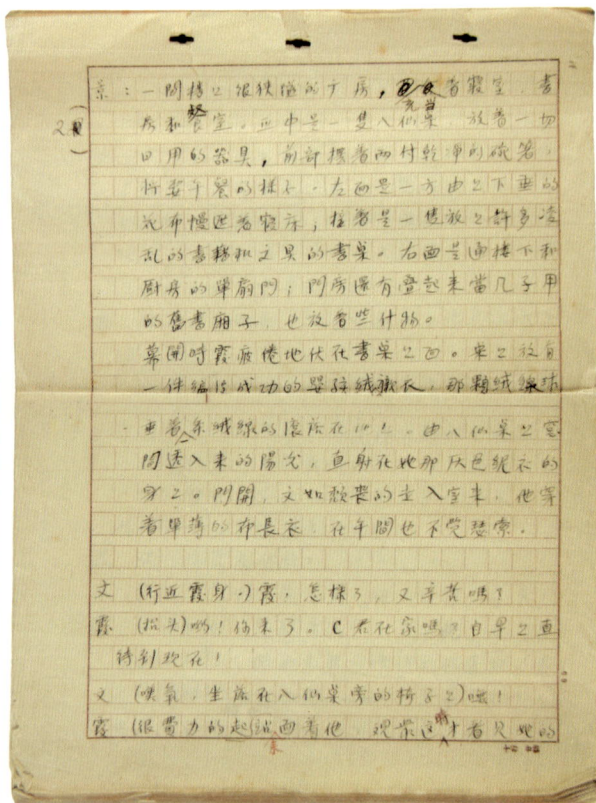

胎儿

冯铿著　钢笔手书原稿

　　冯铿（1907－1931），原名冯岭梅，又名占春，笔名绿萼。1929年加入中国共产党，次年加入左翼作家联盟。该稿原题"绿萼作"。首末页用"创造社出版部特制"稿纸，最后一页用红钢笔书写，后题："一九二八年作于岭东的小村里"。从《冯铿著作系年目录》看，这篇剧作是一部未刊稿。

光明在我们的前面

胡也频著　上海春秋书店　1930 年

　　胡也频（1903-1931），原名胡崇轩。1930 年 5 月参加了中国左翼作家联盟，后当选为"左联"执行委员及"左联"代表，并任工农兵文学委员会主席。他创作的长篇小说《光明在我们前面》，热情歌颂了共产党人艰苦卓绝的革命斗争。

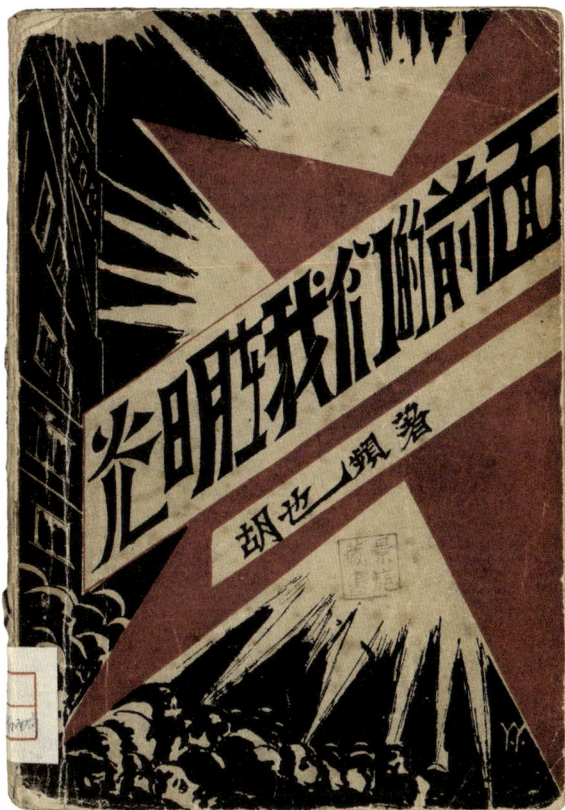

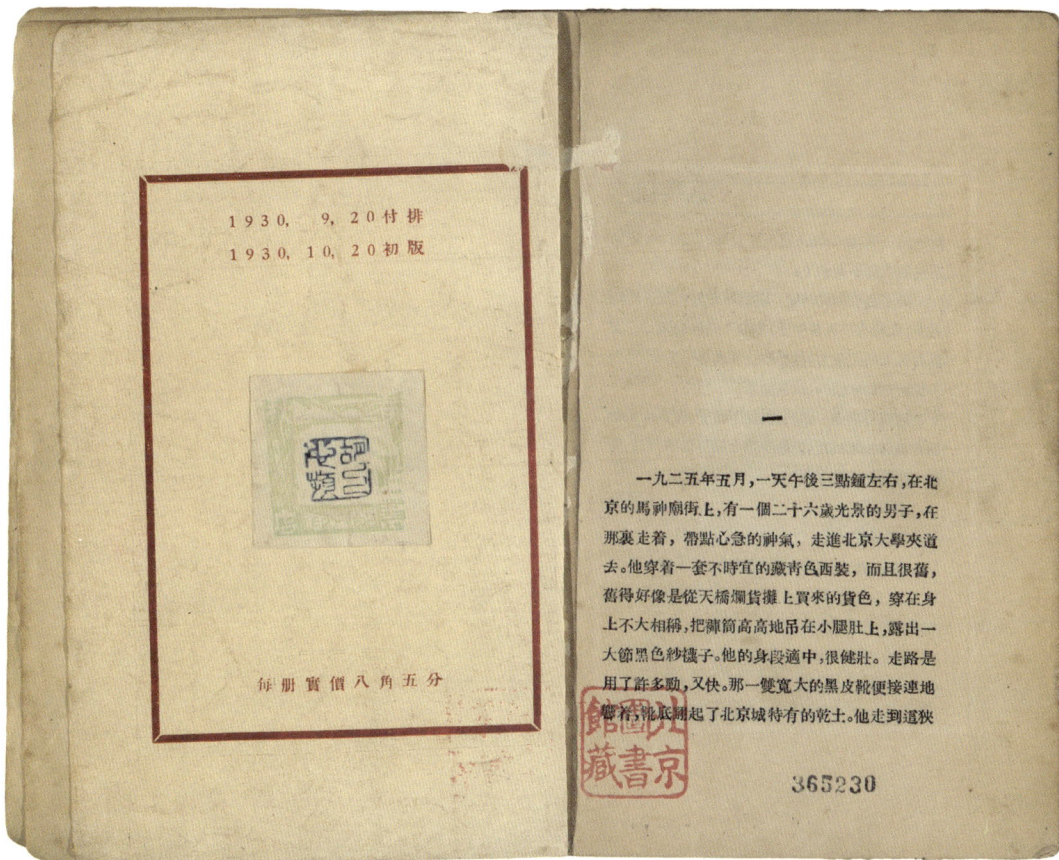

延安文艺运动的兴起

　　20 世纪 30 年代，抗日战争全面爆发，中华民族处于危亡之际，一大批热血青年和爱国志士，冲破重重阻挠，从祖国的四面八方，满怀热情奔向革命圣地延安。延安文艺运动蓬勃发展，建立了各种性质和形式的文学艺术组织、社团及艺术教育机构，出版了多种文艺刊物，开展了丰富多彩的文艺活动。这一时期产生的文学艺术作品丰富多彩，在团结人民大众、丰富根据地和全国人民群众的精神文化生活方面发挥了巨大的作用。

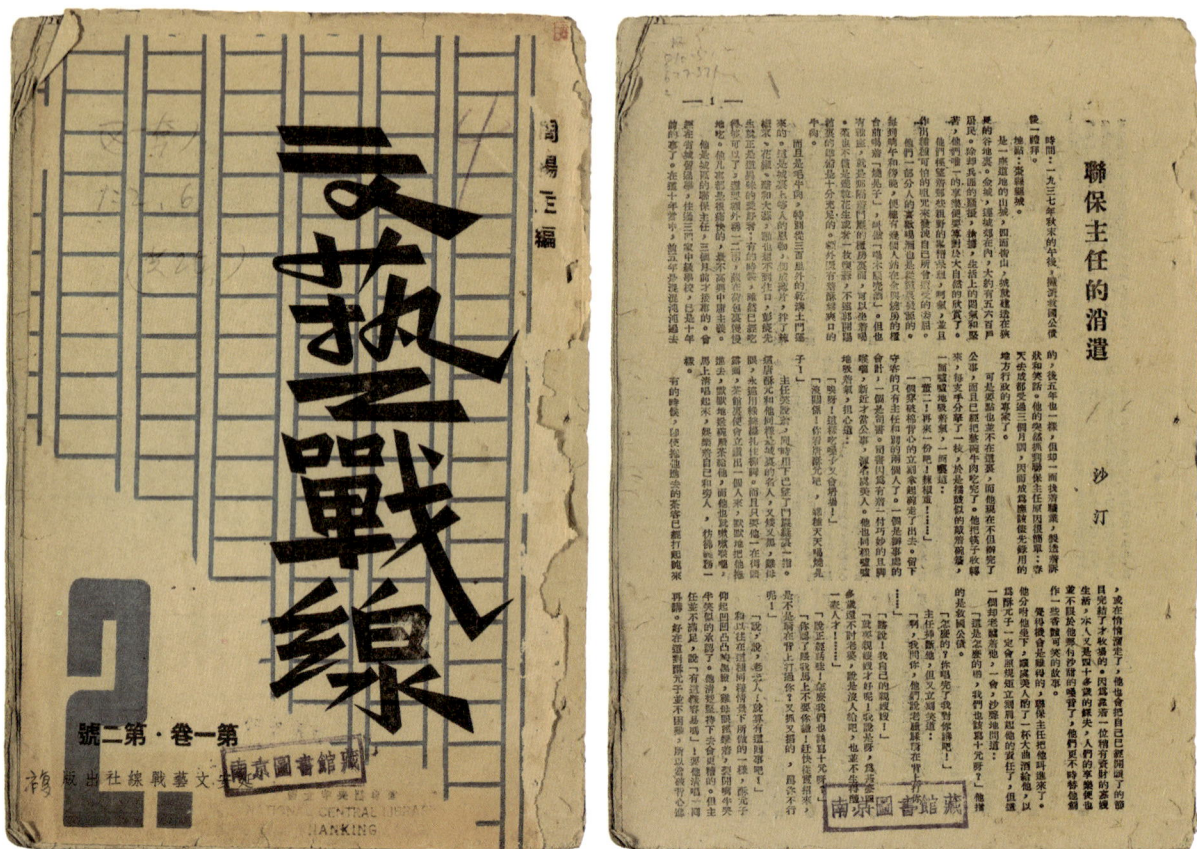

文艺战线

周扬主编　延安文艺战线社　1939 年 2 月 –1946 年 2 月

　　月刊，1939 年 2 月 16 日创刊于延安，1940 年 2 月宣告停刊，共出版 6 期。刊物主要面向国统区，阐述对文艺问题的主张，发表反映延安及各抗日民主根据地生活的创作。编委会成员有丁玲、成仿吾、艾思奇、卞之琳等。

战地

丁玲、舒群编辑　战地社　1938 年

西北战地服务团（简称"西战团"）于 1937 年 8 月 12 日成立，为半军事化、半宣传为主的表演艺术团体。《战地》为"西战团"团刊，1938 年 3 月 20 日创刊于汉口，6 月 5 日出至第 6 期停刊。

馬克思恩格斯列寧論藝術

周揚編校
曹葆華 天藍譯

魯藝叢書

1940

目 次

283799

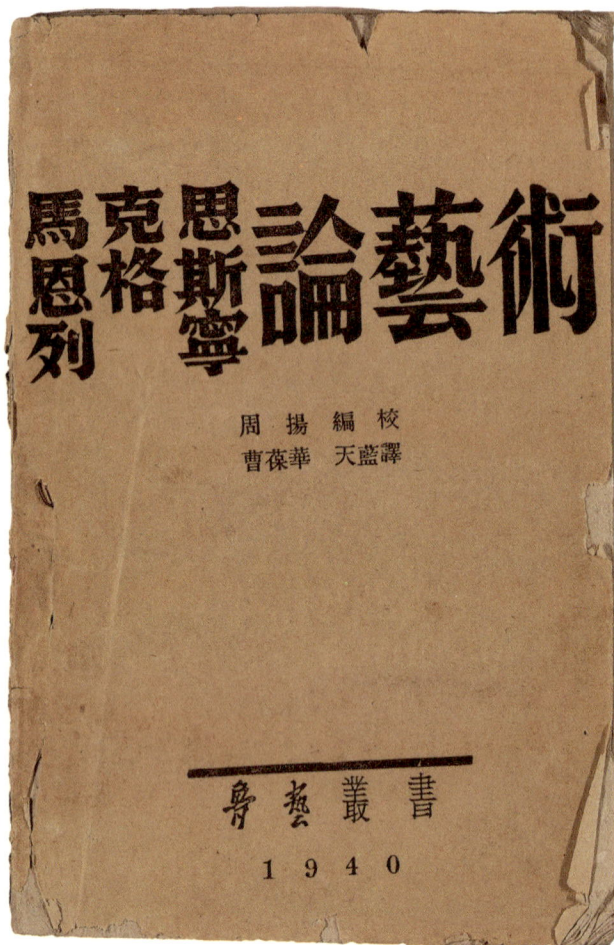

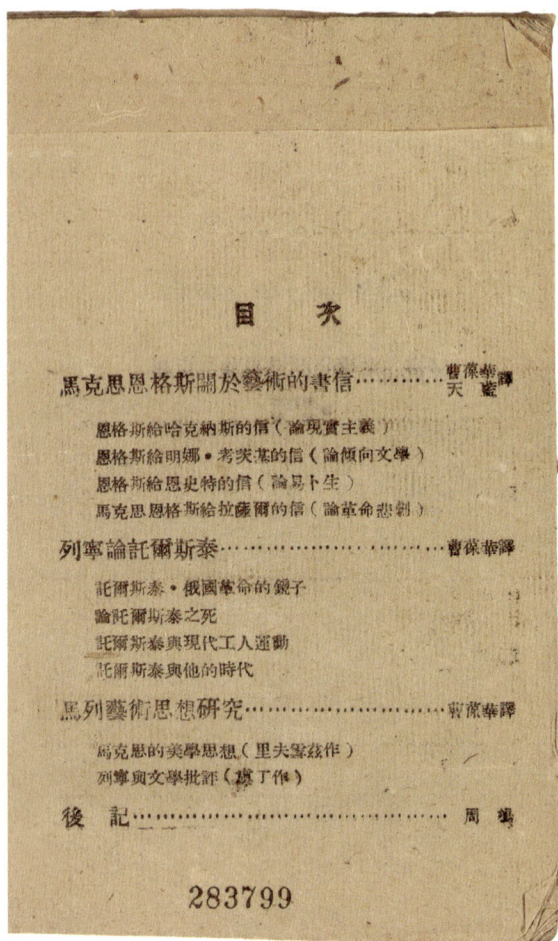

马克思恩格斯列宁论艺术

〔德〕马克思、恩格斯、（苏）列宁著　曹葆华、天蓝译　周扬编校　鲁迅艺术文学院　1940年6月

　　这是鲁迅艺术文学院翻译处着手翻译的第一本书，也是延安出版的第一本马列文论译著。全书包括马克思、恩格斯关于艺术的书信，列宁论托尔斯泰，马列艺术思想研究三个部分。

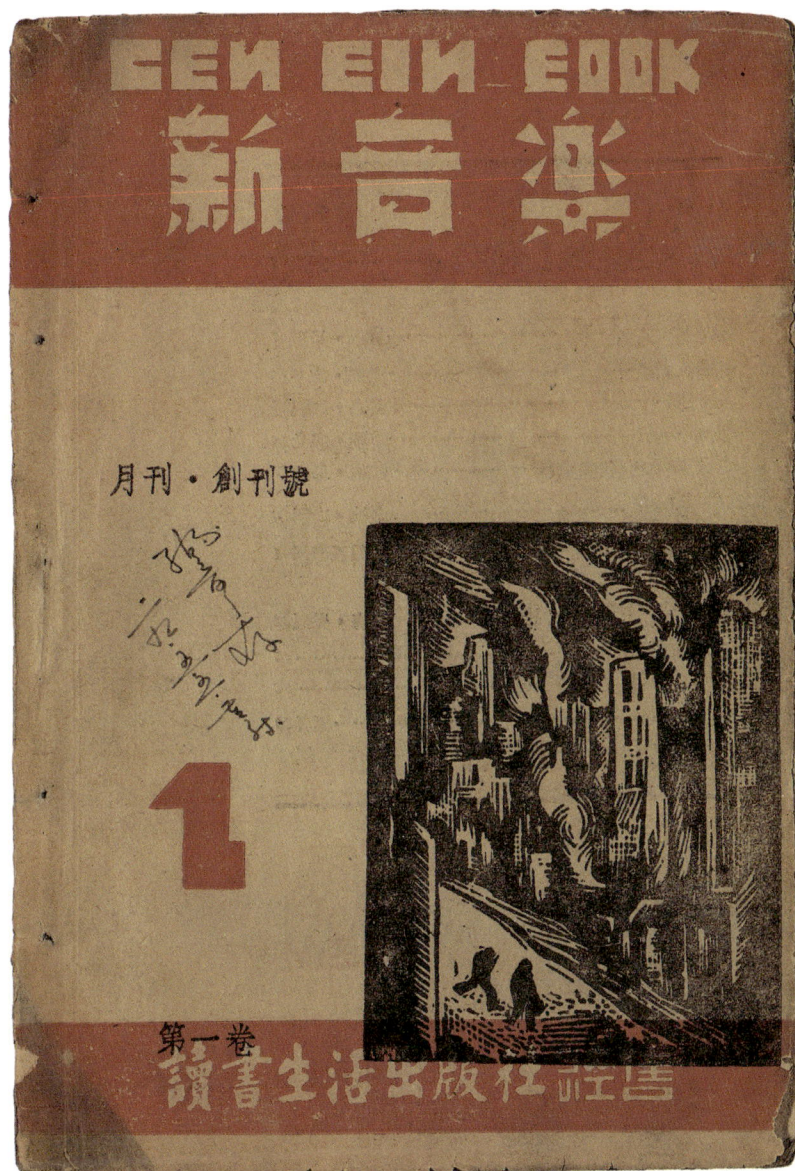

新音乐

新音乐编辑部编辑　读书生活出版社　1940 年

本刊刊登了大量抗战歌曲，冼星海作曲的《黄河大合唱》即在此刊首次发表。

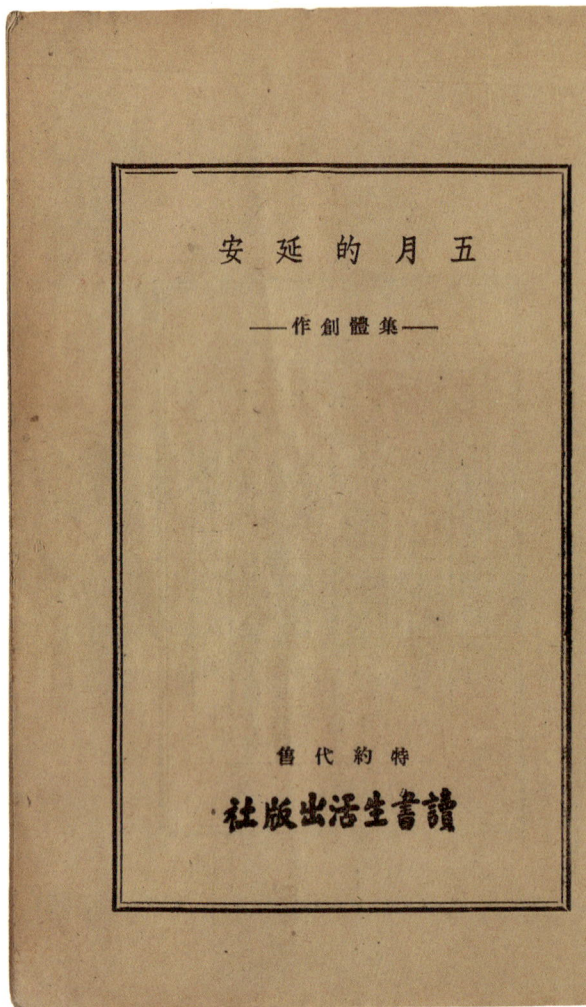

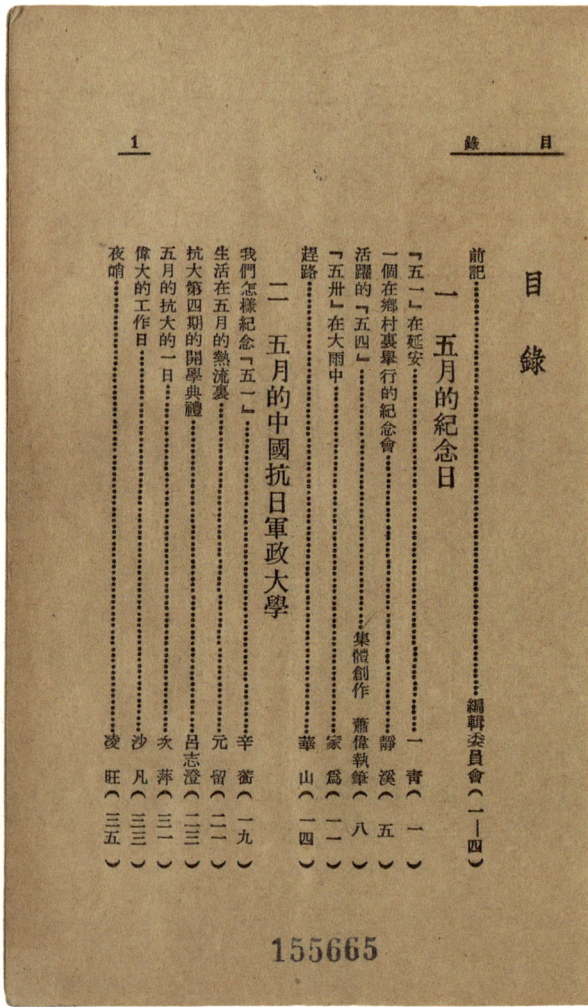

五月的延安
──集體創作──

特約代魯

讀書生活出版社

155665

五月的延安

艾思奇、柯仲平等主编　读书生活出版社　1939 年

　　本书分九部分，收录描写1938年5月延安生活各方面的报告文学、散文、诗歌等55篇。

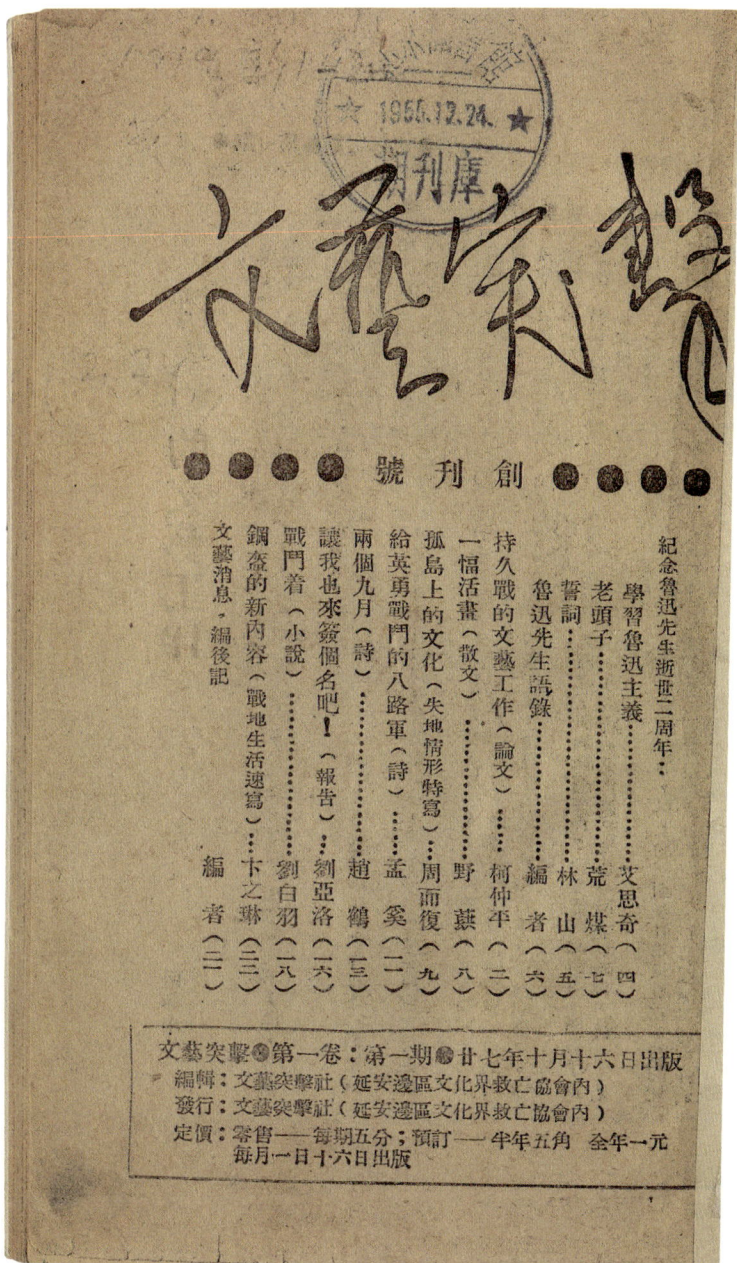

●●●● 號刊創 ●●●●

紀念魯迅先生逝世二周年...
學習魯迅主義 .... 艾思奇（四）
老頭子 .... 荒煤（七）
誓詞 .... 林山（五）
魯迅先生語錄 .... 編者（六）
持久戰的文藝工作（論文）... 柯仲平（二）
一幅活畫（散文）......... 野蕻（八）
孤島上的文化（失地情形特寫）... 周而復（九）
給英勇戰鬥的八路軍（詩）... 孟奚（一一）
兩個九月（詩）.......... 趙鶴（一三）
讓我也來簽個名吧！（報告）... 劉亞洛（一六）
戰鬥着（小說）......... 劉白羽（一八）
鋼盔的新內容（戰地生活速寫）... 卞之琳（二三）
文藝消息・編後記 .... 編者（三一）

文藝突擊 第一卷　第一期 廿七年十月十六日出版
編輯：文藝突擊社（延安邊區文化界救亡協會內）
發行：文藝突擊社（延安邊區文化界救亡協會內）
定價：零售——每期五分；預訂——半年五角 全年一元
　　　每月一日十六日出版

文艺突击

文艺突击社编印　1938年10月–1939年6月

这是延安最早的文艺刊物，由边区文化界救亡协会主办，1938年10月16日创刊。因物资匮乏，1939年6月25日出新1卷2期后停刊。后在广大读者的要求和支持下，1940年4月14日改出《大众文艺》月刊。

毛泽东《在延安文艺座谈会上的讲话》

　　1942 年 5 月 2 日至 23 日，毛泽东在延安杨家岭召开的文艺工作者座谈会上发表了两次讲话，经后来整理，以《在延安文艺座谈会上的讲话》（简称《讲话》）为题发表。《讲话》系统地总结了五四以来革命文艺运动的经验，回答了中国革命文艺运动中长期争论的一系列根本性的问题，阐明了马克思主义的文艺理论和党的文艺路线，阐明了革命文艺为工农兵服务的根本方向，把五四以来的革命文艺运动推向了一个新的阶段。《讲话》不仅对文艺界的整风运动起了积极的推动作用，而且极大地促进了广大党员和干部改造世界观的自觉性。

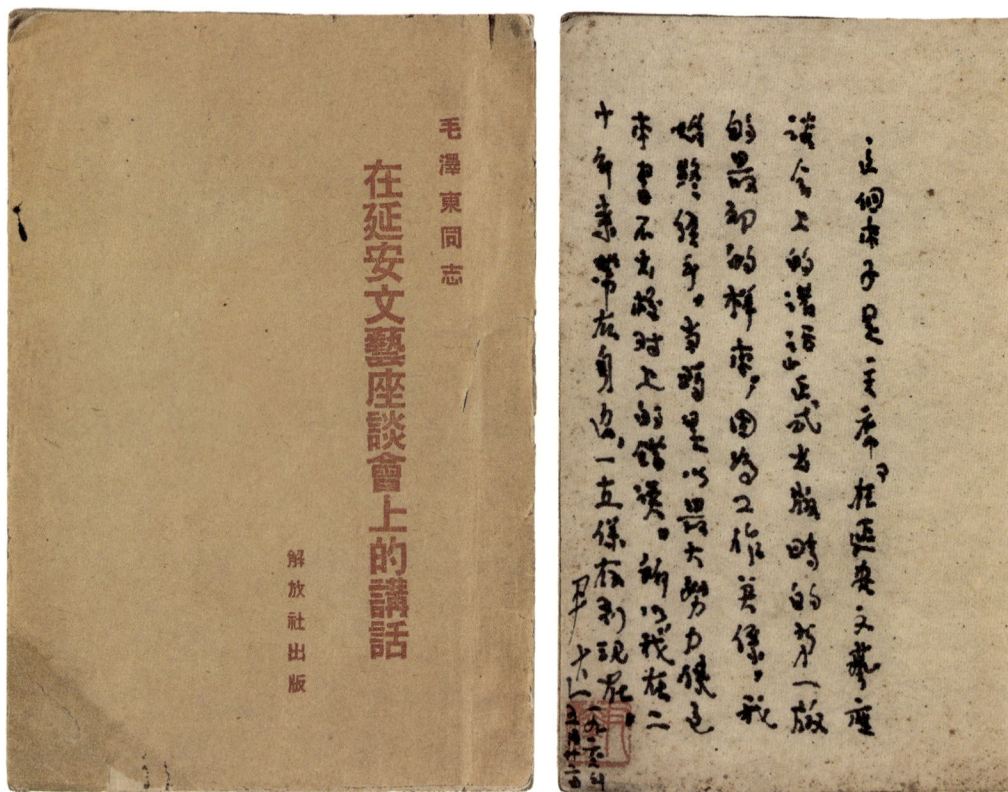

在延安文艺座谈会上的讲话

毛泽东著　解放社　1943 年

　　毛泽东于 1942 年 5 月在延安文艺座谈会上发表的重要讲话，深刻阐明了革命文艺为工农兵服务的根本方向，系统回答了近代文艺运动中许多有争论的问题。此书为初版样书，是国家图书馆藏《讲话》众多版本中最早的一种。扉页有尹达钢笔题字。

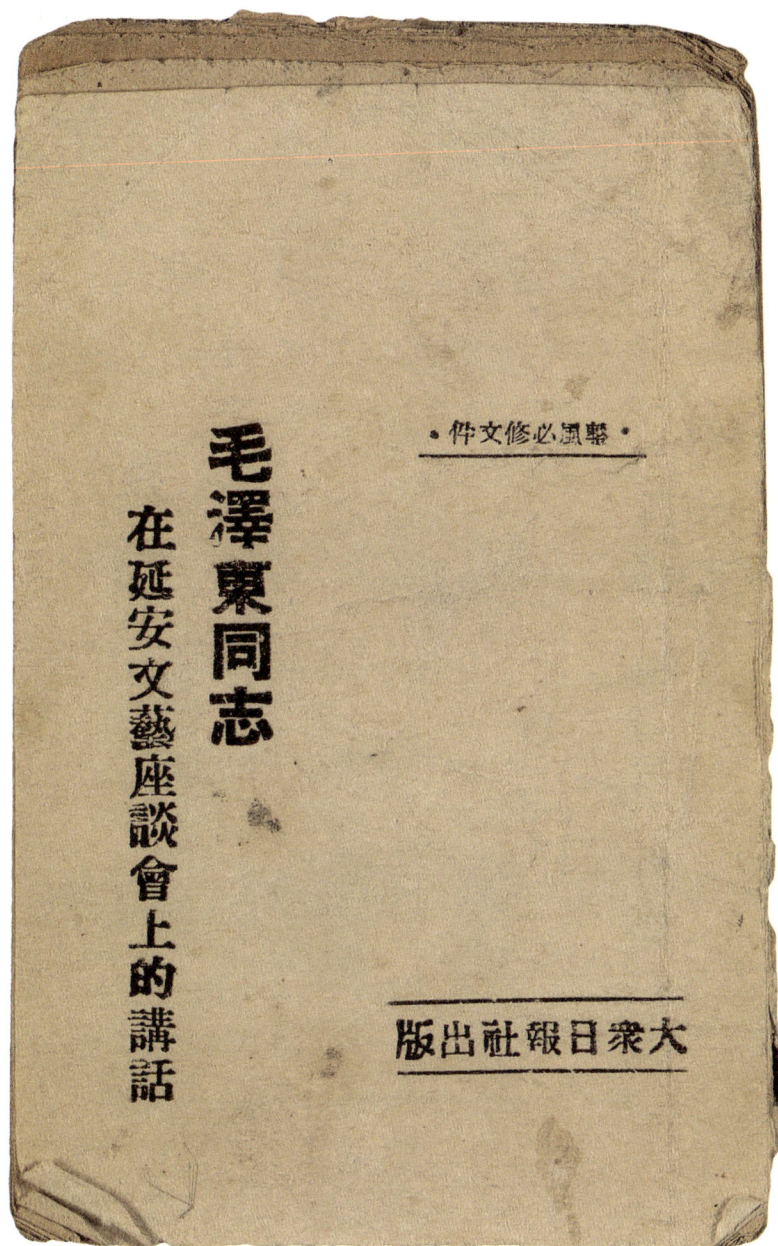

毛泽东同志在延安文艺座谈会上的讲话

毛泽东著　大众日报社　1943 年

《讲话》刚刚发表，山东大众日报社即出版了单行本。该版共 52 页，为 64 开单面印、合页装订的光纸本，是《讲话》早期版本之一。

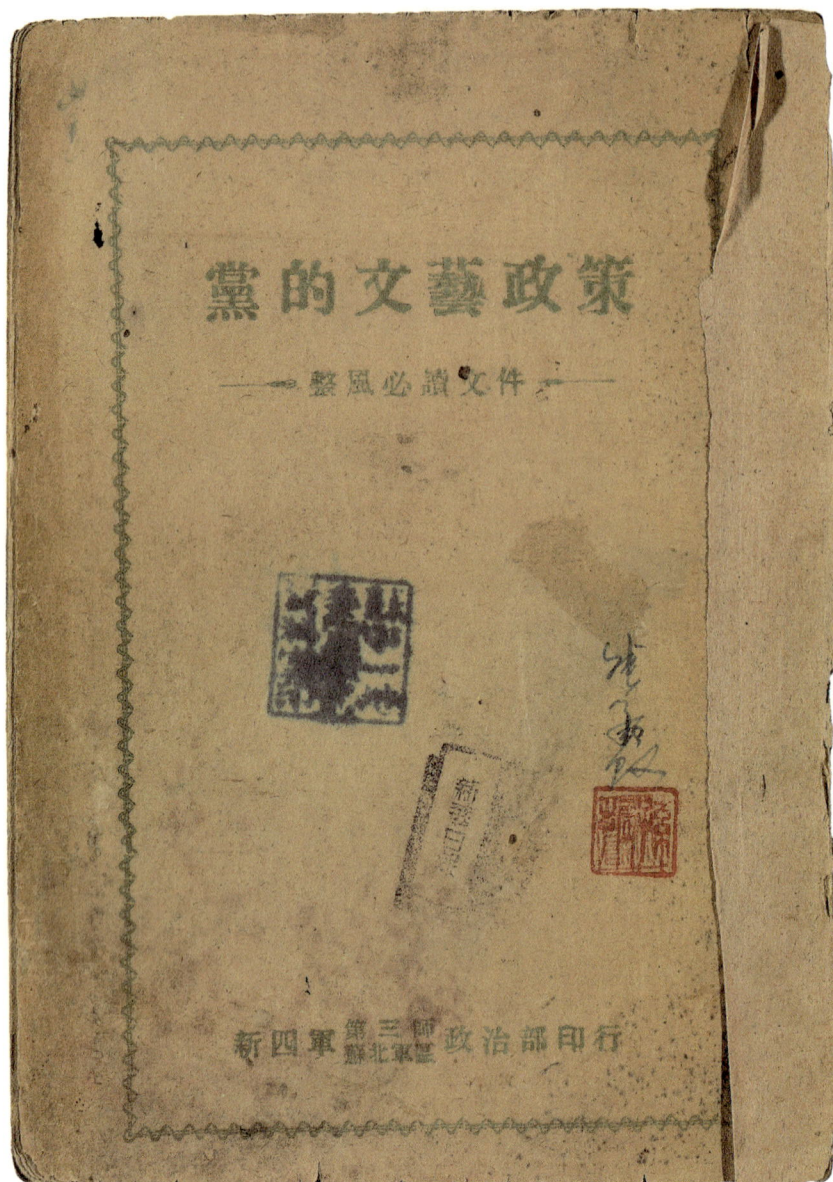

党的文艺政策

新四军第三师苏北军区政治部编印

　　以另一题名印行的《讲话》版本，整风必读文件之一。附有《中共中央宣传部关于执行党的文艺政策的决定》。

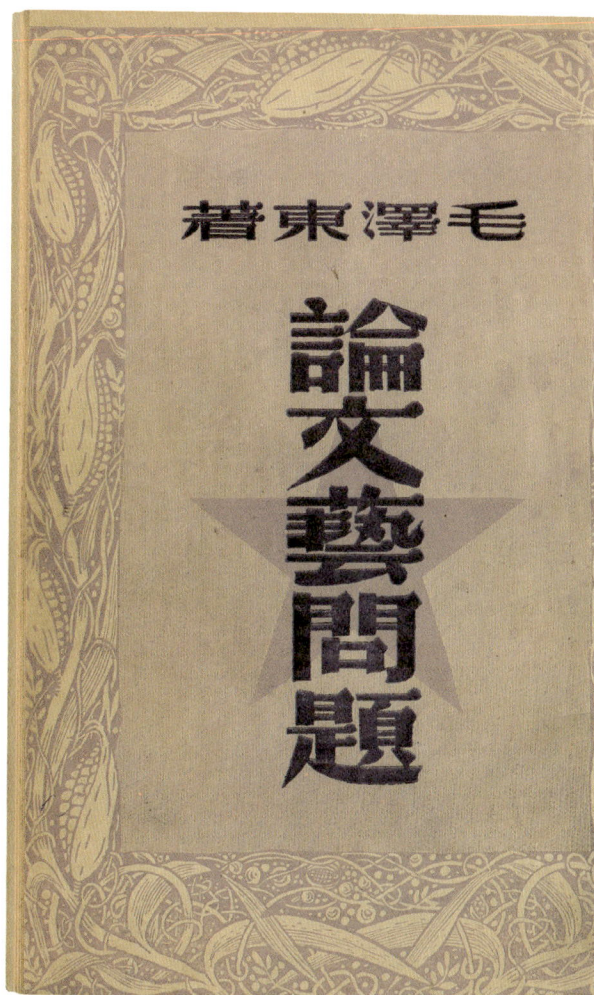

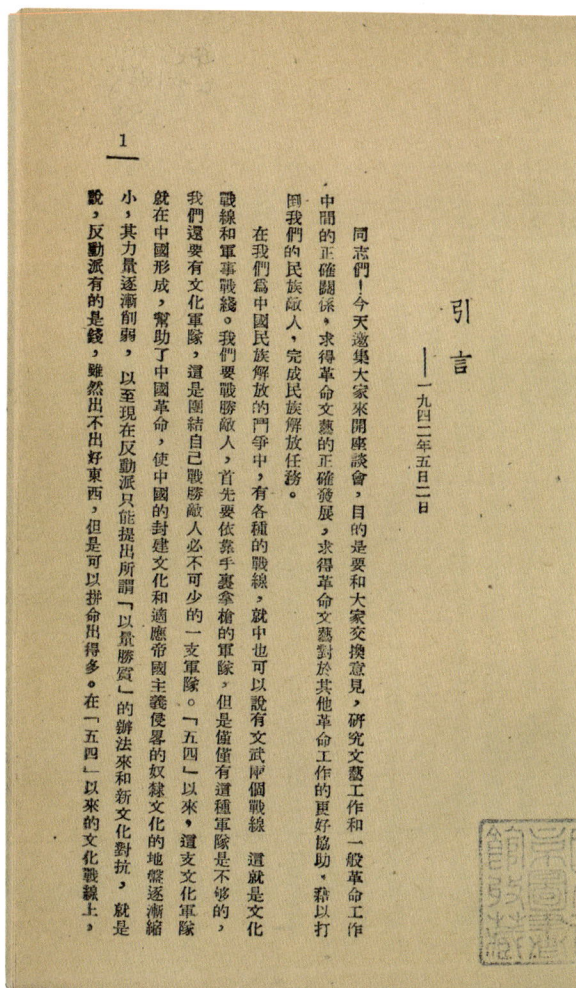

毛澤東著

論文藝問題

引言
——一九四二年五月二日

同志們！今天邀集大家來開座談會，目的是要和大家交換意見，研究文藝工作和一般革命工作中間的正確關係，求得革命文藝的正確發展，求得革命文藝對於其他革命工作的更好協助，藉以打倒我們的民族敵人，完成民族解放任務。

在我們為中國民族解放的鬥爭中，有各種的戰線，就中也可以說有文武兩個戰線，這就是文化戰線和軍事戰線。我們要戰勝敵人，首先要依靠手裏拿槍的軍隊，但是僅僅有這種軍隊是不夠的，我們還要有文化軍隊，這是團結自己戰勝敵人必不可少的一支軍隊。「五四」以來，這支文化軍隊就在中國形成，幫助了中國革命，使中國的封建文化和適應帝國主義侵略的奴隸文化的地盤逐漸縮小，其力量逐漸削弱，以至現在反動派只能提出所謂「以量勝質」的辦法來和新文化對抗，就是說，反動派有的是錢，雖然出不出好東西，但是可以拚命出得多。在「五四」以來的文化戰線上，

1

论文艺问题

毛泽东著　新民主出版社　1949 年

《讲话》的另一题名版本。新民主出版社是抗日战争结束后由中共中央南方局书记周恩来拨款并派员在香港筹建的出版机构。

解放区的文艺成就

《讲话》发表后，众多文艺工作者在毛泽东文艺思想指引下，在塑造工农兵形象和反映伟大的革命斗争方面取得了新成就，在文艺的民族化、群众化上也有重大突破。

在波澜壮阔的中国革命洪流中，《讲话》精神发挥了巨大的指导作用，它激励了大批的文艺工作者深入生活、贴近群众，创作出大量脍炙人口、耳熟能详的优秀作品。这些作品不仅极大地推动了解放区乃至国统区、沦陷区文化建设的繁荣，更对现实的斗争生活起到了巨大的鼓舞和推动作用。大批艺术家们在革命战争的洗礼中得到了锻炼，他们不仅成为当时文艺战线的生力军，也为新中国文艺事业的发展奠定了基础。

丁玲和《太阳照在桑干河上》

丁玲 1930 年参加中国左翼作家联盟，后任"左联"机关刊物《北斗》主编及左联党团书记。1936 年辗转到达中共中央所在地陕北保安，受到毛泽东、周恩来、张闻天等中央领导的欢迎。毛泽东曾赋诗称赞她"昨天文小姐，今日武将军"。丁玲在解放区历任西北战地服务团团长、《解放日报》文艺副刊主编等职，先后创作了《一颗未出膛的枪弹》《夜》《我在霞村的时候》等作品。1948 年完成了反映农村土改运动的优秀长篇小说《太阳照在桑干河上》，曾被译成多种外文，1951 年荣获"斯大林文学奖"。

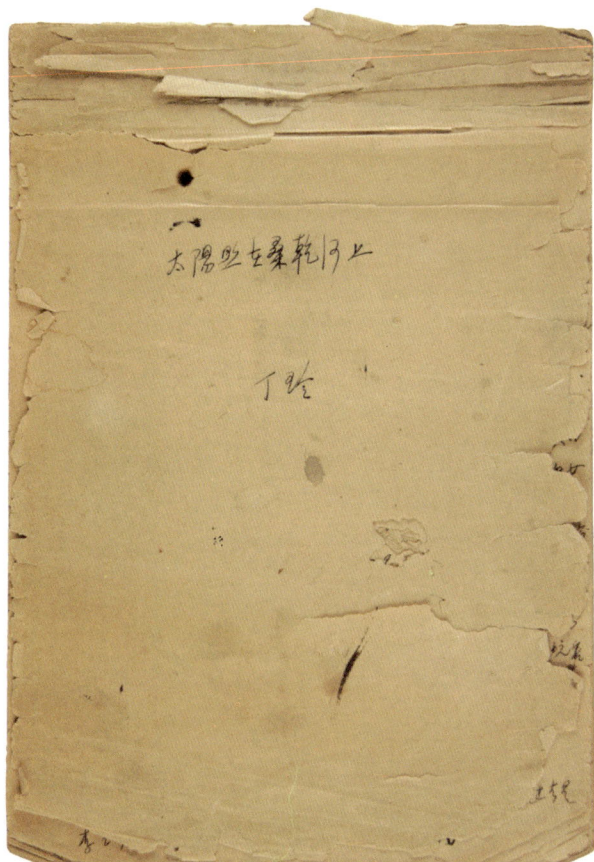

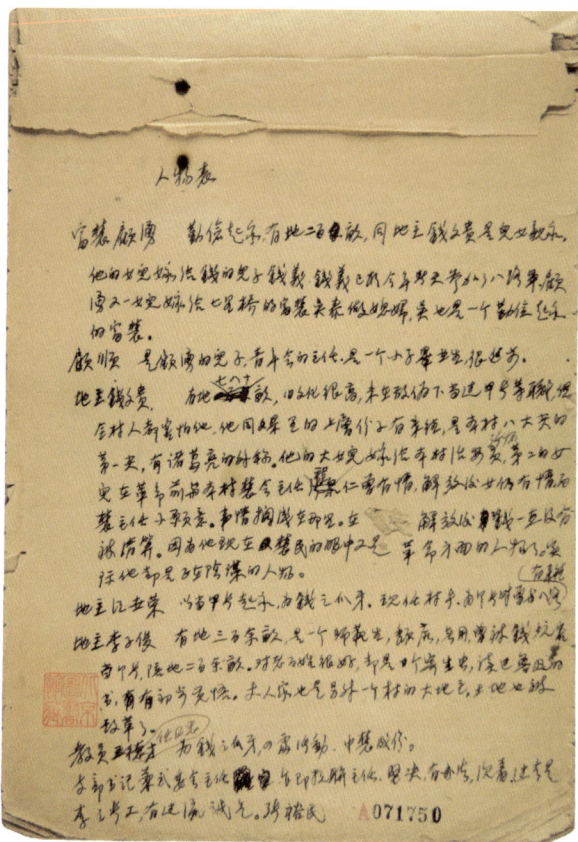

太阳照在桑干河上

丁玲著　钢笔手书原稿　罗烽捐赠

　　1946 年至 1948 年，丁玲在解放区农村深入生活，参加了数次土改运动，创作了这部描写华北地区土地改革运动的史诗性长篇小说，荣获 1951 年度斯大林文学奖二等奖。

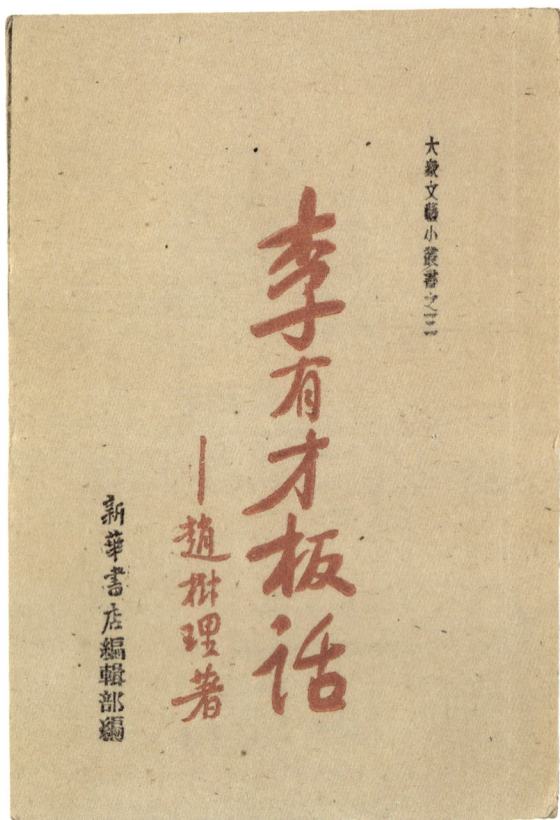

李有才板话

赵树理著　新华书店　1943 年

　　小说讲述抗战时期，地主阎恒元把持了敌后根据地阎家山的村政权，村干部贪污盗窃、营私舞弊、欺压群众，却居然骗取了"模范村"荣誉。李有才带领小字辈，以"快板诗"为武器，同他们进行智斗，并取得胜利的故事。该作品被称为解放区文艺的代表作。

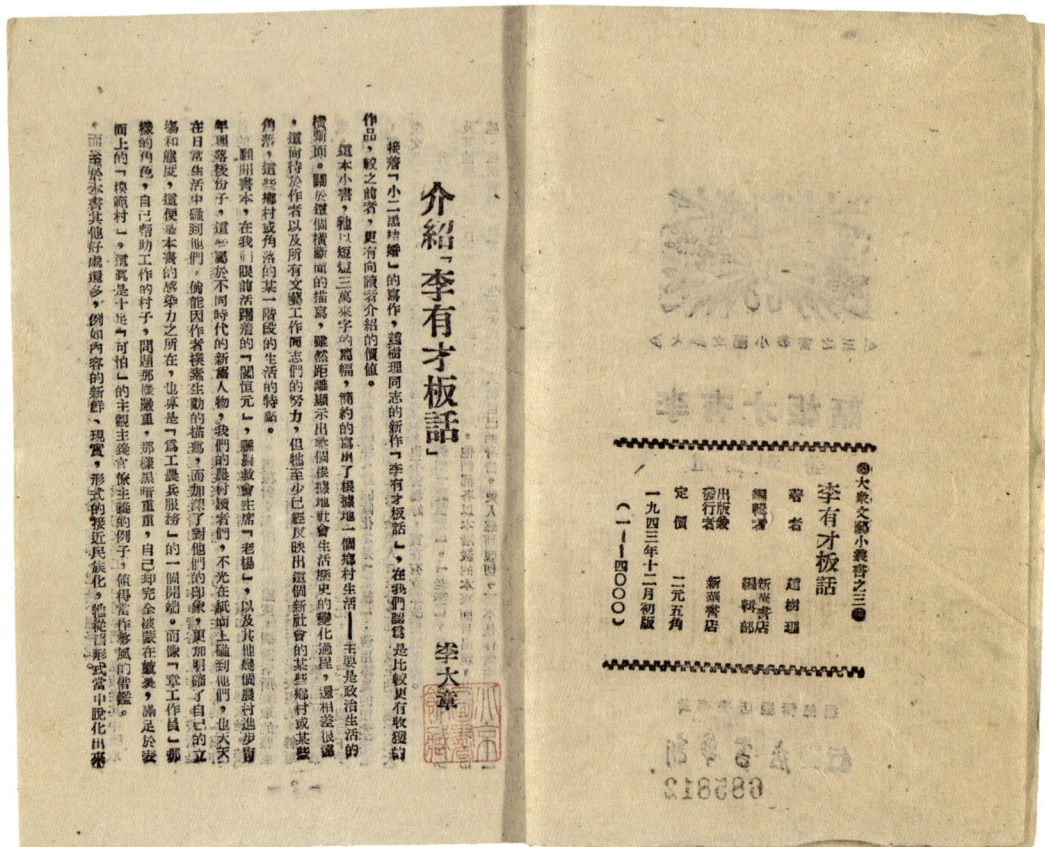

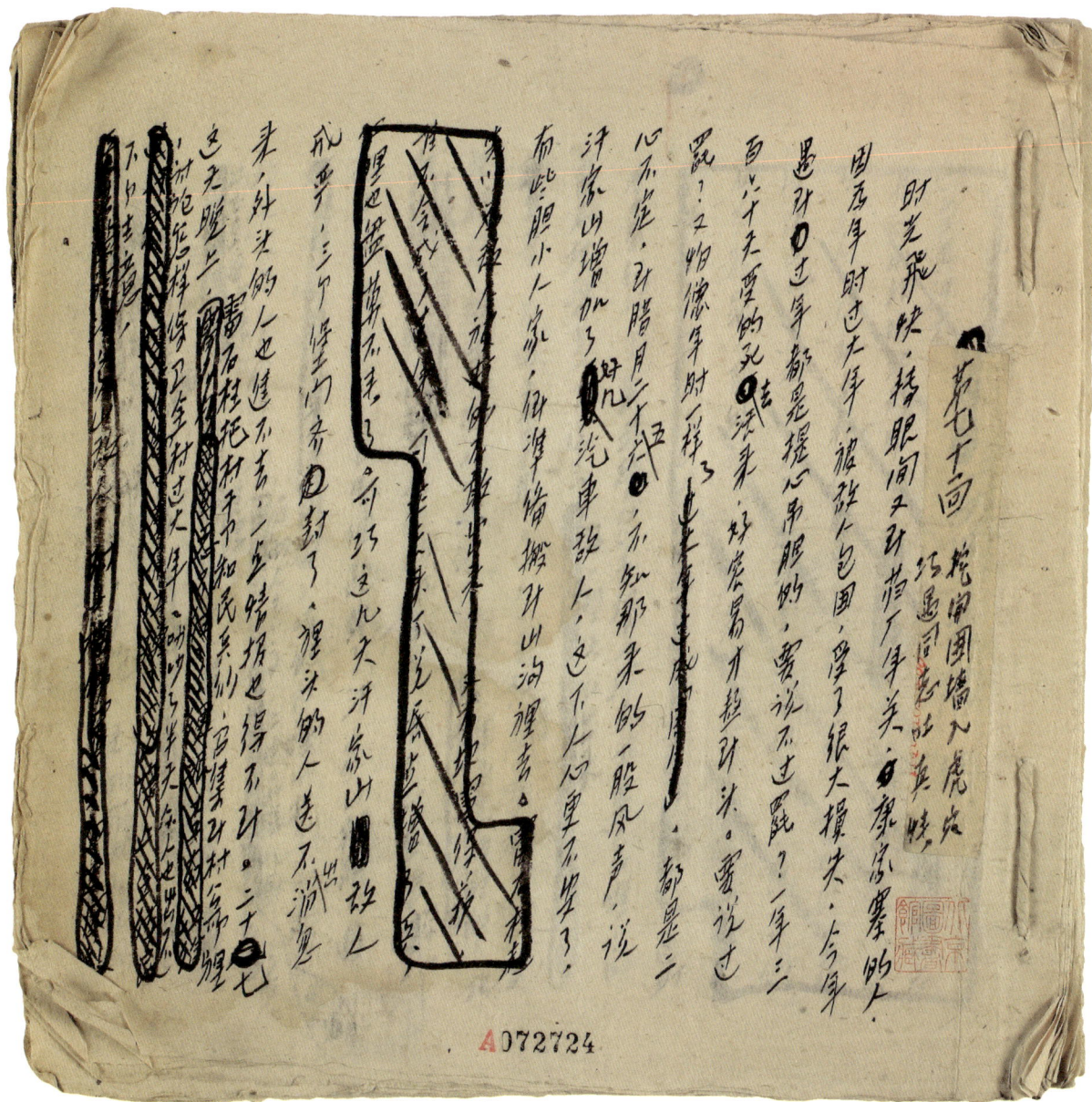

A072724

吕梁英雄传

马烽、西戎著　毛笔手书原稿　马烽捐赠

《吕梁英雄传》由马烽、西戎合著，写于 1945 年。小说取材于民兵英雄事迹，描绘了晋绥边区人民抗日武装斗争的壮丽图景，具有浓厚的地方色彩。小说问世不久即获晋绥边区"七七七"文艺金奖。

荷花淀

孙犁著　海洋书屋　1947年

　　描写抗日战争时期白洋淀地区七个农村青年参军的故事。情节生动，语言清新、朴素，富有节奏感，描写逼真，心理刻画细腻，抒情味浓，富有诗情画意，有"诗体小说"之称。

《白毛女》与新歌剧

　　1945 年，由延安鲁迅艺术文学院集体创作，贺敬之、丁毅执笔的《白毛女》，是此期歌剧创作的优秀代表作。1945 年 4 月，为中国共产党第七次代表大会代表首演于延安。歌剧采用中国北方民间音乐的曲调，吸收了戏曲音乐及其表现手法，并借鉴了欧洲歌剧的创作经验。该剧在歌剧的民族化上作了成功的尝试，标志着中国民族新歌剧走向成熟，为我国民族新歌剧的发展奠定了基础。1951 年荣获"斯大林文学奖"。

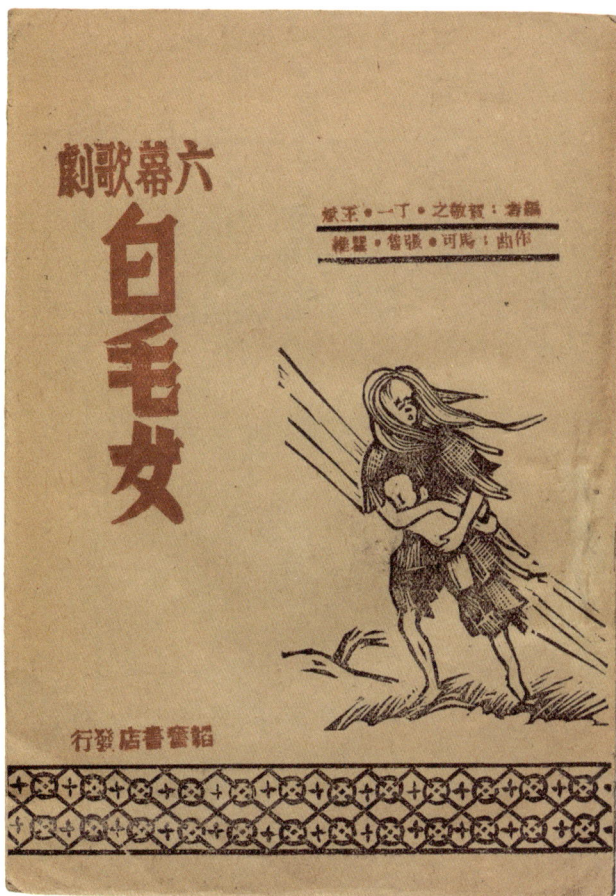

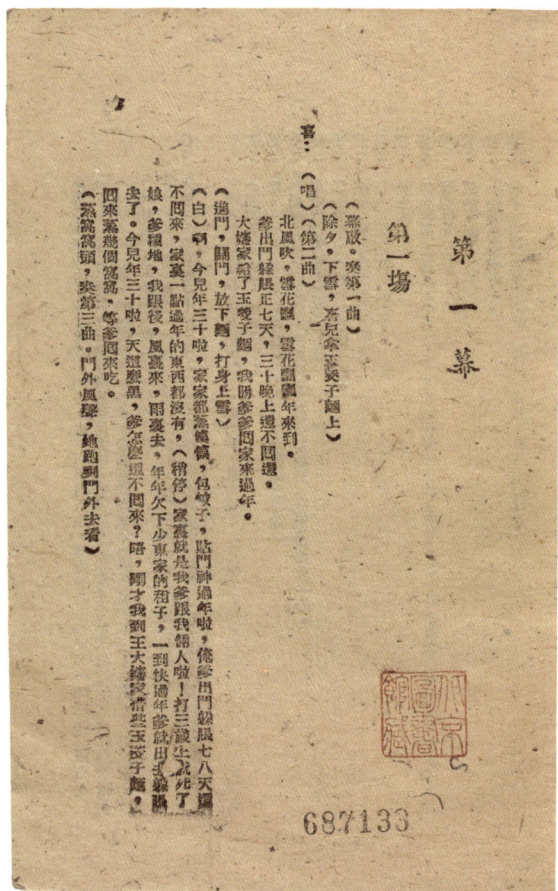

白毛女（六幕歌剧）

贺敬之等编　马可等作曲　韬奋书店　1946 年

　　该剧以 1940 年流传在晋察冀边区一带"白毛仙姑"的民间故事加工改编而成。全剧六幕十六场，叙述了一个被地主迫害的农村少女只身逃入深山多年，全身毛发变白，被附近村民称为"白毛仙姑"，后来在八路军的解救下重获新生的故事。

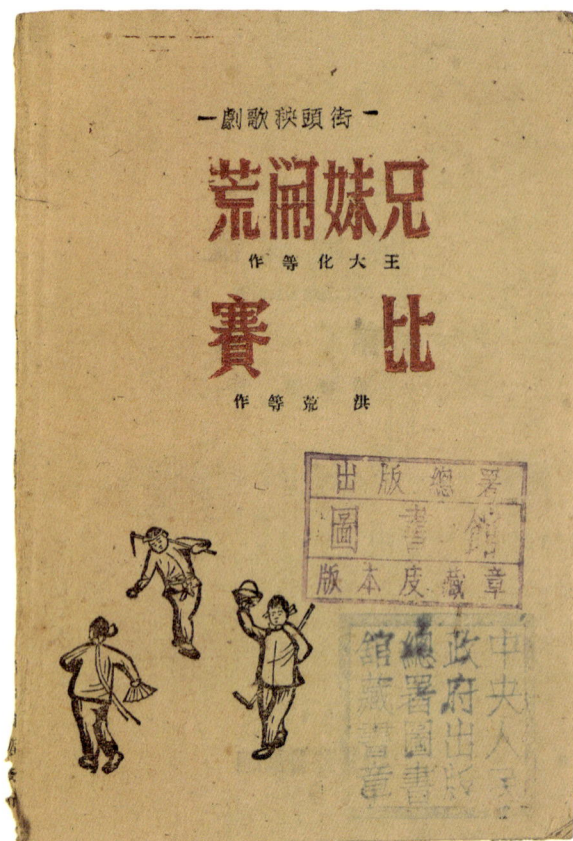

兄妹开荒·比赛（街头秧歌剧）

王大化、洪荒等创作　韬奋书店
1945 年 4 月

本书依据陕甘宁边区开荒劳动模范马丕恩父女的事迹编写而成，原名《王二小开荒》，后以群众通称的《兄妹开荒》定名，展现了边区人民生产自救的精神面貌。

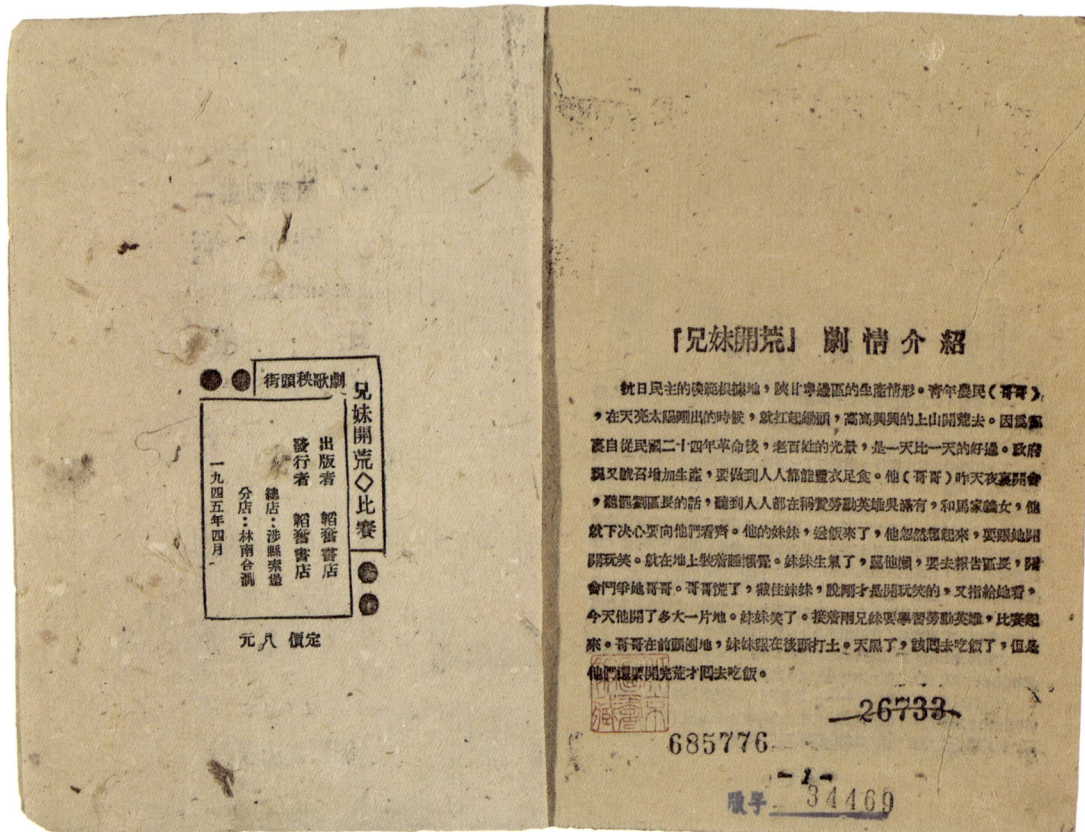

同志，你走错了路！（四幕话剧）

姚仲明、陈波儿等集体创作　古元木刻　解放社　1945 年

　　全剧四幕六场，描写抗日战争时期两条路线的斗争，歌颂了正确路线的胜利，形象地揭示了执行中国共产党抗战路线和政策的重要性，是中国话剧史上首部描写中国共产党党内路线斗争的剧本。

王贵与李香香（叙事诗）

李季著　华北新华书店　1946年

作者采用陕北民歌"信天游"的形式，创作出近800行的长篇叙事诗《王贵与李香香》，塑造了敢于反抗、勇于争取自由和幸福的青年形象，为我国新诗运动打开了新局面。后被改编为舞剧、江淮剧等。

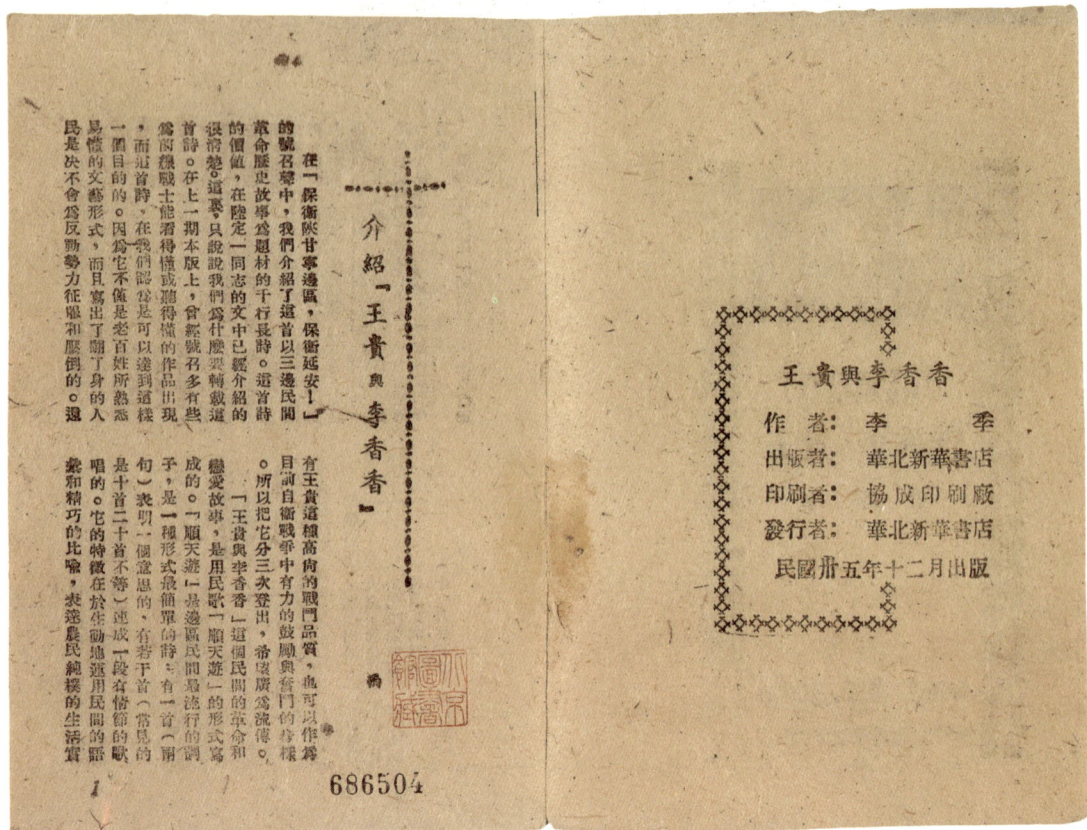

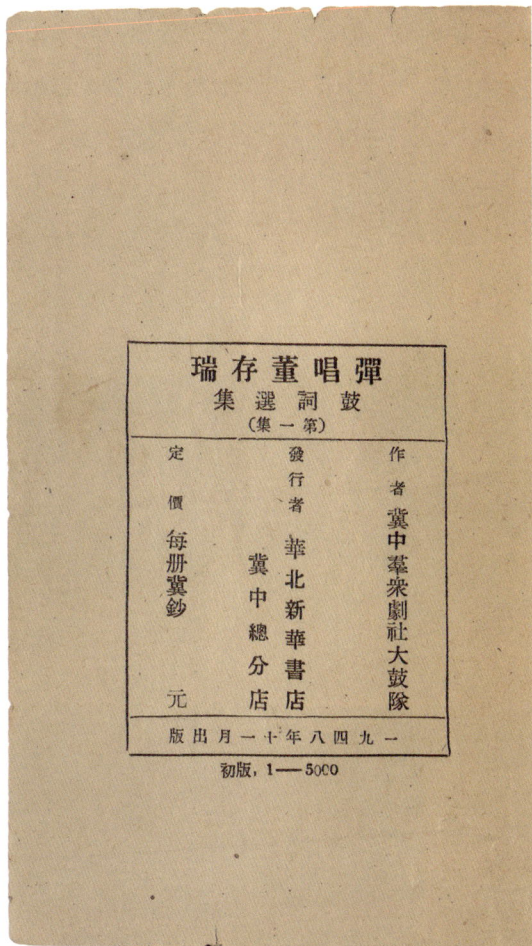

弹唱董存瑞

冀中群众剧社大鼓队集体创作　艾思奇执笔　冀中群众剧社　1948 年

　　董存瑞于 1948 年 5 月 25 日牺牲，11 月此书便出版，可见当时文艺工作者的创作与战斗生活紧密相连。

不朽的颂歌《东方红》

　　《东方红》是一首不朽的颂歌，它运用了陕北民歌《骑白马》曲调，最早的词作者是民间歌手李有源。1943 年冬，陕甘宁边区政府号召陕北农民移民到南路以发展农业生产，李有源编作了《东方红》的雏形《移民歌》，歌曲第一段就开宗明义地唱道"东方红，太阳升，中国出了个毛泽东；他为人民谋生存，他是人民的大救星"，真切地表达了陕北人民对领袖的爱戴。这支歌后经公木、刘炽、王大化等文艺家的加工整理，广为传唱。

胜利歌集

冀南文艺工作团编　冀南新华书店　1948 年

　　收录《歌唱毛泽东》《东方红》《庆祝胜利》《新民主主义青年团进行曲》等 15 首歌曲。其中《东方红》未标明词作者，题为"陕北民歌"。

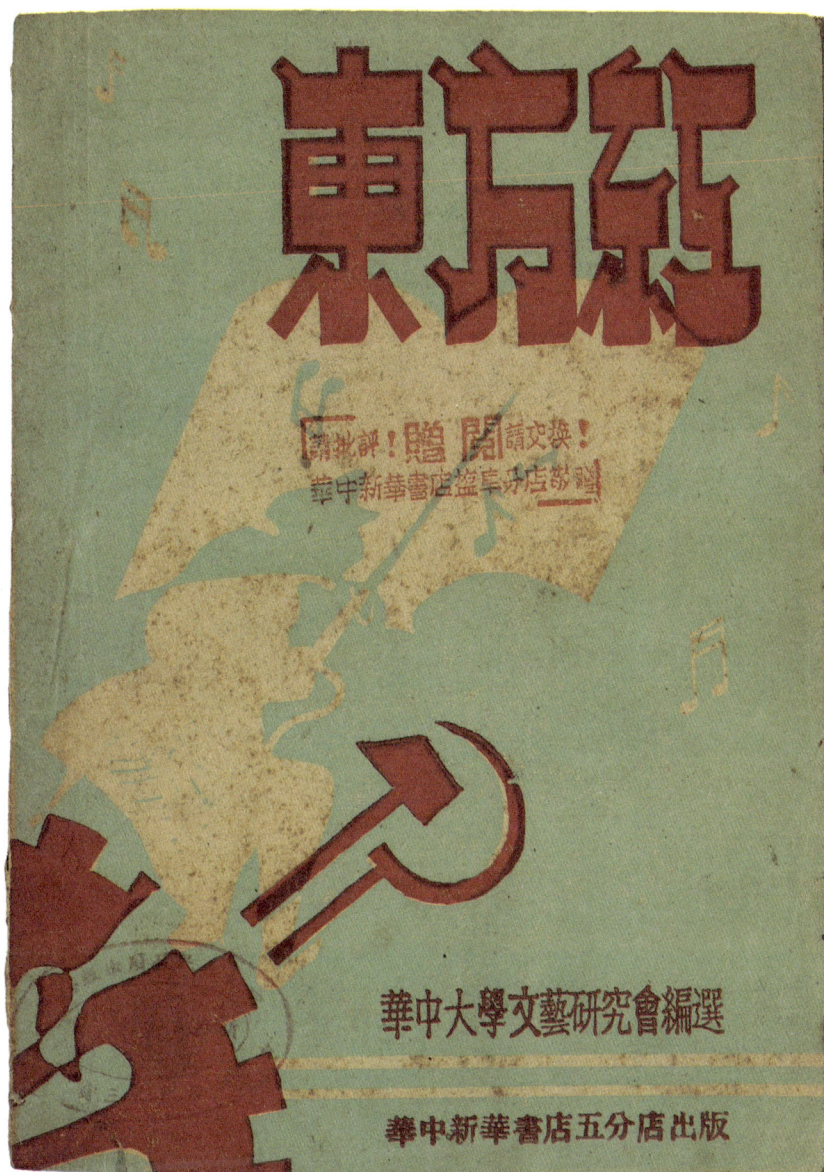

东方红

华中大学文艺研究会编选　华中新华书店五分店　1949 年

　　1949 年 4 月，华中大学文艺研究会根据解放区的歌曲编选了此书，分为歌颂、战斗、生产、学习四类当时解放战争即将在全国范围内取得胜利，此书的编选适应了新形势的需要。

解放区木刻

　　延安木刻工作者继承了左翼美术运动的革命传统，同时又创造了新的内容和风格。他们运用雕刀，热情讴歌新的时代和新的人民，从不同角度再现人民战争和土地改革运动，描绘延安和解放区人民的民主生活、劳动生活和文化生活，塑造了从革命领袖、领导干部到普通工人、农民、八路军战士、小学教员、家庭妇女等模范人物的光辉形象。以古元、彦涵、力群、马达、胡一川、石鲁等为代表的木刻创作家群体，为推动木刻艺术的发展作出了重要贡献。

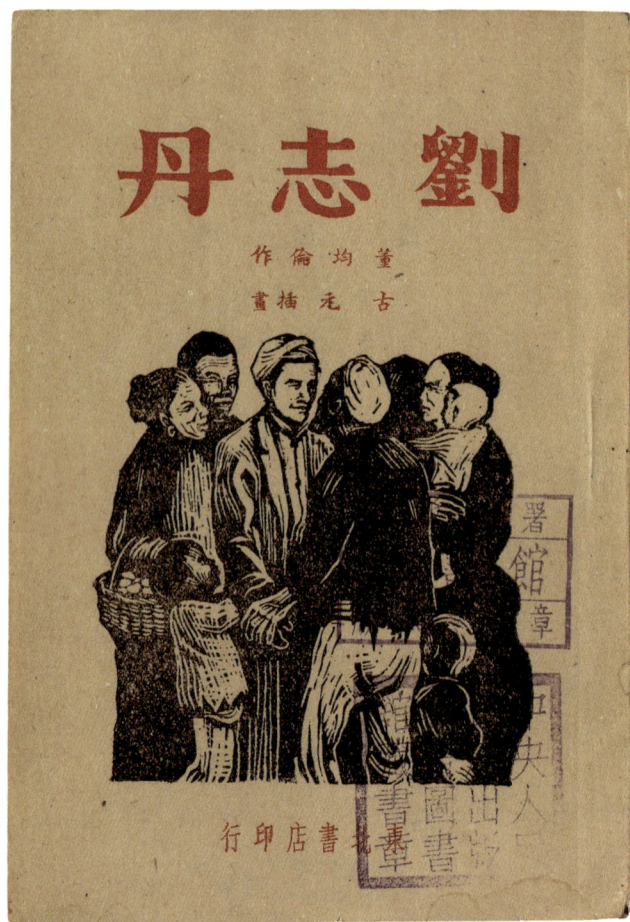

刘志丹

董均伦著　古元插画　东北书店　1948 年

　　此书为作者从民间搜集的革命英雄刘志丹的传说故事，曾连载于《解放日报》。古元为延安时期最杰出、最具代表性的木刻工作者之一。

狼牙山五壮士

华山著　彦涵木刻　东北画报社　1947 年

　　1944 年，华山在采访狼牙山五壮士中两名幸存者后，完成了其文学脚本。彦涵据文制成了木刻画。本书初版为延安印刷厂用土产的"马兰纸"上机印刷，印数很少。1945 年，美国《生活》杂志出版过一部精装袖珍本。第三版为东北画报社临摹石印。

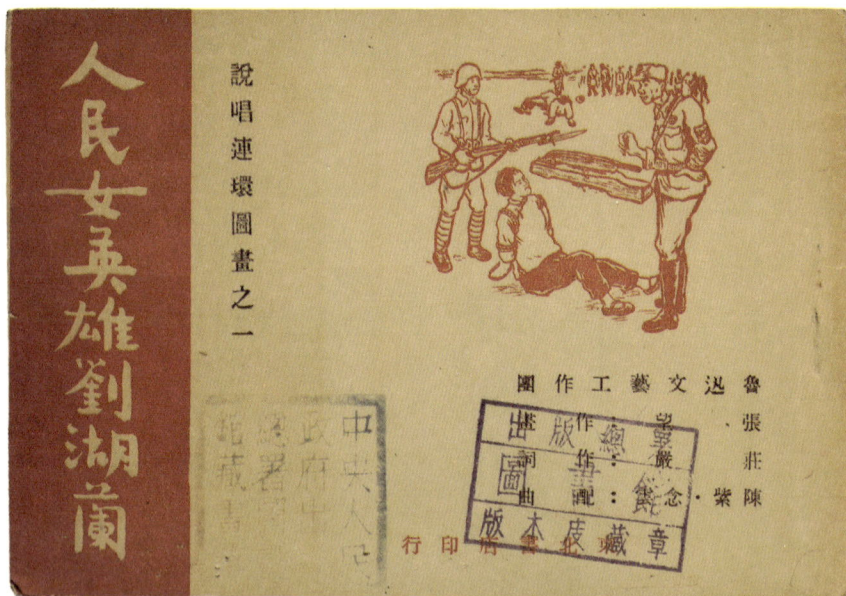

人民女英雄刘胡兰

张望作画　庄严作词　陈紫、念云配曲　东北书店　1947 年

　　1947 年 3 月，张望从报纸上得知刘胡兰英勇就义的消息后，绘制了连环画，并做成幻灯片放映，还利用扩音器，讲解画中故事。为了起到更好的宣传效果，张望又请庄严作词，陈紫、念云配曲，完成了这本说唱连环画，可称为美术与群众说唱艺术相结合的新尝试。

双百方针

　　1951 年，毛泽东为中国戏曲研究院题词"百花齐放，推陈出新"；1953 年，他就中国历史研究问题提出了"百家争鸣"的主张；1956 年 4 月 28 日，毛泽东在中共中央政治局扩大会议上说，艺术问题上的"百花齐放"，学术问题上的"百家争鸣"，应该成为我国发展科学、繁荣文学艺术的方针。由毛泽东提出的这一方针，是中国共产党关于科学和文化工作的重要方针。

蔡文姬

郭沫若著　文物出版社　1959 年

　　郭沫若专为北京人艺创作的一部历史剧，描写了距今 2000 多年前东汉才女蔡文姬的坎坷际遇。

李自成（第一卷）

姚雪垠著　中国青年出版社　1963 年

　　长篇历史小说。作者从 40 年代开始搜集、积累历史文献资料，1957 年正式动笔，1963 年完成并出版了第一卷。

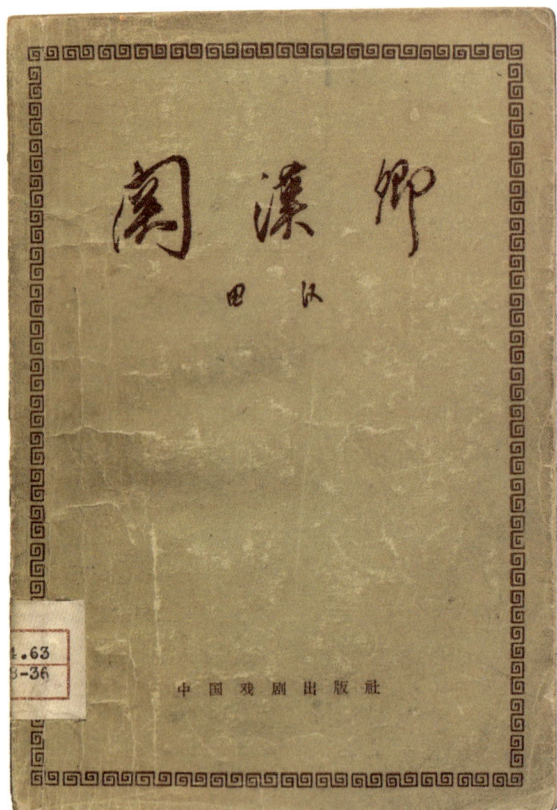

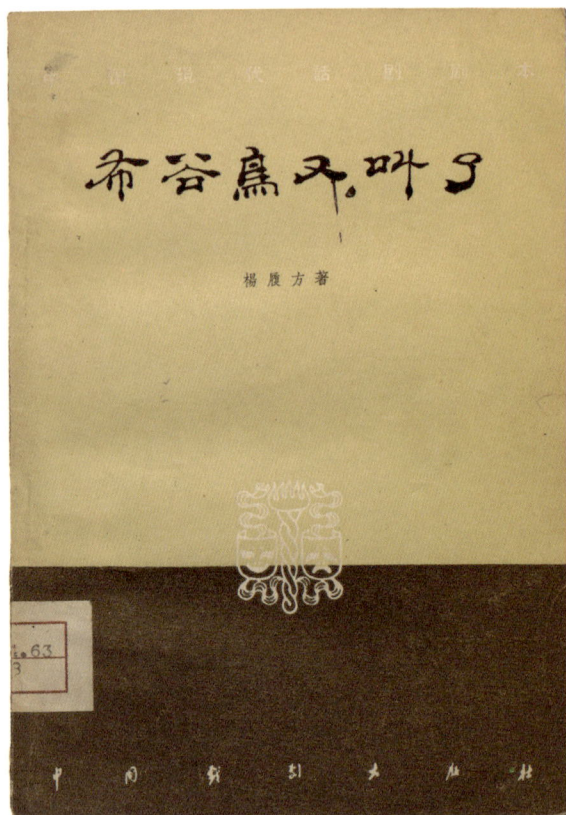

关汉卿

田汉著　中国戏剧出版社　1958 年

　　作者为纪念世界文化名人、我国 13 世纪大戏剧家关汉卿戏剧活动 700 周年而创作。本剧以关汉卿创作《窦娥冤》为中心，成功塑造了关汉卿、朱帘秀、王和卿、王显之、阿合马等栩栩如生的人物形象。

布谷鸟又叫了

杨履方著　中国戏剧出版社　1957 年

　　20 世纪 50 年代在戏剧方面最早冲破爱情描写"禁区"的剧作。以农村姑娘童亚男和农村青年王必好的爱情冲突为线索，正面、真实地展现了当代青年的爱情生活，剖析了他们在爱情生活中丰富、复杂的内心世界。

结　语

　　近代以来，中华民族团结奋斗、自强不息，谱写了一部波澜壮阔的宏伟史诗。在中国共产党的坚强领导下，我们伟大的祖国实现了从半殖民地半封建社会到社会主义社会的历史性转变，国家面貌发生了翻天覆地的变化：实现了祖国大陆的高度统一，建立了人民民主专政的国家政权和巩固的国防，建立起独立且比较完整的国民经济体系，实现和巩固了全国各族人民的大团结，人民生活水平得到显著提高。

　　站在新的历史起点上，面向未来，任重道远。让我们紧密团结在以习近平同志为总书记的党中央周围，以马克思列宁主义、毛泽东思想、邓小平理论和"三个代表"重要思想为指导，深入贯彻落实科学发展观，解放思想、实事求是，与时俱进、开拓创新，按照全面建成小康社会、全面深化改革、全面依法治国、全面从严治党的战略布局，开创中国特色社会主义事业新局面，为实现全面建成小康社会和建成富强民主文明和谐的社会主义现代化国家这两个百年梦想、实现中华民族伟大复兴的中国梦而不懈奋斗！